Découvrez l'histoire par les archives de presse

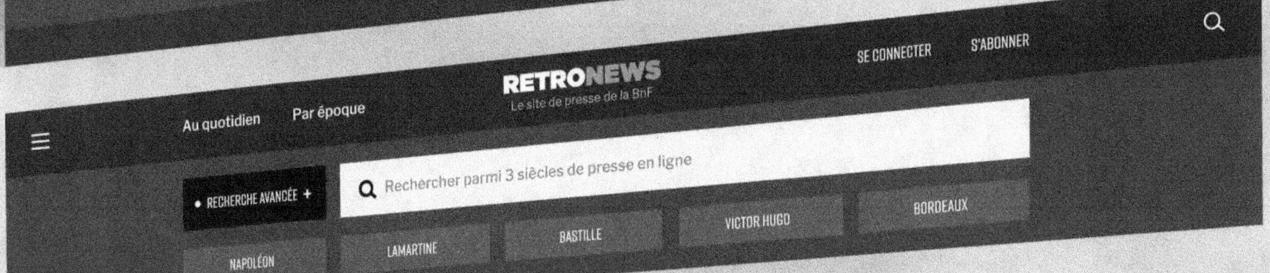

RETRONEWS

Le site de presse de la BnF

www.retronews.fr

LA TEMPÉRANCE

BULLETIN

DE LA

SOCIÉTÉ FRANÇAISE DE TEMPÉRANCE

ASSOCIATION CONTRE L'ABUS

DES

Boissons Alcooliques

2ᵉ SÉRIE — TOME VIII — ANNÉE 1887

PARIS

IMPRIMERIE DE LA SOCIÉTÉ DE TYPOGRAPHIE

NOIZETTE, DIRECTEUR

8, RUE CAMPAGNE-PREMIÈRE, 8

LA TEMPÉRANCE

BULLETIN

DE

LA SOCIÉTÉ FRANÇAISE DE TEMPÉRANCE

ASSOCIATION CONTRE L'ABUS

DES

BOISSONS ALCOOLIQUES

LA TEMPÉRANCE

BULLETIN

DE

LA SOCIÉTÉ FRANÇAISE DE TEMPÉRANCE

ASSOCIATION CONTRE L'ABUS

DES

BOISSONS ALCOOLIQUES

2ᵉ SÉRIE, T. VIII, ANNÉE 1887

PARIS

IMPRIMERIE DE LA SOCIÉTÉ DE TYPOGRAPHIE

NOIZETTE, DIRECTEUR

8, RUE CAMPAGNE-PREMIÈRE, 8

1888

LA TEMPÉRANCE

BULLETIN

DE LA SOCIÉTÉ FRANÇAISE DE TEMPÉRANCE

ASSOCIATION CONTRE L'ABUS DES BOISSONS ALCOOLIQUES

Reconnue établissement d'utilité publique par décret du 5 février 1880

DOCUMENT OFFICIEL

SÉNAT

DÉLIBÉRATION SUR LE PROJET DE RÉSOLUTION RELATIF A LA CONSOMMATION DE L'ALCOOL.

M. le président. L'ordre du jour appelle la deuxième délibération sur le projet de résolution présenté par la commission chargée de faire une enquête et de présenter, dans le plus bref délai possible, un rapport sur la consommation de l'alcool, tant au point de vue de la santé et de la moralité qu'au point de vue du Trésor.

La parole est à M. le rapporteur.

M. Claude, *rapporteur.* Messieurs, le rapport fait au nom de votre commission d'enquête sur la consommation de l'alcool vous a été distribué au commencement du mois d'avril, c'est-à-dire un an après la formation de votre commission. Il aboutit à des combinaisons qui sont aujourd'hui pour la deuxième fois soumises à votre approbation.

Permettez-moi, messieurs, de faire devant le Sénat, préalablement au débat qui pourrait s'ouvrir — je ne sais pas s'il en ouvrira un — un rapide exposé de la marche suivie par votre commission. (Très bien !)

Je pourrai ainsi vous rendre compte de la façon dont elle a procédé et vous mettre au courant des sources d'informations auxquelles elle a puisé.

Tout d'abord votre commission d'enquête a écarté de ses recherches tout ce qui était étranger à la formule du projet de résolution que vous avez voté le 15 mars 1886.

Ainsi, elle n'a consacré qu'une courte notice (notice annexe V) aux alcools dénaturés, parce que ces produits ne sont pas destinés à la consommation alimentaire.

Elle n'a pas cru toutefois devoir les passer entièrement sous silence, parce que rien ne montre mieux le double caractère de l'alcool, caractère bienfaisant et caractère malfaisant, que les précieux avantages que l'on en tire en l'employant à d'innombrables usages industriels. Au reste, ce double caractère de l'alcool se retrouve également dans le rôle de plus en plus considérable que lui fait jouer la consommation alimentaire dans le monde entier.

Ce n'est donc pas de la proscription de l'alcool qu'il s'est agi dans les délibérations de votre commission d'enquête.

Il ne s'est point agi, comme beaucoup de gens le croient, d'une pareille mesure ; il s'est agi seulement de rechercher en quoi l'alcool peut être utile dans la consommation alimentaire universelle et en quoi il peut être nuisible.

Cette déclaration n'est peut-être pas inutile dans un moment où s'opère chez plusieurs peuples une réaction des plus violentes, non seulement contre l'abus, mais contre le simple usage des boissons alcooliques.

Si l'on regarde, en effet, ce qui se passe aux Etats-Unis, par exemple, on voit que dans ce pays il s'est formé un grand parti politique, un parti avec lequel on sera un de ces jours absolument obligé de compter, et qui tend à faire prohiber la fabrication et la vente des boissons alcooliques, c'est-à-dire à l'abolition absolue de l'alcool.

Il est évident que pour qu'on ait songé à recourir à une mesure aussi absolue, il a fallu des causes bien extraordinaires. Il en est une qui s'exprime par un chiffre : aux Etats-Unis, la consommation de l'alcool coûte annuellement 4 milliards 200 millions de francs. Voilà le budget de l'alcool aux Etats-Unis.

Devant ce chiffre effrayant, il était assez naturel qu'il se formât un parti prohibitionniste.

De pareils ravages expliquent seuls le radicalisme du remède auquel je viens de faire allusion.

Votre commission d'enquête ne s'est pas un seul instant arrêtée à l'idée de ces mesures extrêmes.

Dès le début de ses travaux, elle a posé les règles qui ont servi de base à toutes ses recherches.

Ces règles, les voici :

« 1° Signaler les périls que fait courir à la santé et à la moralité publiques l'abus croissant des boissons alcooliques ;

« 2° Etudier la fraude dans ses causes et dans ses effets ;

« 3° En évaluer l'importance au point de vue fiscal et l'importance au point de vue hygiénique :

« 4° Rechercher les moyen de la réprimer, d'assujettir à l'impôt tous les alcools consommés et de ne laisser entrer dans la consommation que des alcools rectifiés ».

Telles ont été les règles qui ont servi de base à l'enquête.

Mais avant d'aller plus loin, je demande au Sénat la permission de faire une digression nécessaire.

Je vous ai parlé tout à l'heure des sources d'information auxquelles la commission d'enquête a si largement puisé.

Lorsque j'ai demandé au Sénat de vouloir bien voter la nomination d'une commission d'enquête, je n'ai été amené à une proposition de ce genre que par le spectacle que j'avais autour de moi, le spectacle d'un alcoolisme qui devient chaque jour plus dangereux et qui menace notamment les forces les plus vitales d'une région des plus intéressantes, puisqu'elle est à l'extrémité de la frontière de l'Est.

Trouver les documents dont nous avions besoin pour faire une enquête aussi importante que celle à laquelle nous nous sommes livrés n'était point peut-être chose facile. Votre commission n'a pas cru devoir entrer dans le système des enquêtes contradictoires, c'est-à-dire recourir à ces auditions pour ainsi dire sacramentelles dont on s'est si souvent servi.

Sans exclure cependant les auditions de cette nature, nous nous sommes surtout adressés aux différents chefs de service des administrations de l'État.

Eh bien, messieurs, nous avons rencontré auprès d'eux, non seulement la bonne volonté, mais des documents d'une abondance, d'une précision et d'une clarté véritablement remarquable. Ce n'est pas la première fois que j'ai eu, pour ma part, l'occasion de constater l'importance des documents statistiques et autres que l'Administration française tient en réserve. Une fois de plus, j'ai acquis la conviction qu'il n'y a pas d'enquête officielle, parlementaire ou extra-parlementaire, qui ne puisse être menée à bonne fin.

On s'est plaint quelquefois en effet de la pénurie des documents, et je suis bien aise d'avoir, pour mon compte, l'occasion d'affirmer, que, quand on le veut, on trouve dans notre administration française tous les renseignements possibles sur toutes les questions. C'est une justice que je tenais à lui rendre à la tribune, et je ne regrette qu'une chose en produisant devant le Sénat une affirmation de ce genre, c'est de n'être pas suffisamment autorisé pour envoyer un pareil compliment à nos chefs de service. (Très bien ! très bien !)

Ainsi, le directeur des contributions indirectes, à qui nous nous étions adressés tout d'abord, nous a fourni tous les éléments de cette carte un peu touffue, ou plutôt de ces deux cartes relatives à la consommation moyenne par tête par recette de l'alcool pendant les années 1881 à 1885, cartes contenues dans l'atlas annexé à notre rapport. Ces deux cartes combinées nous ont permis d'en dresser une troisième qui indique la marche et les variations apparentes de la consommation de l'alcool pendant ces mêmes années 1881 à 1885.

Je ne saurais trop faire remarquer que les indications données au point de vue de la marche et des variations de la consommation alcoolique ne sont, ne peuvent être qu'apparentes.

Aussi, à première vue, les phénomènes que ces cartes teintées constatent, présentent des anomalies dont il importe d'avoir la clef ; autre ment, on se trouverait sous l'impression d'une contradiction très violente avec les faits. La clef de ces anomalies, messieurs, elle est facile à donner. Pour certains départements, c'est la contrebande ; pour d'autres départements, c'est la fraude.

« Le rapprochement des deux cartes, dit le rapport général, fait ressortir deux faits remarquables.

« Le premier est l'affaiblissement, apparent toujours, de la consommation des départements du Pas-de-Calais, de l'Aisne, du Nord et des Ardennes.

« Si l'on sait que la consommation de l'alcool tend à augmenter avec la latitude, et que la Belgique consomme relativement plus d'alcool que nos départements frontières, on est forcément conduit à trouver la contrebande pour cause de la dépression signalée par les statistiques.

« Le second fait est l'affaiblissement, également apparent, de la consommation des départements du Calvados, de la Manche, de l'Orne, de la Mayenne, et autres, de la Normandie, et de la Bretagne. Là, ce n'est plus la contrebande qu'il convient d'accuser, c'est la fraude. Dans cette région notoirement en proie à l'alcoolisme, on ne peut admettre que le consommateur se soit tout à coup amendé et ait fait un retour à la tempérance ; mais on peut constater que les récoltes de cidre de 1883 et 1884 ont été particulièrement abondantes, qu'elles ont dépassé les limites habituelles de la consommation, et il y a tout lieu de penser que l'excédent de production, alors jeté à la chaudière par le bouilleur de cru, a été clandestinement écoulé sous forme d'eau-de-vie, au grand détriment des alcools soumis aux droits et par conséquent du Trésor, dont les recettes ont nécessairement fléchi. »

Telle est l'importance des renseignements qui nous sont venus de la direction générale des contributions indirectes. Le remarquable bulletin de statistique et de législation comparée, publié par le ministère des finances, nous a aussi fourni son contingent et nous lui avons fait d'utiles emprunts. Le ministère de la justice, pour la criminalité ; le ministère de la guerre, au point de vue du recrutement ; le ministère de l'intérieur, pour l'aliénation mentale : tous ces différents ministères, en nous apportant leur précieux concours, ont enrichi l'enquête de documents qui certainement feront date.

Votre commission avait demandé au ministère de l'intérieur l'état du mouvement des malades alcooliques dans les différents asiles publics. Les directeurs de ces établissements nous ont adressé, par l'entremise de M. le ministre, des renseignements qui constituent notre annexe VIII.

Je ne sais rien de plus instructif ni de plus poignant que la lecture de ces remarquables rapports.

Les cartes et les diagrammes dressés à l'aide de ces divers documents sont l'œuvre de M. Turquan, chef du bureau de la statisque générale de France au ministère du commerce et de l'industrie.

Les procès-verbaux de votre commission d'enquête ont été rédigés par M. Philippe de Rouvre, attaché au Sénat.

Je puis dire qu'avec des collaborateurs comme ceux que je viens de citer, la tâche de votre rapporteur n'était pas aussi difficile qu'on pouvait d'abord le craindre. (Approbation.)

M. Guyot. Ce travail vous fait également le plus grand honneur. (Très bien ! très bien !)

M. le rapporteur. Comme je viens de la dire, messieurs, votre commission d'enquête n'a pas eu recours aux questionnaires ordinaires ni aux dépositions contradictoires.

Elle a cru, cependant, qu'elle ne pourrait pas se dispenser d'entendre quelques-uns de nos collègues, entre autres M. Berthelot, M. Scheurer-Kestner. Vous avez pu vous rendre compte des services qu'ils ont rendus à la commission d'enquête dans les dépositions insérées aux procès-verbaux et qui se trouvent annexées au rapport. Nous avons entendu aussi M. Girard, chef du laboratoire municipal ; M. Bardy, chef du laboratoire de la régie (annexe III) ; enfin M. Emile Alglave, dont la déposition fait l'objet d'une annexe spéciale au rapport général (annexe XI).

La commission cependant s'est trouvée dès ses débuts en présence d'une question en quelque sorte préjudicielle. Cette question était posée par l'un des commissaires, notre collègue, l'honorable M. Théophile Roussel. Il l'avait posée dans des termes éloquents que je vais reproduire :

« La commission, disait M. Roussel, n'a pas à démontrer par la recherche de faits ni de chiffres la gravité et l'étendue croissante des ravages matériels et moraux qu'exerce l'alcoolisme, ni la profondeur de l'atteinte qu'il a déjà portée, dans certaines parties de notre population, à l'individu, à la famille, à l'espèce. Il a été fait depuis bientôt un demi-siècle, tant de peintures, effrayantes et vraies, de ce mal social, qu'il serait aisé, s'il le fallait, de rajeunir ces tableaux en y ajoutant les traits nouveaux, si attristants, qui se rapportent aux progrès de l'ivrognerie alcoolique chez les femmes, les adolescents et les enfants de notre pays.

« Il n'y a nulle part un écrivain, un statisticien, un administrateur, un magistrat, qui soutienne que l'alcool n'est pas le facteur principal du paupérisme, des crimes, de la folie et de toutes les dégradations humaines. Le ministre d'Angleterre qui a présenté, en 1871, l'important projet de loi intitulé : *The intoxicating liquor Licensing Act*, M. Bruce, disait au Parlement que « l'ivrognerie n'est pas un des grands maux de la société, qu'elle est positivement le plus grand de tous les maux avec lesquels les réformateurs sociaux ont à lutter (*The greatest Evil with which social Reformers had to contend*). Cette manière de voir doit être notre point de départ. Nous avons mesuré le mal. Notre tâche consiste à en rechercher les remèdes d'ordre législatif.

« Cependant, si la commission jugeait bon de recueillir des documents statistiques, il semble qu'il ne serait pas sans profit de rechercher ceux qui permettraient d'évaluer la perte annuelle de salaire que les boissons alcooliques causent à notre population ouvrière.

« M. Leone Levi, que ses compatriotes considèrent comme un de leurs meilleurs « compulseurs de documents officiels », évaluait, il y a une dizaine d'années, le total des salaires payés, par an, aux ouvriers anglais, 10 milliards 450 millions. En présence de tels chiffres, qui sembleraient devoir rendre le paupérisme impossible, la grande extension de la misère parmi les ouvriers anglais a été expliquée par les chiffres suivants, produits par M. Thomas Irwing White, au congrès international de Paris en 1878 : pendant les quatre années de 1866 à 1869, ces ouvriers ont dépensé en boissons fortes une somme de 11 milliards 370 millions, ce qui représente une dépense moyenne annuelle de près de 3 milliards (2. 639.985.755 fr.). »

Voilà, messieurs, le budget de l'alcool en Angleterre.

Ainsi, dès sa première séance, la commission entendait un de ses membres les plus autorisés déclarer qu'au point de vue hygiénique et moral la cause était entendue, et qu'il n'y avait plus à faire la démonstration des ravages exercés par l'alcoolisme.

L'assertion était vraie pour ceux qui ont observé et suivi le fléau dans ses différentes manifestations ; mais votre commission a pensé que, pour les autres, c'est-à-dire pour le public, il était nécessaire de signaler les travaux qui jettent une si vive lumière sur la nouvelle maladie sociale.

Elle a pensé aussi qu'il était de son devoir d'apporter à une démonstration nouvelle son contingent d'informations et de faits. Certes, il semble qu'il n'y ait plus rien à dire après les admirables travaux du docteur Lancereaux, par exemple ; les extraits si nombreux, si larges, si sûrs que nous en avons donnés dans le rapport, montrent jusqu'à quel point l'alcoolisme a été étudié avec sagacité. Non ; il n'y a plus rien à dire quant aux effets physiologiques, cela est évident ; la description en a été faite non seulement par le docteur Lancereaux, mais par tous les alcoologues de France, par tous ceux qui se sont occupés de ce fléau.

Cependant, il y a incessamment autour de soi des faits à relever, des ravages quotidiens à constater ; il y a des statistiques toujours nouvelles à dresser, et nous voudrions, quant à nous, que l'on créât un poste, un véritable poste d'observation au centre d'une des régions les plus contaminées. Je suis convaincu que si un poste d'observation de ce genre était établi dans la région de l'Est, par exemple, on porterait la persuasion dans l'esprit de ceux qui réclament encore, en parlant de l'alcool, la liberté du commerce, c'est-à-dire pour les ouvriers, pour le peuple surtout, la liberté de s'intoxiquer, de s'empoisonner avec des alcools qui, presque tous, viennent de la contrebande, viennent de la fraude.

Maintenant, messieurs, je reviens à l'un des points du programme qui ont été si magistralement traités par notre collègue M. Roussel. « Si, disait-il, la commission jugeait bon de recueillir des documents statistiques, il semble qu'il ne serait pas sans profit de rechercher ceux qui permettraient d'évaluer la perte annuelle des salaires que les boissons alcooliques causent à notre population ouvrière. »

Votre commission n'a pas pu suivre cette indication, qui l'aurait menée beaucoup trop loin.

Au reste, à ce moment même, le vœu de notre collègue se trouvait en quelque sorte réalisé par une publication faite par le docteur Jules Rochard. C'est dans la *Revue des Deux Mondes* que M. Rochard publiait le remarquable travail où il établissait le budget de ce qu'il appelait « ce vice ruineux et humiliant ».

Le prix des journées perdues y figure pour une somme de 962 millions 771.000 francs par an — mettons en chiffre rond un milliard, puisque nous en voilà si près — enlevée annuellement au salaire de l'ouvrier français par la consommation alcoolique, consommation que l'on peut considérer comme toxique dans les neuf dixièmes des cas. Ainsi un milliard de salaires perdu !

Ajoutez-y les 1.000 millions consommés comme le disait ces jours derniers un journaliste, sur le zinc, et nous voilà alors à 2.000 millions, auxquels il faut ajouter encore les pertes redoutables, conséquence fatale d'un vice pareil, d'une consommation aussi excessive, pour la solidité de la main-d'œuvre, les pertes, en un mot, qui font échec à nos forces productrices.

Quand on se trouve en présence de semblables constatations, on est tout disposé à croire que la véritable réforme sociale, permettez-moi le mot, se trouve dans un petit verre. Il est évident, en tout cas, que l'on pourrait faire l'économie de sommes énormes, non pas l'économie résultant de la privation d'une consommation de boissons alcooliques utiles, saines, réconfortantes, mais seulement de le consommation inutile qui, comme je le disais tout à l'heure, porte, la plupart du temps, sur des alcools dont les éléments toxiques ont été constatés par tous les médecins.

Maintenant, j'arrive aux considérations qui constituent le fond même de l'enquête. Toute la question de l'alcool, en effet, se rattache moralement et fiscalement : 1° à la législation de 1880 sur la liberté des cabarets, c'est-à-dire à l'envahissement constant et progressif des débits de boissons alcooliques ; 2° à la loi du 14 décembre 1875 sur les bouilleurs de cru, c'est-à-dire à l'impunité de la fraude qui va se généralisant, ruinant le commerce loyal, dévalisant le Trésor, empoisonnant les populations rurales et urbaines ; 3° à l'affaiblissement des directions générales de la répression constamment gênées dans leur action, il faut bien le dire, par la politique. (Vive approbation sur plusieurs bancs.)

Je voudrais bien déblayer le terrain de la discussion en traitant immédiatement la question des cabarets et des débits de boissons.

Cette question est simple, claire, et semble facile à résoudre. Elle a donné lieu à des statistiques d'une grande précision et d'une éloquence très saisissante.

Voici, en effet, quelques chiffres :

En 1888, il y avait, en France, 399.148 débits de boissons — disons, en chiffres ronds, 400.000 — sans compter, messieurs, les 80.000 débits de Paris que je ne fais pas entrer dans cette statistique. Le nombre des habitants, par débit, s'élève ainsi, pour toute la France, à 94 habitants pour un débit.

Dans beaucoup de départements, la proportion d'habitants par débit est bien au-dessous de ce chiffre. Ainsi, dans le Nord, elle est de 46 habitants.

M. Paris. Y compris les enfants ?

M. le rapporteur. Y compris tout le monde ! Je vais, tout à l'heure, faire la défalcation.

Dans les Ardennes, elle est de 88 ; dans l'Aisne, dans le Calvados, dans la Seine-Inférieure, elle est de 66 ; dans la Somme, elle est de 60, etc...

Partout, excepté en Auvergne, pays singulièrement privilégié sous ce rapport, le nombre des débits s'accroît rapidement.

« Si l'on suit cette pente encore pendant quelques années, dit l'*Annuaire économique de Bordeaux et de la Gironde*, nous verrons bientôt un débit de boissons par chaque vingtaine d'habitants. » (Mouvement.)

Ce cri d'alarme poussé pas l'Annuaire girondin n'est malheureusement que trop justifié, d'après ce qui se passe au chef-lieu d'un de nos plus beaux départements.

En 1836, il y avait, à Bordeaux 269 débits, cabarets et restaurants, pour une population de près de 99.062 habitants, soit un débit pour 368 habitants.

En 1886, il y a 2.914 débits pour une population de 240.802 habitants ; soit un débit par 82 habitants. Ainsi, de 368 habitants par débit, on est tombé à 82, à Bordeaux.

L'accroissement constant du nombre des débits peut inspirer une grande et juste inquiétude. Mais ce qui est plus inquiétant encore, c'est le caractère moral que prennent la plupart de ces établissements dans les grandes villes, parmi les populations qui vivent autour des casernes, partout où il y a de grandes agglomérations ouvrières.

Voici ce que dit encore, au sujet de ce caractère, le même *Annuaire économique de Bordeaux et de la Gironde* :

« La concurrence excessive que tous ces débits se font entre eux a poussé quelques-uns à chercher des moyens d'attraction malsains dans le jeu et la débauche. »

Eh bien, messieurs, — votre rapporteur l'avait constaté ailleurs, — l'ancien cabaret, le cabaret si joyeux, si gaulois, si conforme au tempérament national, qu'on chantait sur tous les tons, de notre temps, ce cabaret se transforme en un lieu de débauche ! Vous ne retrouverez plus dans ces endroits où on pouvait se risquer autrefois, cette franche gaîté qu'on a célébrée !... Vous y trouverez aujourd'hui l'alcoolisme avec son mutisme sauvage, avec le caractère de toutes les dégradations qu'il entraîne à sa suite. (Très bien ! très bien ! et applaudissements sur un grand nombre de bancs.)

Messieurs, je sais bien qu'on prétend justifier le développement des cabarets en invoquant la liberté du commerce. Ainsi, au congrès international pour l'étude des questions relatives à l'alcoolisme, tenu à Bruxelles au mois d'août 1880, un hygiéniste belge, M. le docteur Belval, constatait, dans la séance du 6 août, qu'en France, au congrès de 1878, plusieurs auteurs, notamment M. Frédéric Passy, avaient montré leur répugnance pour toute atteinte apportée au principe de la liberté commerciale. (Interruptions.)

M. Paris. Périssent les colonies plutôt qu'un principe !

M. le rapporteur. Mais M. le docteur Belval s'empressait d'ajouter :

« Il y a cependant certaines considérations que je ne puis m'empêcher de citer ici comme parlant en faveur d'une autorisation préalable. Il est impossible de nier, en effet, que les débits de boissons ne soient des établissements insalubres et incommodes (c'est ainsi que les considère la société française de tempérance), et à un degré bien plus marqué même que les dépôts d'allumettes chimiques, que les boulangeries, que les pâtisseries... »

Suivent les noms de toutes les industries insalubres dont est donnée ici la nomenclature. — Je passe outre.

« On peut dire, d'une manière générale, qu'aucune règle d'hygiène n'est observée, en effet, dans l'installation de ces débits, et il n'est guère d'atmosphère plus malsaine que celle dans laquelle sont plongés ceux qui les fréquentent. L'insalubrité, sous ce rapport, est incontestable. Quant à l'incommodité, demandez aux voisins. Les cris, les chants se prolongeant jusqu'à une heure avancée de la nuit ; les odeurs nauséabondes pénétrant dans les appartements voisins... »

Je ne continuerai pas ce tableau.

Voilà, messieurs, où en était la Belgique en 1880, et on peut dire hardiment que voilà où en est la France en l'an de grâce 1887. (Mouvement.)

Cependant, je dois dire qu'au congrès de Paris, de même qu'au congrès de Bruxelles, les économistes français et belges se sont mis d'accord sur la nécessité de frapper d'une imposition spéciale les débits de boissons alcooliques.

C'est en obéissant à des préoccupations du même genre, messieurs, que votre commission s'est prononcée en faveur du quadruplement des licences. Une proposition se rattachant au même ordre d'idées a été faite : elle avait été formulée par moi.

Je demandais que l'on réduisît le nombre des débits au fur et à mesure des extinctions produites, soit par la mort, soit par la faillite ; — je m'empresse de déclarer que je crois qu'il ne faudrait pas manier brutalement des restrictions de cette nature et qu'il faut y porter une main légère. Mais la question de liberté commerciale s'est dressée devant nous, et alors nous avons pensé que, sans contrevenir à aucun principe, nous atteindrions le même résultat par le seul fait d'une modification fiscale, c'est-à-dire en quadruplant les licences.

Il est bien certain, messieurs, qu'une pareille mesure ferait disparaître une grande quantité de cabarets — et on peut le dire -- les pires de tous.

Maintenant produirait-elle tous les effets que nous cherchons ? — L'expérience seule peut le dire.

Mais en attendant, je vous prie, messieurs, de ne pas perdre de vue qu'il y a aujourd'hui 400.000 débits en France, dont un grand nombre ont le caractère que j'ai indiqué.

Dans ces 400.000 débits, je ne comprends pas les 30.000 débits qui sont à Paris, et que cela fait un débit par 94 habitants.

Mais, comme le faisait observer tout à l'heure l'honorable M. Paris, les femmes et les enfants ne sont pas compris dans ce chiffre. En réalité, dans la pratique, nous avons un débit par 30 ou 40 personnes.

M. Delbreil. Et ceux qui n'y vont pas boire?

M. le rapporteur. Il faut évidemment défalquer encore de ce chiffre les vieillards, les malades, en plus les femmes et les enfants. Cependant, la défalcation des femmes et des enfants ne doit malheureusement pas être faite partout.

Je connais des régions en France où les femmes et les enfants vont au cabaret tout aussi bien que les hommes.

Quoi qu'il en soit, je viens de vous donner des chiffres qui parlent assez haut; je laisse le Sénat sous cette impression.

Maintenant, nier l'influence des délits sur l'accroissement de la consommation de l'alcool serait nier l'évidence ; cela reviendrait absolument à nier l'influence, grâce à la législation du 14 décembre 1875, du privilège des bouilleurs de cru sur le développement de la fraude.

Le privilège des bouilleurs de cru a été, il faut bien le dire, le point culminant de l'enquête de votre commission. Aussi lui a-t-elle donné le premier rang dans les résolutions qui sont soumises aujourd'hui à votre approbation.

Il ne pouvait guère en être autrement, car le privilège des bouilleurs de cru est le principal facteur de l'alcoolisme dans nos campagnes.

Voilà la situation telle qu'elle existe à l'heure où je parle.

Tout d'abord, il importe de définir exactement ce privilège. Il n'est plus question du privilège des bouilleurs de cru tel qu'il existait avant la législation du 14 décembre 1875 ; alors les bouilleurs de cru se trouvaient exonérés de l'impôt qui aurait frappé 18, 20, 25, 40 litres d'alcool — plus ou moins, la quantité n'y fait rien.

Ce privilège consistait donc dans une immunité, laquelle immunité ne dispensait les bouilleurs de cru ni de l'exercice ni de la déclaration préalable.

Mais il n'en est plus ainsi.

La législation sur les bouilleurs de cru consiste, comme vous le savez, en un article unique dont voici le texte :

« Les propriétaires et fermiers qui distillent les vins, marcs, cidres, prunes et cerises provenant exclusivement de leurs récoltes sont dispensés de toute déclaration préalable et sont affranchis de l'exercice. »

Voilà cette loi dans sa simplicité, dans sa précision et, on peut le dire, dans sa clarté.

Elle n'a pas seulement constitué un privilège monstrueux — car véritablement au temps d'égalité où nous sommes il doit paraître étrange que 500.000 individus, 600.000 peut-être, à l'heure qu'il est, soient dispensés de l'exercice et de la déclaration préalable.

Et qu'on y fasse attention, je viens de dire 500.000, 600.000 peut-être ; oui, d'après la dernière statistique qui a été dressée par le ministère des finances, dans le *Bulletin de statistique et de législation comparée*, le nombre des bouilleurs de cru, pendant l'année 1886, s'élève à 540.000.

Messieurs, j'affirmerais bien, sans craindre d'être téméraire, que, actuellement, il y en a 600.000 ! Le métier, en effet, est excellent.

M. Testelin. C'est une invitation à la fraude.

M. le rapporteur. C'est, comme on le dit, une invite à la fraude. Il est presque inouï qu'une loi semblable règne encore dans notre pays. Comment voulez-vous que le paysan, le cultivateur, le propriétaire ou le fermier résiste aux excitations continuelles qui lui viennent d'une pareille législation ! A l'Assemblée nationale, à l'époque où cette loi a été votée, messieurs, je l'ai votée ; — beaucoup de mes collègues l'ont également voté ; mais à cette époque-là ceux qui faisaient la loi ne pouvaient prévoir ni le phylloxera ni surtout le triomphe définitif des alcools d'industrie sur les ruines de l'alcool vinique.

Car c'est précisément le triomphe des alcools d'industrie qui crée aujourd'hui le danger ; c'est, en effet, le triomphe des alcools d'industrie qui a amené les bouilleurs de cru au point où les voilà, c'est-à-dire à se transformer en bouilleurs de profession non exercés. (C'est évident !) Car, soyez-en convaincus, les bouilleurs de cru ne sont des bouilleurs ni dans les termes de l'ancienne législation ni dans ceux de la législation actuelle ; ils sont ce qu'on appelle des bouilleurs de profession, mais des bouilleurs de profession qui ne subissent pas l'exercice et qui sont absolument affranchis, bien entendu, de la déclaration préalable.

Messieurs, le bouilleur de cru n'est plus le modeste distillateur de sa récolte, comme la loi le voudrait ; ce n'est plus non plus le distillateur qui ne distille que les vins, les marcs, le cidre, les prunes ou les cerises, mais un bouilleur qui distille des récoltes qu'il achète chez ses voisins, et même des récoltes qu'il fait venir de n'importe quelle région. Que la matière vienne de près ou de loin, le bouilleur de cru se trouve, dans un cas comme dans l'autre, absolument réfractaire à la loi.

Le dernier numéro du *Bulletin de statistique et de législation comparée*, paru au mois de mai, contient un relevé des quantités produites en 1886 dans les départements à cidre seulement. Cette statistique, messieurs, est assez curieuse, et je vous demande la permission de vous citer un passage du travail auquel elle a donné lieu :

« Mais ces indications du service de la régie ne sont qu'approximatives... Les données des statistiques basées sur le rendement des récoltes autorisent à penser que les alcools produits en dehors de toute surveillance s'élèvent à un chiffre beaucoup plus élevé. Il est de notoriété, en effet, que sous le couvert de l'immunité qui leur est concédée par la loi, un grand nombre de bouilleurs de cru fabriquent de l'alcool avec des matières d'achat, et les quantités ainsi obtenues dépassent dans une forte proportion la production de la récolte. »

Or, messieurs, ce phénomène de la métamorphose de bouilleurs de cru en bouilleurs de profession non exercés ne s'est pas seulement produit dans les pays à cidre ; il s'est généralisé, universalisé ; il s'étend à tous les départements de France. Il n'y a, aujourd'hui, que très peu de départements qui n'aient pas leurs bouilleurs de cru. Vous voyez dans nos campagnes, dans les villages, dans les fermes isolées, passer un industriel ambulant qu'on appelle l'homme à l'alambic. Cet homme à l'alambic, qui est un bouilleur de profession, lui, s'en va dans les maisons, dans les fermes, et là il demande : « N'avez-vous rien à distiller ? » Oui, on a quelque chose à distiller.

Aujourd'hui, dans une foule de localités où naguère encore on ne savait point ce que c'était que la distillation, on profite du passage de cet homme, on se sert de son appareil, et on fait distiller, non pas les fruits qui sont énumérés dans la loi, mais n'importe quelle matière. Il n'y pas lieu de se retrancher derrière cette objection, que la distillation n'est point facile, qu'un instrument qui sert à distiller des marcs, des cidres ou des vins ne peut pas distiller des pommes de terre ou des betteraves. C'est une erreur, messieurs !

La science de la distillation est poussée aujourd'hui très loin, et j'ai vu, de mes propres yeux vu, dans un village où on ne savait pas, il y a quelques années ce qu'était un alambic, j'ai vu, dis-je, aujourd'hui, des gens se mettre bien vite au courant et distiller maintenant pour leur compte ; et dans la plupart de ces cas-là, il est nécessaire de l'ajouter, la perception des droits est absolument inconnue. Sur les 540.167 bouilleurs de cru — chiffre donné par le bulletin du ministère des finances — il y a — tous les bouilleurs ne distillant pas dans la même année — 248.647 bouilleurs qui ont distillé.

Eh bien, cette année, comme je le disais, nous avons encore vu s'accroître le nombre des bouilleurs de cru.

Tous les ans, ce nombre augmente de 25.000, 30.000 et 40.000 ; mais l'accroissement devient tous les jours plus considérable, et la progression finira par devenir géométrique si on n'y met ordre, parce que, ainsi que je le disais tout à l'heure, le métier est trop bon. Produire de l'alcool frappé d'un droit de 156 fr. 26 par hectolitre, et le produire sans payer ce droit ; ne plus consommer cet alcool dans la famille, comme le voulait la loi, ou ne plus l'employer à viner les vins trop faibles, mais le vendre et profiter par conséquent des 156 fr. 25 que devrait toucher le fisc, — c'est là un métier très tentant ; et j'ai la conviction que si le privilège des bouilleurs de cru n'est pas supprimé, il sera impossible d'empêcher la pullulation des bouilleurs de cru, et impossible surtout d'empêcher que cette espèce de distillateurs ne portent aux intérêts du Trésor un coup funeste et ne fassent échec au fisc. (Très bien ! très bien ! sur un grand nombre de bancs à gauche.)

Aussi, messieurs, je crois qu'il faudrait se hâter, et je suis bien aise de voir à son banc M. le ministre des finances, pour le dire devant lui, il faudrait se hâter de voter un droit de statistique sur les alambics (Nouvelle approbation) ; cela permettrait de constater leur nombre, et le rendement de ce petit impôt, de ce droit de statistique, pourrait être employé à remonter le moral des employés que des mesures imprudentes ont un peu découragés. (Très bien ! et applaudissements sur les mêmes bancs.)

Mais en attendant, si les 600.000 bouilleurs de cru actuels arrivent à produire en moyenne chacun un hectolitre d'alcool absolu, c'est une somme annuelle de 120 millions qui échapperait au Trésor.

Eh bien, j'ai, quant à moi, la conviction parfaite que la perte est plus considérable, et je vais en donner une raison.

Il y a quinze ans, alors que le nombre des bouilleurs de cru était de moitié plus faible qu'aujourd'hui, M. Léon Say, dont je regrette vivement l'absence, et M. des Rotours — le libre-échange et la protection en présence, étaient parfaitement d'accord dans cette circonstance-là, et c'est assez rare. (Sourires.) — M. Léon Say et M. des Rotours, alors nos collègues à l'Assemblée nationale, prévoyaient un gain de 46 millions pour le Trésor si l'on supprimait l'immunité.

C'est à ce propos, messieurs, que j'ai cité dans le rapport un mot de M. Magne.

On disait à M. Magne : « La suppression du privilège des bouilleurs de cru a rapporté considérablement » — elle avait rapporté, je crois une trentaine de millions — et M. Magne, qui avait analysé minutieusement les conséquences de la loi 1872, s'écria : « Avec une loi comme celle-là, nous avons du pain sur la planche ! »

Cela voulait dire : « Avec les produits de la réforme fiscale que nous venons d'opérer nous payerons — vous savez quoi, messieurs — les cinq milliards et le reste. »

Eh bien, il n'y avait pas là d'exagération, selon moi, et je suis certain qu'une réforme fiscale faite dans le sens que j'indique produirait aujourd'hui des ressources plus que suffisantes pour mettre M. le ministre des finances à son aise (Sourires), et il n'est pas précisément à l'aise ! (Nouvelle hilarité).

Dira-t-on que j'exagère ? Dira-t-on que tous les bouilleurs de cru ne sont pas des fraudeurs ; qu'ensuite, comme je l'ai dit moi-même d'ailleurs, ils ne distillent pas tous la même année ; qu'enfin les produits de tous les bouilleurs de cru réunis n'ont pas une importance suffisante pour atteindre sérieusement les recettes du Trésor ?

Produira-t-on ces allégations ? Sur le premier point, c'est-à-dire sur cette allégation que tous les bouilleurs de cru ne sont pas des fraudeurs, j'avoue, pour l'honneur de la conscience humaine, que je suis prêt à faire les plus larges concessions ; mais depuis quand, messieurs, le législateur a-t-il institué la conscience humaine comme arbitre entre l'intérêt individuel, au nom duquel elle parle le plus souvent, et l'intérêt du fisc, qui, lui, parle au nom de cet être de raison que l'on appelle l'État ? Si vous mettez dans cette situation la conscience humaine, naturellement sollicitée par l'intérêt individuel, j'ai bien peur qu'elle ne succombe la plupart du temps.

M. Testelin. Elle est bien faible et se laisse enlever par le poids de l'intérêt.

M. le rapporteur. Poser la question ainsi, messieurs, c'est la résoudre, et je me refuse à insister sur ce point. J'admets d'ailleurs parfaitement qu'il puisse y avoir bon nombre de bouilleurs de cru — il y en a, et je vais le montrer tout à l'heure par un chiffre — dont la conscience se refuserait à vendre une partie quelconque de leur production d'alcool sans inviter le fisc à prélever au préalable le droit de 156 fr. 25 (Mouvements divers.)

Cependant à franchement parler, quand je vois sourire quelques-uns de mes collègues, je crois qu'on n'admet pas facilement qu'il puisse y avoir beaucoup de gens ainsi disposés à sacrifier leur intérêt. Malheusement, la fraude est encore considérée aujourd'hui comme pain bénit : c'est là une question de conscience qui n'a pas été suffisamment résolue au profit de l'État.

Il faut bien cependant qu'il y ait des bouilleurs de cru qui fassent la déclaration, puisque, dans le courant de 1886 il y en a eu 248,647 qui, distillant, ont payé les droits sur 71,827 hectolitres d'alcool. Mais après ? Qui oserait soutenir que 540,647 alambics, travaillant publiquement ou clandestinement dans nos campagnes, n'ont produit que 71,827 hectolitres d'alcool, c'est-à-dire un peu moins de 29 litres par bouilleur de cru ? (Rires).

Cela n'est pas soutenable. Cette proportion prouve clairement que les 71,827 hectolitres, sont un chiffre infiniment trop faible. Comment ! on se ferait bouilleur de cru pour distiller 29 litres ! Ça ne serait vraiment pas la peine d'acheter un alambic !

Cependant, ce chiffre s'expliquerait encore si les bouilleurs de cru se trouvaient dans les conditions d'autrefois, si les bouilleurs étaient des vignerons se bornant à distiller modestement les matières indiquées dans la loi, restant cantonnés dans leur privilège, ne distillant enfin que leur récolte et les fruits qui font l'objet de l'immunité, vins, marcs, prunes cerises, cidres.

Mais il n'en est plus ainsi, je l'ai dit et je tiens à le redire. Le bouilleur de cru est devenu presque partout un bouilleur de profession non exercé. Ce bouilleur non exercé fait la déclaration ou ne la fait pas, ou bien il la fait pour une quantité relativement minime, à seule fin de faire le bon apôtre devant les agents de la régie. (Très bien ! très bien ! sur un grand nombre de bancs.)

Car, c'est ainsi que souvent on amadoue le fisc ; on fait des déclarations, mais on ne déclare qu'une quantité infime. On s'en vante, et on dit : » J'ai fait une déclaration ! » C'est vrai, mais on n'a fait qu'une déclaration incomplète. Il faut pourtant reconnaître, messieurs, que si les bouilleurs de cru jettent ainsi de la poudre aux yeux des employés de la régie et peuvent le faire, c'est parce que le zèle de ceux-ci a été singulièrement paralysé, qu'ils ont été découragés et écœurés par certaines mesures prises récemment.

Ainsi voici à ce sujet ce que m'écrit l'un d'eux — parmi beaucoup de communications de ce genre-là je cite celle-ci parce qu'elle m'a paru la plus topique dans sa simplicité, dans sa véracité absolue.

« Je viens vous donner quelques détails qui pourront vous être utiles dans l'enquête que vous avez provoquée, et vous éclairer sur la loi actuelle régissant les bouilleurs de cru, loi qui est inapplicable à cause du favoritisme qu'elle engendre et de l'impossibilité matérielle où sont les employés de constater les quantités fabriquées par les récoltants et par les non récoltants.

« Dans la plupart des départements de l'Ouest, les alambics sont la propriété d'individus qui vont à domicile exciter les cultivateurs et simples particuliers à faire distiller leurs cidres et leurs lies. Depuis quatre ou cinq ans, tout le monde fait distiller, et vous allez juger des difficultés que rencontrent les agents de l'État.

« Je suis receveur dans une ville de 3.000 habitants, avec des localités rurales assez importantes.

« Les propriétaires d'alambics viennent très fréquemment dans cette ville se livrer à des travaux de distillation. Naturellement, ceux qui ont récolté font bouillir leur mauvais cidres et leurs lies ; leurs voisins, qui ont fabriqué leur cidres chez eux avec des pommes d'achat, veulent aussi distiller leurs lies.

« Ils comptent sans l'agent du fisc, qui leur dit : Il faut payer les droits.

« Payez les droits, répondent-ils, je n'en dois point. M. un tel, mon voisin, n'en a pas payé. — C'est vrai, dit l'employé, M. un tel n'en doit point, parce qu'il a fait son cidre chez lui avec des pommes provenant de sa récolte, tandis que vous, vous l'avez fabriqué chez vous avec des pommes achetées. — Des pommes de sa récolte ! réplique le non-récoltant ; mais il ne possède que cinq pommiers, et la plus grande partie de

son cidre a été faite avec des pommes achetées comme les miennes.
— Ce que vous me dites est vrai, répond l'agent, je le sais ; mais la loi
l'exonère de tout paiement. Je regrette d'avoir à appliquer une loi aussi
partiale, mais c'est la loi.

« L'individu propriétaire de l'alambic intervient alors et dit à l'agent :
Mais vous êtes plus sévère qu'ailleurs ; je viens de tels et tels endroits,
on y distille chez tout le monde, propriétaire récoltant ou non. A cela je
réponds que là on n'applique pas la loi ; mais en moi-même, outré d'avoir à
appliquer une loi dans de telles conditions, je me dis que le fraudeur a
raison, et que le plus sage serait de fermer les yeux. »

Voilà, messieurs, où en arrivent les agents ; l'impossibilité d'appliquer la loi les conduit à faire de pareilles réflexions. Le nombre des
communications de ce genre que j'ai reçues est énorme, bien qu'elles
soient faites par leurs auteurs avec une certaine défiance.

Ils n'osent pas tout dire, en effet ; il y en a qui ne signent pas, ils ont
peur — c'est tout naturel — pour leur situation.

L'auteur de la lettre que je vous ai fait connaître ajoute encore :

« Vous devez penser que les renseignements statistiques sur la fabrication de l'alcool chez les récoltants ou ceux qui ne le sont pas ne peuvent être exacts, et, je le répète, que l'exécution de cette loi est impossible et qu'il faut la liberté complète ou l'assujettissement pour tous.

« En dehors de la perte que subit le Trésor, il est nécessaire, au point
de vue de l'hygiène, que l'immunité de cet impôt cesse, car les populations des campagnes s'alcoolisent de plus en plus, se livrent à l'ivrognerie
et deviennent misérables.

« Il serait aussi très utile que la loi ne permît que la vente d'alcool
bien rectifiés. Il y a quelques années, un de mes collègues me disait
que dans une caserne on n'achetait que de mauvaises eaux-de-vie, que le
cantinier additionnait de beaucoup d'eau pour enlever le mauvais goût,
et suppléait à la qualité par la quantité au détriment de la santé des jeunes
gens que les pères de famille confient à l'Etat. » (Très ! très bien !)

Cette dernière partie est à renvoyer à M. le ministre de la guerre, car
ce n'est malheureusement que trop vrai. Voilà, messieurs, la situation
que fait aux employés de la régie la législation sur les bouilleurs de cru.

Quant à dire que tous les bouilleurs de cru ne sont pas distillants dans
la même année et qu'un grand nombre d'alambics sont à l'état de chô-
mage ou de travail alternatif, c'est une allégation qui n'est pas plus
vraie dans sa généralité que ne l'est dans sa précision l'évaluation qui
classe nos 540,107 bouilleurs de cru de 1886 en 248,047 distillants et
291,520 non distillants.

Ce sont des évaluations qui sont nécessairement mises en défaut par
le travail occulte ou par d'autres causes que je ne veux pas rechercher.

Cette question se lie d'ailleurs intimement à celle des quantités dé-
clarées et taxées, c'est-à-dire à la question de préjudice que cause au
Trésor la non-déclaration. J'y arrive.

Ici, messieurs, nous marchons sur un terrain plus solide. Nous savons déjà, d'après les chiffres de l'administration, qu'en 1880 il y a eu 540,167 bouilleurs de cru produisant 71,827 hectolitres d'alcool déclarés et taxés.

Je vous ai mis en garde contre cette évaluation en vous citant l'opinion des rédacteurs du bulletin de statistique au ministère des finances, opinion que je vous ai fait connaître il y a un instant : « Ces indications du service ne sont qu'approximatives, etc. ».

La diminution accusée dans la production des bouilleurs de cru depuis 1875 commence avec l'application de la loi constitutive de leur privilège.

C'est là un fait que mettent en lumière les chiffres suivants :

« De 377,000 hectolitres en 1875, la production des bouilleurs de cru tombe rapidement à 69,000 hectolitres en 1885, après avoir passé par 25, 31, 34, 40,000 hectolitres dans les quatre années 1880 à 1883. On aurait pu objecter autrefois qu'il existe des différences considérables dans le rendement des récoltes successives et, par conséquent, dans les quantités annuelles de matières à distiller. Mais cette objection n'a plus de valeur depuis que le bouilleur de cru alimente illégalement son alambic avec des matières premières de toute provenance et de toute nature.

« Dans nos départements du Nord-Ouest, plus la récolte des cidres a été abondante, plus la perception de l'impôt sur l'alcool a été faible l'année suivante. Cela s'explique facilement. En 1883, par exemple, la récolte de cidre dépassant de beaucoup les besoins de la consommation, les bouilleurs de cru ont distillé l'excédent, puis ils ont écoulé frauduleusement leur alcool en 1884 et ont fait ainsi baisser le produit de la taxe sur les eaux-de-vie de commerce ».

C'est un fait, messieurs, qui se produit partout. Plus les récoltes sont abondantes, moins les eaux-de-vie de commerce, c'est-à-dire les eaux-de-vie taxées, se vendent. De sorte que le phénomène qui semblerait devoir enrichir le Trésor l'appauvrit au contraire.

Devant les faits que votre commission a relevés, devant les chiffres qu'elle a produits, je me crois, messieurs, parfaitement autorisé à dire que le maintien du privilège des bouilleurs de cru tuera non seulement la distillerie honnête, mais encore le commerce honnête, en même temps que, par surcroît, il empoisonnera nos campagnes.

Il est absolument impossible que la distillerie et le commerce honnêtes puissent supporter une concurrence aussi déloyale ; et si dans certains départements vinicoles les bouilleurs de cru donnent d'excellents produits, partout ailleurs ils ne vendent, en fraude, que de mauvais alcools, que des flegmes, que des produits qui n'ont pas passé par les rectifications voulues pour être présentés à la consommation alimentaire.

Là, la production de l'alcool ne peut donc plus être évaluée en chiffres même approximatifs ; cela est absolument impossible, parce que la fraude a pris de telles proportions, qu'elle a dérouté toutes les statistiques.

Ainsi les uns évaluent la fraude à 120 millions, d'autres à 200 millions. Je pense que ces derniers ne sont pas si loin de la vérité qu'on pourrait le croire.

Nous consommons en France près de 1,500,000 hectolitres d'alcool — j'entends d'alcool absolu — mais il ne faut voir ici que la consommation apparente.

La consommation réelle, de combien est-elle ?

Des statisticiens d'une compétence que personne ne conteste, M. Luzet, par exemple, qui a été cité dans le rapport, ainsi que différents syndicats qui ont donné, soit à la commission, soit au Gouvernement, des renseignements très complets, ont trouvé que cette perte de 200 millions n'était pas exagérée.

En compulsant tous les monceaux de chiffres qui me sont arrivés de divers côtés, j'ai pu me faire une opinion personnelle.

J'ai la conviction absolue — et je le déclare devant l'administration française, devant son chef, devant M. le ministre des finances — j'ai la conviction absolue que la fraude enlève au Trésor une somme égale à celle que le Trésor perçoit.

Plusieurs sénateurs à droite. C'est effrayant !

M. le rapporteur. De sorte que si le rendement de la perception s'élève à 238 millions, la fraude nous en enlève autant, c'est-à-dire que s'il y a 1.500.000 hectolitres d'alcool absolu taxé au droit de 156 fr. 25, il y a 1.500.000 hectolitres d'alcool qui sont vendus en fraude. (Mouvement.)

Cette situation, messieurs, est véritablement redoutable, et il devient tout à fait nécessaire d'y mettre fin.

Quant à la fraude sur les vins, bien que je ne me sois pas placé sur ce terrain, cependant je ne suis pas fâché de le dire ici, la fraude sur les vins est très considérable. M. le président de la commission des fraudes, notre excellent collègue M. Cuvinot, est ici ; il ne m'a pas fait ses confidences, mais je suis bien certain qu'il a dû recueillir de singuliers renseignements concernant la fraude qui se pratique sur la fabrication des vinaigres, des piquettes, des vins de raisin sec.

Les vins, je le répète, donnent lieu à une fraude très considérable que je ne serais pas éloigné de chiffrer à une somme de 60 millions. Eh bien, il y a peut-être quelque chose à faire ; il y aurait peut-être à modifier la perception ; peut-être qu'au lieu d'une taxe au volume, on pourrait taxer au degré alcoolique, peut-être qu'on pourrait établir une taxe unique. Voilà des questions qu'il faudrait étudier le plus promptement possible.

Je dirai que je m'en rapporte à la courageuse initiative de M. le ministre des finances ; je crois qu'il est entré dans une voie excellente : je crois que l'on ne peut toucher à notre régime fiscal qu'avec beaucoup de précautions : il serait extrêmement dangereux de trancher à la légère les grosses questions que je signale à l'attention du Sénat au nom de sa commission d'enquête ; je crois qu'il faut en tout ceci n'agir qu'avec une grande circonspection ; mais en commençant par la suppression du privilège des bouilleurs de cru je suis convaincu que l'on ne s'exposerait pas à commettre une erreur.

Sur ce terrain, nous rencontrons des difficultés considérables, difficultés suscitées par la politique. (Très bien ! — C'est vrai ! sur un grand nombre de bancs.)

Si nous n'avions pas ces difficultés devant nous, la question des bouilleurs de cru serait vite résolue, et le Sénat pourrait en prendre l'initiative avec la certitude que l'autre Chambre le suivrait. (Très bien ! très bien !).

Ce n'est véritablement pas sans de graves appréhensions qu'au milieu de ce débordement de fraudes j'ai vu proposer des mesures qui, sous prétexte d'économie, ne pouvaient servir qu'à décourager les employés du fisc et à les inquiéter dans leur avenir et sur le sort de leurs familles. Cela ne peut servir qu'à une chose ; à ébranler notre machine fiscale au lieu de la consolider, et à diminuer encore les forces de nos directions générales qu'il faut absolument renforcer. (Nouvelle approbation.)

Ce n'est que par le moyen que je viens d'indiquer que nous pouvons opérer une réforme fiscale sans crainte de nous tromper. Nous sommes sur un terrain où les indications sont précises, et nous arriverons à des résultats qui satisferont le pays tout le pays tout entier. (Vifs applaudissements.)

Si je ne craignais d'abuser de la patience du Sénat... (Parlez ! parlez !) Je vous lis beaucoup de choses parce que ce que j'ai à vous soumettre consiste surtout dans des faits, dans des chiffres que j'ai recueillis un peu partout.

Voici un journal de la Haute-Saône, un pays où il y a des distilleries d'une certaine importance ; j'y ai trouvé le petit article suivant :

« La fraude, dit l'*Avenir de la Haute-Saône* du 22 mai, s'étale avec une scandaleuse impunité.

« Les faits abondent. C'est un fraudeur d'une ville du Nord qui, condamné à 300.000 francs d'amende, s'en tire pour 10.000 francs grâce à une transaction. C'est un autre fraudeur de l'Ouest qui condamné à 200 et quelques mille francs d'amende et de rappel de droits, ne paye rien du tout ; on a même dit que cet heureux délinquant s'était vu remettre non seulement l'amende, mais les droits primitifs qu'il aurait versés s'il n'avait pas fraudé. »

Un sénateur. On ne lui a pas donné de prime ?

M. Paris. Quel est le nom du député qui l'a recommandé ?

M. Claude. Voici un fait qui a reçu une grande publicité :

« A Saint-Denis, en 1883, la quantité d'alcool soumise aux droits n'a été que de 235 hectolitres ; en 1884, cette quantité s'est élevée à 2.448 hectolitres.

« Et, messieurs, sous l'influence de quel phénomène ?

« Uniquement parce qu'une partie au moins de la fraude a été réprimée.

« C'est par centaine qu'on pourrait citer de semblables exemples. »

Ainsi, à Saint-Denis, en réprimant une partie de la fraude on fait monter la quantité d'hectolitres sur laquelle doitse perce voir le droit, de 235 à 2.448 en une année. (Exclamations sur plusieurs bancs.)

« Comment la fraude est-elle parvenue à se développer dans d'aussi énormes proportions ?

« La faute en est d'abord au peu de cas que l'Etat fait des services chargés de faire rentrer les impôts indirects, à l'insuffisance de la rémunération des employés de ces services. Il faut quinze ans aux employés inférieurs des contributions indirectes pour arriver à un traitement de 2.400 fr. par an. Et dès que l'on veut faire des économies, c'est sur eux que l'on frappe : 500,000 fr. ont été supprimés au personnel pour l'exercice 1887 ; on propose de supprimer encore 600,000 fr. pour l'exercice 1888.

« La faute est encore au privilège des bouilleurs de cru.

« Mais ce qui favorise et encourage le plus la fraude, c'est l'intervention... — il faut que je dise le mot, messieurs. — (Oui ! oui ! sur un grand nombre de bancs)... des sénateurs et des députés... »

M. Halgan. Vous reconnaîtrez que ce ne sont pas des sénateurs de la droite. (Très bien ! à droite. — Murmures à gauche.)

M. le président. Monsieur Halgan, n'interrompez pas !

M. le rapporteur. ... C'est l'intervention des sénateurs et députés en faveur des fraudeurs pour obtenir des transactions, des remises de peines, des diminutions d'amendes. Les uns et les autres ne croient pouvoir pas refuser leur appui aux électeurs plus ou moins influents, et ils les aident à frauder le Trésor.

« Que ne publie-t-on le relevé des transactions et remises consenties par l'administration des contributions directes et par celle de l'enregistrement, avec la liste nominative des personnes qui ont recommandé les délinquants ! Ce serait une publication utile, car elle aiderait à mettre fin à la fraude, un chef ne grondant plus les commis qui leur font de mauvaises affaires en dressant des procès-verbaux. Elle serait curieuse aussi, car elle montrerait que les ennemis de la République recommandent des fraudeurs tout comme les républicains (Rires à gauche) et — ce qui d'ailleurs n'étonne guère — qu'ils sont souvent aussi bien écoutés qu'eux.» (Nouveaux rires et applaudissements à gauche.)

Un sénateur à gauche. Voilà la réponse à M. Halgan.

M. le rapporteur. Messieurs, j'en ai dit assez pour montrer que la question de l'alcool en France est devenue une question de premier ordre au double point de vue fiscal et social dont la solution s'impose à bref délai. (Approbation.)

Elle s'agite à l'heure qu'il est chez tous les peuples civilisés. Le moment ne pouvait être mieux choisi, par conséquent, pour en faire l'objet de vos délibérations.

J'en veux pour preuve, une petite revue que je vous demande la permission de faire passer sous vos yeux.

En Suisse, le monopole de l'alcool se constitue.

Puisque je suis amené à prononcer le mot de « monopole », je voudrais bien, messieurs, dire ce que la commission pense du monopole, et je voudrais dire aussi comment la loi suisse a entendu l'organiser.

On avait cru qu'il s'agissait, en Suisse, du monopole absolu ; on avait cru que c'était le monopole sur la fabrication tout aussi bien que le monopole sur la vente : c'est une erreur. Les Suisses ont été très prudents dans la constitution de leur monopole. L'article premier dit :

« Le droit de fabriquer et d'importer les spiritueux dont la fabrication est soumise à la législation fédérale appartient exclusivement à la Confédération.

« Les spiritueux livrés à la Confédération pour être transformés en boissons doivent être suffisamment rectifiés ».

Ah ! messieurs, c'est cette rectification que je réclame, pour mon compte, à cor et à cris, depuis plusieurs années.

« Pour autant que les besoins doivent être couverts par la production indigène, la Confédération abandonne à l'industrie privée, conformément à l'article 2, la fourniture des quantités nécessaires ».

Et voici l'article 2 .

« Le quart à peu près de la consommation des spiritueux est assuré au moyen de contrats de livraison que la Confédération doit conclure avec des producteurs indigènes. »

Vous le voyez, messieurs, c'est là un fort accroc au monopole absolu : et alors que l'idée de monopole soulève des antipathies si considérables, que je comprends, d'ailleurs parfaitement, car je n'aborderai, moi-même, la constitution du monopole qu'avec la plus grande circonspection — je signalerais volontiers au Sénat quelques autres articles de la nouvelle loi suisse, établissant un monopole non absolu, l'article 13 notamment, qui par une affectation singulière, consacre 10 p. 100 des recettes à combattre l'alcoolisme. Sur les recettes perçues, il y a 10 p. 100 destinés à combattre l'alcoolisme !

Quant aux pénalités, elles sont véritablement draconiennes. Je ne m'y arrête pas, parce que cela me prendrait trop de temps.

Voilà donc, messieurs, comment les Suisses abordent la question de l'alcool.

En Allemagne, une loi toute récente fait payer à l'alcool une taxe de consommation. Il y avait en Allemagne un droit de fabrication, mais il n'y avait pas de taxe de consommation. On vient d'en frapper une, et cette taxe de consommation augmentera les recettes du Trésor, les résultats de la perception sur l'alcool, d'une somme de 100 à 115 millions en surplus.

J'ai reçu hier, messieurs, à la fin de la séance une communication qui intéresse le Sénat au sujet, précisément, des mesures qui viennent d'être prises en Allemagne.

« Le gouvernement allemand a soumis au Reichstag un projet de loi relatif à l'impôt sur les alcools, projet assez complexe comprenant la création d'un droit de consommation sur l'alcool (droit qui n'existait pas) et le maintien du droit de fabrication actuel, mais à un taux réduit.

« En résumé, la valeur des deux droits réunis sera de 100 à 115 millions de francs supérieur au rapport actuel de l'impôt des alcools.

« Ce projet de loi est en discussion ; il a été adopté déjà en deuxième lecture, il doit être soumis encore au Conseil fédéral et à l'empereur.

« La commission du Reichstag chargée de l'étude de ce projet a adopté des modifications transitoires... » — C'est sur ces modifications transitoires que je voudrais appeler l'attention du Sénat et du Parlement — «...des modifications transitoires devant être appliquées entre le moment de la promulgation de la loi et sa mise en vigueur, c'est-à-dire environ entre le 1er juillet et le 30 septembre.

« Ces dispositions transitoires ont occasionné de violents mouvements sur les marchés allemands : une hausse très importante de 30 à 40 fr. s'est produite sur ces divers marchés. »

Vous comprendrez ce mouvement lorsque je vous aurai dit qu'à côté du droit de fabrication qui existait, à côté du droit de consommation qui vient d'être frappé, le gouvernement allemand a transitoirement, c'est-à-dire jusqu'au 1er octobre, triplé le drawback, la prime d'exportation.

Eh bien, messieurs, la prime d'exportation est de 20 fr. Il s'agissait par conséquent, pour le gouvernement allemand, de la porter à 60 francs. Or nous n'avons, nous, à l'entrée de l'alcool, qu'un droit de 30 fr.

Vous vous rendez compte des dangers que pourraient faire courir une invasion de l'alcool allemand aux producteurs d'alcool français, il me paraît nécessaire que le Gouvernement intervienne avec une très grande rapidité et qu'il considère comme des mesures d'urgence les mesures qui seraient prises pour aller au devant des pertes considérables qu'entraînerait le drawback allemand.

Pour répondre à une mesure comme celle-là, il faudrait que le droit d'entrée en France fût porté à 70 fr. (très bien ! au centre), et il ne pourrait pas être porté à moins, puisqu'il ne constituerait ainsi que le maintien du *statu quo* : une pareille mesure ne changerait rien aux circonstances des rapports actuels.

J'ai là un renseignement qui est tiré d'un journal allemand et qui est signé par un courtier assermenté de la Bourse de Berlin.

Voici ce que dit ce courtier :

Berlin, le 15 juin 1887.

« La publication de notre dernier compte rendu coïncidait avec elle des résolutions adoptées par la commission parlementaire nommée par le Reichstag. Comme pendant la semaine précédente, les affaires ont pris une extension formidable.

« Une mesure d'une haute importance pour la situation actuelle est celle par laquelle l'État accorde, à partir du jour de la promulgation de la présente loi jusqu'à la date de son entrée en vigueur, c'est-à-dire jusqu'au 1er octobre 1887, un drawback d'exportation triple de celui qui existe actuellement.

« Avec un drawback d'exportation de 48 marks 03 (60 fr. 0375) la valeur de l'alcool devait augmenter nécessairement ; toutefois, le taux de cette augmentation reste subordonné au plus ou moins de facilité de l'écoulement de l'alcool dans les pays étrangers. »

Eh bien, nous ne pourrons détourner une partie de cet écoulement chez nous qu'à la condition de porter à 70 fr. le droit sur l'alcool à l'entrée.

Voilà donc ce qui se passe en Allemagne.

La Belgique ! La Belgique qui subit en ce moment, on peut bien le dire, tous les maux engendrés par l'alcoolisme, cherche à se réfugier dans un système de lois préventives tout aussi bien que de lois répressives.

En Suède et en Norvège, l'initiative privée a engagé depuis bien longtemps une lutte héroïque contre le fléau, et dernièrement devant la Société des études sociales fondée par M. Le Play, M. le docteur Broch, ancien ministre de la marine de Norvège, a fait l'histoire de ces luttes contre l'alcoolisme, luttes qui ont été tout à fait remarquables dans les pays scandinaves.

La Russie ! La Russie, dès 1881, a pris des mesures contre le développement de l'alcoolisme, et elle cherche à mettre d'accord l'intérêt fiscal avec l'intérêt moral. Et si l'on veut se faire une idée de l'importance de cet intérêt moral en Russie, il n'y a qu'à lire quelques-uns des ouvrages de Léon Tolstoï, et surtout le dernier : *la puissance des ténèbres*. C'est une des lectures les plus effrayantes qu'on puisse faire. (Mouvement.)

La Hongrie s'apprête à demander à l'alcool les ressources nécessaires à l'équilibre de son budget. Elle prend aussi part au mouvement.

En Angleterre, l'élévation de l'impôt et une législation draconienne viennent singulièrement en aide à l'initiative privée dont le but est de substituer les boissons hygiéniques, les boissons chaudes surtout, aux boissons alcooliques.

Aux États-Unis, la lutte a pris un caractère tout à fait épique ; vous vous en êtes douté déjà quand je vous ai parlé de ce nouveau parti politique que l'on appelle les « prohibitionnistes » parce qu'ils prohibent l'alcool d'une manière absolue.

Je rappellerai encore ce chiffre effroyable de 4 milliards 200 millions que coûte la consommation de l'alcool aux ouvriers des Etats-Unis.

Eh bien, les prohibitionnistes aux Etats-Unis deviennent un parti politique très important : aux élections prochaines de la Présidence, il est certain qu'il faudra compter avec lui. Les femmes elle-mêmes sont mêlées à cette lutte.

A Newton — le fait est un peu risible, mais enfin il faut bien rire un peu dans une question si peu comique — à Newton, les filles à marier se sont liguées entre elles pour écarter tous les prétendants qui consomment de l'alcool. (Rires.)

Voilà, messieurs, jusqu'où va l'ardeur de la lutte dans certains pays.

Un sénateur. C'est très bien.

M. Jules Simon. Nous sommes bien loin d'en rire.

M. le rapporteur. Je ne reviendrai plus, messieurs, sur ce point ; je ne retracerai pas le tableau des misères engendrées par l'alcoolisme.

Nous en avons dit assez à ce sujet dans le rapport ; il vous suffira de relire les admirables pages du docteur Lancereaux et l'annexe VIII, relative aux asiles publics.

Mais on a cru, ou bien on a fait semblant de croire, dans le public, que votre commission, faisant cause commune avec une société de tempérance américaine ou anglaise, prétendait s'attaquer à la consommation de l'alcool. Il n'en est rien. (Très bien ! très bien !)

Votre commission n'a jamais demandé de prohiber l'eau-de-vie, réconfortante, l'eau-de-vie saine, dans la fabrication de laquelle il n'est jamais entré que de l'alcool vinique ou éthylique, en un mot que de l'alcool rectifié ; jamais votre commission n'a demandé pareille chose.

Ce que votre commission demande aux pouvoirs publics, et énergiquement, elle le demande au nom de l'hygiène nationale, au nom de la morale publique, au nom du salut du pays, et ce qu'elle demande c'est d'interdire d'une manière absolue la circulation des alcools d'industrie qui n'ont pas été suffisamment rectifiés. (Nouvelle et vive approbation.)

Voilà ce qu'elle demande. Elle est d'accord en cela avec tous les peuples ; vous l'avez vu dans l'énumération que j'ai faite tout à l'heure, vous l'avez vu par les mesures qu'ils ont prises. Tantôt, il s'agit de législations préventives, tantôt de législations répressives : et mieux encore valent les législations préventives dans le cas où nous sommes placés que des législations répressives, car nous avons constaté leur impuissance.

Eh bien, tout cela je le répète, la commission vous le demande, messieurs, avec son énergie la plus patriotique, parce qu'elle sait que de toutes les nations menacées par l'alcool la France est la plus menacée.

Quand je dis « la plus menacée », je n'entends pas du tout parler de la quantité qu'elle absorbe, mais des effets aussi prompts que redoutables que produit sur le tempérament national l'usage des alcools d'industrie non rectifiés, l'usage des alcools toxiques.

C'est là affaire de physiologie, d'idiosyncrasie nationale — permettez-moi cette expression médicale ; le Français, le Gaulois ne peut boire de l'alcool avec impunité ; il lui faut du vin, du cidre, de la bière, selon les différentes régions. Il ne peut supporter l'eau-de-vie qu'à la condition qu'elle soit débarrassée de tous ses éléments toxiques.

C'est là un fait bizarre qui est cependant le résultat de l'observation. Moi-même, j'ai pu en faire l'observation, je connais beaucoup de peuples étrangers, j'ai été parmi eux et au milieu de ceux qui boivent le plus d'alcool. J'ai observé ce fait, que les Français ne peuvent pas supporter les alcools d'industrie, les alcools qui, je le répète, ne sont pas rectifiés, et c'est là un des points sur lesquels j'appelle avec le plus de véhémence l'attention du législateur : on aurait beau faire, on ne changera pas le tempérament national. (Très bien ! très bien !)

Les eaux-de-vie de vin, dit le rapport, sont les seules que pendant longtemps on ait consommées en France ; ce sont aussi les seuls produits de la distillation qui méritent le nom d'eaux-de-vie.

« La distillation des vins se fait à peu près dans tous les départements vinicoles et chez un grand nombre de cultivateurs ; mais au point de vue commercial et fiscal elle n'a réellement d'importance — importance bien relative aujourd'hui, — que dans quelques départements à la tête desquels figurent, pour 1885, la Charente-Inférieure avec 13.164 hectolitres, la Charente avec 2.923, la Gironde avec 1.949, et l'Hérault avec 1.375. Viennent ensuite le Gers, 840 hect. ; la Loire-Inférieure, 436 hect. ; le Gard, 348 hect. ; l'Aude, 301 hect. ; la Gironde, 278 hectol ; les Deux-Sèvres, 253 hectol. ; Maine-et-Loire, 187 hectol. ; les Landes, 169 hectol.; les Bouches-du-Rhône, 138 hectol. ; les Pyrénées-Orientales, 115 hectol. ; la Manche et la Marne, 105 hect.

« On peut même dire que dans ces derniers départements la distillation des vins tend à disparaître. Mais l'alambic n'y reste pas moins ; seulement, il y est employé à la fabrication des alcools d'industrie.

« Dans certaines régions vinicoles on fabrique de l'eau-de-vie en distillant les marcs de raisin. On obtient ainsi un produit, détestable au point de vue hygiénique, qui renferme, outre l'alcool vinique ou éthylique $C_2 H_6 O$ — le seul, ou à peu près, que l'on rencontre dans les eaux-de-vie de vin — des composés absolument nocifs et de mauvais goût tels que l'acide caproïque $C_6 H_{14} O$ et l'éther œnanthylique $C_7 H_6 O$.

« En 1850, cette fabrication s'opérait surtout dans le nord et le nord-est de la France : elle donnait alors 20,000 hectol. environ par an.

« En 1873, elle atteignait 65.000 hectol. et l'Hérault et l'Aude figuraient dans cette production pour les deux tiers.

« La dernière campagne n'a fourni que 43.853 hectol. dont 610 seulement proviennent de ces deux départements.

« Aujourd'hui, cette distillation, presque exclusivement pratiquée par les bouilleurs de cru, est encore assez considérable dans les département de l'Yonne, de la Marne, de la Meuse, de la Loire, de Meurthe-et-Moselle. de la Côte-d'Or, de la Haute-Saône, de Saône-et-Loire, de l'Ain et de l'Aisne (production s'étendant de 4.294 hectolitres à 946 hectolitres). »

Voilà la preuve qu'il y a encore en France des distillations qui donnent des produits qu'on peut consommer sans crainte ; mais vous voyez aussi combien les produits de cette distillation ont peu d'importance.

Nous faisons maintenant 24 à 25.000 hectolitres d'alcool de vin. Ce sont les fléaux, comme le phylloxera, les intempéries de toute nature, qui nous ont conduits à l'état où nous sommes, et cet état de choses a été certainement une des grandes causes du développement de l'alcoolisme en France.

Lorsque votre commission d'enquête vous demande de prendre des mesures, lorsqu'elle vous demande de les prendre au nom du salut public ; il n'est pas étonnant qu'elle n'ait pas reculé devant l'idée de monopole, car, certainement, si le salut public réclamait le monopole, il n'y aurait pas à reculer. (Vive approbation sur un grand nombre de bancs.)

C'est à coup sûr un gros mot que le mot de monopole, c'est un mot qui soulèverait sans doute une grande discussion, et je ne veuxpas traiter cette question ici. Cependant, je dois le dire, votre commission n'a pas reculé devant l'idée de cette mesure extrême, qu'elle regarde comme une mesure de salut public...

Et si elle n'a pas compris le monopole dans ses conclusions fermes, dans les conclusions qu'elle soumet à votre approbation, c'est pour cette raison, qu'elle considère qu'on n'y doit recourir qu'avec des précautions infinies, qu'après une étude très approfondie.

Comme je suis un peu fatigué...

M. le président. Désirez-vous vous reposer, monsieur Claude ?

M. le rapporteur. Ce n'est pas la peine, monsieur le président. Je vais abréger. C'est pour les raisons que j'ai données tout à l'heure, messieurs, c'est pour cela, surtout, que votre commission a réclamé l'assainissement des boissons alcooliques, qu'elle a dit qu'il fallait obtenir à tout prix la rectification des alcools, à tout prix, disons-nous, fût-ce au prix du monopole.

Mais, enfin, le monopole, je le répète, aurait besoin d'être l'objet d'une étude spéciale, tandis que les mesures renfermées dans les conclusions de la commission ont — aux yeux de ses membres — un caractère d'urgence absolument marqué et demandent à être appliquées immédiatement.

Ne seraient-elles pas, d'ailleurs, appliquées pour la plupart si le projet de budget déposé le 10 mars 1886 n'avait pas été si malencontreusement rejeté, car dans ce projet, présenté par l'honorable M. Sadi Carnot, se trouvaient les réformes fiscales que nous demandons, que les membres de la commission réclament ; je ne parle pas de toutes les réformes fiscales contenues dans ce projet de budget, mais d'une partie, notamment de la suppression du privilège des bouilleurs de cru.

Il est évident que quand on se met en présence de la suppression de l'exercice, il faut avoir un certain courage. Il y aurait peut-être de la témérité à entreprendre aujourd'hui cette suppression.

Dans tous les cas, ce n'est pas moi qui donnerai au Gouvernement le conseil d'encourir cette responsabilité. Pour les mêmes motifs que j'ai indiqués tout à l'heure, je crois qu'il faut garder tout ce que nous avons à l'heure actuelle de solidité dans notre organisme fiscal et qu'il faut prendre garde de recourir à une mesure comme celle de la suppression de l'exercice sans s'être au préalable demandé comment on réparerait les pertes qui en résulteraient inévitablement.

Un emprunt de liquidation, des économies réalisées sans qu'il soit porté atteinte au régime de la perception, la réforme fiscale prenant pour point de départ la répression de la fraude, voilà, messieurs, un programme ; c'est un programme que l'on abordera un peu plus tôt, un peu plus tard ; mais j'ai, quant à moi, la certitude qu'on y viendra, et je suis convaincu que le Gouvernement n'entrera dans cette voie qu'avec la plus grande sagesse et en même temps la plus grande résolution. De la résolution, il lui en faudra.

Votre commission est d'ailleurs d'accord avec la déclaration du Gouvernement. En effet, relisons la déclaration faite le 31 mai. « En première ligne des réformes, dit la déclaration du Gouvernement, vient la réforme budgétaire. Résolus à faire rendre aux impôts existants tout ce qu'ils doivent donner, nous nous appliquerons à fortifier l'autorité des agents de perception et à réprimer énergiquement la fraude. » (Très bien ! très bien !)

Or, que dit le rapport ?

« Il faut, avant de songer à des majorations de taxes ou à le création d'impôts nouveaux, qu'on ait obtenu des impôts existants tout ce qu'ils peuvent rendre... » (Nouvelles marques d'approbation).

M. Rouvier, *ministre des finances, président du conseil.* C'est absolument la pensée du Gouvernement.

M. le rapporteur. Devant de pareilles affirmations, qui, au surplus, concordent avec les données de l'enquête, votre commission a pensé qu'il faut, avant toute autre mesure, assurer d'abord la plénitude de la perception et du rendement. L'honneur de l'administration républicaine y est engagé tout aussi bien que l'intérêt de la morale, de l'hygiène et du Trésor. (Très bien ! très bien !)

Je vous ai montré, messieurs, quel était à l'étranger l'état du mouvement dans les idées à l'égard de l'alcoolisme. Je voudrais maintenant vous dire qu'il est semblable en France.

Pour vous faire voir combien ce mouvement est intense, non seulement en France, mais en Europe, je puis vous citer plusieurs faits.

A Vienne, en Autriche, doit se tenir, le 26 septembre prochain, un congrès international d'hygiène. La première question posée à la septième commission de ce congrès est celle-ci : « Moyens de combattre l'alcoolisme ».

A Zurich, en Suisse, aura lieu, les 9 et 10 septembre 1887, le deuxième meeting international contre l'abus des boissons alcooliques, faisant suite au meeting tenu à Anvers en 1885.

A Paris, le congrès des sociétés savantes de Paris et des départements, ouvert à la Sorbonne le 31 mai dernier, a mis à l'ordre du jour, dans la section des sciences économiques et sociales, la question suivante : « Etudier dans un lieu déterminé l'influence exercée sur l'ivrognerie et en particulier sur les condamnations par la production de l'alcool, par les impôts sur les boissons et par les lois sur l'ivresse et sur les cabarets. »

A Paris encore, la Société internationale des études pratiques d'économie sociale, dans sa réunion générale du 22 mai, a, comme je vous l'ai dit, entendu M. le docteur Broch faire l'histoire de la lutte contre l'alcoolisme dans les pays scandinaves

Tel est, messieurs, aujourd'hui, l'état du mouvement dans les idées. Si l'on ne peut pas dire que votre commission d'enquête en a pris l'initiative, on peut certainement affirmer qu'elle en a considérablement augmenté l'importance et l'intensité. (Très bien ! très bien !)

On peut en juger par la correspondance volumineuse que je suis encore obligé d'entretenir tous les jours et par les nombreuses lettres qui ne cessent d'arriver à la questure du Sénat.

Nous savons que la question de l'alcool, telle qu'elle a été présentée par votre commission, a produit en Europe un mouvement très considérable dans les esprits.

Je termine, messieurs.

Lorsqu'au mois de janvier 1886 je vous ai demandé la nomination d'une commission d'enquête, j'étais mû par une conviction qui s'est singulièrement renforcée par la connaissance des documents qui nous ont été fournis par les différentes administrations.

Cette conviction, qui est celle de votre commission tout entière, se résume en quelques mots :

1° L'alcoolisme est un péril social, mais il est causé beaucoup moins par les quantités consommées que par l'impureté des alcools livrés à la consommation ;

2° L'alcool est une matière éminemment imposable, la seule dont la consommation n'ait jamais été arrêtée par des surtaxes.

Or, la meilleure des surtaxes, à l'heure qu'il est, la seule contre laquelle personne n'oserait protester, c'est celle qui se traduira par la suppression de la fraude.

Ainsi, messieurs, sus à l'alcoolisme ! Purgeons-en la France en exigeant la rectification parfaite de tous les alcools livrés à la consommation.

Donc, encore, demandons à l'alcool, beaucoup moins par des surtaxes que par la suppression directe de la fraude, la réparation d'une partie des maux qu'il a lui-même causés et les ressources budgétaires dont le Trésor a besoin. (Très bien ! très bien ! et vifs applaudissements. — L'orateur, en revenant à sa place, reçoit les félicitations unanimes de ses collègues.)

M. le président. Quelqu'un demande-t-il la parole ?

M. Rouvier, *président du conseil, ministre des finances.* Je demande la parole.

M. le président. La parole est à M. le président du conseil.

M. le président du conseil. Messieurs, je n'ai ni l'intention ni les moyens de répondre à toutes les questions posées dans l'admirable discours que le Sénat vient d'entendre. (Très bien !)

Mais je considère qu'il est du devoir du Gouvernement, tout d'abord, de déclarer qu'il accepte les conclusions de la commission (nouvelles marques d'approbation), qui tendent à lui renvoyer le remarquable rapport rédigé par l'honorable M. Claude, et aussi de faire connaître, parmi les diverses questions qui viennent d'être parcourues, quelles sont celles qui lui paraissent susceptibles d'une solution immédiate, et quelles sont celles dont la solution doit être réservée pour une étude plus approfondie.

L'honorable rapporteur a tout d'abord signalé la nocivité de la consommation de l'alcool incomplètement pur. Il a fait un tableau saisissant des effets terribles de cette consommation sur la santé, sur la moralité des populations, sur le développement même de la criminalité. Hélas ! tout ce qu'il a dit n'est que trop vrai, messieurs, et le Gouvernement ne peut que remercier le Sénat d'avoir, en faisant de cette grave question l'objet de ses délibérations, appelé l'attention publique sur un danger aussi redoutable. (Très bien ! très bien !)

Les moyens d'empêcher la circulation et la vente des alcools qui ne sont pas reconnus complètement purs ont besoin d'être recherchés encore ; la recherche de ces moyens est plutôt du domaine de l'administration du commerce et de l'industrie par cette double raison que la question touche à la fois à l'hygiène publique et aussi à la liberté du commerce. Mais je n'hésite pas à déclarer — et bien que je n'en aie pas conféré avec M. le ministre du commerce et de l'industrie, je suis sûr qu'il ne ferait, s'il m'entendait, aucune réserve — je n'hésite pas, dis-je, à déclarer que le Gouvernement est disposé à faire tout ce qui se peut faire dans cette voie.

La deuxième question a trait à la fraude. Elle est plus large, messieurs. Il est bien certain que la répression, une répression sérieuse de la fraude semble devoir prendre pour point de départ la suppression du privilège des bouilleurs de cru. Comme M. le rapporteur l'a reconnu lui-même tout à l'heure, si la question de la suppression du privilège des bouilleurs de cru se présentait simplement sous son aspect fiscal, les Chambres seraient certainement unanimes à soutenir le Gouvernement et à sanctionner les mesures que propose votre commission. Je dois constater qu'il n'en est malheureusement pas ainsi et que, comme on l'a dit, la question a revêtu, sinon dans cette enceinte, du moins dans une autre Assemblée, un aspect politique qui en rend la solution plus difficile.

Ce n'est pas une raison pour ne pas la chercher énergiquement ; mais le Sénat n'ignore pas — l'honorable M. Claude le rappelait tout à l'heure — qu'une proposition faite par un de mes prédécesseurs et tendant, non pas à supprimer totalement le privilège des bouilleurs de cru, mais à le restreindre dans une mesure qui pouvait paraître fort légitime, fort raisonnable, puisqu'on laissait à chaque bouilleur la disposition de 25 litres d'alcool, n'a pas trouvé de majorité à la Chambre des députés.

A côté de la suppression du privilège des bouilleurs de cru, il est d'autres mesures qui peuvent et qui doivent être prises. J'ai la satisfaction de dire au Sénat que le Gouvernement est entré, dès le premier jour de sa formation, dès son arrivée aux affaires, dans la voie où la commission du Sénat le convie.

Oui, nous sommes tout à fait d'accord avec la commission du Sénat et son honorable rapporteur, sur ce principe qu'avant de songer à relever les taxes et à établir des impôts nouveaux, il faut d'abord faire rendre aux impôts existants tout ce qu'ils peuvent rendre. (Très bien ! très bien !)

Nous l'avons déclaré le jour même où nous nous sommes présentés devant les Chambres, et nous n'avons pas cessé depuis lors de poursuivre le but que nous avions indiqué.

Je puis en donner un exemple pris dans une loi qui ne touche pas à l'alcool, mais qu'il était aussi nécessaire de faire respecter : je veux dire la loi que vous avez récemment sanctionnée et qui établit une surtaxe temporaire de 10 francs sur les sucres.

Un certain nombre de contraventions ayant été relevées, des procès-verbaux ayant été dressés, et avant même qu'aucune intervention ait pu se produire, j'ai pris la résolution d'avertir M. le directeur général des contributions indirectes qu'aucune transaction ne serait faite, qu'aucune réduction ne serait accordée et que toutes les contraventions, quelles qu'elles fussent, seraient déférées aux tribunaux. (Très bien ! et applaudissements.)

Je n'ai pas besoin d'ajouter qu'aucune infraction n'a été faite à ce principe. (Vive approbation.)

Si les tribunaux sanctionnent tous les procès-verbaux, toutes les amendes proposées, le Trésor y aura gagné un million. Ce n'est pas une somme très considérable ; mais je crois qu'au point de vue de la moralité publique, au point de vue de la certitude qu'auront tous les contribuables qu'il n'existe pas de moyens d'échapper aux lois fiscales, qu'il n'y a pas d'intervention, si haute soit-elle, qui puisse les en affranchir, nous aurons rendu au pays un véritable service. (Très bien ! très bien !)

M. le rapporteur signalait quelques mesures de détail, par exemple, la statistique des alambics ; le Gouvernement est absolument disposé à entrer dans cette voie.

C'est, en effet, une mesure excellente de suivre l'instrument qui sert à faire l'alcool, afin de pouvoir en mieux apprécier le rendement ; mais je crois que le moment n'est pas venu d'entrer dans l'explication détaillée des moyens que nous emploierons.

Je tiens cependant à répondre sur un autre point pour constater que nous sommes d'accord avec le Sénat, pour confirmer ce qui a été dit sur la situation des employés.

Oui, il faut que les agents de perception soient fortifiés et respectés ; ils peuvent être assurés que l'administration actuelle les couvrira toujours, toutes les fois qu'ils auront agi pour l'application rigoureuse des lois. (Vive approbation.)

Laissez-moi vous dire aussi, puisqu'on a si souvent reproché aux membres du Parlement d'intervenir pour faire adoucir les pénalités encourues par les électeurs influents, — qu'on a peut-être un peu exagéré ; j'ai la satisfaction de constater que, depuis près d'un mois, je n'ai reçu la visite d'aucun sénateur ni d'aucun député venant me demander de faire faire des remises sur des contraventions prononcées. (Rires sur plusieurs bancs.)

M. Xavier Blanc. On n'ose plus ! (Nouveaux rires.)

M. le président du conseil. Le point le plus délicat, messieurs, des observations présentées par l'organe de la commission est, assurément, celui qui touche à la réforme fiscale dont un remaniement de la législation sur l'alcool pourrait être la forme. M. le rapporteur — il l'avait déjà fait dans le rapport, il l'a fait encore à cette tribune — n'a pas hésité à déclarer que, s'il fallait aller jusqu'au monopole, il n'y répugnerait point, et que la commission dont il est l'organe n'y répugnerait pas non plus.

Messieurs, c'est là une très grave question, sur laquelle le Sénat n'attend pas que je puisse prendre un engagement ferme.

Certes, quand on examine la situation générale de la consommation de l'alcool, les ressources que d'autres pays y peuvent trouver, ce qui s'est fait autour de nous, dans un pays qui a les mêmes institutions politiques que nous-mêmes, on est tenté d'envisager comme une réforme qui deviendra possible la constitution du monopole de l'alcool.

Mais, je me hâte de dire que c'est là une opération qui ne peut être tentée qu'à la condition d'avoir pour elle l'acquiescement de l'opinion publique.

L'état de nos mœurs, la forme même de nos institutions politiques, la situation particulière du commerce de l'alcool dans ce pays où il existe, à côté de ce commerce peu intéressant qui consiste à livrer à la consommation des produits frelatés, un commerce très digne d'intérêt, celui de la production de nos grandes marques d'alcool, rendent plus délicate que partout ailleurs la question de savoir comment se pourra constituer le monopole de l'alcool.

Le mot même de monopole ne porte pas avec lui une signification bien nette. Est-ce le monopole de la fabrication, le monopole de la rectification, le monopole de la vente, ou un monopole absolu ?...

Ce sont là autant de questions sur lesquelles il est difficile de se prononcer avant qu'une enquête complète et étendue ait été faite et que l'on se soit livré à des investigations portant sur tous les points, si nombreux, que soulève cette importante réforme.

Donc, en ce qui touche la possibilité d'envisager pour un temps prochain l'établissement du monopole des alcools en France, non seulement je ne puis pas prendre d'engagement, mais, encore, je crois de mon devoir de faire des réserves formelles. — Ce qui ne veut pas dire que je ne me prêterai pas à toutes les mesures d'enquête qui pourront être prises pour éclairer la question. (Très bien ! très bien !)

Le point sur lequel nous sommes d'accord absolument — je n'hésite pas à le répéter — c'est qu'il est du devoir absolu de ceux qui dirigent les affaires du pays de faire rendre aux impôts existants tout ce qu'ils peuvent rendre et par tous les moyens possibles. (Vive approbation.)

A ce sujet, je suis heureux de constater que le Sénat est d'accord avec nous, — et je ne descendrai pas de cette tribune sans avoir remercié cette haute Assemblée d'avoir appelé l'attention publique sur cette grande et importante question.

J'espère que la haute autorité qui s'attache à vos délibérations, messieurs, aura pour effet non seulement d'appeler l'attention du public sur les graves questions qui ont été soulevées par M. le rapporteur, mais encore d'en préparer une solution conforme aux désirs de la commission du Sénat. (Applaudissements sur un grand nombre de bancs.)

M. le président. Personne ne demande plus la parole ?

Je donne lecture de l'article premier :

« Art. premier. — Le rapport fait au nom de la commission d'enquête sur la consommation de l'alcool sera renvoyé à M. le ministre des finances et à M. le ministre du commerce et de l'industrie. »

(L'article premier, mis aux voix, est adopté.)

M. le président. « Art. 2. — Le Sénat recommande au Gouvernement les conclusions de la commission d'enquête comme bases d'une réforme fiscale que sa connexité avec les règles de la morale et de l'hygiène publiques rend chaque jour plus urgente. » (Adopté.)

(L'ensemble du projet de résolution, mis aux voix, est adopté.)

PROCÈS-VERBAUX DES SÉANCES

SÉANCE GÉNÉRALE DU 28 DÉCEMBRE 1886.

Présidence de M. DUVERGER.

Etaient présents : MM. Arband, Bartaumieux, J. Bergeron, Bouchereau, Boyer, Cruet, Albert Desjardins, Duverger, ancien directeur général des chemins de fer, de Gasté, Gibert, Lamy, Dr Meige, Motet, de Nervaux, Philbert, Robÿns, Thierry, Mieg, Wagner.

Lecture et adoption du procès-verbal de la séance de l'assemblée générale précédente.

Il est procédé au vote pour le renouvellement du bureau, et le remplacement des membres du conseil sortants ou décédés.

MM. Wagner, Robÿns et Bouchereau sont nommés scrutateurs.

M. Duverger, président, s'exprime ainsi :

J'ai l'honneur de remettre à MM. les scrutateurs les bulletins de vote parvenus au siège de la Société. Le scrutin sera ouvert jusqu'à cinq heures.

Je prie l'un de messieurs les vice-présidents de vouloir bien me remplacer pour la suite de la séance.

Excusez-moi, Messieurs et chers collègues, de ne pas remplir mes fonctions jusqu'au bout. Je viens d'être malade ; à grand'peine, j'ai obtenu la permission de me rendre à l'Assemblée, et seulement sous la condition de ne pas présider toute la séance.

Je ne me serais pas résigné à perdre la dernière occasion d'exprimer à la Société, encore une fois, ma reconnaissance du grand honneur qu'elle m'a fait en m'élevant jusqu'à la première place.

Pouvais-je renoncer à vous remercier de la bienveillance, de la sympathie que vous m'avez accordées, et qui ont rendu l'exercice de ma fonction si doux et si facile?

J'avais à cœur de vous dire que, redevenu simple soldat, je m'honorerais de marcher à côté de vous contre l'alcoolisme.

Avec vous, je continuerai à combattre sans merci, le vice immonde qui détruit, chez ses victimes, le signe divin de la grandeur humaine, le libre arbitre; qui infecte leurs corps de hideuses maladies; qui les mène à la folie, à la mort prématurée; le vice qui fait tant pleurer le père, la mère, la femme de l'alcoolisé; qui réduit sa famille à la misère et à la honte; qui accable l'enfant sous les maux moraux et physiques transmis par son père ou, quelquefois, hélas! par sa mère; le vice qui appauvrit le pays, et — véritable crime de lèse-patrie — énerve notre bien-aimée France.

L'alcoolisme finirait par la déshonorer, si la religion, la morale, la science — qui compte dans notre Société d'illustres représentants — si la loi, secondée par tous les patriotes, ne parvenaient à empêcher l'empoisonnement alcoolique; si elles ne ramenaient au respect d'eux-mêmes et d'autrui, ou du moins, si elles ne réduisaient à l'impuissance, les complices de l'empoisonnement, les fauteurs de l'alcoolisme.

M. Albert Desjardins est invité, en l'absence des vice-présidents, à remplacer M. Duverger au fauteuil.

M. le Secrétaire Général soumet à l'Assemblée les modifications proposées par la commission chargée de la revision de l'ancien règlement, qui n'étant plus d'accord avec les nouveaux statuts, devait nécessairement être modifié.

RÈGLEMENT INTÉRIEUR

TITRE I

Admission, droits et obligations des membres.

ART. 1er. La Société comprend en nombre illimité des membres honoraires, des fondateurs à vie, des fondateurs, des titulaires, des correspondants étrangers et des associés.

ART. 2. Sont considérés comme fondateurs à vie, les membres de l'association qui versent une somme de 300 fr. une fois payée ; comme fondateurs, les membres de l'Association qui paient une cotisation annuelle de 20 fr., et au-dessus ; et comme titulaires ceux dont la cotisation inférieure à 20 fr., est au moins de 10 fr. par an. La cotisation peut être réduite à 6 francs, pour les instituteurs, les institutrices, les bibliothèques scolaires ou communales. Les membres associés acquittent une cotisation annuelle de 1 fr.; à leur entrée dans la Société, ils versent, en plus, une somme de 1 fr., pour les frais du livret.

Tout membre qui, pendant une année, n'aura pas acquitté sa cotisation, peut être considéré comme démissionnaire et rayé du tableau par une simple décision du conseil. Cette décision est rapportée si le sociétaire justifie d'une absence ou de toute autre circonstance considérée par le conseil comme une excuse suffisante.

ART. 3. Les membres honoraires, fondateurs à vie, les fondateurs et les titulaires, reçoivent gratuitement les bulletins de la Société ; ils sont convoqués aux séances générales et prennent part à l'élection des membres du bureau et du conseil.

Les bulletins de la Société sont aussi adressés gratuitement à toute réunion de douze membres associés qui en fait la demande.

ART. 4. Le conseil, sur la proposition écrite de cinq membres, peut conférer directement le titre de membre honoraire à des personnes étrangères à l'Association ayant coopéré à un titre quelconque à l'œuvre qu'elle poursuit.

Les membres honoraires reçoivent gratuitement les bulletins de la Société.

ART. 5. Le titre de membre correspondant peut être accordé par le conseil aux étrangers qui en font la demande, ou dont la candidature est présentée par trois sociétaires.

ART. 6. L'admission des membres, à quelque titre que ce soit, a lieu par assis et levé et à la majorité absolue des membres du conseil présents ; le vote au scrutin est de droit s'il est demandé par cinq membres au moins.

TITRE II

Élections.

ART. 7. La Société procède aux élections du bureau et du conseil dans la séance générale du mois de décembre.

ART. 8. Dans sa réunion mensuelle de décembre, le conseil dresse la liste des candidats qu'il propose pour les diverses fonctions ; cette liste est envoyée dans les huit jours qui suivent à tous les membres fondateurs et titulaires. Toute candidature proposée par dix membres au moins est de droit ajoutée à la liste dressée par le conseil, pourvu qu'elle soit conforme aux dispositions des art. 6, 7, et 8 des statuts, et transmise au secrétaire général huit jours au moins avant la séance générale du mois de décembre.

ART. 9. Les élections ont lieu à la majorité absolue des suffrages exprimés.

Si un second tour de scrutin est nécessaire, les élections ont lieu à la majorité relative.

Les membres de la Société qui ne peuvent assister à la séance ont la faculté d'envoyer leur vote écrit et clos au Président de la Société.

Le scrutin est dépouillé séance tenante et le résultat proclamé par le Président.

TITRE III

Recettes et dépenses.

ART. 10. Les ressources de la Société comprennent :

1° Les biens et revenus de toute sorte appartenant à la Société ;

2° La cotisation annuelle des membres fondateurs, des titulaires et des associés.

3° Les dons et legs que la Société est autorisée à recevoir ;

4° Les subventions qui peuvent lui être accordées.

ART. 11. Les dépenses de la Société se composent :

1° Des frais de rédaction et d'impression des publications de la Société ;

2° Du montant des récompenses que la Société décernera chaque année ;

3° De l'achat des livres, brochures et journaux pour sa bibliothèque ;

4° Des dépenses d'administration et du bureau ;

5° Et enfin, des rémunérations que la Société croirait devoir accorder à des agents chargés d'une mission ou d'un emploi qui ne pourraient être remplis gratuitement.

TITRE IV

Attributions de l'Assemblée générale et du Conseil d'adminis-tration.

ART. 12. La Société se réunit en assemblée générale en avril ou en mai et en décembre, sur la convocation du secrétaire général.

La réunion a lieu autant que possible le dimanche à 2 heures.

ART. 13. Elle tient une séance solennelle dans laquelle elle distribue les récompenses accordées et les prix fondés les années précédentes.

Dans la séance d'avril ou de mai, elle approuve les comptes de l'exercice clos et vote en décembre le budget de l'exercice suivant.

Cette séance est plus particulièrement consacrée, s'il y a lieu, à l'examen des questions afférentes au but que poursuit la Société.

ART. 14. Dans la séance de décembre, l'assemblée procède en outre, aux élections du bureau et du conseil, conformément aux dispositions des art. 6, 7, 8 et 9 des statuts, et à celles des art. 6, 7 et 8 du présent règlement. Si pendant l'année un membre du bureau ou du conseil vient à manquer, il ne sera remplacé qu'à la séance générale de décembre, à moins qu'il en soit autrement ordonné par le conseil.

ART. 15. Toute proposition émanant soit d'un ou plusieurs membres de la Société, soit du conseil ou du bureau, qui est prise en considération par l'Assemblée générale, est renvoyée à l'examen d'une commission de cinq membres, non compris le président et le secrétaire général.

ART. 16. Le conseil se réunit le premier mercredi de chaque mois, à 5 heures du soir, autant que faire se peut,

Il n'y a pas de séances ordinaires du conseil en juillet, août, septembre et octobre.

Le conseil peut être convoqué extraordinairement par le président ou le secrétaire général.

Tout membre du conseil qui, à moins d'une excuse considérée comme suffisante par la majorité de ses collègues, aura passé six mois sans assister aux réunions mensuelles, pourra être considéré comme démissionnaire.

ART. 17. Le conseil administre les affaires de l'association.

Il est représenté au sein de toutes les commissions par le président et par le secrétaire général de la Société.

Il arrête le budget et les comptes tels qu'ils doivent être soumis à l'assemblée générale.

Il choisit chaque année dans son sein une commission des fonds et archives, et une commission de publication, composées l'une et l'autre de sept membres.

Le conseil nomme également chaque année une commission des sociétés locales et de la propagande, une commission de législation, une commission des prix, une commission de récompenses et une commission d'hygiène des boissons; ces cinq dernières commissions sont composées de douze membres, dont quatre au moins [pris en dehors du conseil.

Les membres des commissions nommées en vertu du § 5 sont admis aux séances du conseil; ils y ont voix consultative.

TITRE V

Attributions du président et des vice-présidents.

ART. 18. Le président signe la correspondance de la Société. Il peut toutefois, pour les affaires ordinaires, ou en cas soit d'absence, soit de maladie, déléguer la signature au secrétaire général. Les diplômes d'admission et les livrets des membres associés, ainsi que les procès-verbaux des séances, sont signés par lui et le secrétaire général, ou en cas soit d'absence, soit de maladie, par l'un des vice-présidents et l'un des secrétaires généraux adjoints.

ART. 19. En cas de partage, dans les délibérations de l'assemblée et du conseil, le président a voix prépondérante.

ART. 20. En cas d'absence du président, les vice-présidents sont appelés au fauteuil par rang d'ancienneté, et, à ancienneté égale, par rang d'âge. Ils ont alors les mêmes droits et prérogatives que le président. Si les vice-présidents sont absents, l'assemblée appelle un de ses membres au fauteuil, à la simple majorité des voix.

TITRE VI

Attributions du secrétaire général et des secrétaires des séances.

ART. 21. Le secrétaire général convoque la Société et le conseil. Il prépare l'ordre du jour, de concert avec le président.

ART. 22. Il assure la rédaction des procès-verbaux des séances de la Société et du conseil, les fait transcrire sur un registre et les signe, avec le président ou le membre de l'assemblée qui l'a remplacé conformément à l'article 18 ci-dessus.

Art. 23. Le secrétaire général prépare pour la signature du président, ou du vice-président qui le remplace, la correspondance de la Société.

Dans les cas urgents, il la signe lui-même par délégation du président.

En cas d'absence ou d'empêchement, le secrétaire général est remplacé par l'un des secrétaires généraux adjoints.

Art. 24. Les secrétaires des séances sont chargés de la rédaction des procès-verbaux des séances de la Société et du conseil. En cas d'absence ou d'empêchement, ils sont remplacés par l'un des secrétaires généraux adjoints ou par le plus jeune des membres présents.

Titre VII

Commission de publication.

Art. 25. La commission de publication est chargée, de concert avec le secrétaire général et les secrétaires des séances, de tout ce qui concerne les publications de la société.

Titre VIII

Trésorier.

Art. 26. Le trésorier est chargé, sous l'autorisation du conseil : de l'encaissement et du placement des fonds de la Société, ainsi que du payement de ses dépenses régulièrement autorisées et justifiées. Il inscrit jour par jour les recettes et les dépenses sur un livre de caisse signé et paraphé par le président.

ART. 27. Il signe les quittances des cotisations ; il ne garde en caisse que la somme nécessaire pour faire face aux dépenses prévues du mois et place l'excédent en compte courant et au nom de la Société, dans l'établissement de crédit désigné par le conseil.

ART. 28. Il place également, au nom de la Société, en rentes sur l'État français ou en obligations de chemins de fer dont l'intérêt est garanti par l'État, et par l'intermédiaire d'un agent de change, tous les fonds de la Société qui ne seraient pas nécessaires à ses dépenses annuelles.

ART. 29. En dehors du budget, aucune dépense ne peut être faite sans l'autorisation du conseil.

ART. 30. Chaque année, le trésorier prépare et soumet au conseil à la séance d'avril ou de mai :

1º Le compte détaillé de l'exercice clos, avec les pièces à l'appui ;

2º A la séance de décembre, le budget de l'exercice suivant.

ART. 31. Le trésorier conserve, pendant trois années au moins, les pièces justificatives de sa comptabilité ; elles sont ensuite déposées aux archives de la Société.

TITRE IX

Bibliothécaire-archiviste.

ART. 32. Le bibliothécaire-archiviste est chargé de la conservation des livres, brochures, manuscrits, plis cachetés et lettres appartenant à la Société ou qui lui sont adressés.

ART. 33. Il dresse un catalogue et un inventaire des objets de tout genre qui lui sont confiés, et en rend compte à la commission des fonds et archives.

Titre X

Commission des fonds et archives.

ART. 34. La commission des fonds et archives autorise, sur la proposition du trésorier les dépenses urgentes et jusqu'à concurrence d'une somme de 100 francs au plus.

En cas de doute sur l'urgence, ou si la dépense lui paraît engager une question de principe, elle en réfère au conseil.

ART. 35. La bibliothèque de la Société est placée sous sa surveillance; elle assure, de concert avec l'archiviste, la préparation et la tenue à jour du catalogue.

Titre XI

Revision du règlement.

ART. 36. Toute proposition tendant à reviser le présent règlement devra être signée par dix membres et soumise au conseil un mois au moins avant la prochaine Assemblée générale.

Le conseil renverra la proposition à l'examen d'une commission de cinq membres nommés au scrutin de liste et à la majorité absolue des votants. La commission fera son rapport à l'Assemblée générale, qui en délibérera.

La lettre de convocation pour la séance de l'Assemblée générale dans laquelle la proposition de revision du règlement devra être discutée, mentionnera expressément le but de cette proposition.

Les modifications proposées au règlement ne peuvent être adoptées qu'à la majorité des deux tiers des voix des membres présents.

Le nouveau projet de règlement est mis aux voix et adopté à l'unanimité.

M. Thierry-Mieg lit le rapport suivant, un nom de la commission des fonds et archives.

Rapport fait au nom de la Commission des Fonds et Archives par M. Thierry-Mieg.

Messieurs,

Comme vous m'en avez chargé, j'ai vérifié les comptes que vous a soumis notre trésorier. J'ai reconnu, en effet, que pour 1886, nos dépenses ont été :

Frais de bureaux.	1.080 82
Frais de voyage du délégué de la Société . .	500 »
Loyer de la rue de Grenelle	600 »
Impression des bulletins nos 3 et 4 de 1885. .	560 »
Impression 1886, y compris nos 1 et 2 de 1886.	1.773 05
Portrait du docteur Lunier pour bulletins 1 et 2 de 1886	55 »
Bon Conseiller, impression du 1er trimestre 1886 et distribution	361 »
Frais de confection de diplômes, prix, récompenses, etc.	1.494 85
Frais de matériel (cartes de membre associé et autres frais de gravures)	69 20
Assurance contre l'incendie, 2e trimestre 1886.	11 80
Achat de rente, soulte pour parfaire 45 francs de rente 4 1/2 0/0.	65 50
Bon Conseiller, remboursement éventuel pour 140 abonnements	138 »
Total.	6.709 22

Pour satisfaire ces dépenses, nos *ressources* sont :

Arrérages des rentes, 45 francs de rente 4 1/2 0/0.	45	»
Cotisations recouvrées	3.859	25
Matériel.	198	80
Publications	157	»
Remboursement de timbres de quittance. . .	0	60

DONS ET SUBVENTIONS :

M. Ed. Archedeacon, à Paris . .	50	»
M. Emile Masquelier, au Havre.	10	»
M. A. Duverger, Président . .	100	»
M. Piednoir et consorts, à Laval	11	»
Mme Vve Smith d'Ergny, au château de Montfélix	50	»
M. Ch. de Bailliencourt, à Douai.	100	»
Direction des Monnaies (30 médailles de bronze)	39	»
Subvention de l'asile de Cadillac.	25	»
Subvention du département du Doubs	100	»
Subvention du département des Vosges (par M. Claude). . .	100	»

585 »

140 abonn. au *Bon Conseiller*, 1886.	281	10
Compte d'avance et souscription du Conseil.	2.720	»
A déduire pour report à l'exercice 1887	1.100	»

Reste :	1.620	»	1.620	»
Total actuel des ressources pour 1886. .			6.747	55
Charges actuelles de 1886			6.709	22
Reste.			38	33

J'ajouterai que dans les dépenses, nous avons compté 138 francs pour remboursement éventuel de 140 abonnements au *Bon Conseiller*. Si ce remboursement n'est pas demandé en entier, nous en avons un boni à attendre.

J'ajouterai aussi qu'il reste une assez forte somme de cotisations non encore rentrées. Si on parvient à les recouvrer, on obtiendra quelques centaines de francs à ajouter à notre actif.

Le budget de 1887 se présente ainsi :

Charges :

Frais de bureau	1.000 à 1.200
Loyer	600
Récompenses en argent .	635
Impression et propagande .	2.600
Annuité au trésorier . .	1.500
Report de 1886	1.100

7.435 ou 7.635

Ressources :

	BUDGET VOTÉ		PROBABILITÉS		ENCAISSÉ
Arrérages . .	90	»	90	»	11 25
Cotisations . .	6.445	»			1.074 »
Report de 1886.	1.100	»			1.100 »
Divers . . .		»	»		9 »
	7.635	»			4.194 25

Vous voyez, Messieurs, que je n'insiste pas sur les probabilités. Je trouve que dans des finances comme les nôtres, il faut de la certitude autant que possible. Or, comme notre ressource principale se trouve dans les cotisations, je vois avec un certain déplaisir qu'elles ne soient pas toutes déjà encaissées. Sans doute, M. Robÿns, malgré toute son activité ne peut tout faire, et nous avons avec grande raison employé une agence pour faire rentrer rapidement une partie des cotisations. A mon avis ce n'est pas assez, je trouve bien plus avantageux pour nous, même de perdre 2 0/0 sur la moitié de nos cotisations, ce qui est une supposition exagérée, que de voir continuer la lenteur avec laquelle l'argent nous rentre.

Si vous considérez les sommes considérables qui figurent dans nos comptes comme cotisations arriérées pour les années écoulées, sommes qui s'élèvent à 2.617 francs pour la seule année 1886, on vous persuadera difficilement qu'avec plus de promptitude dans les encaissements, ces sommes n'auraient pas été encaissées en majeure partie, 2 0/0 sur 2.617 francs ne font que 52 francs. Cela fît-il même 200 francs, je trouverais plus avantageux de débourser ces 200 francs que d'avoir un si gros compte de sommes à recouvrer. Je suis convaincu que bien des souscripteurs payent volontiers la première année, qui se regimbent la seconde, et refusent quand la dette dépasse deux ans.

Et si ce système donnait à notre trésorier trop de loisirs, je préférerais lui demander de les employer à faire des visites de propagande. Je suis convaincu que le dévoué et sympathique M. Robÿns, s'il consacrait ses forces et son temps à visiter des personnes pouvant s'intéresser à notre Société, et cherchait à nous procurer ainsi de nouveaux membres, nous rendrait un bien plus grand service qu'en encaissant lui-même les cotisations, par une économie que je crois plus fâcheuse qu'utile. — Je voudrais pour l'avenir supprimer tous les arriérés, et arriver à notre séance générale non pas avec des probabilités d'encaissements, mais avec un encaissement absolument terminé, qui supprime ainsi tout aléa, et permette de se consacrer entièrement à la propagande et au développement de notre œuvre, au lieu de la voir sans cesse entravée par des inquiétudes financières pour l'avenir.

Je pense aussi que comme nous distribuons beaucoup de récompenses en province, il serait juste et il serait possible de faire contribuer la province plus largement qu'elle ne le fait, à augmenter nos ressources. Il me semble qu'il serait facile de trouver dans les grandes villes de province des correspondants zélés qui recueilleraient des cotisations, et qui nous procureraient de nouveaux membres. On pourrait, pour les encourager, leur donner un titre d'honneur, au besoin les nommer membres du Conseil d'administration. En tout cas notre Société acquerrait ainsi une base plus solide, nos publications se répandraient davantage; vous savez qu'elles sont un de nos meilleurs moyens de propagande en même temps qu'un des fruits les plus utiles de notre activité.

En terminant, Messieurs, je vous prie de voter des remerciements à M. Robÿns pour le zèle et l'activité qu'il met à gérer nos finances, avec le souhait qu'elles prennent assez d'accroissement pour lui donner encore plus de travail.

Ce rapport mis aux voix est adopté à l'unanimité des membres présents.

Il est procédé au dépouillement du vote.

Membres présents:

MM. Arband, Bartaumieux, Dr Jules Bergeron, Dr Bouchereau, Dr Boyer, Dr Cruet, A. Desjardins, A. Duverger, Duverger, ancien Directeur général, De Gasté, Gibert, E. Lamy, Dr Meige, Dr Motet, de Nervaux, Dr Philbert, Robÿns, Thierry-Mieg, Wagner.

Membres qui ont voté par correspondance.

MM. Barthélemy-Saint-Hilaire, Boulenger à Choisy-le-Roi, Brelay à Cannes, Dr Burdel à Vierzon, Cahuzac,

Callebaut, Censier à Toulouse, Mis de Crèvecœur, Louis Cruet, Fr. Delattre à Breteuil, Eugène Delon à Toulouse, Mlle Jeanne Delon à Toulouse, MM. Dietz à Rothau, Directeur général des chemins de fer de l'Ouest, Comte Ch. Dulong du Rosnay, Mme Louise Duverger, MM. Fitremann, Froc, Maire de Gemaingoutte, G. Genu à Rabodanges, Jacquemart à Quessy, Jouglas, Leriche à Lamotte-en-Santerre, Me Elisa Lunier, Mme L. Lunier, MM. Manuel, Metman à Dijon, Monnier de la Motte à Asnières, Rossolin, Serres, Dr Trélat, Van Den Dorpel, Vaney, Vanier, Vermont.

Trente-cinq membres de la Société ont voté par correspondance.

Dix-neuf membres présents ont déposé leur bulletin dans l'urne.

Sur 54 votants ont obtenu;

Pour la présidence :

    M. Dujardin-Beaumetz. .   .   .   54 voix.

Pour la vice-Présidence :

    M. le Dr Walther. .   .   .   .   .   41 voix.
    M. le Dr Vidal. .   .   .   .   .   .   35 voix.

Pour le Secrétariat Général.

    M. le Dr Motet .   .   .   .   .   .   53 voix.

Secrétaires Généraux adjoints :

    MM. Decaisne et Bouchereau,
          chacun. .   .   .   .   54 voix.

Secrétaire des séances :

    MM. les Drs Charpentier et Audigé,
          chacun. .   .   .   .   54 voix.

Bibliothécaire-archiviste :

    M. le Dr Philbert .   .   .   .   .   54 voix.

Trésorier :

    M. Jules Robÿns. . . . .   54 voix.

Membres du conseil :

    MM. Baillarger . . . .   51 voix.
          P. Boyer . . . .   53 —
          A. Chaix . . . .   52 —
          De Crisenoy . . . . . .   53 —
          Dietz-Monnin . . . . . .   50 —
          Vanier . . . .   52 —
          G. Joret-Desclozières . .   51 —
          Gibert . . . .   51 —
          A. Meige . . . .   52 —
          Labour . . . .   50 —
          Leviez . . . .   52 —
          Brelay . . . .   50 —

En conséquence ont été nommés :

Président. — M. le Dr Dujardin-Beaumetz.
Vice-président. — M. le Dr Walther.
Secrétaire Général. — M. le Dr A. Motet.
Secrétaires Généraux adjoints. — MM. les Drs Decaisne et Bouchereau.
Secrétaires des Séances. — MM. les Drs E. Charpentier et Audigé.
Bibliothécaire-archiviste. — M. le Dr Philbert.
Trésorier. — M. Jules Robÿns.

Membres du conseil :

Pour 4 ans :

MM. Baillarger, Boyer, A. Chaix, De Crisenoy, Dietz-Monnin, Vanier, G. Joret-Desclozières, Dr Gibert, Dr Meige, Leviez.

Pour 3 ans:

M. Labour.

Pour 2 ans :

M. Brelay.

Sur la proposition de M. A. Desjardins, qui remercie M. Duverger du zèle avec lequel il a pendant deux années présidé la Société française de Tempérance, du dévouement dont il lui a donné la preuve en maintes circonstances, M. Duverger est nommé Président honoraire.

L'ordre du jour étant épuisé, la séance est levée à 5 heures et demie.

Le Secrétaire Général,
A. MOTET.

SÉANCE DU 11 JANVIER 1887

La séance est ouverte à 5 heures sous la présidence de M. Dujardin-Beaumetz.

Étaient présents : MM. Arband, Audigé, Bouchereau, Charpentier, Decaisne, Dujardin-Beaumetz, A. Duverger, Fitreman, Leviez, Meige, Motet, de Nervaux, Philbert, Robÿns, Thierry-Mieg, Vaney, Walther.

Lecture et adoption du procès-verbal de la séance du 28 décembre 1886.

M. le Président, en prenant place au fauteuil, remercie la Société de Tempérance de lui avoir fait l'honneur de l'élever à la dignité de Président, rappelle les efforts accomplis pendant deux années par M. Duverger pour relever la Société, réclame le concours des membres du Conseil et espère grâce à leur zèle sinon triompher complètement, du moins diminuer les progrès de l'alcoolisme.

M. Philbert propose de modifier le jour et l'heure des séances du Conseil, en raison de la durée des séances académiques et propose le premier mercredi du mois, 4 heures.

M. Duverger rappelle que c'est sur la demande d'anciens membres invoquant le rapprochement des heures et des jours de la séance académique que les réunions avaient été fixées au mardi 5 heures.

La proposition de M. Philbert mise aux voix est adoptée.

Le dépouillement de la correspondance manuscrite comprend :

Des lettres d'excuses de M. Gibert, de M. de Crisenoy; une lettre de remerciement de M. Labour, nommé membre du Conseil;

Une lettre de M. Léon Petit, conseiller d'arrondissement, président du Comice agricole de Damville (Eure), demandant les programmes des concours de la Société de Tempérance;

Une réponse du secrétaire général de la préfecture des Hautes-Alpes annonçant que le conseil général ne peut voter de crédits en faveur de l'Œuvre.

Le Conseil d'administration de la Société française de tempérance, décide que les Commissions permanentes pour l'Exercice 1887, seront composées de la manière suivante :

COMMISSION DES FONDS ET ARCHIVES :

MM. Blache.
Fitreman.
Thierry-Mieg.

MM. Foville.
Mesnet.

COMITÉ DE PUBLICATION ET DE PROPAGANDE :

MM. Dr Bouchereau.
Dr Decaisne.
Dr P. Boyer.

MM. Dr de Ranse.
Vaney.

COMMISSION DE LÉGISLATION :

Membres du Conseil :

MM. A. Duverger.	MM. Gonse.
Dubost.	Vanier.
Fitreman.	de Nervaux.
Glandaz.	G. Joret-Desclozières

En dehors du Conseil :

MM. A. Desjardins.	M. Duboy.
Froc.	Muteau.

MÉDECINS ADJOINTS POUR LA LÉGISLATION RELATIVE AUX IVROGNES D'HABITUDE :

MM. Dr Bouchereau.	Dr Foville.
Dr Charpentier.	Dr Magnan.
Dr Decaisne.	Dr Mesnet.
Dr Falret.	D^r Th. Roussel.

COMITÉ DES SOCIÉTÉS LOCALES :

Membres du Conseil :

MM. Bartaumieux.	MM. Claude (des Vosges).
Edmond Bertrand.	Dr Durand-Fardel.
Callebaut.	Dr Riant.
A. Chaix.	Thierry-Mieg.

En dehors du Conseil :

MM. Lenoir.	MM. Dr Pasteau.
Richard (du Cantal).	Dr Vidal.

Commission d'hygiène des boissons :

Membres du Conseil :

MM. Dr P. Boyer.	MM. Dr Magnan.
Dr Bourdon.	Dr Riant.
Dr Bouchereau.	Dr Philbert.
Dr Féréol.	Dr Walther.

En dehors du Conseil :

MM. Dr Hérard.	MM. Dr Lancereaux.
Dr Dufay.	Dr Gillebert-d'Hercourt.

Commission des prix :

Membres du Conseil :

MM. Claude (des Vosges).	MM. Levasseur.
Dr Bourdon.	Dr Mesnet.
Dr Bergeron.	de Nervaux.
Dr Foville.	Frédéric Passy.

En dehors du Conseil :

MM. Dr Béclard	MM. A. Desjardins.
Dr Hérard.	Marquis Turgot.

Commission des récompenses :

Membres du Conseil :

MM. Dr Decaisne.	MM. Vaney.
Dr Durand-Fardel.	Dr Gibert.
Laurens.	Wagner.
de Nervaux.	Vanier.

En dehors du Conseil :

MM. Van Den Dorpel.	MM. Froc.
Olivier.	Guignard.

Quatre Mémoires sont présentés pour les prix. Plus une pièce en vers : l'*Ivrogne*, de M. de Pelsenaire, chef de district à la Compagnie du Nord.

M. le Dr Périer adresse à la Société son *Guide des mères et des nourrices*. La Société reçoit le numéro de la *Gazette de Liège* du 14 décembre 1886, contenant un discours de M. de Laveleye.

M. le Dr Périer est nommé membre titulaire.

Le Secrétaire Général annonce au Conseil qu'il a reçu quatre Mémoires manuscrits pour le concours du prix le *Livre des Mères*.

Ces Mémoires sont inscrits :

N° 1. *Pro focis Galliæ*.

N° 2. *Qui a bu boira*.

N° 3. *Multa paucis*.

N° 4. *Nous pouvons écrire des livres*, etc., Jules Simon.

Pour les récompenses, trois travaux :

L'*Ivrogne*, conférence populaire en vers, par J. de Pelsenaire, chef de district à la Compagnie du Nord.

Almanach du Centenaire, M. Champroux.

L'*Alcoolisme dans la Seine-Inférieure*, Dr Tourdot.

Nomination des commissions de prix.

Le Conseil désigne : 1° pour la commission de prix :

MM. Duverger, Vaney, Walther, Charpentier, Decaisne, rapporteur.

2° Pour la commission des récompenses :

MM. Audigé, Fitreman, Philbert, rapporteur.

M. le Secrétaire Général fait l'exposé de la situation financière.

M. Philbert fait une double proposition, mettre les *Annales* de la Société en dépôt chez un libraire et les utiliser comme insertions d'annonces.

M. le Président invite M. Philbert à déposer sa proposition pour la séance prochaine.

M. Duverger demande à propos des cafés de Tempérance, s'il n'y aurait pas lieu d'imiter sous ce rapport les Sociétés de Tempérance suisses.

M. le Président fait inscrire la proposition de M. Duverger pour l'ordre du jour de la prochaine séance, fixée à mercredi, 2 février 1887, 4 heures.

La séance est levée à 6 h. 1/2.

SÉANCE DU 2 FÉVRIER 1887

La séance est ouverte à 4 h. 1/2, sous la présidence de M. le Dr Dujardin-Beaumetz.

Étaient présents : MM. Arband; Audigé; Bartaumieux; Blache; Bouchereau; Boyer; Charpentier; Cruet; Decaisne; Dujardin-Beaumetz; A. Duverger; Foville; Froc; Gibert; Joret-Desclozières; Leviez; Mesnet; Motet; de Nervaux; Philbert; Richard (du Cantal); Robÿns; Ch. Thierry-Mieg; Van den Dorpel; Vaney; Wagner; Walther.

Le procès-verbal de la séance du 11 janvier 1887 est lu et adopté.

M. Philbert, à propos du procès-verbal, informe la Société que M. Doin, éditeur, ne peut faire d'annonces, vu la publicité restreinte des annales, mais qu'il peut prendre le dépôt des annales en échange d'annonces bibliographiques sur ce Recueil.

M. le Président propose au Conseil de donner suite à l'offre de M. Doin.

M. le Président informe la Société qu'il a reçu des nouvelles favorables de la santé de M. Claude (des Vosges).

Le dépouillement de la correspondance manuscrite comprend :

Une lettre d'excuses de M. Dufay ;

Une lettre de remerciements de M. Dietz-Monnin, nommé membre du Conseil ;

Un travail de M. Delaunay. — Déjà récompensé. — Des remerciements seront adressés à l'auteur ;

Un travail de M. Dubrandy ; sur l'Alcoolisme et le Monopole des alcools ;

Un lettre de M. Gariel, secrétaire du Comité d'études pour le palais des Sociétés savantes.

M. Blache.— L'hôtel est acquis ; il y a déjà des adhésions de Sociétés ; toutes les Sociétés qui voudront y adhérer, le pourront faire proportionnellement à leurs cotisations.

M. le Président.— Il s'agit de l'hôtel Panckoucke, rue des Poitevins. M. Lunier avait été un des promoteurs de cette idée. Le prix du loyer est bien moins élevé qu'on ne le croyait tout d'abord.

Le Secrétaire Général pourrait être invité à se mettre en rapport avec le Comité d'organisation ; il nous est nécessaire d'avoir une grande salle pour nos assemblées générales, et cette salle se trouverait dans le nouveau local ; ici, d'ailleurs, nous ne sommes rattachés par aucun bail.

La correspondance imprimée comprend :

Le Progrès médical.

Le Moniteur de la Brasserie.

Une thèse de doctorat : sur l'alcoolisme dans la Seine-Inférieure, par M. Louis Tourdot, interne à l'asile de Quatremarre. Ce travail est adressé par un membre de la Société, M. Guyon, médecin-adjoint du même asile, et avait déjà fixé l'attention de M. Claude (des Vosges).

M. le Président rappelle qu'il a présenté ce travail à l'Académie de médecine, et appuie la proposition de M. le Secrétaire général de le renvoyer à la deuxième commission des prix.

Le journal de Connecticut contenant un article : *Ebriety in Paris.*

M. le Secrétaire Général annonce qu'il a reçu 300 fr. de la Manufacture des glaces de Saint-Gobain, et propose d'inscrire la Manufacture au titre de membre-fondateur à vie.

Le Conseil ratifie, par un vote unanime, la proposition de M. Motet, qui adressera à cette Société les remerciements du Conseil.

M. le Secrétaire Général du congrès de Vienne demande un rapport sur les travaux accomplis par la Société française de Tempérance. Ce rapport sera fait par M. Motet. M. Sorgues, instituteur du Charolais, propose à la Société de publier un almanach de Tempérance, mais omet d'indiquer les moyens pratiques.

M. Pellegrin, instituteur à Azas (Haute-Garonne), est nommé membre associé.

L'ordre du jour appelle la discussion sur les cafés de Tempérance.

M. Duverger n'a pas de proposition formelle à faire sur ce sujet; et se borne à appeler l'attention de la Société, qui n'a pas pris de résolution depuis que M. le Dr Bourdin avait fait connaître qu'il existait à Genève des cafés de Tempérance. M. Duverger a pu aussi visiter ces cafés et surtout ceux de Vevey, tels que le café du Torrent, fondé en 1881, par une Société au capital de 3,000 fr.; la gérante reçoit 1,000 fr. par an; on y débite du café, au prix de 10 cent. la tasse, du thé; pas d'alcools; il y a deux salles : une pour chaque sexe; il y a des journaux, des jeux, mais pas de jeux de cartes; la première année, il y a eu quelques bénéfices; les années suivantes, ni bénéfices, ni pertes.

Il existe à Genève une Société pour l'exploitation de plusieurs cafés de Tempérance, au capital de 20,000 fr., et il n'y a pour cette Société ni bénéfice, ni perte. Un de nos lauréats, M. le Pasteur Rochat, pourrait nous donner des renseignements précis. Dans le dernier numéro du Bulletin des Prisons, M. Robin, dans une étude sur les moyens de combattre l'alcoolisme, a parlé des Sociétés de consommation et de tempérance, cité l'exemple d'une Société qui, à Lauzanne, a institué des déjeuners à 35 cent. où l'alcool est exclu ; 37,000 rations y ont été distribuées en un an. Les Sociétés de consommation augmentent de nombre, ainsi qu'il a été constaté au dernier congrès tenu par ces Sociétés. Il y a un lien entre ces Sociétés de consommation et les Sociétés de tempérance. N'y aurait-il pas lieu de tenter quelque chose du côté de ces Sociétés coopératives?

M. Philbert demande quels sont les moyens de créer de telles institutions.

M. Motet fait remarquer que les résultats obtenus par les Sociétés coopératives, fondées surtout dans de grands centres industriels, n'ont pas toujours été satisfaisants. De telles Sociétés, non seulement n'ont pas prospéré, mais ont disparu. M. Motet ne sait s'il existe des Sociétés de consommation au point de vue des boissons. Dans les quartiers populeux, les cafés de Tempérance seraient l'objet d'hostilité, et des mesures de répression ne pourraient être employées. Fonder un établissement avec des allures assez larges pour fixer la curiosité serait un procédé onéreux. Tout en désirant des lieux publics d'où seraient exclues les boissons alcooliques, M. Motet n'entrevoit pas les moyens de réaliser de tels désirs.

M. Thierry-Mieg demande si l'on ne pourrait pas se mettre en relation avec certains industriels débitant déjà du café, du chocolat à la tasse, et persuader certains cafetiers déjà existant à entrer dans cet ordre d'idées.

M. Foville croit qu'il est prudent de la part de la Société de n'aborder l'étude de ces questions qu'après s'être renseignée sur ce qui se passe dans présque toutes les villes anglaises où se trouvent des établissements dans lesquels on boit autre chose que de l'alcool, et des hôtels de tempérance où le voyageur séjourne, se nourrit et où ne se débite aucun alcool.

L'expression « tempérance » a un sens différent en Angleterre, où il signifie abstinence de la consommation de l'alcool, et, en France, où il signifie modération.

En Angleterre, on condamne l'usage, mais en France l'abus seulement de l'alcool.

Il faudrait en outre savoir si en Suisse les cafés de tempérance excluent la bière, le cidre.

M. Thierry-Mieg. — La grande facilité du développement des établissements de tempérance en Angleterre s'explique d'ailleurs par la multiplicité des sociétés de tempérance dont les membres sont déjà les clients de ces hôtels.

M. Bouchereau. — En Angleterre et en Amérique, de tels établissements se maintiennent par l'influence des idées religieuses qui les fondent et les soutiennent.

M. Duverger. — La nature des produits consommés dans les cafés de Tempérance de Genève est la suivante : thé, café, café au lait, sirop de fruits, sirop de capillaire, houblon, bouillon et fromages, limonade. Le numéro du 20 décembre 1886 du *Journal des Débats* contient des renseignements sur les Sociétés coopératives qui indiquent que leur état est plus prospère que ne le pense M. Motet. Il y a 600 sociétés qui représentent 1/35 de la population. Ces sociétés poursuivent le triple but de supprimer l'achat à crédit, le désordre et l'accumulation des dettes. Il y a donc intérêt à se mettre en rapport avec les présidents de ces Sociétés coopératives.

M. le Président. — L'objection principale qui a été adressée aux propositions de M. Duverger est celle de M. Foville, relative à la différence entre les idées qu'on se fait de la tempérance en France ou en Angleterre. Offrir un verre de vin est autrement considéré dans ces deux nations. Quand, en Angleterre, on veut descendre dans un bon hôtel, il convient de choisir un hôtel de tempérance. De tels établissements sont à créer chez nous; il ne reste que l'espoir de trouver un homme généreux comme Ruelle ou l'auteur de la Bouchée de pain, pour voir créer un grand café conforme à notre but.

Au point de vue du faible prix de la consommation du café, s'il est à 10 centimes la tasse, l'ouvrier prendra sa tasse et consommera dans un établissement à côté la différence en alcool.

M. Philbert propose de changer le nom de Société de tempérance, qui est souvent mal interprété.

M. Foville rappelle qu'à Chauny, siège de la manufacture de glaces de Saint-Gobain, il existe l'économat, dont le but est essentiellement celui que poursuivent les Sociétés coopératives; ne pourrait-on pas trouver là des renseignements, surtout si cette Société est entrée dans les idées de la Société de tempérance.

M. le Président. — La discussion n'étant pas close, il s'agirait, au préalable, de nous munir de tous ces renseignements; quant au changement de nom, notre Société a pour but la répression des boissons alcooliques; ce but indique la signification de son titre. Je n'en vois pas d'autre.

M. de Nervaux. — Quand il s'agit de changements de titres pour une Société, il convient d'être prudent pour éviter, en le faisant, des difficultés imprévues et parfois plus sérieuses.

M. le Secrétaire Général rappelle à MM. les membres de

la Commission des finances qu'il est urgent d'établir l'état des comptes.

La séance est levée à 6 heures.

CHARPENTIER.

SÉANCE DU 3 MARS 1887

La séance est ouverte à 4 heures 1/2, sous la présidence de M. le Dr Dujardin-Beaumetz.

Étaient présents : MM. Arband, Dujardin-Beaumetz, Boyer, Charpentier, Duverger, Foville, Gibert, Leviez, Motet, de Nervaux, Philbert, Robÿns, Vaney, Walther.

Le procès-verbal de la précédente séance est lu et adopté.

La correspondance manuscrite comprend :

Des lettres de MM. Laurens et Lenoir, qui s'excusent de ne pouvoir assister à la séance.

La correspondance imprimée comprend :

Un travail de M. Georges Martin sur l'alcool et l'impôt sur les boissons ;

Le compte rendu administratif de la Société anonyme coopérative des forgerons de Commentry ;

Le deuxième rapport général de la Société de la Croix-Bleue ;

Une circulaire de M. le Ministre des beaux-arts.

Le Bulletin de la Société industrielle de Mulhouse.

M. Philbert dépose sur le bureau un travail sur l'obésité chez les enfants ; le concours de la tempérance est nécessaire au traitement de cette maladie.

M. Motet présente un projet de rapport au nom de la Commission des fonds et archives, pour l'assemblée générale.

M. le Président fait observer qu'un rapport général sera

subséquemment établi pour l'assemblée générale, et à cette occasion demande au Conseil la permission de laisser le bureau libre pour la fixation de cette séance dont la présidence sera offerte à M. le Président du Sénat. M. Le Royer ; M. Hippolyte Maze sera invité à faire une conférence sur les avantages de la réunion de la Tempérance et de la Prévoyance.

Les époques exigées par les règlements et statuts seront d'ailleurs observées.

La séance est levée à 5 heures et 1/2.

AUDIGÉ.

SÉANCE DU 6 AVRIL 1887

Présidence de M. DUJARDIN-BEAUMETZ.

Étaient présents : MM. Arband, Audigé, Bartaumieux, Dujardin-Beaumetz, Bergeron, Bouchereau, Charpentier, Decaisne, Duverger, Fitreman, Gibert, Guignard, Hérard, Motet, Richard (du Cantal), Robÿns, Thierry Mieg, Vaney.

Le procès-verbal de la séance précédente est lu et adopté.

M. le secrétaire général procède au dépouillement de la correspondance qui comprend les publications envoyées ordinairement à la Société, et trois lettres d'excuses de MM. de Nervaux, Cruet et Dietz-Monnin, qui ne peuvent assister à la séance.

Mesdames Vuitry et Ardant sont nommées membres de la Société, sur la présentation de M. Duverger.

M. le Secrétaire Général donne lecture d'un mémoire adressé à la Société par M. Donnet et dans lequel se trouve relatée l'observation d'un malade, qui a tué sa fille dans un accès d'alcoolisme. Ce malade n'était ni un aliéné, ni un délirant alcoolique; il était par conséquent responsable et a été condamné.

Le Conseil décide, sur la proposition de M. le Président, que l'observation de M. Donnet sera publiée dans le Bulletin.

M. le Secrétaire Général donne communication d'une lettre par laquelle la Préfecture de la Seine réclame les pièces relatives à un legs fait à la Société par M. Rouville. Il fait observer que ces pièces ont été déjà remises par lui entre les mains de M. Pasquier.

M. Thierry-Mieg lit un rapport au nom de la Commission des fonds et archives. Il demande que l'on confie à une agence spéciale le soin de faire rentrer les cotisations; qu'il soit créé en province des propagateurs de la Société et enfin que des remerciements soient décernés à M. Robÿns.

Ces propositions sont adoptées.

Il en est de même de celle de M. le Secrétaire Général, qui voudrait pouvoir adresser aux membres associés une note les invitant à faire parvenir, dans le plus bref délai, leurs cotisations arriérées.

L'assemblée générale aura lieu le 5 avril, à 5 heures. Il y sera donné lecture des rapports des commissions de prix.

M. le Président propose, pour la séance solennelle, la date du 22 mai, qui est adoptée. Il fait connaître au conseil que M. Le Royer a bien voulu accepter de présider cette séance et qu'une conférence y sera faite par M. Hippolyte Maze.

M. Duverger rappelle que, dans l'un des mémoires envoyés pour le prix, a été exprimé le vœu qu'il soit interdit aux bureaux de tabac de vendre des boissons alcooliques.

M. le Président fait observer qu'il est difficile d'empêcher aux débitants de tabac de vendre du vin, surtout dans les départements où le tabac ne rapporte qu'un très petit bénéfice.

D'après l'avis de M. Firreman, l'interdiction de la vente des boissons alcooliques dans les bureaux de tabac serait limitée aux grandes villes, et la Société pourrait demander au Gouvernement de n'accorder de bureau dans les grands centres qu'à la condition qu'il n'y soit pas joint un débit de boissons.

M. le Président dit qu'il y aurait également des mesures à prendre dans les lavoirs, qui sont de véritables débits secrets où les femmes se livrent journellement à des excès de boissons.

Le Conseil décide que la proposition de M. Duverger sera mise à l'ordre du jour d'une des prochaines séances.

La séance est levée à 5 heures et 1/2.

AUDIGÉ.

ANNEXE AU PROCÈS-VERBAL

EXTRAIT d'un Rapport médico-légal sur l'état mental de CANDREIA, Engelhard, inculpé d'assassinat.

Candreia a 36 ans il est né à Amberwatz (Suisse), il réside à Arcachon depuis 1873; marié en 1876, il est père de six enfants.

Depuis longtemps déjà, presque aussitôt après son mariage, il avait pris l'habitude de faire un usage immodéré des boissons alcooliques, il buvait seul, chez lui, souvent avant le repas, des quantités relativement considérables d'eau-de-vie, de rhum ou d'absinthe.

Sous l'influence de ces boissons, les dispositions naturelles de son caractère s'exagèrent, il devient violent et brutal, il maltraite ses enfants, menace sa femme et la bat même quelquefois.

Le désordre dans la conduite entraîne bien vite le désordre dans les affaires, Candreia boit alors pour s'étourdir, sa brutalité augmente chaque jour et s'exerce tout particulièrement sur ses plus petits enfants, sur ceux qui ne peuvent ni lui résister ni fuir.

Sa femme porta d'abord ses plaintes à ses parents, puis au commissaire de police lui même, des reproches lui furent adressés par les uns et les autres, rien n'y fit, il continua ses mauvaises habitudes sans faire aucun effort pour y résister.

5

Candreia nous raconte lui-même avec beaucoup de calme et les larmes aux yeux, car il n'est plus sous l'influence de l'alcool, qu'il buvait souvent du rhum et du cognac, le plus souvent, dit-il, pour s'étourdir de ses chagrins domestiques, ou des ennuis causés par les poursuites de ses créanciers.

Il aimait sa femme et ses enfants nous, dit-il, il les avait bien soignés quand ils étaient malades et n'avait jamais eu l'idée de leur faire du mal. Il corrigeait bien quelquefois sa petite fille quand elle le méritait, mais il le faisait sans colère, il n'oubliait pas qu'elle était faible et délicate.

Le 10 novembre 1880, il avait fait, selon son habitude, sa fournée de gâteaux, puis avait bu à peu près un quart de litre de rhum. Il se mit à table pour dîner à l'heure habituelle ; à la fin du repas sa petite fille excitant sa colère par quelque turbulence naturelle à son âge, il ne se contient plus, excité qu'il est par les boissons alcooliques qu'il a ingérées avant et pendant le repas, il la saisit vivement, l'emporte dans sa chambre à coucher, puis la jette violemment sur le carreau la tête la première.

La mère de l'enfant qui d'abord avait fui devant les menaces de son mari, pressentant un malheur revient dans la chambre et voyant son enfant inanimée sur le parquet, la ramasse et la porte avec le secours de son mari sur le lit le plus voisin.

La malheureuse mère songe aussitôt à requérir les soins d'un médecin, Candreia ne s'y oppose pas, mais il recommande de ne pas dire comment s'est produit l'accident, et de raconter au médecin, que la petite fille s'est laissée tomber dans la cave.

Le médecin arrive, il constate la gravité de la blessure : deux heures après l'enfant mourait.

Est-il possible dans ces circonstances d'attribuer l'acte criminel de Candreia à un accès de folie alcoolique? Nous ne le pensons pas. Dans les nombreuses visites que nous lui avons faites nous n'avons jamais constaté, pas plus qu'on ne l'avait constaté ailleurs avant son incarcération, les symptômes caractéristiques de l'alcoolisme, il n'a jamais eu ni délire, ni insomnie, ni hallucinations terrifiantes de la vue, ni tremblements musculaires, le souvenir des actes accomplis est resté très net.

L'abus des boissons alcooliques sans provoquer du délire a exagéré les dispositions naturelles du caractère et a provoqué des impulsions brutales mais non irrésistibles ; Candreia s'est toujours rendu compte de son état et des actes qu'il commettait.

L'accusé n'est pas non plus un dipsomane, il ne s'est jamais produit chez lui d'accès intermittents pendant lesquels il ne pouvait vaincre son penchant pour les boissons alcooliques, il avoue lui-même qu'il aurait pu s'en passer ; la privation qui lui est imposée à la prison ne lui cause aucune peine, il comprend très bien qu'il était moins violent quand il n'avait pas bu.

Candreia consentait donc volontairement à créer chez lui un état de surexcitation brutale, dangereuse, aussi doit-il être rendu responsable de cet état, il aurait pu rester calme en ne buvant pas.

Toutefois la soudaineté de ses colères et de ses violences, permet de supposer qu'elles n'étaient pas préméditées. Quoiqu'il ait souvent proféré des menaces de mort contre son enfant, on peut admettre que ces menaces étaient produites par des accès de colère passagers, n'impliquant pas l'idée arrêtée de tuer. Le regret qu'il a manifesté quand il a vu son enfant inanimée, l'absence de résistance à l'idée qu'a sa femme d'aller chercher un médecin, corroborant nos suppositions, mais laissent cependant subsister la responsabilité de l'acte d'odieuse brutalité qu'il a commis, responsabilité dont il avait bien conscience, puisqu'il cherchait à y échapper, en dissimulant la véritable cause de la mort de sa petite fille.

CONCLUSION.

Candreia n'est pas aliéné, il n'est ni dipsomane, ni délirant alcoolique, il aurait pu se soustraire par sa volonté aux impulsions brutales produites par l'abus de l'alcool, il doit donc être considéré comme responsable de ses actions.

La Cour d'assises de Bordeaux a condamné Candreia le 11 février 1887, a huit ans de travaux forcés, malgré la très éloquente défense d'un avocat qui plaidait l'irresponsabilité.

SÉANCE DU 4 MAI 1887

La séance est ouverte à 4 h. 1/2, sous la présidence de M. Walther.

Étaient présents : MM. Arband, Audigé, Bartaumieux, Bouchereau, Charpentier, Cruet, Decaisne, Duverger, Froc, De Gasté, Gibert, Motet, Rob''ns, Van der Dorpel, Vaney, Walther.

Le procès-verbal de la séance du 6 avril est lu et adopté.

Le dépouillement de la correspondance comprend :

1° Une lettre de M. le Ministre de l'Instruction publique, informant la Société de Tempérance de l'ouverture du Congrès des Sociétés savantes pour le 1er juin.

M. Duverger rappelle que l'année dernière, deux questions avaient été choisies pour être présentées à l'étude de ce Congrès.

M. Motet fait observer que l'objet de ces questions ne figure pas dans le programme d'études du Congrès.

2° Une lettre de M. Monod, directeur des services de Prévoyance au ministère de l'Intérieur, annonçant qu'il tient à la disposition de la Société une subvention accordée de 1,000 fr.

Cette lettre est en réponse à une demande adressée à ce sujet par M. le Trésorier Robÿns. Des remerciements sont adressés par M. Robÿns. La Société charge M. le Secrétaire Général d'adresser ses remerciements à M. Monod.

3° Une lettre de remerciements adressée par M. Biver, nommé membre du Conseil.

4° Une lettre de remerciements adressée par M. Vidal, qui promet tout son concours à la Société.

5° Une lettre de M. Bellencontre (de Rouen), qui demande le recueil des Bulletins de la Société de Tempérance depuis 1880.

6° Une lettre remise par M. Duverger, adressée au Président de la Société, à l'effet d'une demande de secours.

La correspondance imprimée comprend :

La *Revue sanitaire de Bordeaux*.

Le *Progrès médical*.

Les *Signes du Temps*.

Le *Moniteur de la Brasserie*.

Le *Journal de Statistique*.

Le *Journal d'Hygiène française*.

Le *Volksvriend*.

Le travail de M. Claude (des Vosges): rapport fait au Sénat, au nom de la Commission d'enquête sur la consommation de l'alcool en France. Dans ce rapport figurent les travaux de plusieurs des membres de la Société de Tempérance : MM. Lunier, Dujardin-Beaumetz et Audigé.

L'ordre du jour appelle la lecture du rapport de M. Decaisne, au nom de la première commission des prix.

M. Duverger fait observer qu'au sein de la Commission, on a agité la question de savoir si le rapport de M. Decaisne, par les nombreux enseignements et par les sages réflexions qu'il contenait, ne favoriserait pas les nombreux candidats pour le même prix remis au concours; ce rapport, bon pour être lu au Conseil, pourrait être modifié quelque peu pour être lu en séance solennelle. M. Van den Dorpel propose de donner une partie du prix au mémoire n° 1, qui a surtout fixé l'attention de la Commission.

M. Decaisne fait remarquer que le prix a été voté pour faire imprimer le mémoire qui répondrait aux intentions de la Société et qu'aucun mémoire n'a rempli, en réalité, ces intentions.

M. Motet fait observer que, malgré l'importance de la proposition de M. Duverger, il y a lieu de rappeler les précédents, et que le rapport lu au Conseil est ordinairement lu en assemblée solennelle.

M. Decaisne informe la Société qu'il pourra facilement faire subir à son rapport les modifications désirées par M. Duverger.

M. Audigé, rapporteur, lit le rapport, au nom de la deuxième commission des prix.

Les conclusions des deux rapports, mises aux voix, sont adoptées.

La question de M. Duverger, relative à l'utilité d'interdire aux débitants de tabac de vendre des boissons alcooliques, est remise à la prochaine séance.

M. Motet, à propos de l'alcoolisme chez les laveuses de lavoir fait remarque qu'il y a, les mères de famille qui viennent laver leur linge et qui ne se livrent pas à l'alcoolisme, et les laveuses qui lavent le linge d'autrui qui leur est confié; celles-ci se livrent souvent à l'alcoolisme; mais l'alcool qu'elles consomment, elles le consomment en dehors du lavoir.

La séance est levée à 6 heures.

CHARPENTIER.

SÉANCE SOLENNELLE DU 22 MAI 1887

Présidence de M. LE ROYER, Président du Sénat.

Après une allocution très élevée et très chaleureuse de M. Le Royer, en réponse aux paroles de bienvenue de M. Dujardin-Beaumetz, Président de l'œuvre. M. Hippolyte Maze a prononcé un éloquent discours sur l'abus des boissons alcooliques et la question même de l'alcool. Après avoir rendu hommage aux travaux de M. Claude et de la commission sénatoriale, il a montré la consommation de l'alcool s'élevant de 300,000 à 1,500,000 hectolitres et le nombre des cabarets augmentant sans cesse (1 sur 88 habitants dans la Seine, 1 sur 42 dans le Nord); il a fait voir que l'abaissement de la taille, la diminution des forces physiques, la mortalité, les suicides, les cas d'aliénation mentale, les crimes étaient, le plus souvent en raison directe de l'absorption de l'alcool; il a cité les chiffres les plus caractéristiques; parmi les condamnés de moins de vingt ans, il y a 63 p. 100 d'alcooliques et parmi les récidivistes 78 p. 100. Dans l'Est, nos populations, jadis si vigoureuses, sont infectées et démoralisées par l'alcool allemand, le fameux *Todtenbaumfirniss* (vernis de cercueil). A Colmar, la consommation a doublé de 1881 à 1885 ; elle s'est élevée de 872 hectolitres à plus de 1,800. Un canton d'Alsace sacrifie un million de francs à l'*alcoolâtrie*.

L'alcool de vin qui était, de beaucoup, le meilleur et même le seul vraiment hygiénique, disparaît, surtout à cause du phylloxera. Sa production était jadis de 500,000 à 600,000 hectolitres ; elle est descendue à 25,000. On n'absorbe plus que de l'alcool d'industrie ; la fraude s'exerce d'une façon scandaleuse. Une réforme est indispensable ; médecins, moralistes, hommes d'État, tout le monde est d'accord sur ce point.

D'après M. Maze, l'État, sans aller jusqu'à établir le monopole de l'alcool, doit réprimer énergiquement la fraude dans la fabrication et la vente des boissons alcooliques ; le privilège des bouilleurs de cru, contraire au principe d'égalité, ne peut subsister davantage ; sa disparition est nécessaire bien plus encore au point de vue moral qu'au point de vue fiscal. D'autre part, il faut affranchir, dans la plus large mesure, les boissons hygiéniques, le vin, le cidre, la bière, le café et réglementer à nouveau le nombre, la tenue, l'emplacement des cabarets. Mais c'est surtout à l'éducation, à l'amélioration des mœurs qu'il faut s'attacher ; les femmes peuvent jouer sur ce terrain un rôle considérable près de leurs fils, leurs maris et leurs frères, M. Maze l'a indiqué en termes touchants, avec une grande élévation de pensée et de langage.

En terminant, l'orateur a félicité la Société de ce qu'elle avait déjà fait dans le passé, du nombre d'adhérents qu'elle a réunis (plus de 3,000) et il a exprimé l'espoir que l'avenir serait encore plus fécond. Il a émis le vœu que des livrets de la *Caisse nationale des retraites* fussent donnés, chaque année, aux lauréats et qu'un plus grand nombre de récompenses fussent attribuées aux membres des Sociétés de secours mutuels ; enfin, solidarisant les efforts faits en faveur de la tempérance et de la prévoyance, il a montré que le prix du « petit verre » appliqué à une caisse de retraites depuis l'âge de 16 ans, ou même depuis l'âge de 25 ans assurerait largement du pain à la vieillesse de l'ouvrier.

Ce discours a été couvert d'applaudissements.

COMPTE RENDU MORAL ET FINANCIER
De l'exercice 1886
Par M. le Dr MOTET, secrétaire général.

Mesdames, Monsieur le Président, Messieurs,

J'ai l'honneur de vous présenter le compte rendu, moral et financier de la Société française de Tempérance, pendant l'exercice 1886.

Si vous voulez bien me le permettre, je commencerai par l'exposé de notre situation financière, il ne sera pas brillant encore cette année, mais du moins il ne nous révélera pas les graves embarras que j'ai dû vous signaler l'année dernière. — Nous avons équilibré notre budget ; nos recettes et nos dépenses se balancent heureusement ; votre commission des finances, après un sévère examen, a constaté que nous avions

reçu . . . . 6,747 fr. 55
et que nous avions dépensé . . . . . 6,709 fr. 22

Ce qui nous constitue un excédent de . .   38 fr. 33
que nous reportons au crédit de l'exercice 1887.

Six mille sept cent quarante-sept francs ! C'est bien peu pour une Société comme la nôtre qui aurait tant besoin d'être riche pour faire tout le bien qu'elle rêve, auquel elle aspire ! Et si vous saviez au prix de quels efforts notre trésorier est arrivé à recouvrer cette somme ! Le croirait-on ? il y a toujours des retardataires ; ils ne se doutent pas des soucis qu'ils nous causent, des sacrifices auxquels ils nous obligent. Il en est un dont nous ne nous consolons pas, c'est celui de notre petit journal le *Bon Conseiller* ; je lui disais adieu l'année dernière avec un sentiment de profonde tristesse, le temps n'a rien enlevé à l'amertume de mes regrets, et je veux saluer encore aujourd'hui cette victime de notre économie.

Je ne veux pas m'arrêter sur ce sujet ; nous avons le droit d'espérer, d'ailleurs, que notre épreuve est finie : l'avenir s'annonce beaucoup meilleur, nous allons entrer en possession des legs Rouville et Bourdin, une importante allocation a été rétablie en notre faveur par M. le Ministre de l'intérieur, ce sont là des ressources que nous accueillons avec une profonde reconnaissance.

Notre situation morale, Mesdames et Messieurs, est plus satisfaisante que notre situation financière. Je pourrais n'en prendre pour témoignage que la présence au milieu de nous de M. le Président du Sénat. Le grand honneur qu'il a voulu nous faire dit assez haut que notre œuvre est de celles auxquelles les pouvoirs publics portent le plus vif intérêt, parce qu'elles répondent à l'une des plus graves préoccupations de l'heure présente : « la conservation des forces vives de la nation par la lutte contre l'alcool qui les amoindrit. »

C'est dans ce sens qu'a voulu travailler un homme de cœur, l'un de nos Vice-Présidents, M. Claude (des Vosges). C'est à sa courageuse initiative, à son ardent patriotisme qu'est due l'enquête sur la consommation de l'alcool en France. Son rapport au Sénat est l'exposé le plus complet qui pût être fait des ravages causés par l'alcoolisme : on y suit pas à pas la marche du fléau ; la progression effrayante chaque année s'accuse : les chiffres la démontrent ; les tracés graphiques la rendent immédiatement saisissable ; et, en face de ce danger public, M. Claude (des Vosges) s'est résolument posé. Il veut le combattre, au nom de l'hygiène menacée, au nom de la sécurité nationale compromise. Nous saluons avec respect ce généreux effort ; il honore grandement notre Société, dont le Président, M. Dujardin-Beaumetz et son collaborateur M. Audigé, ont institué, patiemment poursuivi, des expériences sur les propriétés toxiques des alcools dits supérieurs. M. Claude (des Vosges) les a citées avec trop d'éloges, pour que je n'aie pas plaisir à les rappeler ici.

De toutes parts d'ailleurs, le mouvement se développe et s'affirme, et la Suisse vient de prendre des dispositions législatives pour essayer d'enrayer la consommation de l'alcool.

Nous sommes heureux de rencontrer aujourd'hui, dans les pouvoirs publics un appui qui ne nous avait pas absolument manqué, mais dont nous n'avions pas pu profiter aussi largement que nous l'espérions. La loi sur l'ivresse de M. le Sénateur Roussel, l'un des nôtres, l'instruction due à la savante intervention de M. Bergeron et sanctionnée par l'Académie de médecine, avaient réalisé un immense progrès ; nous avons cherché à pénétrer à notre tour dans l'école, dans la famille, dans la société, nous avons fondé des prix, nous avons fait appel à toutes les bonnes volontés, nous avons réussi souvent, et nous avons couronné des mémoires d'une véritable valeur, des romans qui, développant une pensée morale, ont eu un légitime succès.

Cette année nous avons été moins heureux. Nous avions mis au concours, sous l'inspiration de M. le professeur Duverger, une question ou pour mieux dire, un livre qui, sous une forme simple, parfaitement accessible à tous, fournirait les armes les meilleures, les plus sûres, aux femmes, aux mères, pour lutter, autour d'elles, contre l'alcoolisme. Nous avons eu le regret de ne pouvoir décerner le prix. — Le rapporteur, M. le Dr Decaisne vous dira pourquoi.

Mais nous donnerons de grand cœur une récompense digne de lui, à M. le Dr Tourdot, qui nous a adressé un excellent travail sur l'alcoolisme dans le département de la Seine-Inférieure. M. le Dr Audigé vous en signalera les mérites.

Puis viennent à leur tour nos chers lauréats; ils appartiennent aux classes laborieuses de la société, aux grandes administrations, à l'armée, aux compagnies industrielles, et c'est pour nous une joie profonde de dire à ces braves, à ces honnêtes gens, qui sont nos plus utiles collaborateurs, car ils prêchent d'exemple, combien est grande notre estime pour eux, combien sont vives nos sympathies. Ah! si nous avions pu, nous aurions doublé le nombre de nos médailles d'argent, nous n'aurions eu que l'embarras du choix; mais quelle que soit la récompense, que chacun de ceux qui la recevra sache bien qu'en la lui accordant nous donnons à sa sobriété, à son action utile sur son entourage le témoignage public de notre gratitude. Nous les remercions pour ce qu'ils ont fait, nous les encourageons à persévérer dans leur active propagande.

Nous avions reçu 1,314 propositions, nous récompensons 1,076 lauréats. Ceux que nous n'avons pas pu appeler cette année nous reviendront l'année prochaine, non pas plus dignes, car leurs mérites nous sont bien connus, mais avec des propositions plus en rapport avec les conditions un peu sévères que nous avons dû nous imposer.

Voilà, Monsieur le Président, ce que nous avons fait : vous avez bien voulu consacrer par votre présence les efforts d'une Société qui pourrait prendre pour devise : « Par la Science, par la Tempérance, pour la Patrie. » Nous vous

adressons nos respectueux remerciements, permettez-moi de
dire encore l'expression de nos sentiments de reconnaissance. Nous n'avons pas pu nous affirmer comme nous aurions voulu le faire, nous n'avons pas pu sortir encore de la
période des aspirations, des projets, pour entrer dans la
période des applications pratiques. D'autres pays nous ont
précédés dans cette voie, plus aidés que nous l'avons été par
des initiatives individuelles. La solennité de ce jour, votre
présence qui en double l'éclat, nous serviront auprès de ceux
qui ne nous connaissent pas assez. En apprenant que vous avez
daigné vous intéresser à notre œuvre, on en comprendra
mieux la haute portée, et nous vous devrons, Monsieur le
Président, à vous, à M. Claude (des Vosges), à M. Roussel,
à M. Maze, vos dignes collègues du Sénat, l'autorité, l'importance d'une consécration presque officielle.

Est-ce à dire cependant que nous devions nous plaindre
que l'on ne vienne pas à nous. La Société française de Tempérance compte 3,421 membres, beaucoup d'honoraires, il
est vrai. — Mais ce qui reste de membres actifs est encore
respectable. Nos adhérents nouveaux ont été plus nombreux
que l'année précédente. Hélas, quelque joie que nous ayons
eu à les recevoir, ils ne nous en voudront pas de dire que les
vides qui se sont faits autour de nous ne sont pas comblés.

Nous avons perdu des hommes que nous nous honorions de
compter parmi nous. Ils avaient été les ouvriers de la première heure. et jamais leur concours ne nous avait fait défaut. Ils s'appelaient : Béclard, le doyen de la Faculté de
médecine, le secrétaire perpétuel de l'Académie de médecine, le savant professeur de physiologie. Vous connaissiez
cet esprit si fin, si délicat, cette intelligence si supérieure :
il avait été membre de notre Conseil d'administration, et
toujours de cœur avec nous, quand des occupations trop
nombreuses ne lui permettaient pas de prendre part à nos

travaux, il ne les suivait pas moins avec intérêt; Oudiné, l'habile graveur de notre médaille, vous verrez son nom inscrit sur vos récompenses, ce fut celui d'un collègue qui nous fut sincèrement dévoué; Boinet, l'homme excellent que, plus qu'un autre, j'ai le droit de regretter, et dont je veux rappeler le souvenir avec un affectueux respect. Il aimait notre Société parce qu'il y rencontrait des travailleurs comme lui, pour lesquels l'accomplissement du devoir est sacré, pour lesquels aussi la vie de famille, avec ses joies pures est supérieure à toute autre. Ce qui n'était pas honnête et droit froissait singulièrement ses sentiments élevés. Médecin distingué, administrateur du Bureau de bienfaisance, il flétrissait l'inconduite partout où il la rencontrait. Aussi vint-il à nous, des premiers, ayant compris ce que nous voulions faire. Il nous resta fidèle jusqu'au dernier jour.

Nous avons eu le regret de perdre encore M. Lemercier, Rose-Joseph, imprimeur-lithographe, membre-fondateur, et le Dr Gillebert d'Hercourt, membre titulaire. Retenez ces noms, ce sont ceux de collègues aimés; souvenons-nous que le plus digne hommage que nous puissions leur rendre, c'est de continuer l'œuvre que nous avions commencée ensemble. — Travaillons sans défaillance; ce que nous n'aurons pu faire, d'autres le feront après nous. — Traçons le sillon, jetons-y la bonne semence, et si dans nos rangs s'ouvrent des vides, appelons à nous, pour les combler, tous les hommes de bonne volonté, tous ceux qui ont au cœur « l'amour sacré de la Patrie. »

RAPPORT DE LA 1ʳᵉ COMMISSION DES PRIX

Par M. le Dʳ DECAISNE.

Mesdames, Messieurs,

« Les femmes n'ont fait aucun chef-d'œuvre en aucun genre. Elles n'ont fait ni l'*Iliade*, ni l'*Enéide*, ni la *Jérusalem délivrée*, ni le Panthéon, ni l'église de Saint-Pierre, ni le *Livre des principes*, ni le *Discours sur l'histoire universelle*. Elles n'ont inventé ni l'algèbre, ni les télescopes, ni les lunettes achromatiques, ni la pompe à feu, ni le métier à bas, etc., mais elles font quelque chose de plus grand que tout cela : c'est sur leurs genoux que se forme tout ce qu'il y a de plus excellent dans le monde : un honnête homme et une honnête femme. »

La Société française de Tempérance, qui partage tout à fait sur ce point les idées de Joseph de Maistre, et pense en outre que la femme fait la ruine ou la prospérité d'une maison, a mis au concours, pour les prix de 1886, le sujet suivant : « Le Livre des Mères. Manuel à l'usage des femmes désireuses de préserver leur famille de l'alcoolisme et de l'ivrognerie. »

La première Commission des prix, composée de M. le professeur Duverger, président, Vaney, docteurs Walther, Charpentier et Decaisne rapporteur, a eu à examiner quatre mémoires.

La Commission reconnaît que le mémoire n° 2, portant pour épigraphe : « Qui a bu boira », est irréprochable quant à la science, mais qu'il est au-dessus de la portée des lecteurs auxquels il s'adresse, qu'il est froid, peu entraînant, pas assez familier.

Le n° 3 « *Multa paucis* » mérite les mêmes éloges et les mêmes reproches. Il est plein de termes techniques, scientifiques qui ne peuvent rien apprendre souvent aux femmes du peuple. En un mot, comme le nº 2, c'est plutôt un traité *ex professo* de l'alcoolisme qu'un manuel destiné à être mis dans les mains des mères de famille.

Le nº 4, qui a pour épigraphe ces lignes de M. Jules Simon : « Nous pouvons écrire des livres et faire des théories sur le devoir et le sacrifice, mais les véritables professeurs de morale, ce sont les femmes », est peut-être plus dégagé que les deux premiers mémoires de termes scientifiques, mais il est incomplet sur bien des points, trop philosophique, et sa forme littéraire dépasse la moyenne de l'intelligence et de la culture des esprits pour lesquels l'auteur l'a écrit.

L'auteur du nº 1, qui a pris pour devise : « *Pro focis Galliæ* », a assez bien compris le sujet. Il a écarté avec soin tous les détails scientifiques inutiles à la thèse qu'il soutient. Dans une série de causeries familières, il invite les femmes à agir sur l'esprit de leurs maris et de leurs fils, d'abord à l'aide d'arguments tirés de l'ordre matériel, c'est-à-dire en montrant les maux innombrables qu'amènent l'alcoolisme et l'ivrognerie, puis, à l'aide de considérations d'ordre moral, en réveillant chez leurs proches le sentiment de la dignité humaine, de l'honneur, de l'amour de la famille et de la patrie.

La Commission reproche à l'auteur du mémoire nº 1 un grand nombre de répétitions, des longueurs, des hors-d'œuvre qui, malgré la forme bien choisie du travail, empêcheraient de le mettre en cet état entre les mains des mères.

En somme, la Commission estime qu'aucun des mémoires ne réalise à des titres divers le vœu et la pensée de la Société qui, en mettant au concours le « Livre des Mères », demandait un petit traité populaire, pouvant trouver sa place dans les bibliothèques à très bon marché (à 20 ou 25 centimes), qui ont vu le jour dans ces dernières années. Ce livre doit être court, clair, précis, sans dissertations philosophiques. Un ouvrage de cette nature, s'adressant surtout à la classe ouvrière, doit parler un langage en rapport avec la culture d'esprit de ses lecteurs. Il convient de le débarrasser autant que possible de toute couleur médicale et de lui donner le tour simple, persuasif et familier de la causerie.

Les auteurs, au moins ceux des n°s 2, 3 et 4, ont un peu oublié que l'hygiène, — on l'a dit avant nous, — a deux faces distinctes, qui répondent à deux enseignements différents. Elle est en même temps une science qui cherche et un art qui appplique, une science qui a sa langue technique, ses principes, ses méthodes, qui formule des lois et résout des problèmes. C'est l'hygiène que doivent apprendre les médecins. Mais elle est aussi un art, — art difficile, il est vrai, — qui répand et applique des préceptes et qui parle la langue de tout le monde. A l'une, les laboratoires et les amphithéâtres des écoles de médecine; à l'autre, la vulgarisation par les conférences, la presse, les traités populaires.

La Commission, tout en distinguant le mémoire n° 1, qui a pour devise : « *Pro focis Galliæ* », a proposé à la Société de ne pas distribuer de prix cette année.

La Société tient toutefois à remercier les auteurs des quatre mémoires de leurs efforts et de l'honneur qu'ils lui ont fait en lui envoyant leurs travaux.

RAPPORT SUR LES RÉCOMPENSES DÉCERNÉES EN 1887

Par M. GUIGNARD

Mesdames, Messieurs,

La *Société française de Tempérance* ouvre, pour la quatorzième fois, son livre d'or. N'est-ce pas vous dire que le nombre de ses lauréats, grossissant chaque année, comme vous l'avez remarqué, a formé une légion d'honneur, imposante aujourd'hui et considérée?

Vous savez aussi que l'inscription d'un nom dans ce livre d'or est précédée des suffrages exprimés par nos grandes administrations ou par la notoriété publique et qu'elle est, eu outre, l'objet d'un examen sérieux, réfléchi, de la part de notre Chancellerie, je veux dire, de la Commission des récompenses.

Dans notre Légion d'honneur, il y a des grades comme dans la grande famille des Légionnaires de France. Elle a ses Chevaliers, honorés des mentions honorables et des témoignages de satisfaction; — ses Officiers, décorés de la médaille de bronze et de plus haut dignitaires encore que distinguent nos médailles d'argent, de vermeil et nos diplômes d'honneur.

Mais ce qui ajoute à l'éclat de ces dignités, ce qui en rehausse toujours le prix, ce sont vos sympathies, vos applaudissements que notre Chancellerie est si heureuse, si fière de provoquer dans ces assemblées générales annuelles comme celle qui nous réunit aujourd'hui, sous une présidence dont nous apprécions tout l'honneur.

Vous ne serez pas moins généreux, cette année, pour nos lauréats et, à cette générosité qu'ils méritent, vous y mêlerez un peu d'indulgence pour le rapporteur de la Commission des récompenses. Cette indulgence, et, mieux encore, votre bienveillance, il les réclame, il en a besoin; car, faut-il l'avouer, figurez-vous qu'en pénétrant dans cette enceinte, il a cru apercevoir une main mystérieuse traçant sur les murs ces mots, menaçants pour vous et pour lui:

L'ennui naquit un jour de l'uniformité.

Pour vous préserver de la contagion de cet enfant maussade, il est un remède simple, facile, peu coûteux, c'est d'oublier le rapporteur.

Notre Société, Mesdames et Messieurs, irradie aujourd'hui sur tous les points de la France. Elle est comme le soleil, aveugle qui ne la voit pas. Ce n'est pas assez; elle est désirée, recherchée, aimée.

L'année dernière on vous signalait le nombre toujours croissant des propositions de récompenses qui lui sont adressées : 1314 cette année. Nous en avons éliminé 238 parce que les candidats, bien que méritants, ne réunissaient pas toutes les conditions réglementaires.

Ce n'est qu'un ajournement, c'est la veillée d'armes avant l'accolade de chevalier.

Notre Société peut donc, à juste titre, s'attribuer ces paroles de Montaigne: « J'ouvre la porte, à vous instruire par les exemples d'autruy. »

MINISTÈRE DE L'INTÉRIEUR

Maison nationale de Charenton. — M. le Directenr appelle notre attention sur deux employés dont l'un, depuis 38 et l'autre, depuis 13 ans, se distinguent dans les fonctions de surveillant en chef et d'infirmier chef.

Le premier est déjà une vieille connaissance, c'est Husson vous vous le rappelez bien, notre lauréat de 1875 et de 1882.

C'est un récidiviste, M. le Directeur, sa cause viendra plus tard.

Quant à Vincent, serviteur dévoué, ami de la tempérance, que vous nous recommandez, nous lui accordons une médaille de bronze et le petit Manuel Picard qu'il lira avec intérêt.

Établissements pénitentiaires. — Le choix des gardiens des établissements pénitentiaires doit fixer l'attention de l'Administration. Aussi, nos clients sont pour elle une pépinière féconde. Les dix-sept lauréats que notre Société a distingués, nous paraissent des modèles à copier et font honneur à la Direction des établissements de Fontevrault, Lambise, Landerneau et Nîmes. *Tant il est vrai, comme il a été dit au Congrès de Stockholm, que le meilleur règlement avec un mauvais directeur, ne donnerait que des résultats négatifs. Il en est autrement dans ces établissements qui deviennent nos tributaires.* En vain créerait-on, comme il en a été question, des écoles normales de gardiens, sur le modèle de celle qui a existé (je ne sais si elle vit encore) en Italie, dans l'ancien couvent de *Regina cœli.* La science, a dit Cambacérès, n'est point une croyance, mais une expérience, et cette expérience, nos lauréats l'ont acquise, sous une habile direction, au contact même des condamnés et en restant toujours maîtres d'eux-mêmes, grâce à leurs habitudes de tempérance.

ASILES D'ALIÉNÉS. — Il serait oiseux de vous répéter ce que nous avons dit tant de fois. Dans nos asiles d'aliénés viennent échouer les épaves de ces sinistres naufrages de la raison. Qu'elles sont pitoyables, ces victimes du cabaret! Elles provoquent encore la pitié, et voilà pourquoi nous estimons ces modestes serviteurs préposés à leur garde. Ils peuvent vous dire, eux, que l'alcoolisme est un fléau meurtrier, et qu'on doit s'en garantir à tout prix..... comme eux.

ASSISTANCE PUBLIQUE EN PROVINCE.

HOSPICES DE DUNKERQUE, LILLE ET LE HAVRE. — L'Assistance publique ne nous a envoyé, cette année, que trois propositions de récompenses. Nous les avons accueillies, en regrettant qu'elles n'aient pas été plus nombreuses. Dans les pénibles et répugnantes fonctions d'infirmiers, il y a des dévouements cachés qui ont leur source dans un sentiment qu'exclurait évidemment la fréquentation des débits de boissons.

Les trois lauréats des hôpitaux-hospices de Dunkerque, de Lille et du Havre sont tempérants; ils continueront l'œuvre de propagande à laquelle ils sont affiliés désormais.

PRÉFECTURES ET MAIRIES.

PRÉFECTURE DE LA SEINE. — L'administration de l'Assistance publique de la Seine nous a permis de faire un choix d'élite de candidats parmi lesquels il nous est agréable d'y compter treize lauréats-vétérans des années 1877 à 1882. Nous leur accordons, cette année, une mention spéciale.

ASSISTANCE PUBLIQUE. — Dans ces préposés à divers services hospitaliers, nous récompensons, conformément au but de notre institution, la sobriété et les bons exemples de tempérance. D'autres qualités, qui en découlent, sont appréciables sans doute; nous sommes toujours heureux de le constater et d'en prendre note.

TRAVAUX DE PARIS. — La Direction des Travaux de Paris est à la tête d'une véritable petite armée affectée aux divers services que vous connaissez.

C'est à elle que nous devons ces voies magistrales, ces promenades si agréables, si utiles, si fréquentées par le Parisien, ces bois de Vincennes et de Boulogne, ces squares et jardins où s'ébattent nos enfants, ces canaux souterrains, ces catacombes..... un second Paris sous Paris..... etc.

Dans une promenade au bois, comme on dit aujourd'hui, dans vos excursions autour de notre belle capitale, n'avez-vous pas été, comme l'auteur du *Voyage sentimental*, le jouet d'une douce illusion, en pensant que tout ce qui vous est si agréable était votre propriété? Et vous vous écriiez enthousiasmé : « Quelle est donc la fée qui prévient mes désirs et « mes ordres, et m'épargne les soucis d'administration de « mes domaines? Je les visite, je les inspecte à mes « heures..... et tout est bien. »

Ajoutez-y un peu d'égards pour ces travailleurs, les auxiliaires de la fée bienfaisante dont M. Alphand vous dirait bien le nom. Braves au travail comme au foyer domestique, ils nous causent aujourd'hui un nouveau plaisir *qui n'est pas une illusion*, en leur accordant quarante-cinq de nos récompenses.

PRÉFECTURE DE LA HAUTE-GARONNE. — Le département de la Haute-Garonne, où les institutions de prévoyance et d'assistance mutuelle sont si développées, ne nous présente, comme l'année dernière, qu'un seul candidat, bien méritant, il est vrai. Vingt-quatre années de bons services comme instituteur, six années de travail à la sous-préfecture de Villefranche, ont mérité à M. Bonnes, l'estime et la considération publiques.

Qu'il soit le bienvenu parmi nous!

Au département de la Haute-Garonne, nous rappellerons la devise bien connue : *raro unus..... semper plures.*

PRÉFECTURE DE LA MAYENNE. — Le département de la Mayenne nous est fidèle; il nous appartient désormais. C'est ainsi que notre Société arrondit, chaque année, son domaine sur lequel il se pourrait bien qu'un jour le soleil ne se couchât pas.

La sous-préfecture de Mayenne et la mairie de Laval briguent nos faveurs pour onze travailleurs qui se font *remarquer par leurs concitoyens*. On les montrerait au doigt volontiers, en bonne part, bien entendu. Tenez voici le bon père

Beaulin, notre lauréat de 1879, membre du Conseil des Prud'hommes depuis vingt-sept ans, d'une sobriété exceptionnelle et qui n'a pas vieilli : il n'a encore que soixante-onze ans. Et puis, c'est Launay avec ses quarante-deux années de service, et d'autres, plus jeunes, presque des apprentis qui ne comptent que vingt, vingt-cinq, trente, trente-six et trente-sept années d'une vie laborieuse, honorable, et qui ne se sont jamais « ennuyés d'être à la même place ».

On leur a dit, sans doute : « Celui qui veut être heureux occupe peu de place et en change peu » (FONTENELLE).

Au département de la Mayenne, cinq diplômes de membre honoraire, trois médailles de bronze, deux témoignages de satisfaction et nos publications.

Et un inaltérable souvenir à M. Beaulin, par le rappel du diplôme de 1879 et par le don du Bon Conseiller (Années 1884 et 1885.)

PRÉFECTURE DU NORD. — Du département du Nord on a dit..... *on l'a écrit même*..... autrefois..... que l'excessive misère qui y régnait devait, entre autres causes, être attribuée à l'ignorance, à l'*intempérance* et au défaut absolu d'ordre dans les classes ouvrières.

Cette tache doit avoir perdu de sa couleur sombre. Je crois, quant à moi, qu'il y a aujourd'hui une amélioration appréciable, et si, comme on le disait récemment « l'habi- « tation est le signe extérieur et permanent de la situation sociale », espérons que les maisons ouvrières de Lille se multipliant, réaliseront un progrès que la Société française de tempérance appelle de tous ses vœux. Oui, sans doute, il reste beaucoup à faire; mais la tâche n'est pas au-dessus des ressources de toute nature, matérielles et morales, qu'offre ce département.

Nous comptons bien aussi sur l'exemple et sur l'action des cinquante-trois lauréats que nous avons choisis. Quand, comme eux, on possède un capital de qualités, de vertus, de services aussi distingués, on en fait profiter les autres. C'est justice et c'est un devoir.

A l'œuvre donc, vétérans du travail, votre passé vous oblige. — Que *Liégeois*, le médaillé de la Société d'encouragement pour le travail des enfants, — que *Fiévet*, le sergent de la Compagnie des sapeurs-pompiers, qui n'a jamais absorbé de liqueurs alcooliques, *quoique cabaretier*, soient les chefs de file, et, ensemble, soutenez le bon combat. Rappelez-vous qu'il y a, dans votre département, un cabaret pour quarante-deux habitants ou dix consommateurs adultes, et, dans certaines parties, on trouve deux cabarets sur trois maisons.

PRÉFECTURE DES VOSGES. — Département des Vosges ! Nous sommes chez nous. — Vous vous souvenez de sa prise de possession par notre trésorier, que son dévouement rend infatigable !

Saluons, en y entrant, la mémoire de son premier magistrat, M. Bœgner, qui combat sous notre drapeau. Appelé récemment à la Préfecture d'Orléans, il emporte, *riche trésor !* les regrets et l'affection de ses administrés des Vosges. Il sera, dans le Loiret, ce qu'il a toujours été pour nous, le protecteur éclairé, persévérant et l'ami dévoué de notre Société. Félicitons le Gouvernement qui lui a décerné, il y a quelques jours, une médaille d'or pour l'organisation des services sanitaires dans son département des Vosges.

« Ce n'est point assez d'avoir l'esprit bon ; le principal est de l'appliquer au bien, » — Descartes eut trouvé son idéal dans M. Bœgner.

271 prétendants à l'admission de notre Société forment son cortège à son départ d'Epinal ; leurs titres sont sérieux.

Ah ! si tous les Préfets... je n'insiste pas.

Autrefois, Mesdames et Messieurs, dans certaines communes des Vosges, il y avait... nous ne dirons plus il y a... « des enfants appartenant aux deux sexes qui, au lieu de fréquenter la salle d'asile et les écoles primaires, étaient abandonnés à eux-mêmes dès l'âge le plus tendre, et qui, plus tard, se livraient à l'ivrognerie, faisaient un usage fréquent des liqueurs alcooliques et finissaient par tomber dans un état d'abrutissement qui anéantissait toutes leurs facultés et les forçait à recourir à l'aumône » (BARON DE WATTEVILLE).

La Société française de Tempérance y a planté son drapeau et elle a réalisé une très notable amélioration.

Cinq chefs d'industrie d'Epinal, dont nous avons voulu conserver les noms, se sont constitués en jury pour discuter les titres de 17 ouvriers à l'honneur de vos suffrages, et, à l'unanimité, sans l'ombre de circonstances atténuantes, ils les ont déclarés dignes de nous appartenir.

Ce mode de présentation, qui ne manque pas d'une certaine solennité, nous a plu, et, nous érigeant en cour d'appel, confirmons la sentence des premiers juges, en accordant huit diplômes de membre associé honoraire, une médaille de bronze, huit témoignages de satisfaction, avec nos publications ordinaires, bien entendu.

Personne ne songe à un pourvoi en cassation !

Les cinq arrondissements du département se partageront, en outre, les nombreuses récompenses indiquées au palmarès.

Avant de nous séparer de notre grande famille vosgienne, je veux que vous en conserviez un souvenir agréable. Allons rendre visite au Nestor de nos lauréats, *Bergist (Gaspard)*, cultivateur, conseiller municipal depuis 28 ans. Seulement, nous ne le verrons qu'aux champs, non pas pour s'y promener, mais pour travailler, malgré ses 82 ans.

> Un octogénaire plantait.
> Passe encor de bâtir, mais planter à cet âge !...
>
> . . . .
>
> Quel fruit de ce labeur pouvez-vous recueillir?
>
> . . . .

Et Bergist de répondre :

> Eh bien ! défendez-vous au sage
> De se donner des soins pour le plaisir d'autrui ?
> Cela même est un fruit que je goûte aujourd'hui :
> J'en puis jouir demain et quelques jours encore...

A ce sage vieillard, nous lui laisserons, en le quittant, un souvenir : le diplôme de membre associé honoraire et notre *Bon Conseiller.*

Si nous n'étions aussi pressés, je vous aurais conduits dans l'arrondissement de Saint-Dié et pris plaisir à vous présenter M. Cuny, ouvrier de filature, âgé de 75 ans, dans la maison Seitz depuis 23 ans, que ses camarades vénèrent pour son excellente conduite, sa sobriété et sa tempérance ; — M. Martin, modèle de tempérance pendant les 30 années qu'il a tenu son auberge, mettant impitoyablement les ivrognes à la porte et qui a rempli pendant un long temps les fonctions d'adjoint au maire et de conseiller municipal.

INSTITUTEURS ET INSTITUTRICES. — « Plus la famille s'intéresse à l'école, plus l'école est sûre de prospérer. »

Nous voudrions que ces paroles, qui ont été adressées aux délégations cantonales, fussent gravées dans toutes les écoles, dans toutes les familles.

La famille et l'école, voilà bien nos véritables ressorts. Nous sommes heureux de répéter toujours que le concours précieux, dévoué des instituteurs et des institutrices ne nous a jamais fait défaut et ne nous manquera jamais.

Nous comptons, cette année, 96 lauréats dans 21 départemqnts : 86 instituteurs et 10 institutrices. Nos actions ont pourtant un peu baissé, le cours de l'année dernière était 114. Les mérites à récompenser ne sont pas moins excellents, ainsi qu'en témoignent les notes mises à la suite des noms du plus grand nombre des lauréats, notes auxquelles vous voudrez bien vous référer.

Nous imprimons pour être lus, pour être connus et appréciés. « L'écriture traduit la parole, comme la parole traduit la pensée, comme la pensée traduit le sentiment. » — Eh bien, nous sommes tout entiers dans nos publications, répandez-les ; qu'on les lise et on nous connaîtra.

Vous connaîtrez notamment nos dix lauréats institutrices, et à leur tête Mlle Gol, qui compte 33 années de services universitaires à Audincourt (Doubs). Elle nous permettra d'ajouter à ses palmes académiques notre médaille de bronze et nos publications.

A toutes nous dirons merci pour votre utile et persévérant concours ! Vous avez compris ces paroles adressées à Madame de Campan : « Il faut que vous fassiez des mères qui sachent élever leurs enfants. ». C'est le but, j'en suis sûr, que poursuit, depuis 12 ans. Mme Moreau, notre lauréat.

« On réformerait l'humanité, a dit Leibnitz, si on réformait l'éducation des enfants. »

Voilà la tâche qu'ambitionnent nos 86 lauréats instituteurs et nos 10 institutrices en inculquant les meilleurs principes à leurs élèves, en professant des cours d'adultes aux jeunes gens, en ramenant ou maintenant dans la tempérance les pères de famille avec lesquels ils sont en rapports journaliers.

Ah ! qu'ils soient convaincus de notre bien vive et bien sincère sympathie et de nos sentiments de reconnaissance !

DÉPARTEMENT DE LA SOMME. M. LERICHE. — M. Leriche,

instituteur à Lamotte-en-Santerre, qui a acquis des titres à notre estime, devient membre correspondant de notre Société, avec rappel de médaille d'argent, et nous plaçons dans sa bibliothèque nos publications auxquelles il attache tant de prix.

M. Leriche est un lutteur de la première heure. Il leur montre le palladium de l'enfance et de la famille, en leur disant :

> Entre l'âme et les sens, la sagesse infinie
> A, de son doigt divin, établi l'harmonie.
> *Vous la respecterez*, l'ivresse la détruit;
> Quand la raison s'éteint, *Votre* âme est dans la nuit.
>
> (LAMARTINE.)

Est-ce médisance, est-ce calomnie? — Dans ce département de la Somme, les causes qui tendraient à propager la misère seraient, dit-on, la paresse, l'*intempérance*, l'inconduite et l'imprévoyance.— De ces mégères, l'une, la bâtarde de la tempérance, pourrait bien être la mère des trois autres. Cette intéressante progéniture doit éveiller la sollicitude de notre valeureux champion.

SOCIÉTÉS DE SECOURS MUTUELS. — Les Sociétés de secours mutuels ne donnent lieu, cette année, qu'à deux distinctions motivées : rappel de médaille de vermeil décernée, en 1880, à l'Emulation chrétienne de Rouen et le diplôme de membre associé honoraire à M. Redouté, de la Société du quartier de Saint-Thomas-d'Aquin, à Paris, approuvée en 1852.

Nous pouvons dire cependant que les membres de ces Sociétés sont des nôtres, puisqu'ils n'appartiendraient pas à ces associations s'ils ne partageaient pas nos idées.

Qu'ils nous permettent de réclamer leur concours pour la propagation et la mise en pratique de ces idées. « Montrer poliment le chemin à un homme dévoyé, c'est comme lui laisser allumer son flambeau au nôtre, qui ne nous éclaire pas moins, après avoir allumé le sien. » (ENNIUS.)

MINISTÈRE DE LA GUERRE. L'ARMÉE. — Après les instituteurs, l'Armée !

« Entre l'armée et l'instruction publique, disait, il y a quelques jours, le Grand Maître de l'Université, il existe une sympathie naturelle et une alliance étroite, L'Instituteur, le soldat, l'agriculteur sont les trois représentants de l'œuvre patriotique de la colonisation »... Ne peut-on dire aussi : « de la civilisation? »

L'infanterie nous donne.	47 lauréats,	
La cavalerie.	15 —	
Les ouvriers d'administration. .	4 —	88
Les infirmiers militaires	3 —	
Les prisons militaires.	4 —	
La gendarmerie.	15 —	

Que nous prendrions plaisir à nous appesantir sur ces belles et bonnes notices, si éloquentes dans leur laconisme militaire !

Quelques mots, deux lignes, et nous avons, très fidèle, la photographie morale du bon soldat. Il en est cependant, comme *Brûlé, Barthélemy, Lamry-ben-Ahmed, Caubet, Bascou, Léjay, Teitgen, Audousset,* qui se recommandent par leur influence salutaire sur leur entourage ou leurs subordonnés. Quelques-uns ont obtenu des conversions et ont bien mérité de la Société française de Tempérance.

Six lauréats du 19° corps d'armée ont eu l'insigne honneur d'une proposition spéciale du Général de division, Inspecteur général du 39° arrondissement d'infanterie.

Vous savez le prix qu'on attache dans notre armée à la distinction, à la recommandation d'un officier supérieur : c'est presque une décoration !

Cette proposition honore aussi notre Société, qui n'en est plus à reconnaître et à apprécier les sympathies qu'elle a rencontrées dans l'armée.

INFIRMIERS MILITAIRES. — En dépouillant les propositions concernant les infirmiers militaires, nous regrettions qu'elles ne fussent pas plus nombreuses. Vous partagerez ces regrets : car, les rapports de l'inspection générale en font foi, le service si important de l'hospitalisation compte un grand nombre de sujets dévoués aux durs travaux de leurs fonctions. Tout en appréciant les motifs de ces propositions, notre mémoire nous rappelait ces paroles pleines de cœur et de vérité d'un sous-intendant militaire : « Il y autant de sortes de courages qu'il y a de sortes de dangers. Tel affronte, sans sourciller, les obus et la mitraille, qui frémirait dans une salle de pestiférés et de cholériques. Le courage de l'hospitalier n'est donc inférieur à aucun autre, car il est tout moral, car il n'a pas pour mobile l'enthousiasme de la gloire ou la soif de la renommée, mais le seul sentiment du devoir. » — Ce sentiment, Mesdames et Messieurs, ne pousse pas au cabaret.

PRISONS MILITAIRES. — Dans nos prisons militaires, on trouverait, sans doute, l'horrible plaie de l'alcoolisme. Ceux qui en sont atteints, reconnaissent que c'est le coup du matin, *pour tuer le ver*, qui les a déshonorés.

Les quatre sous-officiers qui entrent dans la milice des tempérants sont décorés de la médaille militaire et cités comme modèles de sobriété. Aussi ce sont de bons serviteurs.

GENDARMERIE. — Un traité d'alliance, je dirais volontiers offensive et défensive, dont la durée cessera avec la guerre que nous soutenons, existe entre la Gendarmerie et notre Société. Chacune a sa stratégie particulière, soit pour l'attaque des contrevenants aux lois sur l'ivresse et la police des cabarets, soit pour ramasser les blessés, accueillir les vaincus qui se rendent à nous, et dont la défaite est, pour eux, comme pour nous, une victoire honorable.

Notre alliée, vous me permettrez de le rappeler à son honneur, a reçu, à la fin du siècle dernier, ses lettres de noblesse, avec cette glorieuse devise : *Valeur* et *discipline*, à laquelle elle n'a jamais menti. La médaille militaire l'a lui a empruntée pour tous ses frères d'armes. Les uns et les autres en sont dignes.

Quoi de plus honorable, de plus touchant que ces paroles qu'elle inspire à un de ses inspecteurs généraux :

« Pardonnez, hommes simples qui n'avez pas même le « secret de votre grandeur.

« Je ne passe jamais devant vos maisons sans lire au « frontispice ces mots mystérieux, invisibles, mais que vous « y avez gravés par votre vie entière :

« SANS PEUR ET SANS REPROCHES. »

Ces paroles rencontrent ici un écho sympathique, et vous acclamerez les noms de nos quinze lauréats dont les notices, malgré leur brièveté, vous indiqueront la valeur.

MINISTÈRE DE LA MARINE ET DES COLONIES. — FORGES DE LA CHAUSSADE. — Du département de la Nièvre, célèbre par son industrie métallurgique, on nous convoque, cette année, pour visiter les forges nationales de la Chaussade. Nous nous sommes rendus à cet appel, et quatre médailles de bronze, avec nos publications que nous y avons laissées, consacreront le souvenir de notre visite et des félicitations que méritaient cinq ouvriers comptant une moyenne de 28 années de services.

MINISTÈRE DES FINANCES. — Le Ministère des Finances

s'est fait représenter à notre Assemblée générale par une délégation de candidats choisis à la Monnaie et dans les manufactures de Sèvres et du Gros-Caillou.

C'est Baudry, huissier à la Monnaie, assisté de Sauret, qui l'introduit. Il nous présente Cochard, homme de service, comptant 40 années de séjour à la manufacture nationale de Sèvres, et d'autres moins anciens. Le plus jeune, brigadier des hommes de service, n'accuse encore que 27 ans de travail; mais il assure qu'il vieillira; nous l'espérons bien.

A Creuzot et à Hey, nos lauréats de 1883 et de 1885, un affectueux souvenir et nos félicitations pour leur persévérance dans la voie de la tempérance.

De nos deux introducteurs, que je vous dise un mot! Baudry et Sauret ont à leur actif, Mesdames et Messieurs, soixante-huit années de services tant civils que militaires, avec cette légende : probité, bonne conduite, habitudes d'ordre et de sobriété. Quel beau patrimoine!

Chemins de fer. — Orléans, Ouest, Nord. — L'année dernière 305, cette année 374 lauréats : c'est le triomphe de la vitesse acquise! — Tel est le bilan des Compagnies des chemins de fer du Nord, d'Orléans et de l'Ouest. Notre compte de profits et pertes clôture avec un boni de 69 agents-collaborateurs.

La Commission des récompenses vous laisse le plaisir d'ajouter vos réflexions aux notes brèves et pleines d'expression, pourtant, que vous lirez en dehors de cette enceinte. Vous conclurez toujours que la sobriété est la pierre de touche des autres qualités de ces nombreux employés qui, à divers titres, ont bien mérité aussi des voyageurs et des touristes. Tenez, ne seriez-vous pas jaloux de serrer la main de ce brave Mordéo, aiguilleur, qui, par sa vigilance, a prévenu un accident en dirigeant sur une voie inoccupée des wagons échappés d'une station voisine, et qui traversaient la gare de Quimper avec une rapidité vertigineuse!

Je m'arrête : car l'heure me presse. Je me vois obligé de prendre le train-éclair.

COMPAGNIES ET ÉTABLISSEMENTS INDUSTRIELS. — La Compagnie générale des Voitures, à Paris, nous propose, comme l'année dernière, un bon placement, et, en gens intéressés, nous nous empressons d'en profiter.

Nous rappelons une médaille d'argent décernée, en 1875, à Ertel, qui compte 21 ans de services, et nous comptons 23 clients de plus. La Compagnie d'éclairage et de chauffage par le gaz, et M. le Directeur de la manufacture de glaces et produits chimiques de Saint-Gobain, l'un de nos membres fondateurs à vie, nous favorisent d'une manière tout à fait exceptionnelle. Nous prenons notre part du plaisir qu'ils ont éprouvé en sollicitant un distinction pour des vieux et honorables serviteurs qu'on qualifie ainsi : *Ouvriers hors ligne comme conduite et comme aptitude*. Il ne s'en rencontre pas beaucoup, en effet, qui comptent à leur actif 42, 45, 48 ans de services dévoués dans le même établissement. Ah! ceux-là ne se sont pas ennuyés d'être *toujours à la même place* . Jules Simon songeait à eux, lorsqu'il disait : « Un bon « ouvrier aime son état, son atelier, ses compagnons et jus- « qu'à l'établi sur lequel il travaille, ou l'enclume sur laquelle « il frappe. » Nos 30 lauréats aimeront aussi nos diplômes de membres associés honoraires, nos médailles de bronze et nos témoignages de satisfaction.

MAISON CHAIX. — Il est de tradition, à la maison Chaix, de Paris, d'être représentée à nos solennités annuelles et d'apporter son contingent à nos fêtes de famille.

Que deux de ses employés montrent à leurs camarades

notre diplôme de membre associé honoraire, une médaille de bronze et nos publications.

Les établissements *Simonet, de Paris; Boulenger, de Choisy-le-Roi; Humez, de Douai; Bertel, de Sotteville;* pratiquent l'hospitalité à la façon antique; elle est large, généreuse, patriarcale. Nous en jouirons pendant longtemps. Seize de leurs employés nous souhaitent la bienvenue et reçoivent, en échange, les gages de notre estime particulière.

Du vaste champ que nous venons de parcourir ensemble, ai-je réussi à vous montrer, à vous faire apprécier les belles productions et les richesses? — C'était mon désir. Puisse-t-il s'être réalisé!..

Je pourrai alors répéter humblement ce vers de notre grand poète :

> Mon sillon, le voici; ma gerbe, la voilà!
>
> (V. H.)

Et nous allons nous séparer en nous disant à revoir. Que l'année 1887 assure à celle qui la suivra une ample et belle moisson? Pour la préparer, votre bienveillance qui nous encourage permettra à celui qui en abuse le plus sans doute de vous adresser, à titre de souvenir, ses dernières paroles.

Un savant illustre, un étranger à la France, disait récemment à l'un de nos gouvernants : « dans tous les progrès de l'intelligence, votre patrie marche à la tête du monde civilisé. »

Et je murmurais, à part moi, discrètement, tout bas, comme pour n'être pas entendu, et cependant voulant crier bien haut : « Pourquoi mon pays ne tient-il pas aussi la première place pour la Tempérance? »

A l'avenir donc, Mesdames et Messieurs. Oui, à l'avenir, mais avec le concours *matériel* de nouveaux et nombreux adhérents que vous recruterez. Je n'ai pas mission de vous solliciter à cet égard, je le sais, et il me semble entendre un rappel à la question..... « Mais, M. le Président, vous aurez, l'année prochaine, de fortes échéances, des traites à payer et vous ne voulez pas de protêts. Permettez-moi donc .....

Ah ! si vous me dites que vous comptez sur ce concours et qu'il vous est assuré, je me soumets au rappel à l'ordre et je ne proteste pas contre la clôture qui vous est demandée.

(Applaudissements.)

NOTA. — La liste complète des récompenses a été publiée dans les fascicules 3 et 4, 1886.

SÉANCE DU 1ᵉʳ JUIN 1887

Présidence de M. DUJARDIN-BEAUMETZ

La séance est ouverte à 4 heures 1/2.

Étaient présents : MM. Arband, Audigé, Dujardin-Beaumetz, Bouchereau, Charpentier, Decaisne, Desjardins, Duverger, Gibert, Meige, Motet, de Nervaux, Richard (du Cantal), Robÿns, Vaney.

Le procès-verbal de la séance du 5 mai est lu et adopté.

M. le Secrétaire général procède au dépouillement de la correspondance, qui comprend, outre les publications envoyées ordinairement à la Société, des lettres de remerciements d'un certain nombre de personnes qui ont reçu des récompenses. Il donne en outre lecture d'une lettre de M. Forel, professeur à l'Université de Zurich, qui invite les membres du Conseil à prendre part au Congrès international contre l'abus des boissons alcooliques, qui doit avoir lieu dans cette ville les 9 et 10 septembre prochain. Une communication de même nature est faite par le Congrès d'hygiène et de démographie de Vienne. La Commission d'organisation demande également le rapport de M. Claude (des Vosges) sur la consommation de l'alcool. Ce rapport doit lui être adressé avec le consentement de l'auteur. M. le Secrétaire général ayant l'intention de se rendre à Vienne, y représentera la Société.

M. le Secrétaire général exprime le désir que la Commission des finances se réunisse dans le courant du mois de juin.

M. le Dr Valéry Meunier (de Pau) est nommé membre de la Société.

M. le Président annonce que le bureau, avec l'assentiment du Conseil, se rendra auprès de M. le Président du Sénat et de M. Maze pour les remercier d'avoir bien voulu honorer de leur présence la séance solennelle de la Société.

M. Robÿns rend compte des cotisations qu'il a recouvrées.

M. le Secrétaire général, à propos de l'autorisation à accorder à M. Robÿns, d'aller distribuer des récompenses en province, demande que cette question soit réservée après l'apurement des comptes, de façon à ce qu'on puisse mettre à sa disposition la somme nécessaire à son voyage.

Revenant sur une discussion qui a eu lieu dans une des séances précédentes, M. le Secrétaire général fait observer qu'il existe deux espèces de débits de tabac. Dans ceux des grandes villes qui rapportent beaucoup, on pourrait supprimer la vente du vin et des boissons. Mais il n'en est pas de même en province, où le tabac n'est que d'un très modique profit.

M. Duverger demande que la Société insiste auprès de l'Administration pour que, dans les villes, la coexistence ne soit pas permise dans les deux ventes. Cette démarche, faite par la Société, servirait, dit-il, à la faire connaître et à lui trouver des adhérents.

Après quelques observations présentées par M. de Nervaux et M. le Secrétaire général, qui font observer qu'en province les débits de tabac sont souvent annexés à des épiceries, M. le Président résume la discussion en disant, que la Société pourrait très bien exprimer à l'Administration des finances un vœu ayant pour but de ne pas autoriser les débits de tabac à s'adjoindre des débits de boissons.

Quant aux débits de tempérance, dit-il, proposés par M. Duverger, la Société ne peut songer à en faire l'essai qu'à la condition d'avoir l'argent nécessaire à leur installation.

M. Duverger dit que la Société pourrait peut-être trouver les fonds dont elle a besoin en organisant des concerts. Sur sa demande, une commission, composée de MM. Vidal, Decaisne, Charpentier, Fitremann et Audigé, est nommée pour examiner cette question, après quelques observations de M. de Nervaux, qui aurait trouvé plus rationnel de faire appel aux membres de la Société en leur demandant de doubler leurs cotisations.

M. Duverger exprime le désir de voir mettre à l'ordre du jour la question d'introduire dans la loi un article autorisant les tribunaux à faire placer dans les asiles les personnes devenues folles à la suite d'abus alcooliques.

M. Desjardins voudrait, à ce sujet, avoir l'avis des Conseils généraux, avis qui pourrait être demandé par le Ministre.

M. le Président dit que la Société pourra, dès la rentrée, reprendre l'examen de cette question ainsi que celle des débits de tempérance.

La séance est levée à 5 heures 1/2.

DOCUMENTS

COUR D'APPEL DE PARIS (chambre correct.).

Présidence de M. Bresselle.

Audience du 14 mai 1887.

RÉGIE. — BOUILLEUR DE CRU. — LOI DU 20 JUILLET 1837, ART. 8. — LOIS DES 20 JUILLET 1837, 2 AOUT 1872 ET 29 JUILLET 1884. — SUCRAGE DES VINS. — DISTILLATION DES MARCS SUCRÉS APRÈS FERMENTATION. — ABSENCE DE DÉCLARATION ET DE LICENCE. — CONTRAVENTION.

Peut seul être considéré comme bouilleur de cru le propriétaire ou fermier qui distille exclusivement les vins, cidres ou poirés, marcs et lies provenant de sa récolte. (Loi du 20 juillet 1837, art. 8.)

D'autre part, la loi du 29 juillet 1884 a laissé intactes les dispositions des lois des 20 juillet 1837 et 2 août 1872 ; elle n'a pas changé le régime auquel est soumise la production de l'alcool et, en dégrevant (art. 2) les sucres employés au sucrage des vins avant la fermentation, elle laisse exposés aux poursuites de la Régie ceux qui ne se proposent d'autre but, en ajoutant du sucre après fermentation, à des sucres épuisés que d'augmenter le rendement alcoolique du produit sucré mis directement dans l'alcool.

Par suite, commet une contravention aux lois fiscales celui qui distille des marcs additionnés de sucre, sans en avoir fait la déclaration à la recette buraliste, et sans s'être muni préalablement d'une licence.

Ainsi décidé, sur l'appel de la Régie, par l'arrêt ci-après, rendu sur le rapport de M. le conseiller HORTELOUP, la plaidoirie de M° VAVASSEUR, avocat, et les conclusions de l'avocat général BANASTON :

« La Cour,

« Considérant qu'il résulte d'un procès-verbal dûment signifié, affirmé et enregistré, et des débats, que, le 19 février 1886, à P, L. distillateur ambulant, a été surpris par les employés des Contributions indirectes, au moment où il soumettait à la distillation des marcs auxquels il avait ajouté, d'après sa propre déclaration, 70 kilos de sucre, pour obtenir davantage d'alcool ;

« Qu'il s'est livré à ces opérations sans en avoir fait la déclaration à la recette buraliste et sans s'être muni préalablement d'une licence ; qu'en outre, il n'a pu justifier, par la représentation d'aucune expédition de la Régie, l'introduction dans son domicile des 20 litres 38 centilitres d'alcool pur qui y ont été reconnus ;

« Considérant que L. soutient qu'il n'avait pas à payer de licence ni à se soumettre aux autres obligations ci-dessus, parce qu'il était simple bouilleur de cru ;

« Considérant qu'aux termes de l'article 8 de la loi du 20 juillet 1837, la situation de bouilleur de cru n'appartient qu'aux propriétaires et fermiers qui distillent exclusivement les vins, cidres ou poirés, marcs et lies provenant de leur récolte ;

« Que L. ne distillait pas seulement des marcs provenant de sa récolte ; qu'il distillait également les 70 kilos de sucre qu'il y avait ajoutés après fermentation et qu'il s'était procurés en les achetant dans une maison de commerce ; qu'il n'était donc pas dans les conditions voulues pour être couvert par l'immunité consacrée par la loi de 1837 ;

« Qu'en vain il cherche à se prévaloir, d'autre part, du la loi du 29 juillet 1884 ;

« Que, si cette loi a, dans son article 2, dégrevé les sucres employés au sucrage des vins avant la fermentation, elle n'a eu en vue que de permettre aux viticulteurs d'améliorer, de conserver et de vendre, dans des conditions plus favorables, des vins trop faibles et sujets à décomposition ;

« Qu'elle a laissé intactes les dispositions des lois du 20 juillet 1837 et du 2 août 1872 ; qu'elle n'a pas changé le régime auquel est soumise la production des alcools, et n'a pas été faite pour donner à cette production des facilités nouvelles ;

« Qu'elle ne saurait mettre à l'abri des poursuites de la Régie ceux qui, comme L., ne se proposent d'autre but en ajoutant du sucre après fermentation à des marcs épuisés, que d'augmenter le rendement alcoolique du produit sucré mis directement dans l'alambic ; qu'en pratiquant un pareil procédé, L., a cessé d'être un simple propriétaire bouilleur pour devenir un industriel distillateur ; qu'il y a lieu en conséquence de faire droit aux conclusions de l'administration ;

« Par ces motifs,

« Met à néant le jugement dont cet appel ;

« Emendant, décharge l'Administration des contributions indirectes des dispositions et condamnations contre elle prononcées et statuant à nouveau ;

« Déclare L., convaincu d'avoir en février 1886 à Provins commis la contravention prévue par les articles 20, 138, 141, 144 de la loi du 28 avril 1816, 17 de celle du 25 juin 1841, 4 du règlement d'octroi de la ville de P., et puni par les articles 46 et 143, ledit article 143 modifié, quant au chiffre de l'amende, par l'article 7 de la loi du 2 août 1872 qui a rendu applicables les pénalités de l'article 1er de la loi du 28 février 1872, et par l'article 12 du règlement d'octroi de P. sus relaté ;

« Et lui faisant application des art. 7 de la loi du 2 avril 1872, 1er de la loi du 28 février 1872 et 12 du règlement ci-dessus... »

« Condamne L..., 1° à une amende de 500 fr. au profit de l'Etat ; 2° à une amende de 100 fr. au profit de la commune de P... ; prononce la confiscation...

Zurich le 9 mai 1887.

Monsieur Jules Robÿns, trésorier de la Société française de tempérance à Paris.

Monsieur !

Au nom du Comité local pour l'organisation d'un congrès international contre l'abus des boissons alcooliques, qui doit avoir lieu dans notre ville, du 9 au 11 septembre prochain, et dont les circulaires d'invitation sont sous presse, je viens, Monsieur, vous prier de bien vouloir m'indiquer le nombre de circulaires que vous désirez recevoir pour les répandre parmi vos connaissances, collègues ou journalistes qui s'intéressent à cette question ou pourraient venir à Zurich en septembre.

Dans le cas où vous ne pourriez pas vous charger de la distribution de notre circulaire, ce qui serait bien le plus simple et le moins dispendieux, je vous prierais de m'envoyer un bon nombre d'adresses de personnes auxquelles je pourrais les faire parvenir en plus ou moins grand nombre selon vos indications.

Agréez, Monsieur, avec la prière de bien vouloir m'honorer d'une prompte réponse, mes salutations empressées.

J. MENNET RORDORF SECRET.
à Zurich (Suisse).

———

Burgdougli Zurich, 16 novembre 1886.

Monsieur,

Sur le désir du comité permanent du dernier meeting d'Anvers (1885) contre l'abus des boissons alcooliques, un second meeting semblable aura lieu cette année, les 9 et 10 septembre, à Zurich (Suisse). Dans ce but un comité *local* s'est formé et m'a fait l'honneur de me prendre comme président.

M. le Dr Moëller, de Bruxelles, m'a permis de le nommer, Monsieur, en m'adressant à vous pour vous prier d'assister à ce meeting et de faire votre possible pour attirer l'attention des personnes qui s'intéressent à la lutte contre l'alcoolisme sur cette réunion internationnale.

Notre circulaire vous parviendra dans quelques jours. Si vous n'avez pas reçu de lettre de notre secrétaire, M. Mennet, ou n'y avez pas encore répondu, je vous prie bien, monsieur, de vouloir ou plutôt écrire soit à lui, soit à moi, si vous seriez disposé à répandre en France un certain nombre de nos circulaires en lieu opportun, ou au moins nous indiquer des adresses. Je vous serais reconnaissant de m'indiquer à peu près le nombre de circulaires que nous pourrions vous envoyer.

Je vous prierais en même temps de bien vouloir faire connaître la chose dans les publications de tempérance ou analogues avec lesquelles vous avez sans doute de nombreuses connexions.

Nous espérons bien que vous pourrez prendre personnellement part aux débats, soit par une communication, soit autrement.

Dans l'espoir, Monsieur, de faire personnellement votre connaissance en septembre, je vous prie d'agréer l'expression de nos sentiments de plus haute estime.

Dr Aug. Forel.
Professeur à l'Université de Zurich (Suisse).

LISTE GÉNÉRALE

DES MEMBRES

DE LA

SOCIÉTÉ FRANÇAISE DE TEMPÉRANCE

RECONNUE ÉTABLISSEMENT D'UTILITÉ PUBLIQUE

Par décret du 5 février 1880.

BUREAU ET CONSEIL D'ADMINISTRATION
pour l'année 1887

MM.

Présidents d'honneur :
- **Wallace** (sir Richard), propriétaire, M. P.
- **Passy** (Frédéric), de l'Institut.
- **Dr Bergeron** (Jules), ancien président de l'Académie de médecine.
- **A. Duverger**, professeur à la Faculté de droit de Paris.

Président :
- **Dr Dujardin-Beaumetz**, de l'Académie de médecine, médecin de l'hôpital Cochin.

Vice-Présidents :
- **Claude** (des Vosges), sénateur.
- **Levasseur**, de l'Institut, professeur au Collège de France et au conservatoire des Arts-et-Métiers.
- **Dr Vidal** de l'Académie de médecine.
- **Dr Walther**, inspecteur général en retraite du service de la marine.

Secrétaire général :
- **Dr A. Motet.**

Secrétaires généraux adjoints :
- **Dr Decaisne**, rédacteur scientifique du *Petit Journal*.
- **Dr Bouchereau**, médecin en chef de l'asile de Sainte-Anne.

Secrétaires des séances :
- **Dr Audigé**, médecin de la manufacture des tabacs.
- **Dr E. Charpentier**, médecin de l'hospice de Bicêtre.

Bibliothécaire-archiviste :
- **Dr Philbert**, inspecteur des eaux de Brides (Savoie).

Trésorier :
- **Robÿns** (Jules), trésorier de la Société de statistique de Paris.

MEMBRES DU CONSEIL 1887

Arband (Claude), contremaître au Gaz.
Baillarger, ancien président de l'Académie de médecine.
Bartaumieux, architecte.
Barthélemy Saint-Hilaire, de l'Institut, sénateur.
Bertrand (Edmond), avocat général à la Cour d'appel de Paris.
Biollay, procureur général, à la Cour des comptes.
iver (Alfred), directeur de Saint-Gobain, Chauny et Cirey.
Dr Blache (René).
Bouchard, de l'Académie de médecine, professeur à la Faculté de médecine.
Dr Bourdon, de l'Académie de médecine.
Dr P. Boyer.
Brelay (Ernest), publiciste.
Callebaut (Edouard), propriétaire.
A. Chaix, imprimeur-éditeur.
Crisenoy (Jules de), percepteur.
Dr L. Cruet, ancien interne des hôpitaux.
Dietz-Monnin, sénateur.
Dubost, avoué.
Dr Durand-Fardel, médecin inspecteur des eaux de Vichy.
Féréol, de l'Académie de médecine.
Firino (Roger), propriétaire.
Fitreman, avoué honoraire.
Dr Foville (A), ins. gral des services administr. au ministère de l'Intérieur.

Dr Gibert.
Glandaz, ancien conseiller à la Cour d'appel de Paris.
Gonse (Raphaël), directeur des affaires civiles au ministère de la justice.
Joret Desclozières, (G.), avocat à la Cour d'appel.
Labour, conseiller à la Cour d'appel honoraire.
Laurens, ingénieur civil.
Leviez, directeur de l'Urbaine.
Dr Magnan, médecin du bureau d'administration à l'asile Sainte-Anne.
Meige, conseiller général de l'Allier.
Dr Mesnet, de l'Académie de médecine.
Nervaux (de), anien directeur de l'Astance publique.
Pont (Paul), membre de l'Institut, président honoraire à la Cour de cassation.
Dr de Ranse, rédacteur en chef de la *Gazette médicale*, médecin inspecteur des eaux de Néris.
Dr Riant, médecin de l'école normale du département de la Seine.
Roussel (Dr Théophile), sénateur.
Thierry-Mieg (Ch), mannfacturier.
Vaney, ancien conseiller à la Cour d'appel de Paris.
Vanier, vice-président du tribunal de la Seine.
Wagner (pasteur).

MEMBRES FONDATEURS

Sont considérés comme fondateurs, les membres de la Société qui paient une cotisation annuelle de 20 francs au moins.

FONDATEURS A VIE

Sont considérés comme fondateurs à vie, les membres qui ont converti leur cotisation annuelle en une somme, une fois payée, de 300 francs.

MM.

Blanche (Emile), de l'Académie de médecine, rue des Fontis, 15, à Auteuil-Paris.

Boulenger (Hipp.), fabricant de faïence fine, à Choisy-le-Roi.

Callebaut (Edouard), propriétaire, rue de la Boétie, 126.

Chaix (A.), libraire-imprimeur-éditeur, rue Bergère, 20.

Claude (des Vosges), sénateur, boulevard Saint-Germain, 258.

Compagnie du chemin de fer du Nord, rue de Dunkerque, 18.

Compagnie des chemins de fer de l'Ouest, rue Saint-Lazare, 110.

Compagnie du chemin de fer de Paris à Orléans, boul. de l'Hôpital, 1.

Compagnie générale des Omnibus, rue Saint-Honoré, 155.

Compagnie générale des Voitures de Paris, place du Théâtre-Français, 1.

Decroix, vétérinaire principal en retraite, fondateur de la *Société contre l'abus du Tabac*, président de la Société protectrice des animaux, rue Bonaparte, 52.

Gasté (de), ancien député, rue Saint-Roch, 19.

Godillot (Alexis), manufacturier, rue Royale, 23.

Jugler (Mme), propriétaire, rue Lavoisier, 1.

Lamy (Ernest), ancien banquier, boulevard Hausmann, 113.

Levies, ancien sous-directeur du Crédit Foncier, directeur de l'Urbaine, rue du Mont-Thabor, 27.

Manufacture des glaces et produits chimiques de Saint-Gobain, Chauny et Cirey, rue Sainte-Cécile, 9, à Paris.

Masson (Georges), libraire-éditeur, boulevard Saint-Germain, 120.

Metman, avocat, rue Chancelier-l'Hôpital, 12, à Dijon.

Meunier (Félix), rentier, rue de Turin, 24.

Meuriot, directeur de la maison de santé, rue Berton, 17, à Passy-Paris.

Monod (Gustave), chirurgien honoraire des hôpitaux de Paris, rue Lafayette, 114.

Morel d'Arleux, notaire, rue de Rivoli, 28.

Oudiné, statuaire et graveur en médailles, rue Vavin, 19.

Pothier (Francis), ingénieur civil, rue de Penthièvre, 6.

Pron (baron), ancien préfet, rue Boissy-d'Anglas, 5.

Robyns (Jules), trésorier de la statistique de Paris, rue Bridaine, 5, Batignolles-Paris.

Van den Dorpel (Aimé-Guillaume), président de la Société de secours mutuels du quartier Saint-Avoye, ancien adjoint au maire du 3e arrondissement, rue du Temple, 176.

Vidal (E.), médecin de l'hôpital Saint-Louis, rue Cambon, 49.

COTISATIONS ANNUELLES

Cotisation à 200 francs.

Wallace (sir Richard), propriétaire, M. P., rue Laffitte, 2.

Cotisation à 100 francs.

Compagnie Parisienne d'Eclairage et de Chauffage par le Gaz, rue Condorcet, 6.

Cotisation à 100 francs, pour voyages en province.

Boulenger (Hipp.) fabricant de faïence fine à Choisy-le-Roi.

Cotisations à 20 francs.

Abbadie (d'), membre de l'Institut, rue du Bac, 120.
Alexandre jeune, négociant, chez M. Laporte, rue Jacques-Cœur, 12.
Arband, contremaître-peintre au Gaz, passage Champ-Marie, 14 *bis*, Montmartre.
Armaingaud, docteur en médecine, cours de Tourny, 63, à Bordeaux.
Audigé, docteur en médecine, avenue Bosquet, 26.
Bailliencourt (Charles de), filateur, président de la Chambre de commerce, à Douai (Nord).
Baillarger, ancien président de l'Académie de médecine, 8, rue de l'Université.
Baër, médecin des prisons, Thurmstraat, 8, N. W., à Berlin (Prusse).
Bartaumieux (Charles), architecte-expert, rue de la Boëtie, 66.
Barthélemy Saint-Hilaire, membre de l'Institut, sénateur inamovible, boulevard Flandrin, 4, Passy-Paris.
Bartholony (Fernand), rue La Rochefoucauld, 12.
Beaumetz (**Dujardin-**), de l'Académie de médecine, médecin des hôpitaux, boulevard Saint-Germain, 176.
Béclard, secrétaire perpétuel de l'Académie de médecine, doyen de la Faculté de médecine, place de l'Ecole-de-Médecine.
Bergeron (Jules), président de l'Académie de médecine, vice-président du comité consultatif d'hygiène publique, médecin honoraire des hôpitaux, rue Saint-Lazare, 75.
Bertel (V.), manufacturier, rue Chasse-Marée, 22, à Rouen (Seine-Inférieure).
Bertrand (Edmond), avocat général à la Cour d'appel de Paris, boulevard Malesherbes, 29.
Biollay (Paul), procureur général à la Cour des comptes, boulevard Malesherbes, 74.
Blache (René), docteur en médecine, rue de Suresnes, 5.
Blot (Hippolyte), de l'Académie de médecine, avenue de Messine, 26.
Boisleux (Augustin), receveur de l'enregistrement, en retraite, Tourcoing (Nord).
Bonjean (Georges), fondateur de la société de protection pour l'enfance abandonnée ou coupable, rue de Lille, 47.
Bouchard, de l'Académie de médecine, professeur à la Faculté de médecine, rue de Rivoli, 174.
Bouchereau, médecin en chef de l'asile Sainte-Anne, rue Cabanis, 1.
Bourdon (Hipp.), de l'Académie de médecine, médecin honoraire des hôpitaux, rue du Bac, 23.
Boy (Louis-Frédéric), propriétaire, place du Palais-de-Justice, à Chartres.
Boyer (P.), docteur en médecine, à La-Celle-Saint-Cloud, par Bougival (Seine-et-Oise).
Brancovan (prince de), avenue Hoche, 34.
Brault (Alexandre), ingénieur, rue de Bonneval, 35, à Chartres.
Broglie (duc Albert de), membre de l'Institut, rue de Solférino, 10.

Bruelle (Gabriel), imprimeur, rue Cassette, 1.
Cahuzac (Hippolyte), propriétaire, avenue Friedland, 30.
Carrière, docteur en médecine, rue du Général-Foy, 14.
Censier, propriétaire, allée de la Garonne, 17, à Toulouse.
Charpentier (Eugène), médecin de l'hospice de Bicêtre, rue Pierre-Guérin, 27.
Cocteau (Alexandre), notaire, rue de Lille, 37.
Colmet-Daâge, doyen honoraire de la Faculté de droit, boul. Saint-Germain, 126.
Comte (Victor), général de division, à Bordeaux.
Crèvecœur (marquis de), anc. auditeur au conseil d'Etat, rue de Longchamps, 120.
Crisenoy (de), ancien préfet, avenue du Bois-de-Boulogne, villa Saïd, 8.
Danet, ancien médecin du ministère de l'Intérieur, rue de Rome, 10.
Day (Mme), propriétaire, quai de la Guillotière, 17, Lyon.
Decaisne, rédacteur scientifique du *Petit Journal*, rue de Grenelle, 53.
Decauville (Paul), agriculteur industriel, à Petit-Bourg (Seine-et-Oise).
Demangeat, conseiller à la Cour de cassation, rue Saint-Placide, 62.
Desjardins (Albert), ancien sous-secrétaire d'Etat au ministère de l'Intérieur,
    professeur à la Faculté de droit, rue de Condé, 30.
Devoisins (Albert-Joseph), docteur en médecine, à Breteuil-sur-Iton (Eure).
Dewulf (Louis), docteur en médecine, rue Cuvier, 14.
Dietz-Monnin, sénat., président de la Chambre de commerce, rue de La
    Bruyère, 38.
Donnet, ancien député, médecin en chef de l'asile d'aliénés de Vaucluse.
Donon (Armand), avenue Gabriel, 42.
Donon (Pierre), propriétaire, au château de Lonray (Orne).
Drouin, ancien député, avenue de l'Opéra, 13.
Dubost, avoué, rue d'Alger, 12.
Duboy (Hippolyte), conseiller d'Etat, rue St.-Lazare, 67.
Dufay, docteur en médecine, sénateur de Loir-et-Cher, rue d'Assas, 76.
Dulong de Rosnay (comte H.), rue du Faubourg-Saint-Honoré, 43.
Durand-Fardel, président de l'Association des médecins de l'Allier, médecin-
    inspecteur à Vichy, rue Guénégaud, 17, à Paris.
Duverger (A.), professeur à la Faculté de droit, place du Panthéon, 10.
Etoc-Demazy, médecin en chef honoraire de l'asile des aliénés, rue Chanzy, 50.
    le Mans (Sarthe).
Falret (Jules), médecin de l'hospice de Bicêtre, rue du Bac, 114.
Féréol, de l'Académie de médecine, médecin des hôpitaux, rue des Pyramides, 8.
Firino (Roger), propriétaire, rue Téhéran, 24.
Fitreman, avoué honoraire, rue Saint-Honoré, 191.
Fontanges, propriétaire, rue de la Victoire, 94.
Fournier (Alban), docteur en médecine, à Rambervillers (Vosges).
Foville (Ach.), inspecteur général des établissements de bienfaisance et des
    asiles d'aliénés, boulevard Saint-Germain, 177.
Froc, avoué honoraire, rue Taitbout, 80.
Gibert (Joseph-Henri), docteur en médecine, rue Sévy, 41, le Havre (Seine-
    Inférieure).
Gibert (Paul-Eugène), docteur en médecine, rue Keller, 38.
Gibon, directeur des Forges de Commentry (Allier).
Glandaz (Charles), ancien conseiller à la Cour d'appel de Paris, rue Miro-
    ménil, 50.
Goujon, docteur en médecine, sénateur, maire du 12e arrondissement, place
    Daumesnil, 15.

Gouy (Cte Alfred de), conseiller général de Seine-et-Oise, rue du Fg.-St-Honoré, 27.

Guesneau de Mussy (Henri), membre de l'Académie de médecine, rue du Cirque, 15.

Guillaume (A.), directeur de la fabrique de limes et ressorts, rue Saint-Vaast, 10, à Douai (Nord).

Guyot (Yves), ancien vice-président du Conseil municipal de Paris, rue de Seine, 95.

Guyot-Sionnet, avoué de première instance, rue Vivienne, 12.

Haussmann (baron), de l'Institut, ancien préfet de la Seine, rue Boissy-d'Anglas, 12.

Henocque (Albert), membre du comité de rédaction de la *Gazette hebdomadaire de médecine et de chirurgie*, avenue de Villiers, 87.

Hérard, de l'Académie de médecine, médecin de l'Hôtel-Dieu, r. de Rome, 11

Hollander, banquier, rue de Provence, 8.

Horteloup, chirurgien de l'hôpital du Midi, rue de la Victoire, 76.

Homais (A.), avocat à la Cour d'appel, rue de Thiers, 6, à Rouen.

Jobbé-Duval, professeur agrégé à la Faculté de droit de Paris, rue Gay-Lussac, 1.

Joret-Desclosières (Gabriel), avocat à la Cour d'appel, 6, rue Garancière.

Jouglas, propriétaire, rue de la Condamine, 2.

Journault (Léon), sénateur, à Sèvres.

Kann (Isaac), banquier, avenue du Bois-de-Boulogne, 58.

Kann (Jacques), rue Monceau, 33.

Labitte (Auguste), directeur de la maison de santé de Clermont (Oise).

Labitte (Gustave), médecin de la maison de santé de Clermont (Oise).

Labour (Edmond), conseiller honoraire à la Cour d'appel, quai d'Orsay, 11.

Lafond (asile d'aliénés de), près la Rochelle.

Lannelongue, chirurgien des hôpitaux, rue François Ier, 3.

La Sicotière (de), sénateur de l'Orne, rue de Fleurus, 3.

Laurens (C.), ingénieur civil, rue Taitbout, 82.

Leroy (Mme veuve), rue Saint-Lazare, 75.

Leroy (Jules), avocat, rue d'Amsterdam, 72.

Levasseur (P.-E.), de l'Institut, professeur au Collège de France et au Conservatoire des arts et métiers, rue Monsieur-le-Prince, 26.

Lyon-Caen (Ch.), professeur à la Faculté de droit, rue Soufflot, 13.

Magnan, médecin du bureau d'admission à l'asile Sainte-Anne, rue Cabanis, 4.

Manganelli, (prince de), rue de Rome, 4.

Mannheim (Charles), expert, rue Saint-Georges, 7.

Manuel, avocat général à la Cour d'appel de Paris, rue Saint-Lazare, 80.

Marie (Victor), architecte, rue de Rivoli, 80.

Martineau, médecin des hôpitaux, rue Cambon, 24.

Meige, docteur en médecine, conseiller général de l'Allier, 2, rue de l'Université.

Mesnet, médecin des hôpitaux, de l'Académie de médecine, rue Royale, 5.

Mony (A.), docteur en médecine, rue Spontini, 70.

Motet (A.), secrétaire général de la Société française de Tempérance, rue de Charonne, 161.

Muteau, conseiller à la Cour de Paris, conseiller général de la Côte-d'Or, avenue Matignon, 11.

Nervaux (de), ancien direct. de l'adm. de l'Assistance publique, rue d'Astorg, 27.

Noisette (Paul), Directeur de la Société de typographie par procédés rapides, 8, rue Campagne-Première.

Olivier (Emmanuel), Place de Vintimille, 3.

Passy (Frédéric), de l'Institut, député de la Seine, rue Labordère, 8.

Philbert, médecin inspecteur des eaux de Brides-les-Bains (Savoie), boulevard Beaumarchais, 34.

Picard (Maurice), avocat, boulevard Haussmann, 52.

Pillet Will (comte), banquier, rue Monceau, 55.

Pont (Jean-Paul), de l'Institut, Président honoraire à la Cour de cassation, boulevard d'Enfer, 131.

Potain, professeur à la Faculté de médecine, médecin des hôpitaux, boulevard Saint-Germain, 256.

Ranse (de), rédacteur en chef de la *Gazette médicale*, médecin inspecteur des eaux de Néris, avenue Montaigne, 85.

Raoul-Duval (Fernand), rue François 1er, 53.

Riant, médecin de l'école normale du dép. de la Seine, rue du Fg-St-Honoré, 138.

Richard (du Cantal), économiste, rue Jean-Jacques-Rousseau, 13.

Richet, professeur à la Faculté de médecine, membre de l'Académie de médecine, chirurgien des hôpitaux, rue de l'Université, 15.

Rossolin (Édouard), négociant, rue du Château-d'Eau, 19.

Rougier (Georges), imprimeur, rue Cassette, 1.

Roussel (Théophile), membre de l'Académie de médecine, sénateur de la Lozère, rue Neuve-des-Mathurins, 64.

Rozière (Eugène de), membre de l'Institut, sénateur, professeur au Collège de France, rue Lincoln, 8.

Saint-Ange Legé, propriétaire, rue de la Chaussée-d'Antin, 64.

Saint-Ange Legé (Charles), avocat, rue de la Chaussée-d'Antin, 64.

Saint-Foix (comte de), Envoyé extraordinaire et Ministre plénipotentiaire à la République Orientale de l'Uruguay, Conseiller général de l'Eure, au château du Bois-d'Ulme, par les Thilliers-en-Vexin (Eure).

Santerre (Sébastien), rue Royale-Saint-Honoré, 8.

Semallé (comte René de), président de la Société de secours mutuels de Lezoux (Puy-de-Dôme), à l'Ermitage (Versailles).

Semélaigne, médecin de la maison de santé du château Saint-James, à Neuilly. (Seine).

Smith (L.-O.), commandeur de l'ordre du Christ, chevalier de l'ordre de Wasa et de la Légion d'honneur, officier de l'instruction publique, à Stockholm (Suède)

Thierry Mieg (Charles), manufacturier, rue des Mathurins, 44.

Timon (Paul), homme de lettres, rue de Normandie, 15, à Asnières (Seine).

Trélat (Ulysse), professeur à la Faculté de médecine, membre de l'Académie de médecine, chirurgien des hôpitaux, rue de l'Arcade, 18.

Turgot (marquis), officier de l'instruction publique, rue Tronchet, 25.

Vaney, ancien conseiller à la Cour d'appel de Paris, rue Duphot, 14.

Vermont, avocat, président de la Société de secours l'*Émulation chrétienne*, rue Socrate, 4, à Rouen (Seine-Inférieure).

Verneuil, professeur à la Faculté de médecine, membre de l'Académie de médecine, chirurgien des hôpitaux, boulevard du Palais, 11.

Vilfeu (Édouard), ancien député, rue du Bel-Air, 16, à Laval (Mayenne).

Vuillemin, directeur de la compagnie des mines d'Aniche, rue Victor-Hugo, à Douai (Nord).

Wagner, pasteur, rue de la Cerisaie, 25.

Walther (Charles), rue Tronchet, 2.

Zeller, docteur en médecine, à Remiremont (Vosges).

MEMBRES TITULAIRES

Ardant (Mme la Générale), rue des Écuries-d'Artois, 29.

Baucel, président de l'Associat. des médecins de Seine-et-Marne et maire de Melun.

Barbier (A.), notaire à Saint-Valéry-sur-Somme.

Barbillon, juge de paix, à Breuteuil-sur-Iton (Eure).

Barrabé, docteur en médecine à Domfront.

Bastard, entrepreneur, rue de Nantes, à Laval (Mayenne).

Bérenger, sénateur, rue d'Anjou-Saint-Honoré, 9.

Bertelle (François), conseiller municipal, à Douai.

Berthet (Elie), rue de Rennes, 108.

Biver (Al.), dir. des glacières de Saint-Gobain-Chauny, à Saint-Gobain (Aisne). rue du Bac, 40.

Blot (Léon), ingénieur civil (Balayeuses mécaniques), rue Dulong, 9, à Batignolles.

Boissonnade, professeur agrégé à la faculté de droit de Paris, rue Gay-Lussac, en mission au Japon.

Bonnet (Henri), directeur-médecin de l'asile de Châlons (Marne).

Bouchot, architecte du gouvernement, rue de l'Université, 6

Bourrel, vétérinaire de l'armée, rue Fontaine-au-Roi.

Bouteille, directeur-médecin de l'asile d'aliénés, à Toulouse.

Boyer (Bibliothèque communale de) (Saône-et-Loire).

Brancovan (princesse Bassaraba de), avenue Hoche, 34.

Brelay (Ernest), rédacteur à l'*Économiste français*, rue d'Offémont, 35.

Bretonnière, fabricant, Conseiller général de la Mayenne, à Laval.

Burdel (Édouard), médecin de l'hospice de Vierzon (Cher).

Bussang (Bibliothèque communale de) (Vosges).

Cadillac (Bibliothèque de l'asile d'aliénés de), à Cadillac-sur-Garonne (Gironde).

Caulet, médecin-inspecteur des eaux de Saint-Sauveur, rue Vezelay, 16.

Cauwès, prof. à la Faculté de droit de Paris, av. de Sceaux, 16, à Versailles.

Cellier (Auguste), comptable, rue du Blac, 5, à Douai (Nord).

Chambon (Ch.) avocat au cons. d'Etat et à la Cour de cas., rue de Rennes, 53.

Chancerel (docteur), prof. de thérapeutique et d'hygiène à la Faculté de Caen.

Chauvin-Baptiste, président du Conseil des prud'hommes, quai Paul-Boude, à Laval (Mayenne).

Collineau (Alfred), docteur en médecine, rue d'Hauteville, 84.

Cortyl, directeur-médecin de l'asile de Bailleul (Nord).

Courtin (A.), ingénieur civil, chef de l'atelier des voitures, au chemin de fer du Nord, rue des Poissonniers, 78.

Courtys (de), docteur en médecine, place du Théâtre-Français, 2.

Coutelet, directeur du gaz, à Laval.

Couve (Benjamin), pasteur, boulevard Saint-Michel, 77.

Cruet (Louis), négociant, place Sainte-Opportune, 3.

Cruet (Ludger), docteur en médecine, rue de la Paix, 2.

Déjardin (E.), pharmacien de première classe, boulevard Haussmann, 103.

Delachaussée (Mme M. C.), rue Demours, 3.

Delapalme, notaire, 15, rue de la Chaussée-d'Antin.

Delattre (François), receveur des contributions directes à Breteuil-s.-Iton (Eure).

Delon (Eugène), officier d'académie, rue Lafayette, 18, à Toulouse (Haute-Garonne).

Delon (Mlle Jeanne), 18, rue Lafayette, à Toulouse.

Delval, entrepreneur, à Douai (Nord).

Derre (François), architecte, avenue de Wagram, 53.
Derre (Mme), avenue de Wagram, 53.
Desaide (Alphonse), graveur, quai des Orfèvres, 56.
Desouches (Ch.), négociant, rue Geoffroy-Lasnier, 30.
Dietz (Emile), pasteur, président du consistoire à Rothau (Alsace-Vosges).
Diot (Edmond), libraire à Douai.
Directeur de l'asile d'aliénés de Quimper (Finistère).
Domptail (Bibliothèque populaire de)
Dormoy, architecte, à Bar-sur-Aube (Aube).
Dubois-Arché, fabricant de colle, rue de Bretagne, à Laval (Mayenne).
Dupuis-Putois, négociant, rue Saint-Martin, 139.
Duverger, dir. général des chemins de fer en retraite, boul. Haussmann, 126.
Duverger (Mme A.), place du Panthéon, 10.
Duverger (Alexandre), ancien avocat au conseil d'Etat et à la Cour de cassa-
   tion, 9, rue Le Châtelier.
Estre (Frédéric), médecin cantonal à Rémilly (Alsace-Lorraine).
Féron, président du tribunal de commerce et administrateur de l'hospice, à
   Dunkerque.
Ferrand, instituteur à Lanuéjols (Lozère).
Frérejean (Louis), juge au tribunal de la Seine, rue de l'Université, 8.
Gemaingoutte (Bibliothèque populaire de) (Vosges).
Gillebert-Dhercourt, dir. de l'étab. hydroth. d'Enghien, rue de Lafayette, 115-117.
Girancourt (Bibliothèque populaire de) (Vosges).
Gonse, directeur au ministère de la justice, à Paris.
Grégory, fabricant de tulles, à Saint-Pierre-les-Calais.
Guestre (Léon), docteur en médecine, à Nonancourt (Eure).
Guyon (Félix), chirurgien des hôpitaux, rue Roquépine, 10 *bis*.
Guyot (Auguste), médecin-adjoint de l'asile de Quatre-Mares, près Rouen.
Hadol (Bibliothèque populaire de) (Vosges).
Haffner-Péclet, corroyeur, à Epinal.
Hannotte (Victor), adjoint au maire, quai des Dominicains, 1, à Douai.
Haussmann (Ed.), juge au tribunal de la Seine, rue du Rocher, 85.
Herpin, ingénieur du chemin de fer du Nord, rue du Rempart, 33, à Douai (Nord)
Herscher (Ernest), ingénieur civil, rue du Chemin-Vert, 42.
Huille-Delbauve, fabricant de ganses, à Fontaine-les-Vervins (Aisne).
Humez (Albéric), entrepreneur, rue Morel, 13, à Douai (Nord).
Jacquemart (René), conseiller général de l'Aisne, au Quercy (Niort).
Jaillet, docteur en médecine, boulevard Voltaire, 22.
Janin (Mme veuve), propriétaire, rue de l'Université, 6.
Joseph (Fr. Jacques), négociant-commissaire, faub. Saint-Martin, 171.
Labouchère (Georges), rue de Turin, 24.
Lafond (Bibliothèque de l'asile), quartier des hommes, près la Rochelle.
Lafond (Bibliothèque de l'asile), quartier des femmes, près La Rochelle.
Lainé, professeur à la Faculté de droit de Paris, rue Legoff, 4.
Lancereaux, membre de l'Académie de médecine, médecin des hôpitaux, rue
   de la Bienfaisance, 44.
Landry (Irénée), propriétaire, rue Esquerchin, 40, à Douai (Nord).
Lannurien (de), médecin en chef de l'asile d'aliénés de Morlaix (Finistère).
Lantheuil (Bibliothèque communale de) Calvados).
La Provenchère (Bibliothèque communale de) (Vosges).
Lardier, docteur en médecine, à Rambervilliers (Vosges).

Lavallée (Mme Alph.), rue de Penthièvre, 6.

Lauzon (L.), directeur de la Société de Tempérance de l'église Saint-Pierre, à Montréal (Canada).

La Voivre (Bibliothèque communale de), par Saint-Michel-sur-Meurthe (Vosges).

Le Coat (Guillaume), ministre de l'Evangile, à Trémel, par Plestin (Côtes-du-Nord).

Legendre, docteur en médecine, à Saint-Léger-sur-Beuvray (Saône-et-Loirre).

Lenoir (P.), architecte, rue Cardinal-Lemoine, 14.

Lépanges (Bibliothèque communale de) (**Vosges**).

Le Riche (Jean-Baptiste), publiciste, à Amiens.

Lesage, instituteur à La Bonneville (Manche).

Libouroux à Rochefort.

Loiseau (Charles), docteur en médecine, rue Pernelle, 12.

Louet, ancien trésorier-payeur général, rue de Béthune, 1, à Versailles.

Lunier (Mme L.), rue de l'Université, 9.

Lunier (Melle Elisa), rue des Deux-Portes, 4.

Mabille, directeur-médecin de l'asile d'aliénés de Lafond près La Rochelle.

Machelard (Edouard), docteur en médecine, rue Servandoni, 20.

Madignier, maire de Saint-Etienne.

Mallet, rentier à Breteuil-sur-Iton (Eure).

Manoux, instituteur au Vigean (Cantal).

Marambat, comptable à Sainte-Pélagie.

Marchand, carrossier à Epinal.

Maréville (Bibliothèque de l'asile de) (hommes), à l'asile de Maréville, près Nancy.

Maréville (Bibliothèque de l'asile de) (femmes), à l'asile de Maréville près Nancy.

Maugin (Gustave), propriétaire, rue du Pont-des-Pierres, 22, à Douai (Nord).

Maurette (Louis), agent du serv. vic., 16, r. du Bel-Air, à la Boutillerie près Amiens.

Melon (le général), rue de Berlin, 34.

Melun (comte de), ancien député, rue de l'Université, 70.

Mériel, maire de Caen (Calvados).

Merlin, industriel à Vierzon.

Meunier (Dr Valéry), à Pau.

Michelet, ingénieur civil, boulevard de Courcelles, 50.

Mirepoix, directeur de l'asile d'aliénés de Maréville, près Nancy.

Molé, fondeur, rue des Ridelleries, à Laval (Mayenne).

Monnier de la Motte, homme de lettres, 10, rue de la Promenade, à Asnières.

Montpellier (Bibliothèque de l'hospice général).

Montpellier (Bibliothèque de l'hospice Saint-Eloi).

Mortreux (L.) et **Bellin** (A.) entrepreneurs, à Douai.

Niort (Bibliothèque de l'hôpital-hospice de).

Obez (Adolphe), rue de Béguinage, 12, à Douai.

Paray-le-Monial (Bibliothèque communale de).

Pageon (Paul), chef de gare à Aubigny-au-Bac (Nord).

Pasteau, docteur en médecine, boulevard Voltaire, 147.

Pellerin, instituteur, Louhans (Saône-et-Loire).

Péronne (Charles), chirurgien de l'hôpital, à Sedan (Ardennes).

Périer, docteur en médecine, rue Miroménil, 11.

Petibon, propriétaire, rue de l'Eglise, 13, à Boulogne (Seine).

Picot, de l'Institut, rue Pigale, 54.

Pierrepont (Bibliothèque scolaire de).

Plonquet, docteur en médecine, à Ay (Marne).

Roohat (Antony), pasteur à Satigny, près Genève (Suisse).

Rolland (François), architecte, boulevard du Temple, 30.

Roman, ingénieur en chef, à Périgueux (Dordogne).

Rougier (Mme Georges), rue Cassette, 1.

Roussel Saint-Georges, homme de lettres, rue du Chemin-de-fer, à Mantes.

Saint-Amé (Bibliothèque communale de) (Vosges).

Saint-Genis (Victor-Flour de), conservateur des hypothèques, à Corbeil, et au château de la Rochette, par Semur (Côte-d'Or), rue Monceau, 80, à Paris.

Saint-Marc, général de brigade, commandant la division d'occupation à Tunis.

Saint-Maurice-de-Ventalon (Bibliothèque communale de) (Lozère).

Satre (Henri), ingénieur-constructeur, cours Rambaud, 8-9, Lyon.

Savin de Laroiaure (général), commandant la 24e divis. d'inf., à Périgueux.

Schœlcher (Victor), sénateur inamovible, rue de la Victoire, 64.

Sée (Marc), chirurgien des hôpitaux, boulevard Saint-Germain, 126.

Serres, négociant, rue des Halles, 11.

Seure (Eugène), directeur de la Cie d'assurances *La Seine*, rue Le Peletier, 37.

Simonet, entrepreneur de menuiserie, boulevard Garibaldi, 70 et avenue de Breteuil, 60.

Stahl (Eugène), rue de Lubeck, 20.

Tissier, docteur-médecin, à Remiremont (Vosges).

Toulouse (Bibliothèque de l'asile d'aliénés de), quartier des hommes.

Toulouse (Bibliothèque de l'asile d'aliénés de), quartier des femmes.

Turquier, à Sotteville.

Valtat (Ernest), négociant en bois et charbons, rue d'Edimbourg.

Vanier (Gabriel), vice-président, avenue de l'Epée, 3.

Ventron (Bibliothèque communale de) (Vosges).

Villotte (Bibliothèque communale de) (Vosges).

Vuatrin, professeur à la Faculté de droit, 10, place du Panthéon.

Vuitry (Mme), rue de Téhéran, 13.

Wood (James), passeur, rue Roquepine, 4.

Zincourt (Bibliothèque communale de) (Vosges).

MEMBRES HONORAIRES ET CORRESPONDANTS

Belval (Th.), membre correspondant de l'Académie royale de médecine Belgique, officier de l'Instruction publique, rue de Trèves, 72, à Bruxelles.

Colineau, dél. de la Soc. des Bons Templiers, prof. East end College, Furchley, Londres).

Colleville (de), pasteur, Chatham place, 24. Brighton (Sussex), Angleterre.

De Jonge (J.-L.), président de la Société néerlandaise pour l'abolition des boissons fortes, à Zierikzee (Pays-Bas).

Delorme (René), publiciste, rue Clausel, 24.

Desguin, secrétaire de la Société de médecine, rue de l'Eglise, 62, à Anvers.

Duverney, publiciste, 8, place d'Anvers.

Edmonds (J.), médecin en chef de l'hôpital de Tempérance, 5, Grafton-Street, Piccadilly, Londres W.

Engel, conseiller intime, Oberlosnitz-Radebeul près Dresde (Saxe).

Engelbronner (d'), secrétaire général de la *Société Néerlandaise pour l'abolition des boissons fortes*, gedempte Burgwal, 30, La Haye (Pays-Bas).
Ficatier (J.), docteur en médecine, à Bar-le-Duc, rue Antoine, 1.
Franck (A.), membre de l'Institut, prés. du consistoire israélite, r. de Boulogne, 82.
Guignard, directeur honoraire d'asile d'aliénés, rue de l'Arrivée, 10.
Hennequin (major), directeur de l'Institut cartographique à La Chambre, à Bruxelles.
Hue (Charles), conseiller municipal, à Fécamp (Seine-Inférieure).
Huni (Mlle Émille), publiciste, rue Lafayette, 103.
Huss (Magnus), ex-inspecteur général des asiles d'aliénés, Stocholm (Suède).
Ignatius, chef de bureau de la statitique, à Helsingfors (Finlande).
Janet (Paul), membre de l'Institut, rue de Grenelle-Saint-Germain, 59.
Janssens (E.), insp. en ch. du service d'hygiène de Bruxelles, 1, rue des Riches-Claires.
Jolly (général baron), rue de la Loi, 41, à Bruxelles.
Kümmer (le Dr), directeur du bureau fédéral de statistique, à Berne (Suisse).
Lailler (A.), pharmacien en chef de l'asile des aliénés de Quatre-Mares.
Larrey (baron Hip.), de l'Institut et de l'Académie de médecine, rue de Lille, 91.
Lebon (Léon), chef de div. à la stat. générale, rue de la Loi, à Bruxelles.
Leclerc (Auguste), pharmacien, rue de la Paroisse, 73, à Versailles.
Lepage (Mme), à la Vauterie, par Cormolain (Calvados).
Lubawsky (Alexandre de), conseiller de cour, membre de plusieurs sociétés savantes, à Toula (Russie).
Milliet (Guillaume), adj. du bur. fédéral de statistisque, Turnweg, 5, à Berne.
Monod (Henri), directeur de l'assistance publique au m-nistère de l'intérieur, rue de Cambacérès, 11.
Pasteur, membre de l'Institut, rue d'Ulm, 45.
Petithan (D.), médecin de bataillon, avenue Rogier, à Liège (Belgique).
Rochat (M. L. L.), président de la Société suisse de tempérance, rue de l'Hôtel-de-Ville, 16, à Genève (Suisse)
Seeberg, publiciste, Regeringsgatan, Stockholm (Suède).
Vaucleroy (de), prof. d'hygiène à l'école milit, chaussée de Vleurgat, 102, à Bruxelles
Vergé (Charles), de l'Institut, rue du Cirque, 9.
Vermeulen, inspecteur général des établissements d'aliénés, quai des Violettes, 12, à Gand (Belgique).
Walmé, docteur en médecine, à Chauny (Aine).
Westmore (Chas. A), nº 624, rue F. Washington D. C. (Etats-Unis).

ASSOCIÉS HONORAIRES ADMIS EN 1886

Aillaud (Albert), publiciste à Rouen.
Aptel (Jean), au Tholy (Vosges).
Aramy (Jacques), dit MARTIN, vaguemestre à l'hospice de la Rochelle.
Arnould (L.), cordonnier à Eloges (Vosges).
Audran (André-Pierre), cordonnier à l'hospice général à Montpellier.
Bagard (Florentin), cultivateur à Beulay (Vosges).
Bédun (P.), équipier à Montluçon.
Bégard (François), manœuvre à Borquegney (Vosges).
Benoit (J.-B.), cultivateur à Colroy-la-Grande (Vosges).

Bérard (J.-B.), sergent-major des sapeurs-pompiers à Saint-Vallois (Vosges)
Bétier, maître-jardinier, à l'hospice de Niort.
Beuchot (Emmanuel), ancien forgeron à Ruaux (Vosges).
Blanchard (Jacques), serrurier à Commentry.
Boëmer (Joseph), piéton au gaz.
Boitel (Pierre), manœuvre C. F. Ouest, rue Lequesne au Petit-Quevilly.
Bombarbe (François), cultivateur à Fays (Vosges).
Bondiere (Joseph), cultivateur à Saulcy, par Senones.
Bontemps (Félix), vermicellier à Epinal.
Bouillant (Nicolas), serrurier à l'hospice général à Nantes.
Bourguignon (Nicolas), ingénieur à Rancourt (Vosges).
Breuse (Jean-Louis), jardinier r. de P. à Longchamps, Boulogne (Seine).
Brice (Félix), cultivateur à Mazirlot (Vosges).
Brun (Claude), manœuvre à Commentry.
Ceaumont (L.), contremaître à Douai.
Champagne (Joseph), bûcheron à Landaville, par Neufchâteau).
Château (Pierre), cantonnier T. de P., 6e section, rue de Chaillot, 5.
Châtelain (J.-B), dit Magro, vigneron à Gagney-aux-Aulx (Vosges).
Chauvet (D.), chef de brigade à Etrechy C. F. O.
Chenal (Jean), tailleur d'habits à Nompatelize (Vosges).
Chevalier (A.), commis-auxiliaire à Vierzon-Village C. F. O.
Claudel (J.-B.), garde champêtre à Laveline-du-Houx (Vosges).
Claudel (Nicolas), à Rochesson (Vosges).
Claudon (Jean-Joseph), cultivateur à S. Amé (arr. de Remiremont).
Colin (François), appariteur à Moyemont (Vosges).
Collesson (Mathieu-Joseph), ancien garçon brasseur à l'hospice de Dunkerque.
Cornelis (Philippe-Jacques), journalier à l'hospice de Dunkerque.
Coulnot (Rémy), contremaître à Commentry.
Courcelle (Pierre), tisserand à Laval.
Couroy (François), cultivateur-fermier à Damas-au-Bois.
Cossin (Pierre), menuisier à Couchaumont (Vosges).
Creuzot (André), garçon de bureau à Tours, C. F. O.
Cuvillier (Armand), menuisier C. F. Nord.
Dagoury (Charles Romain), 1er jardinier aux hospices maritimes de Cherbourg.
Deleau (Hip.), serrurier à Douai.
Demangel (Jean-Nicolas), père, cultivateur à Fremi-Fontaine (Vosges).
Demougin (Théodore), maréchal ferrant à Ruaux (Vosges).
Denaës (Justin), garde-barrière, C. T. Nord à Onclerc (Nord).
Depée (Louis), jardinier T. d. P., boulevard Beauséjour, 1.
Dernoncourt (H.), manœuvre à Douai.
Dieudonné (Isidore), à Saint-Etienne, par Remiremont (Vosges).
Disset (Pierre-François), brigadier du service intérieur du Crédit foncier de
   France, place Vendôme, 19.
Dubessey (Charles), vigneron à Bouzemont (Vosges).
Dubois (François-Antoine), chauffeur à Epinal.
Dupuy (Eugène), machiniste au dépôt de Paris C. F. O.
Etienne (J.-B), cultivateur, cons. munic. à Colroy-la-Grande (Vosges)
Fage (Pierre-Antoine), brigadier T. d. P., Bois de Boulogne, route de Saint-
   Mandé, 76, à Charenton.
Ferriot (Alex.), vigneron, à Ubexy (Vosges).
Flageollet (Jean-Oct.), à Saint-Etienne, par Remiremont.

Foinant (Nicolas), vigneron, à Haréville (Vosges).
Fondrevaye (Jacques), charron, à Bettigney-sur-Brice (Vosges).
Fondrevez (J.-A.), charron, à Juvaincourt (Vosges).
Forestier (Louis), journalier au Gaz.
Fort (Victor), nettoyeur, C. F. Nord, rue de Belleville, 114.
Frémont (P.-A.), préposé, C. F. Ouest, rue Hélène, 2, au Havre.
Fromentin (J.-B.), sous-surveillant, à Lariboisière.
Gaillard (Joseph), infirmier-major à l'hôpital Saint-Eloi, à Montpellier.
Gaulin (Alexandre), tourneur, à Vierzon.
Gauthier (Louis-Casimir), receveur des douanes, à Vagney.
Gautron (Joseph), entreposeur à la per. des postes et des télég., à Vierzon.
Gauvrit (René), jardinier, à l'Hospice général, à Nantes.
Géant (Célestin), cant. de 1re cl., T. de P., 4e section, impasse d'Aunay, 7.
Geoffroy (Ch.-Jos.), lampiste, C. F. Ouest, rue de Cazeaux, à Alençon.
Gerbault (Henri), jardinier, à l'hospice de Châteauroux.
Geslin (Charles), tisserand, à Laval.
Grandvillemin (Nic.), instituteur en retraite, à Lépanges.
Grégy (Nicolas), garde-champêtre, à Giraucourt.
Grillot (Pierre-Charles), cultivateur, à Juvaincourt (Vosges).
Guégy (Jérome), conseiller municipal, à Barbey-Séroux (Vosges).
Guimbert (Juvénal-Donatien-Hubert), cantonnier de 1re classe, T. de P., écluse
 de Saint-Lazare, près Meaux.
Hélie (Julien), cocher, P. V. n° 8890, rue Labat, 19.
Héméry (Guillaume), jardinier, T. de P., rue Scheffer, 23.
Hinninger (J.-B·), surveillant, C. F. Ouest, rue de Vanves, 74, à Paris.
Hiver (J.-B.), menuisier, C. F. Ouest, rue Saint-Sever, 28, à Rouen.
Houot (Jean-Nicolas), cultivateur, à Granges (Vosges).
Humbert (Florent), vigneron, à Bouzemont (Vosges).
Husson (Auguste), surveillant en chef, Charenton.
Isaac (M.), palefrenier, P. V., rue du Chemin-Vert, 123.
Jacquemin (Valbert), cultivateur, à Charmois (Vosges).
Jacques (Pierre), manœuvre, à Mont-lès-Neufchâteau.
Jacquot (J.-B.), marchand de bois, à Hagécourt (Vosges).
Jeannin (Jean-Joseph), journalier, à Laval (Vosges).
Jeanvoine (Auguste), distillateur, à Ubexy (Vosges).
Lambert (Jérome), distributeur aux ateliers de Paris, C. F. O.
Lapoirie (J.-B.), conseiller municipal, à Rehaupal (Vosges).
Lataste (Ant.), préposé, C. F. Ouest, rue Vandamme, 74.
Laurent (Claude), cultivateur, à Sapois (Vosges).
Laurent (J.-B.), cultivateur, ancien maire d'Entre-Deux-Eaux.
Laxenaire (Jean-Joseph), cultivateur, au Rein (la Croix-aux-Mines).
Lebleu (Jacques), aiguilleur, à Tours, C. F. O.
Lefebvre (Denis), cokerier, C. F. Nord, rue Marcadet, 51.
Legland (Jacques), raboteur, C. F. Ouest, rue Chevallier, 71, à Levallois-Perret.
Lejal (J. Dom.), cultivateur, à Granges (Vosges).
Leriche (Ch.-Romain), cantonnier, rue Saint-Cloud, à Suresnes.
Levêque (Eugène), ancien instituteur, Officier de l'Instruction publique, à
 Ambrières (Mayenne).
Levielle (J.-B.-Florent), cantonnier de nettoiement, rue Houdart, 8.
Lhote (Jean-Nicolas), secrétaire de mairie, à Fraize.
Linard (Firmin), cultivateur, à Serocourt.

Marchal (Firmin), cultivateur, à Serocourt (Vosges).
Martin (Fr.), cantonnier d'emp., T. de P., 3e section, rue de Grenelle, 204.
Martin (J.-B.), manœuvre, à Husseras (Vosges).
Martin (J.-B.), contremaître-serrurier, à Zainvillers (Vagney).
Maucotel (Claude), vigneron, à Ramecourt (Vosges).
Maugendre (Sébastien), cultivateur, à Frappelle.
Maugin (Jean), cultivateur, à Ollainville (Vosges).
Mayer (Claude), peintre, P. V., rue Duchesne, 17.
Mercier (Clément), aiguilleur, à Tours, C. F. O.
Messey (Félix), cultivateur, à Thomas (Vosges).
Mettrier (Nicolas), cant.-poseur de 2e cl., T. de P., pas. Saint-Dominique, 14
Michel (Jean-François), cultiavteur, à Fresseux (Vosges).
Millerand (Cl.), ex-lamineur, à Commentry.
Millot (Louis), ex-lamineur, à Commentry.
Milot (L.), manœuvre, à Lannerey (Vosges).
Monet (J.-B.), aide monteur, C. F. Ouest, passage Ganneron, 21, Batignolles.
Montgenot (Jos.), garde-forestier en retraite, à Médonville (Vosges).
Mourot (Jean-François), conseiller municipal, à Cleurié, par S.Amé.
Noël (Georges), cultivateur, à Granges (Vosges).
Noël (Jean-Joseph), à Juvaincourt (Vosges).
Noirard (Benoît), harnacheur, P. V., rue Saint-Maur, 102.
Ory (Joseph), manœuvre, à Laval (Vosges).
Oudart (Claude), à Tranquaville-Graux (Vosges).
Patry (Jean-François), instituteur, à Curcy (Calvados), officier d'académie.
Pecqueur (Pierre-Joseph), paqueteur de fils, à l'Abbaye-des-Prés, à Douai.
Pémartin de Dax (Roger), à Dax.
Pérot (Louis), forgeron à l'usine des Ternes, Gaz.
Petitdidier (Joseph), à Bertrimoutier (Vosges).
Peureux (Frédéric), cant. d'empier., T. d. P., 3e sect., rue Legendre, 69.
Peyronny (Jean), manœuvre, C. F. Nord, rue Jean-Cottin, 4.
Picot (J.-B.), ancien instituteur, à Chalon-sur-Saône.
Pierron (Jean-François), cultivateur, à Sauley, par Senones.
Pinay (Louis), journalier, T. d. P., rue de la Tour, 111.
Pot (François), sculpteur sur bois, à Serocourt (Vosges).
Pottier (Jacques), garde-barrière, C. F. Ouest, à Graville-Sainte-Honorine
Pourtau (Joseph), jardinier-chef au Service d'utilisation des eaux d'égouts de
    la ville de Paris, à Amiens.
Renard (Nicolas), cultivateur, à Serocourt (Vosges).
Renaud (Florentin), cult., à Medonville-Buignéville (Vosges).
Rochon (Pierre), cantonnier, T. de P., 6e section, rue de l'Etoile, 34.
Rosier (Vincent), poseur, T. de P., 3e section, rue Jean-Nicot, 10.
Roux (Cl.), manœuvre, C. F. Ouest, rue du Chemin-de-fer, 37, au Mans.
Roy (Etienne-Patient), journalier, à Beaulieu (Loiret).
Sailly (Gustave-Joseph-Médéric), instituteur à Saint-Martin-au-Laert (P-de-C.).
Schmitz (Nicolas), cocher, P. V., n° 6858, rue Terre-Neuve, 18.
Seuret (Dominique), conseiller municipal, à Domjulien (Vosges).
Sibille (Victor), garde, T. d. P., Bois de Vin., pav. des Minimes, à Fontenay.
Simon (Sébastien), concierge à l'Hôtel-Dieu, à Nantes.
Simonin (Joseph), manouvrier, à Bazien (Vosges).
Sivade (Jean), manœuvre, à Commentry.
Sol (J.), manœuvre, à Commentry.

Sotin de la Bouvardière, chapelier à l'Hospice général, à Nantes.
Stoclet (Ant.), chef visiteur, C. F. Nord, à Soissons.
Tessier (Luc.), membre du conseil des prudhommes, à Laval.
Thobois (François), jardinier et carbonateur, à Douai et à Cuincy.
Valentin (Joseph), cultivateur, à Wisembach.
Verdier (J.-Louis), à Grandrupt (Vosges).
Villard (Joseph), buandier, à Beaujon.
Vimard (Arsène-Beaumes), instituteur en retraite.
Virtel (Jean-Nicolas), cultivateur, à Pont-les-Bonfays (Vosges).

MEMBRES ASSOCIÉS (1)

Sont considérés comme membres associés les membres qui paient une cotisation inférieure à 6 francs.

2020 **Alexandre** (Nic.), peintre, C. F. Ouest, 59, r. Victor-Hugo, à Levallois-Perret.
2005 **Baril** (J.-M.), poseur, C. F. Ouest, à Laigle.
2005 **Bauer**, jardinier principal auxiliaire, T. de P., 62, rue Spontini.
2018 **Bedouet** (H.), chef d'éq., C. F. Ouest, P. à N.22, à Saint-Gemmes-d'Andigné.
2082 **Beurier** (Rose), sous-surveillant à l'hospice de Bicêtre.
2050 **Bidon** (Pierre), cantonnier, T. de P., 1re section, 6, rue Montorgueil.
2069 **Bingler** (Emile), serrurier, T. de P., Service des Promenades et des Plantations, rue Fessart, à Boulogne-sur-Seine.
2072 **Bœmer** (Joseph), piéton au Gaz.
2027 **Bonnin** (Adolphe), concierge principal et vaguemestre à l'hospice des Quinze-Vingts, 28, rue de Charenton.
2002 **Bottier**, conducteur, C. F. Ouest, à Conches.
1998 **Bougleux**, contremaître plombier au Gaz (lauréat de 1884),10, rue Pétrelle.
1900 **Boulé** (Auguste-François), manœuvre, C. F. Ouest, à Sotteville.
2059 **Bouleau** (Pierre-Andienste), poseur, P. à N. 15, près Saint-Evrault, Notre-Dame du Bois (Orne).
2023 **Breton** (Pierre-Louis), charretier au Gaz.
2010 **Bréval** (J.-B.-Germain-Prosper), chef d'équipe, C. F. Ouest, P. à N. 61, près Vimoutiers.
2044 **Brisbout** (Ch.), aiguilleur, C.F.N., à Hazebrouck.
1992 **Brossard** (Ach.-Ern.), sur.-int, C. F. Ouest, 20, Grande-Rue, à Dieppe.
2091 **Burel** (Emmanuel), aide-chaudronnier, C. F. Ouest, 23, rue Poullain-Duparc, à Rennes.
1990 **Caban** (A.-Paul), modeleur, C. F. Ouest, à Sotteville.
2071 **Carré** (René), chef-cantonnier paveur, T. de P., 6e section,81,rue de Passy.
2090 **Chalmel** (Eugène), forgeron, C. F. Ouest, 5, rue du Lycée,à Rennes.
1909 **Champeil**, plombier au Gaz.
2025 **Christin**, employé au Crédit Lyonnais, 64, avenue de La Motte-Piquet.
2076 **Clavé** (Joseph), chef cantonnier nettoiement, T. de P., 3e section, 30, boulevard de Clichy.

---

(1) Le nombre des membres associés a augmenté dans de telles proportions que nous avons pris le parti de ne reproduire désormais, chaque année, sur la liste générale des membres, que les noms de ceux qui ont été admis depuis la publication de la liste précédente. Le dernier membre associé inscrit sur notre liste avait le n° 1976.

2035 **Clément** (Gil.), *chef de station*, C. F. Orl., à la Jonchère (Haute-Vienne).
2038 **Confourier** (L.-J.), perceur, C. F. Nord, 61, rue de la Chapelle.
2067 **Costier** (Alfred), jardinier, T. de P., bastion n° 61, boulevard Suchet.
2011 **Courcier** (Louis-François-Paul), chef d'équipe, C. F. Ouest, P. à N. 55, près Nogent-le-Rotrou.
2008 **Coutarel**, à l'hospice de la Maternité.
1989 **Couyet**, gendarme en retraite à Pernes (Vaucluse).
2084 **Dauphin**, garçon d'amphithéâtre à Tenon.
2004 **Delaluque**, *chef de station*, C. F. Orléans, à Chauvigny.
2062 **Delhaye** (Augustin), cantonnier, C. F. Nord, à Fourmies.
2036 **Demode**, chef cantonnier, C. F. Nord, à Féron.
2046 **Depée** (Louis), jardinier, T. de P., 1, boulevard Beauséjour.
2060 **Dorléans** (Henri), chef cantonnier, C. F. Nord, à Jolimetz.
2032 **Dormois**, garde-magasin, à Lourcine.
2040 **Drouet** (Jules), infirmier à Necker.
2075 **Duchamp** (Victor), chef d'équipe, C. F. Nord, 54, rue Ordener.
2000 **Dupire**, mécanicien, C. F. Nord, cité d'Avion, à Lens.
2031 **Even** (Louis), sellier, P. V., 193, rue de Crimée.
2074 **Fallet** (Étienne), monteur, C. F. Ouest, 24, rue Lacroix.
2078 **Faucon** (Adolphe), conducteur de 1re classe, C. F. Ouest, 46, rue Lacroix.
2047 **Flaux** (Louis), garçon de chantier, à Sainte-Périne.
2058 **Fort** (Victor), nettoyeur, C. F. Nord, 112, rue de Belleville.
2014 **Foulon**, chef d'éq., C. F. Ouest, P. à N. 67, près Angers (lauréat de 1880).
2073 **Fourcasse** (François), peintre, C. F. Ouest, 1, rue du Château.
2015 **Frébault** (Hippolyte), sous-surveillant à Lariboisière.
2024 **Gaillard** (Auguste), chef cantonnier, C. F. Nord, à Allonne (Oise).
1907 **Gallais**, à Bicêtre.
2012 **Geoffroy**, lampiste, C. F. Ouest, rue de Cazeaux, à Alençon.
2037 **Gloclon** (Jean), chef cantonnier, C. F. Nord, à Fournival (Somme).
2006 **Girardin** (Henri), cant., T. de P., rue de Nogent, 1, Fontenay-sous-Bois.
1991 **Goulay** (Honorat), monteur, C. F. Ouest, à Sotteville.
2028 **Goutheret** (Fr.), chef cant. d'emp. de 1re cl., T. de P., 26, rue Lebouteux.
2049 **Guillot** (Joseph), cant. d'emp., T. de P., 3e section, 9, rue de l'Exposition.
2042 **Guyhard**, brigadier-allumeur de 1re classe au Gaz.
2026 **Héméry** (Guillaume), jardinier, Service des Promenades, 23, rue Scheffer
2013 **Hinninger**, surveillant, C. F. Ouest, 74, rue de Vanves.
2094 **Hochet** (J.-Marie), perceur, C. F. Ouest, 18, boul. du Colombier, à Rennes.
2094 **Illio** (J.-Marie), poseur, C. F. Ouest, P. à N. 59, à St-Géraud (Morbihan)
2051 **Jeaumin** (Pierre), chef d'équipe au *Magasin des denrées*, C. F. d'Orléans.
2066 **Lambert** (Jérome), distr. aux ateliers du *Chemin de fer d'Orléans*, à Paris.
2086 **Lebeaux** (Eugène), aiguilleur, C. F. Nord, à Saint-Omer-en-Chaussée.
2055 **Lefebvre** (Denis), cokerier, C. F. Nord, 51, rue Marcadet.
2016 **Lemonnier**, laveur, C. F. Ouest, 90, rue des Moines.
2019 **Lenfant** (Joseph-Louis), cant., 2e section, T. de P. rue de l'Exposition, 27.
2061 **Leporcq** (Pierre-Louis), garde-barrière, C. F. Nord, à Berlaimont.
2029 **Lère** (Antoine), chef cant., T. de P., 13, Croix-des-Vignes, à Gennevilliers.
2034 **Leriche** (Ch. Rom.), cant. (76 ans), T. de P., rue de Saint-Cloud, à Suresnes.
2089 **Leroy** (Jules-Narcisse), conducteur, C. F. Ouest, à la gare de Cherbourg.
1988 **Lespagnol** (Fir.), chef de train, C. F. Orléans, 28, Grande-Rue, à St-Maurice.
2022 **Leymonie** (Louis), conducteur, C. F. Nord, à Tergnier.
2017 **Liot**, surveillant, C. F. Ouest, 42, rue Lemeur, au Havre.

1993 **Lombardin**, C. F. Nord, à Senlis.
2069 **Marin** (Elie-Auguste), jardinier, T. de P., rue de Passy, 80.
1994 **Ménissier** (Cyprien), garçon de magasin, Gaz.
2045 **Molette** (Germain), palefrenier, P. V., 3, cité Bertrand.
2065 **Moreau** (Jean), cocher (39921), P. V., 30, rue Letellier.
2053 **Morestin** (Jean), chauffeur, à l'usine des Ternes, Gaz.
2081 **Morin** (Aim.-Emm.), (laur. de 1884), cocher, P. V., 14, cité Popincourt.
2093 **Mouton** (Em.), outilleur, C. F. Ouest, 19, rue de Châteaudun, à Rennes.
2091 **Obein**, rédacteur du *Petit Comtois*, à Besançon.
2048 **Ogé** (Pierre), jardinier, T. de P., 25, passage Saint-Dominique.
2063 **Ollivier** (P.), surveillant, C. F. Ouest, 3, rue de Sauffroy prolongée.
2043 **Pascal** (J.-P.), cantonnier de 1re cl., Bois de Vincennes. 70, rue de Fontenay, à Fontenay.
2054 **Péchard** (A.-L.), chef d'équipe, C. F. Ouest, P. à N. 31, près Sablé (Sarthe).
2052 **Pérot** (Louis), forgeron, à l'usine des Ternes, Gaz.
2077 **Peyronny** (Jean), manœuvre, C. F. Nord, 4, rue Jean-Cottin.
2080 **Picard** (André), mécanicien, C. F. Ouest, 134, rue Cardinet.
2007 **Pourrain**, aiguilleur, C. F. Orléans, à Ivry.
2030 **Pourtau** (Joseph), jardinier-chef au Service d'utilisation des eaux d'égout T. d. P., à Asnières.
2088 **Prévost**, sommelier à Tenon.
2079 **Quénioux** (Hip.), (lauréat de 1881), piq. de jour, P. V., 20, b. de la Chapelle.
2041 **Rebeix** (François), cocher (27138), P. V., 103, rue Bolivar.
2057 **Ribis** (Michel), (lauréat de 1885), chef cantonnier de 2e classe, 2e dir. des Eaux et égouts, 16, rue de l'Hôtel-Colbert.
2003 **Rossignol** (Edouard), sous-chef de brigade, maisonnette 111, à Baule, poste de Meung.
2039 **Rott** (Martin), monteur aux ateliers de Paris, C. F. Orléans.
2009 **Rousselet**, *chef de station*, C. F. Orléans, à Eguzon.
2088 **Roussel**, concierge, à Lariboisière.
2064 **Roux** (Jean), chef cant. d'emp. de 2e classe, T. d. P., 6, rue Reflut, à Clichy.
2083 **Saux** (Yves), mécanicien, C. F. Ouest, route de Beauvais, à Gournay.
2033 **Sibille** (Victor), garde, Bois de Vinc., Pavillon des Minimes, à Fontenay.
1987 **Sorgues**, instituteur, à Vitry-en-Charollais.
1986 **Toulet**, à l'asile de Bailleul (Nord).
2092 **Urwald** (Antoine), chef ajusteur, C. F. Ouest, 8, rue Chalais, à Rennes.
2021 **Victor** (Joseph), sous-chef d'équipe, C. F. Ouest, 14, rue Pierre, à Clichy.
1995 **Vidaline** (Jean), Omnibus.
2087 **Villars** (Joseph), buandier à Beaujon.
2070 **Vincent** (Victor), forgeron, C. F. Nord, 17, rue Marcadet.
2056 **Welcheldinger** (Théodore), cokerier, C. F. Nord, 17, rue Baudelique.

Imp. de la Soc. de Typ. - NOIZETTE, 8, r. Campagne-Première. Paris

LA TEMPÉRANCE

BULLETIN

DE LA SOCIÉTÉ FRANÇAISE DE TEMPÉRANCE

ASSOCIATION CONTRE L'ABUS DES BOISSONS ALCOOLIQUES

Reconnue établissement d'utilité publique par décret du 5 février 1880

DE L'ALCOOLISME

DANS LA SEINE-INFÉRIEURE

Par M. A. TOURDOT, Dr en médecine

PREMIÈRE PARTIE

L'alcool $C^2 H^6 O$ (1) ($C^4 H^6 O^2$ équivalents) est le produit principal d'une fermentation particulière du glucose. Arnauld de Villeneuve qui vivait à Montpellier, vers 1300, et Aboucasis connaissaient l'esprit-de-vin, Raymond Lulle enseigna sa rectification par le carbonate de potasse. Pur, c'est un liquide incolore dont la fluidité ne le cède qu'à celle de l'éther ; sa densité à 15°5 est égale à 0.7939. Il bout à 78° sous la pression de 0 m. 76. Exposé à un froid de 100° il prend une consistance oléagineuse. Il n'a pas encore été solidifié. Il possède une grande affinité pour l'eau avec laquelle il se mélange en toutes proportions. Ce mélange produit un léger dégagement de chaleur et une contraction. Ainsi, 52,3 volumes d'alcool et 47,7 volumes d'eau à 15 degrés ne produisent par leur mélange que 96°35 volumes. Il dissout un grand nombre de matières organiques et inorganiques. Il coagule la gélatine ainsi que les diverses modifications de l'albumine proprement dite.

C'est pourquoi il durcit et blanchit les tissus qui en renferment (Gu-

1. Voir le *Dictionnaire encyclopédique des sciences médicales* de Dechambre, article de Wurtz ; le *Dictionnaire de Chimie de Wurtz*, article de E. Kopp ; les *Commentaires thérapeutiques du codex médicamentarius* de Gubler, 9ª édit.

bler). Soumis à une température de 15 à 30° en présence d'une matière animale, il subit la fermentation acétique.

Action physiologique. — Appliqué sur la peau saine, l'alcool produit une sensation de froid due à une évaporation rapide. Sur la peau dépouillée de son épiderme, sur une muqueuse ou sur une solution de continuité, il détermine une irritation plus ou moins violente qui consiste en picotements, sensation de brûlure, contraction des capillaires sanguins et pâleur de la région, coagulation de la sérosité albumineuse et durcissement de la surface. Plus tard, il y a de la dilatation des capillaires en même temps que la douleur et la chaleur locale augmentent. Il peut même se produire une eschare suivie d'une inflammation éliminatrice et ulcéreuse. Il agit de même quand on l'injecte dans le tissu cellulaire sous-cutané où il occasionne souvent de vastes décollements (1).

L'injection d'alcool dans les veines détermine la coagulation et la formation de thromboses et consécutivement la mort (2). S'il se forme des embolus, ils vont obstruer les ramifications de l'artère pulmonaire. Il exerce une action irritante sur les membranes et les tissus avec lesquels il est mis en contact.

Le sang tiré d'une veine, sur lequel on fait agir de l'alcool, se coagule et les globules sont décolorés (Schultz).

Lallemand, Perrin et Duroy ont démontré qu'avec 60 grammes de sang humain additionnés de 20 grammes d'alcool à 28° (Cartier) la coagulation est immédiate, qu'elle est légère avec de l'alcool à 21° et inappréciable avec de l'alcool à 16° (3).

Absorption. — L'alcool est absorbé par les membranes et les tissus soit à l'état liquide, soit à l'état de vapeurs (Perrin, Lallemand, Duroy) (4). Dans ce dernier cas, c'est par la muqueuse pulmonaire ; les expériences d'Orfila, qui a empoisonné des chiens eu leur faisant respirer de l'air chargé de vapeurs alcooliques, le démontrent (5). Des individus sur la peau desquels on appliquait des compresses imbibées de liquides alcooliques ont été en état d'ivresse, et, d'après Racle, dans l'appréciation de ce fait, il faut tenir compte de l'inhalation. Mesnet rapporte qu'un négociant en alcools était ivre toutes les nuits et mourut de paralysie générale : sa chambre à coucher était située au-dessus d'un magasin d'eaux-de-vie, et les va-

---

1. Recherches expérimentales sur la puissance toxique des alcools, par les docteurs Dujardin-Beaumetz et Audigé.

2. Fr. Petit, Royer-Collard, Orfila, Magendie.

3. Du rôle de l'alcool et des anesthésiques sur l'organisme (Paris, Chamerot, 1860, page 44).

4. Ouvrage cité.

5. Orfila (*Traité de Lexicologie*). *Leçons sur les anesthésiques et sur l'asphyxie* par Claude Bernard, Paris, Baillière, 1875 : « Nous voyons donc, et c'est une question sur laquelle nous reviendrons, que l'absorption la plus active, celle qui est vraiment efficace, est celle qui se produit au niveau du poumon : c'est ainsi que l'ivresse alcoolique est produite chez les personnes exposées à des vapeurs d'alcool, quelque peu abondantes que ces vapeurs soient en apparence, comme chacun a pu l'observer, chez les ouvriers, chez les vignerons qui transvasent du vin pendant un certain temps. » (Pages 62, 63.)

pours alcooliques pénétraient par les fentes d'un mauvais plancher (1). Les séreuses (plèvre, péritoine, tunique vaginale) et le tissu cellulaire jouissent aussi de cette propriété d'absorption. Mais elle se fait habituellement sur la muqueuse du tube digestif, l'alcool pénétrant dans la circulation par la voie des veines de l'estomac et de l'intestin, et probablement aussi des chylifères. D'après Bourchardat et Saudras, l'absorption a lieu surtout dans l'estomac et avec rapidité. Chez un chien sacrifié deux heures après avoir avalé 150 grammes d'alcool, ils en retrouvèrent fort peu dans les matières renfermées dans l'estomac ; les intestins n'en contenaient point ; le chyme n'accusait pas la présence de l'alcool à l'odorat le plus subtil. Cependant Tiedemann et Gmelin ont retrouvé de l'alcool dans l'intestin grêle d'un cheval trois heures et demie après son ingestion. Küss professait que les liquides ne font que traverser l'estomac. M. Charles Richet, dans ses expériences sur Marcellin, nous dit que : « l'absorption des liquides contenus dans la cavité gastrique ne pouvait « guère être étudiée avec exactitude. Comment, en effet, savoir s'ils « passent par le pylore ou s'ils sont absorbés par les veines stomacales ? « Il est probable que les deux phénomènes coïncident, une partie des « aliments passant dans la circulation veineuse, une autre partie s'intro- « duisant par le pylore dans le duodénum pour être absorbée dans les « vaisseaux mésentériques. » Ce savant expérimentateur nous apprend qu'il ne trouvait plus de traces d'alcool dans l'estomac de son sujet une heure après son introduction ; Bouchardat et Saudras n'ont pas retrouvé d'alcool dans le chyle ; peut-être, comme le dit Longet, le peu d'alcool qu'il renfermait a empêché d'en constater la présence. Après cette pénétration dans les veines il se répand rapidement dans l'économie et joue, par excellence, le rôle de stimulant diffusible (Gubler) à une certaine dose. Pris en quantité suffisante, l'alcool détermine l'ivresse que la plupart des auteurs divisent en trois degrés. « Les premiers verres, dit un proverbe italien, donnent du sang d'agneau qui adoucit ; les seconds du sang de tigre qui rend furieux ; les derniers, du sang de porc qui fait rouler dans la boue (Casper). » Dans le premier degré de l'ivresse l'homme éprouve un bien-être particulier : une douce chaleur se fait sentir à l'estomac d'abord, puis dans tout le corps. Du reste, la température est légèrement augmentée, la respiration et le pouls accélérés, les capillaires dilatés ; de là, l'injection et la turgescence de la peau et surtout du visage. L'augmentation des forces, le sentiment de réfection qui suit incontestablement l'ingestion des boissons spiritueuses expliquent déjà en partie l'usage et par suite l'abus qu'on en fait. Les facultés intellectuelles sont exaltées, le regard s'anime, la physionomie s'épanouit ; l'individu se montre courageux, plein de générosité et pro-

---

1. Nous devons à l'obligeance de M. Levasseur, médecin de l'Hôtel-Dieu de Rouen et de son interne M. Fortin, la connaissance d'un fait du même genre. Un malade est entré dans son service le 16 mai 1885, atteint d'alcolisme aigu, avec attaques d'épilepsie. Il travaillait, au milieu des vapeurs alcooliques, à la fabrique d'alcool de Croisset, près Rouen.

digue de marques de tendresse ; les idées gaies se succèdent rapidement et s'expriment sous une forme loquace et expansive ; les gestes et les mouvements participent à cette alacrité, et sont souvent brusques.

Dans cet état, l'homme, oubliant ses ennuis, est porté vers les plaisirs de l'amour « *sine Baccho friget Venus* ». Heureux alors, il répand la gaîté autour de lui, veut faire partager son bonheur et voit toutes choses sous l'aspect le plus riant. Il a perdu le sentiment de la réalité (1). Il se complaît dans cet état, le prolonge, et souvent passe insensiblement au deuxième degré de l'ivresse.

Prises à doses assez élevées, très variables du reste, suivant les individus, les boissons alcooliques produisent l'ivresse confirmée. Tout d'abord, nous avions de l'exaltation plus ou moins marquée, mais ici c'est un état pathologique spécial, ayant son symptôme prédominant, la perversion fonctionnelle. Le sujet ressent une chaleur âcre et pénible ; les artères des tempes et du cou battent avec force, le pouls est plein, le visage est congestionné et enluminé ; la respiration est irrégulière, souvent plus fréquente, quelquefois suspirieuse ; il y a une véritable fièvre et du malaise. La puissance musculaire est affaiblie, principa.ement dans les membres inférieurs : l'expérimentation démontre que chez les animaux soumis à l'intoxication alcoolique, la paralysie débute également par le train postérieur ; ainsi, la station debout est difficile et la marche titubante ; comme l'a dit le docteur Issartior (2) « le corps cherche l'horizontale, et l'alcooliste s'efforce de lui imposer la perpendiculaire ; il fait des angles avec le sol, s'il arrête ; et des S, s'il veut marcher ». Malgré ses efforts, malgré l'écartement des jambes pour agrandir la base de sustentation, les chutes sont fréquentes, mais l'ivrogne s'affaisse plutôt qu'il ne tombe ; de là, la rareté relative des accidents et le dicton populaire qui reconnaît « un dieu pour les ivrognes ». En même temps que les mouvements perdent de leur force et de leur précision, l'homme est moins maître de sa pensée et de sa volonté (Gubler) (3). L'empâtement de sa parole, l'incohérence de ses pensées, traduisent le trouble de son esprit ; il n'est plus *compos sui*. Il dévoile ses secrets, met au grand jour ses mauvais instincts et ses turpitudes, se montre violent, trahit et querelle même ses amis. Souvent, au milieu du désordre de la pensée, l'on remarque surtout des idées érotiques ; mais l'impuissance est généralement absolue dans ce degré. On a dit que la sensibilité devenait humide (Bergeret), parce que certains sujets pleurent sans motif. Les sens sont émoussés, l'ouïe, la vue, l'odorat, sont le siège d'illusions fréquentes. Les tendances à la fureur ont été la cause de crimes nombreux. Ceux-ci le seraient davantage si la parésie musculaire ne mettait un frein à la volonté égarée. L'angoisse précordiale, les pâleurs de la face avec tendance à la syncope, sont des symp-

1. *Leçons sur les maladies mentales*, par M. Ball, professeur à la Faculté de Paris. — Paris, Assolin et Cie, 1882, 4e fascicule, page 617.
2. *L'alcoolisme moderne*, Paris, 1861.
3. *Commentaires thérapeutiques*, page 840, 2e édit.

tômes qui se présentent assez fréquemment. Il en est do même des nausées et des vomissements qui constituent alors un bienfait pour l'organisme qu'ils débarrassent du poison qui n'a pas encore été absorbé. A
ce moment, le buveur cède souvent à un sommeil profond. Une trans-
piration abondante se manifeste généralement, surtout au réveil, qui se
fait attendre plus ou moins longtemps. A dose excessive, nous avons le
tableau le plus sombre de l'intoxication alcoolique aiguë : c'est l'ivresse
au troisième degré, comateuse ou apoplectique; parfois éclamptique
(Gubler). Les troubles de la motilité, de la sensibilité et de la volonté
qui caractérisaient le deuxième degré sont remplacés par leur abolition
plus ou moins complète.

Motilité. — Le corps est gisant, comme une masse inerte, les membres
dans la résolution, les joues flasques; la lèvre inférieure pendante laisse
écouler la salive ou l'écume au dehors. L'œil est demi-clos, le releveur
de la paupière supérieure ne pouvant plus remplir son rôle; l'expulsion
est impossible. Les sphincters relâchés ne retiennent plus l'urine et les
matières fécales (1).

Sensibilité. — On peut piquer ou pincer la peau, sans que l'individu manifeste aucun signe de douleur. Il n'est pas jusqu'à la conjonctive et à la
cornée qui ne répondent plus à l'excitation directe. Aussi, a-t-on com-
paré l'action de l'alcool à celle des anesthésiques, tels que le chloroforme, l'éther et l'amylène. Les recherches de Lallemand, Perrin et
Duroy, confirmées, en 1869, par les travaux de Claude Bernard, ont
montré de nombreux traits de ressemblance qui font ranger ces corps
dans une classe spéciale, au point de vue de l'action physiologique. Dans
le degré de l'ivresse dont nous parlons, l'insensibilité est telle, que sans
douleur, une femme, citée par Bouisson, d'après Déneux, a pu accou-
cher, à l'Hôtel-Dieu d'Amiens; qu'un homme a pu être amputé par Blandin,
un autre par Marvaud.

Bergeret rapporte qu'un individu de 32 ans succomba 36 heures après
une brûlure au dos, qui lui était survenue dans le sommeil de l'ivresse.
Le feu avait pris à ses vêtements. Les expérimentateurs du Val-de-Grâce
cités plus haut, ayant mis à nu la moelle épinière et les nerfs chez un
animal en état d'ivresse, se sont assurés de différentes manières, en
irritant, piquant et broyant le tissu nerveux, que l'alcool abolit la sensibilité et la motricité des nerfs et les propriétés excito-motrices de la
moelle (2).

Facies. — La face est pâle, les traits altérés; l'individu « fume la pipe »
et n'étaient les commémoratifs et l'odeur alcoolique qui se dégage de
l'haleine, il serait facile de confondre cet état avec une attaque d'apoplexie causée par une hémorragie cérébrale. L'œil est terne, vitreux ;
les pupilles peuvent encore être contractées comme dans les premières

1. Du temps de Percy, les rebouteurs administraient l'alcool pour obtenir chez
les patients, l'insensibilité et la résolution musculaire.
2. Expérience citée pages 35 et 36. Lallemand, Perrin et Duroy.

phases de l'intoxication; mais le plus souvent elles sont dilatées et ne réagissent plus sous l'influence de la lumière.

Circulation. — Le pouls est petit et lent. Du reste, dans les injections d'alcool dans les veines, on a constaté que la colonne mercurielle de l'hémodynamomètre monte d'abord pour redescendre ensuite, de telle sorte qu'une excitation plus ou moins marquée est ici encore suivie d'une dépression plus ou moins considérable (Lancereaux). La tension sanguine est diminuée.

Respiration. — Elle est ralentie, profonde, stertoreuse, irrégulière, diaphragmatique et embarrassée. On a vu chez le chien les mouvements respiratoires tomber à 5 par minute (Lallemand). Des mucosités abondantes obstruent la bouche et les bronches; il y a asphyxie imminente.

Température. — Elle est toujours abaissée et souvent à un degré considérable : Abstraction faite de l'action spéciale de l'alcool sur la marche de la température, on se rend compte facilement de ce phénomène, en prenant en considération les troubles de la respiration et de la circulation et par suite de l'hématose.

Chez les chiens, MM. Dujardin-Beaumetz et Audigé l'ont vue s'abaisser jusqu'à 16 et 18 degrés (Cas de la femme conduite dans le service de M. Peter).

D'après Duvergie, l'ivresse comateuse est mortelle, une fois sur dix ; le même auteur, dans son travail sur les morts subites, signale l'ivresse comme cause déterminante de la mort dans quatorze cas sur quarante.

L'alcool qui a été absorbé en certaine quantité et a imprégné tous les tissus et les liquides de l'économie, s'élimine en partie par diverses voies dont les principales sont : les poumons, les reins et la peau.

Depuis longtemps l'on a été frappé de l'odeur alcoolique qu'exhale l'haleine des buveurs : Magendie, Liedemann, Royer-Collard, ont admis l'élimination de l'alcool en nature par les poumons. En 1847, Bouchardat et Saudras recueillirent le gaz et les vapeurs provenant de la respiration chez un homme qui avait pris deux cents grammes d'alcool dilué en un quart d'heure. Ils y trouvèrent une quantité insignifiante de liquide alcoolique. Ils répétèrent cette expérience avec le même résultat. Lallemand, Perrin et Duroy ont nettement démontré ce fait. Quatre hommes ayant pris chacun 100 grammes d'eau-de-vie leur fournirent dans les produits de leur expiration 4 grammes d'un liquide alcoolique à odeur très faible, mais verdissant le réactif de Luton, pouvant être enflammé, et sans action sur l'azotate ammoniacal (1).

Les mêmes expérimentateurs l'ont retrouvé dans les gaz de l'expiration pulmonaire après l'ingestion d'une quantité beaucoup plus faible (20 à 30 grammes d'eau-de-vie). Cette élimination durerait environ 8 heures; et malgré l'impossibilité de doser tout l'alcool rejeté par cette

---

1. (Page 74.) Du Rôle de l'alcool dans l'organisme. — Ce réactif ou liqueur d'épreuve de Luton consiste en 1 décigramme de bichromate de potasse pour 30 grammes d'acide sulfurique : Les traces d'alcool donnent avec lui une magnifique couleur émeraude.

voie, les auteurs précités reconnaissent que la quantité ainsi éliminée est toujours minime.

Klencke, le premier, a trouvé l'alcool dans l'urine et dans la bile ; tous les physiologistes, y compris Woehler, avaient avancé auparavant que les organes sécréteurs, les reins en particulier, n'éliminent pas l'alcool. Lallemand, Perrin et Duroy l'ont retrouvé dans 60 grammes d'urine chez un homme qui avait pris 30 grammes d'eau-de-vie dans un verre d'eau une demi-heure auparavant ; ils concluent, de leurs expériences, que chez un homme, après l'ingestion d'une quantité ordinaire de boissons spiritueuses, les reins éliminent de l'alcool pendant quatorze heures (1).

C'est encore aux expérimentateurs du Val-de-Grâce que l'on doit la connaissance certaine de l'élimination de l'alcool par la peau. Ce serait même par cette voie qu'il en sort le plus chez l'homme, bien qu'il soit difficile d'en donner la preuve directe à cause de l'état physique dans lequel se trouvent les produits de la perspiration cutanée (2).

Ayant pris une jeune levrette, de préférence à tout autre animal à cause de la rareté de son poil et de la finesse de sa peau, ils la plongèrent dans une torpeur ébrieuse assez forte, à l'aide de 30 grammes d'alcool à 21 degrés Cartier ; ils obtinrent un quart d'heure après le début de l'expérience la réaction de l'alcool sur la dissolution de bichromate de potasse dans l'acide sulfurique : réaction qui ne pouvait être obtenue que par l'alcool éliminé par la surface cutanée (3). Il n'est pas douteux que l'alcool passe aussi dans la sécrétion lactée : Ici, il ne se comporte pas autrement que beaucoup d'autres substances, telles que les essences des crucifères, d'absinthe, d'anis, l'iode, etc. N'a-t-on pas vu des nourrissons guéris de l'impétigo et des convulsions par la simple cessation des habitudes alcooliques de leurs nourrices (4) ?

Rabuteau cite le cas d'un enfant qui éprouvait de violentes convulsions après avoir tété sa nourrice en état d'ivresse (5). Dans les crèches on a remarqué que les enfants de parents alcooliques qui ne prennent que le lait de leur mère dépérissent rapidement et meurent presque tous, que le nourrisson nourri à l'allaitement mixte, chaque fois qu'il a tété sa mère, crie et s'agite plus que de coutume et donne quelquefois pendant deux heures tous les signes d'une mauvaise digestion (6). Nous nous réservons de revenir plus tard sur cette question. Il est important

1. Page 121.

2. M. Perrin (Dictionnaire A. Dechambre).

3. Voir pages 117, 118 et 119. Du rôle de l'alcool et des anesthésiques sur l'organisme (Chamerot, libraire-éditeur, Paris, 1866).

4. Nous pourrions rapporter l'exemple remarquable d'un enfant atteint de convulsions provenant d'alcoolisme et produites par le régime de la nourrice. — Observations de M. le docteur Charpentier dans le *Bulletin* de la Société protectrice de l'Enfance. — Extrait du *Bulletin* de la Société de tempérance, année 1873.

5. Thèse de Guyot. Contribution à l'étude des boissons fermentées usitées en France, Paris, 1880, pages 19 et 20.

6. Docteur Goyard (Communication au congrès international de 1878 pour l'étude des question relatives à l'alcoolisme, page 128.

de savoir si l'alcool, après sa pénétration dans le sang, s'élimine en totalité ou s'il se transforme au moins partiellement. En 1847, MM. Bouchardat et Saudras (1) conclurent de leurs recherches, qu'il subit une combustion complète dans l'organisme où il peut être immédiatement converti en eau et en acide carbonique tout en se transformant quelquefois, d'abord en un produit intermédiaire, l'acide acétique. Ce dernier avait été reconnu dans le sang à son odeur caractéristique. Il est bon de remarquer que Proust a démontré l'existence de l'acétate de soude dans le sang normal. Quelques années plus tard, Liebig confirma la théorie de Bouchardat en donnant à l'alcool un rang distingué parmi les aliments respiratoires et en affirmant qu'il se brûle en eau et en acide carbonique dans l'économie. Duchek, en 1853, expérimenta sur des chiens et fut plus affirmatif encore. Pour cet auteur, l'alcool subit une série de transformations par des oxydations successives et graduelles (aldéhyde, acide acétique, acide oxalique, acide carbonique. Il est détruit totalement en eau et en acide carbonique. Mialhe soutint aussi (1856) que l'alcool passe peu à peu à l'état d'acide acétique, et que les acétates formés se brûlent complètement dans la circulation en donnant des carbonates alcalins qui s'éliminent par les urines. Ces idées généralement admises, furent vivement attaquées et presque victorieusement combattues par Lallemand, Perrin et Duroy (2). Les conclusions de leur travail paru en 1860, sont :

1° L'alcool n'est pas un aliment.

. . . .

3° L'alcool n'est ni transformé ni détruit dans l'organisme.

. . . .

5° L'alcool est éliminé de l'organisme en totalité et en nature.

Les voies d'élimination sont : les poumons, la peau et surtout les reins. Ces conclusions si absolues, qui d'abord avaient frappé Racle, quand il en prit connaissance pour sa thèse d'agrégation (1860), furent bientôt critiquées par Gallard, Holl-Smith et Baudot. Si, comme le font remarquer Bouchardat et Saudras, « c'est une question que la balance doit décider », il est certain qu'il y a loin de la quantité d'alcool recueillie dans les sécrétions à la quantité absorbée. En 1866, Hugo-Schulinus se livra à d'intéressantes et sérieuses recherches sur ce sujet, en se servant exclusivement de la voie stomacale chez des animaux de forte taille, chevaux et chiens de basse-cour. Pour lui, le sang contient toujours proportionnellement plus d'alcool que les autres organes, le majeure partie de l'alcool ingéré est décomposée dans l'organisme, et les quantités d'alcool éliminées par les poumons, la peau et les reins sont insignifiantes comparativement à la totalité de l'alcool absorbé (3). C'est à cette théorie que se

1. Bouchardat et Saudras (De la digestion des boissons alcooliques et de leur rôle dans la nutrition).
2. Page 233 de leur ouvrage.
3. Marvaud. *Les aliments d'épargne* (page 180).

rattache Gubler. Ce savant professeur prouvait « que la destruction de l'alcool est d'autant plus complète que la quantité est plus minime, et qu'il ne passe abondamment au dehors sans avoir subi d'altération, que lorsqu'il a été introduit à doses immodérées ou toxiques (1). Plus loin, il dit : « L'alcool se brûle en proportion d'autant plus grande qu'il est ingéré en plus petite quantité. C'est un aliment respiratoire. » Il lui assigne aussi le rôle de médicament dynamophore à côté du thé, du café, de la coca, etc. Pour Albertoni et Lussana une certaine quantité d'alcool s'incorpore dans les tissus et concourt à la formation de la graisse et de quelques autres substances (2). Anstie et Brunton en Angleterre, M. Proust, ainsi que la plupart des contemporains se rallient aux idées de M. Bouchardat.

Pour en finir avec cette question, nous nous contenterons de rappeler la thèse remarquable de M. Jaillet, élève de M. Dujardin-Beaumetz. A la suite de recherches très bien conduites, il admet que l'alcool à très faible dose est entièrement brûlé dans la circulation parce qu'il est presque entièrement absorbé par le globule rouge; qu'à dose plus forte, il est éliminé en très faible quantité, le sérum en contenant alors une quantité assez grande pour qu'il exsude des vaisseaux par diffusibilité et par exosmose : qu'à haute dose, dans le torrent circulatoire, il diminue le pouvoir oxydant de l'hémoglobine, et finit par entraver l'oxydation du sang parce que le sérum alcoolique dissout et retient peu à peu l'hémoglobine aux dépens de la matière colorante du globule. Dans du sang de bœuf défibriné, soumis à une température de 38 degrés dans une atmosphère d'oxygène, M. Jaillet (3) a obtenu l'acétification de l'alcool

1. *Commentaires thérapeutiques* (1874). Pages 844 et 847.
2. *Traité d'hygiène* de Proust (1878).
3. Nous analysons brièvement la thèse de M. Jaillet. L'oxygène est dans l'organisme l'agent principal et unique des réactions et des fermentations, et l'oxyhémoglobine est la source véritable des principaux phénomènes de la vie. Le rôle essentiellement comburant de l'oxyhémoglobine ne peut manquer de s'exercer sur l'alcool, produit très oxydable. Sous l'influence d'une grande quantité d'alcool, le sang devient noir et cela par défaut d'oxygène; il contient une quantité anormale d'acide carbonique et le globule perd la propriété de transformer son hémoglobine en oxyhémoglobine. Deux expériences sur l'analyse des gaz du sang démontrent l'emmagasinement de l'acide carbonique et la diminution de l'oxygène, après l'injection d'alcool sous la peau d'un chien. Chez les fébricitants, l'oxydation de l'alcool est d'autant plus rapide et plus complète que la température est plus élevée; les expériences de Binz sont assez probantes à cet égard. Chez un homme qui a succombé, dans le service de M. Dujardin-Beaumetz, pour avoir bu de l'eau-de-vie de marc, M. Jaillet retrouve de l'aldéhyde dans les viscères, parce que l'eau-de-vie de marc est un liquide alcoolisé impur, c'est-à-dire qu'il contient autre chose que l'alcool éthylique ; on effet, d'autres expériences lui prouvent qu'après l'ingestion d'alcool pur, on ne découvre nulle trace d'aldéhyde.

Les conclusions de la première partie sont : 1° l'alcool fixé sur le globule rouge, ne produit pas d'aldéhyde en s'oxydant, ou du moins s'il passe à l'état d'aldéhyde ce corps est immédiatement oxydé en acide acétique; 2° l'alcool en petite quantité dans la circulation passe à l'état d'acétate alcalin avant sa destruction complète en eau et en acide carbonique ; 3° cette oxydation se trouve bientôt arrêtée quand l'alcool se trouve en très grande quantité dans le sang, parce que le sérum alcoolique dissout

et il pense avec raison, selon nous, que dans l'organisme, les conditions sont bien plus favorables pour produire cette transformation. D'après lui, quand l'alcool se trouve en très grande quantité dans le sang, son oxydation s'arrête parce que le sérum alcoolique dissout l'hémoglobine et fait perdre aux globules une grande partie de leur pouvoir oxydant. C'est de la sorte qu'il diminue les combustions organiques au niveau des tissus et des capillaires et abaisse la température ; dans ce cas, il l'abaisse encore par son action sur la substance nerveuse quand il détermine le coma, par exemple.

Notons encore les conclusions de sa thèse, où il dit qu'un alcool est d'autant plus toxique qu'il est plus oxydable, ou qu'il contient une proportion de plus en plus grande de produits très oxydables, tels que les aldéhydes et les essences volatiles.

Par le mot alcoolisme on entend toute une série d'affections engendrées par l'abus des liqueurs spiritueuses (1). Magnus Huss, qui créa le mot, donna le premier une description magistrale de cet état morbide, en 1852. Il se divise en alcoolisme chronique et en alcoolisme aigu qui n'est autre que l'ivresse si variable dans son intensité et dans ses formes suivant les individus, la nature, la qualité du liquide ingéré.

Ivresses anormales. — En dehors des trois degrés de l'ivresse décrits plus hauts, l'on rencontre des états spéciaux se produisant sous l'influence des alcooliques chez les personnes prédisposées et rangés dans les ivresses anormales ou pathologiques (2). Ce sont : l'ivresse maniaque et l'ivresse convulsive.

1° *Ivresse maniaque.* — Elle débute ordinairement d'une façon brusque, parfois après l'ingestion d'une légère quantité d'alcool, parfois, quelques instants après de véritables excès, se manifestant souvent tout d'abord, par une certaine concentration, de l'inquiétude, de l'irritabilité, puis par la rougeur de la face, un malaise général, de la céphalalgie, des battements dans le cerveau, de l'anxiété précordiale et des sensations variées du côté des yeux et des oreilles ; elle peut ne pas présenter ces symptômes précurseurs, ou bien ceux-ci sont quelquefois fugaces. Quoi qu'il en soit, elle éclate d'une façon assez souvent soudaine et toujours terrible. C'est alors un accès d'agitation maniaque violente, indomptable.

---

l'hémoglobine aux dépens des globules et fait perdre à ces globules une grande quantité de pouvoir oxydant ; 4° l'alcool en petite quantité dans le sang ne peut plus être isolé par la distillation après un contact de 36 heures avec l'oxygène. Dans ces conditions, l'alcool est entièrement brûlé. En injectant 10 grammes d'acétate de soude sous la peau d'un chien, il n'a pu retrouver d'acide acétique dans le caillot, une heure après l'opération, tandis qu'il en existait dans le sérum. Un fait intéressant, c'est que sous l'influence d'une certaine quantité d'alcool, les urines deviennent neutres. Dans une expérience sur un chien qui prit 20 grammes d'alcool deux jours consécutifs, il ne retrouva pas d'alcool dans le sang, tandis qu'il constata sa présence dans les viscères, ce qui prouve qu'à faible dose, il est entièrement brûlé dans la circulation, tandis qu'il n'est pas détruit aussi rapidement dans les autres organes.

1. Lancereaux.
2. Lenz (De l'alcoolisme, 1884).

L'individu éprouve le besoin de se mouvoir et il le fait avec une force, une rapidité extraordinaires. L'incohérence des idées, la fureur inconsciente, les impulsions constituent les caractères dominants, et provoquent ces actes de sauvagerie si dangereux pour tout ce qui entoure le forcené; pour nous servir de l'expression de Lenz, qui consigne un certain nombre d'observations de cet état, c'est un véritable carnage automatique (1). Ajoutons à cela les menaces, les vociférations, les cris, l'aspect du patient dont les yeux sont saillants, la face grimaçante et congestionnée, la fréquence du pouls, la sputation, la rareté des illusions, l'absence des hallucinations et nous aurons les teintes les plus caractéristiques de ce tableau. Le résultat est trop souvent l'homicide ou le suicide. La terminaison de l'ivresse furieuse est aussi brusque que l'invasion. L'épuisement est un sommeil prolongé mettant fin à la scène. Le plus souvent tout rentre dans l'ordre au réveil, et l'individu ne conserve nullement le souvenir de ce qui s'est passé.

2° *Ivresse convulsive*. — Cette forme diffère peu de la précédente, cependant les mouvements ne se traduisent pas en actes intentionnels; ils sont convulsiformes et se rapprochent des convulsions de la grande attaque d'hystérie. Le malade se roule par terre, a des convulsions désordonnées, agite bras et jambes, essaie de mordre ce qui est à portée de sa bouche, se heurte la tête, lance son corps en l'air. Les mouvements sont aussi énergiques que dans la forme précédente, mais ils sont plus automatiques. L'intelligence n'y prenant aucune part, ils sont moins dangereux pour l'entourage. Du reste même état congestif de la tête et même terminaison. Au réveil il n'existe aucun souvenir de l'orage passé.

Ces deux formes de l'ivresse seraient l'apanage des personnes névropathiques ou psychopathiques (2), bien plutôt que la suite de la quantité d'alcool absorbé ou de sa mauvaise nature, comme on l'a cru longtemps.

1. De l'alcoolisme, page 101 à 117.
2. Union médicale, n° 114. 20 août 1885.
Société médicale des Hôpitaux, séance du 14 août 1885.
M. Féré a fait une communication sur la facilité avec laquelle des accidents alcooliques apparaissent après l'absorption d'une faible quantité chez les prédisposés.
Ces sujets (alcoolisables de Lasègue) sont nombreux et il faut chercher dans certaines tares congénitales du système nerveux, dans l'hérédité nerveuse, l'explication de cette aptitude à s'alcooliser si facilement.
M. Féré a observé un homme qui, subissant l'influence d'accidents mentaux héréditaires, n'eut pourtant que vers la 40e année, les premiers troubles psychiques. Subitement, il manifeste une jalousie excessive, dont les accès n'étaient aucunement légitimés, il eut de l'insomnie, des hallucinations et un peu de tremblement. Or, cet homme ne buvait jamais plus qu'une demi-bouteille de vin à chaque repas. La suppression du vin le ramena à l'état normal. Mais bientôt, sous l'influence d'un oubli momentané de la sobriété, les symptômes toxiques reparurent.
Un malade vu à la Salpêtrière par M. Féré eut de même des accès de jalousie absurde et ne buvait que fort peu. La suppression absolue du vin fit tout disparaître. Cet alcoolisable comptait dans sa famille plusieurs personnes affectées d'accidents nerveux, et c'était un choc moral qui avait fait éclater chez lui la prédisposition latente.

Percy, dans sa magnifique description, avait englobé les deux variétés.

Ivresse chez les aliénés. — Les aliénés offrent généralement une susceptibilité remarquable à l'égard des alcooliques et leur ivresse s'éloigne souvent du type ordinaire : il est habituel de rencontrer des conceptions délirantes plus actives et chez celui qui en est le sujet une réaction violente qui n'eût pas existé sans cette cause d'excitation.

Le paralysé général, après le début de son affection, ressent vivement l'influence de l'alcool même à faible dose. Il entre rapidement dans un état d'excitation maniaque, le délire s'aggrave ; on remarque un besoin de locomotion extraordinaire, un trouble général plus accentué ; c'est alors qu'ils est le plus dangereux. Les imbéciles et tous ceux qui présentent avec eux quelques liens de parenté mentale sont indomptables, tous leurs mauvais instincts se révèlent, fussent-ils même d'habitude très doux et inoffensifs.

L'épileptique ivre est impulsif au suprême degré : du reste l'alcool peut réveiller chez eux les hallucinations terrifiantes qui leur sont assez communes, et susciter par suite des actes d'une cruauté inouïe. Une attaque de haut-mal vient souvent à la suite de leur ivresse. Le dipsomane est remuant, affairé et fait des discours sans liaison (Lenz). Chez les individus qui succombent à l'intoxication alcoolique aiguë, l'on rencontre le plus souvent des lésions de nature congestive et quelquefois hémorragique. L'estomac contient un liquide acide et aigre (1), sa muqueuse est rouge, injectée, ecchymosée. On a même signalé l'infiltration purulente de ses parois consécutive aux grands excès alcooliques (Leudet). M. Duvergie a noté l'état de plénitude générale du système vasculaire du cerveau, des poumons et du cœur, et la couleur rouge brique plus ou moins foncée du tissu pulmonaire. Pourtant, la substance cérébrale est quelquefois remarquablement dure et blanche (2), caractère qu'elle doit à l'action directe du poison. L'hémorragie méningée est fréquente (Tardieu) ainsi que l'apoplexie pulmonaire. Ce dernier auteur a reconnu que la sérosité des ventricules exhale une odeur alcoolique, et qu'elle est plus abondante. Le sang est généralement noir, liquide, mélangé de caillots peu volumineux. Béranger-Féraud a vu des hépatites suppurées et une broncho-pneumonie. Les hémorragies méningées chez les alcooliques, qu'elle soient primitives ou consécutives à une pachyméningite, indiquent une action pour ainsi dire élective de l'alcool sur les organes encéphaliques et spécialement sur leurs membranes d'enveloppe.

Alcoolisme chronique. — Les organes digestifs subissant les premiers le contact excitant de l'alcool sont généralement les premiers lésés. La muqueuse linguale est rouge, fendillée ; les papilles sont hypertrophiées. Il en est de même de la muqueuse pharyngée, et le tabac prend probablement une large part dans ces modifications. L'estomac est quelque-

1. Une partie de l'alcool peut y subir la fermentation acétique, d'où l'acescence si prononcée des vomissements qui surviennent à la suite de l'ivresse.

2. Jaccoud. Traité de pathologie interne, page 120, tome II, 5ᵉ édition, Delahaye.

fois dilaté et ses parois amincies, surtout chez les buveurs de bière ; chez les buveurs d'eau-de-vie, sa capacité est plutôt rétrécie : la muqueuse est recouverte de plaques rougeâtres disséminées, parsemées quelquefois de petites ecchymoses brunâtres ; à un degré plus avancé, elle est épaissie, rétractée, recouverte de saillies formées par l'hypertrophie des glandules en état de dégénérescence granulo-graisseuse ; ses replis longitudinaux sont saillants. Le tissu conjonctif sous-muqueux, qui est quelquefois le siège d'une infiltration purulente (Loudet) et la tunique musculeuse participent dans ce cas à l'hypertrophie. Celle-ci peut être partielle ou générale. L'estomac peut aussi être le siège d'une ou plusieurs ulcérations ne s'étendant pas généralement au delà de la tunique muqueuse, leur plus grand diamètre correspond à celui de l'estomac. M. Loudet en a observé plusieurs cas à Rouen (1).

On peut aussi trouver des ulcérations analogues dans la dernière portion de l'œsophage et dans le duodénum. Le cœur peut aussi être le siège d'épaississement avec induration et coloration ardoisée de la muqueuse. Les ulcérations y sont rares. Des troubles fonctionnels divers sont déterminés par ces lésions de l'appareil digestif. Au début c'est de l'inappétence qui est de plus en plus marquée, puis du météorisme, une sensation de tiraillement, de pincement, de cuisson au niveau de la région épigastrique, et enfin le plus caractéristique de tous ces désordres, la pituite que l'on a intitulée « Vomitus matutinus potatorum » (Hufeland). Ce vomissement survient le matin à jeun, quelquefois sans efforts et comme par régurgitation, souvent au milieu de contractions longues et pénibles, d'une toux fatigante et d'une violente constriction pharyngienne. La matière rejetée généralement peu abondante, est liquide, visqueuse, blanchâtre, à moins qu'elle ne soit colorée en jaune ou en vert par la bile. L'état saburral, l'amertume de la bouche, la sécheresse de la langue, la soif vive, le malaise, la fatigue qui accompagnent ces accidents poussent généralement le malade à demander du soulagement à la liqueur favorite. Dans le cas d'ulcérations de l'estomac, les troubles dyspeptiques sont plus marqués, la douleur plus vive peut être ressentie au niveau de l'appendice xyphoïde et au point correspondant du dos, les vomissements apparaissent à toute heure de la journée et ils sont quelquefois noirâtres et même sanglants. Suivant M. Loudet, si compétent en pareille matière et qui n'a pas manqué à Rouen de sujets d'observation, les hématémèses sont à noter dans le plus grand nombre des cas d'ulcères de l'estomac.

1. Des ulcères de l'estomac à la suite des abus alcooliques (congrès de Rouen, 1863).

2. Lancereaux (Dictionnaire Dechambre, p. 630) Voir aussi les *Belles leçons cliniques* de M. Lancereaux à la Pitié. D'après cet auteur, la cirrhose serait plus fréquente chez les buveurs de vin.

On sait que Lallemand, Perrin et Duroy ont démontré que le foie renferme plus d'alcool que le sang et même que le cerveau quand l'absorption a eu lieu par l'estomac ; cependant les expériences de Schullnus l'ont amené à conclure qu'il en contient moins que les poumons, les reins, le cerveau, et même que le sang.

En ce qui concerne l'intestin, l'on observe des coliques, des flatuosi-
tés, des alternatives de diarrhée et de constipation ; les selles peuvent
être colliquatives, lientériques et même sanguinolentes. Leur fréquence
contribue à amener rapidement l'émaciation et la cachexie.

Glandes annexes du tube digestif. — M. Lancereaux a signalé dans un
cas, la consistance molle, la coloration jaunâtre et la dégénérescence
granulo-graisseuse des glandes parotides et sous-maxillaires.

Plusieurs fois le pancréas lui a présenté les mêmes altérations chez
les alcooliques chargés d'embonpoint. Cet organe peut être atteint de
cirrhose comme le foie (2). Celui-ci est rarement intact chez les buveurs ;
après l'estomac, il reçoit la première influence des alcooliques. Les
lésions hépatiques sont d'autant plus rapides et plus intenses que la boisson spiritueuse est plus riche en alcool, et partant l'irritation directe
plus vive. Elles sont de deux ordres : la stéatose et la cirrhose.

La stéatose peut se présenter à divers degrés dont le plus faible est
encore compatible avec la santé. Une quantité anormale de gouttelettes
graisseuses se rencontre dans les cellules hépatiques qui conservent
encore leurs formes habituelles. Le dépôt graisseux envahit à peu près
uniformément le lobule tout entier et non pas seulement la périphérie,
ce qui le distingue des modifications de même nature ayant une autre
cause. Le foie pâle ou jaunâtre, mou, un peu flasque, plus volumineux
et plus épais au niveau de son bord libre, graisse le couteau à la
coupe.

A un degré plus avancé, la coloration du foie est d'un jaune mat ou
fauve, sa surface est souvent granuleuse par suite de la proéminence
des lobules infiltrés de graisse, sa consistance est pâteuse, sa forme
prismatique rectangulaire. Les cellules hépatiques sont arrondies, fortement réfringentes, le pigment y fait défaut. La bile, quelquefois un
peu pâle, est le plus souvent poisseuse, foncée, brunâtre. D'après
M. Lancereaux, les calculs de cholestérine se rencontrent assez fréquemment dans la vésicule biliaire chez les alcooliques. La percussion
et la palpation font reconnaître l'abaissement du bord antérieur du foie
et l'augmentation de son volume; à cela s'ajoutent le plus souvent, de
la sensibilité exagérée de la région épigastrique et des troubles digestifs : développement de gaz et ballonnement du ventre, lenteur dans
les digestions, selles rares, pâles, argileuses, ou bien tendances à la
diarrhée et aux hémorragies ; la peau est quelquefois pâle, exsangue,
lisse comme du satin, ou grasse et onctueuse au toucher.

D'après plusieurs observateurs : Cambay, Twinning, etc., l'action des
spiritueux contribue puissamment au développement de l'hépatite sup-
purée des pays chauds. Il en est de même de l'hépatite diffuse aiguë de
nos climats, qui dans certains cas n'a pu être rattachée qu'aux excès de
liqueurs fortes. L'ictère aigu des ivrognes (Leudet) a souvent une marche
fatale. Il est souvent précédé de symtômes gastriques : nausées, vomissements, douleurs siégeant à l'épigastre ou à l'hypocondre droit. Il
s'accompagne de phénomènes nerveux graves : vertiges, état syncopal,

tremblement des membres, de la langue, des lèvres, secousses convul-
sives, etc. L'adynamie est rapide et profonde. Les lésions cadavériques
correspondent à celles de l'atrophie jaune aiguë du foie. Les boissons
alcooliques concentrées, très rarement le vin ou la bière en grande
quantité sont la cause de cette maladie. La lésion hépatique la plus fréquente occasionnée par l'abus des spiritueux est la cirrhose. Les auteurs sont unanimes pour reconnaître, dans la genèse de cette maladie,
l'influence considérable de l'alcool, et les Anglais lui ont donné le nom
caractéristique des buveurs de gin (Gin drinker's liver).

Elle est essentiellement constituée par l'hyperplasie et l'hypertrophie
des éléments conjonctifs du tissu cellulaire interstitiel. La production
d'un exsudat et la congestion qui l'accompagnent produisent d'abord une
augmentation de volume de l'organe. L'augmentation primitive fait
place à une diminution par rétraction de l'exsudat déposé dans les
mailles du parenchyme. Les cellules hépatiques, énucléées en quelque
sorte par cette rétraction des éléments fibroïdes, rendent la surface du
foie granuleuse et inégale. Le foie est d'une consistance ferme ; il crie
sous le scalpel. Au milieu d'un tissu présentant une couleur analogue à
du lard, on remarque des grains jaunâtres ou brunâtres d'un volume
variable : ce sont les lobules hépatiques survivants, la cirrhose syphilitique qui se rapproche le plus de la cirrhose alcoolique n'offre pas
anatomiquement les mêmes caractères. La coexistence de gommes et
de cicatrices, les sillons, les bosselures volumineuses, l'irrégularité de
la surface de la glande, sa déformation, son atrophie inégale constituent
les caractères distinctifs de la cirrhose syphilitique. En laissant de côté
la symptomatologie de la cirrhose alcoolique, rappelons seulement
l'amaigrissement rapide qu'elle produit, l'incurabilité et la fréquence de
cette maladie dans les grands centres où les excès sont fréquents.

La rate est souvent hypertrophiée, surtout quand il y a coïncidence
de cirrhose, molle, friable, et parsemée de petites taches hémorragi-
ques, quelquefois ratatinée et petite, elle adhère au diaphragme par sa
capsule opaque, épaissie et recouverte de néomembranes.

Le mésentère et les épiploons sont habituellement le siège d'une forte
surcharge graisseuse. Ces dépôts abondants dans cette région sont assez
caractéristiques, s'observant plutôt chez le buveur de bière que chez le
buveur d'eau-de-vie qui est plutôt émacié. On a signalé aussi (Bright,
Lancereaux, Thomeuf) une péritonite adhésive. Dans les poches formées
par les fausses membranes on n'a jamais trouvé de pus. M. Lancereaux
a encore décrit une péritonite granuleuse qu'il a observée plusieurs fois
et à laquelle l'alcoolisme ne serait pas étranger. « Il s'agissait, dit-il, d'individus robustes et chez lesquels les antécédents tuberculeux faisaient
défaut. » Les poumons étaient quelquefois envahis de granulations semblables à celles de la phtisie aiguë.

Les voies respiratoires, organes importants de l'élimination de l'alcool,
sont presque toujours plus ou moins atteintes dans l'alcoolisme chronique. La muqueuse laryngée est injectée, parsemée de points ecchymo-

tiques, quelquefois épaissie, granuleuse et même ulcérée. C'est à ces altérations qu'il faut rapporter : 1° les modifications de la voix qui devient rauque (vulgairement nommée voix de rogomme) et quelquefois aphone ; 2° l'expectoration de crachats blancs, filants et pelotonnés ; 3° une dyspepsie spéciale signalée par Marcet, caractérisée par une oppression momentanée avec suffocation gutturale et indépendante de toute affection pulmonaire (1). La muqueuse bronchique peut être envahie de la même façon ; sa teinte devient grisâtre et ardoisée ; les petites bronches se dilatent ; Magnus Huss a même signalé l'emphysème pulmonaire. La congestion des poumons n'est pas rare, surtout à la suite d'excès prononcés et dans le cours d'accidents aigus tels que le *delirium tremens*. Les refroidissements sont souvent une cause adjuvante d'une grande valeur. Le siège le plus fréquent de cette maladie se trouve dans les bords postérieurs et la base des poumons. Aux caractères ordinaires, s'ajoutent des taches ecchymotiques sur la plèvre et même les apparences de l'état dit de carnification dans le parenchyme pulmonaire.

Que les excès alcooliques puissent produire de toutes pièces la pneumonie, cette opinion a été soutenue pour beaucoup de cas où l'on ne trouvait pas d'autre cause. Quoi qu'il en soit, celle qui survient chez les ivrognes affecte une marche et une gravité toute spéciales, souvent elle occupe les sommets, suppure et présente une certaine analogie avec la gangrène pulmonaire. Déjà, en 1820, Chomel racontait qu'il avait observé une effroyable mortalité sur les ivrognes atteints de pneumonie, et Grisolle professe que chez eux, le pronostic de cette maladie est toujours aggravé. D'ordinaire, elle évolue suivant le type catarrhal et s'accompagne de phénomènes généraux très graves : délire, ataxie, dépression des forces, sueurs profuses, affaiblissement de l'action du cœur. Le *delirium tremens* la complique souvent. Quelquefois, les phénomènes locaux sont si peu marqués qu'il faut beaucoup d'attention pour ne pas les méconnaître. La pneumonie interstitielle ne peut guère se développer indépendante de toute autre maladie du poumon que chez les buveurs (2). Quant à l'apoplexie pulmonaire, elle se rencontre plutôt à la suite des ivresses graves, que dans l'alcoolisme chronique. La pleurésie, fréquente chez les ivrognes, surtout s'ils s'exposent au froid, est remarquable par son début insidieux, son épanchement peu abondant, la présence de néomembranes, et plus tard par l'adhérence entre le poumon et les parois costales.

L'alcoolisme est-il une cause de phtisie ?

Magnus Huss a prétendu que « bien loin de causer la phtisie, l'alcool peut entraver la dyscrasie pulmonaire ». Mais il observait surtout des pêcheurs, hommes généralement robustes, actifs et vivant en plein air. A ce sujet, nous aimons à emprunter une démonstration à un clinicien éminent, M. le professeur Peter (3). A propos d'un varioleux, porteur à la

1. Voir Jaccoud, *Traité de pathologie interne.* tome 2, page, 1.026. 6ᵉ édition.
2. Jaccoud, *Pathologie interne*, tome 1, page 46.
3. *Leçons de Clinique médicale*, tome 2, 3ᵉ édition, par M. Michel Peter.

halle, buveur effréné, mort de phtisie après avoir eu, dans le cours de son éruption, une pneumonie et une pleurésie purulente, il reconnaît que cet homme est devenu phtisique, parce qu'il était alcoolique (1) : « la fièvre, dit-il, lui a valu, les causes de la tuberculisation étant réalisées par la dégradation organique, une tuberculisation à type aigu ». Et plus loin : « Que le vigneron de Bourgogne boive beaucoup, se grise même assez volontiers de son bon vin, il ne deviendra pas pour cela tuberculeux, parce qu'il vit en plein air et d'une existence active. Mais, pour l'ouvrier des villes, qui reste tout le jour enfermé et s'enivre de breuvages détestables, dans d'infectes tabagies, il n'en est plus ainsi ; vous le voyez se tuberculiser sous l'influence, non pas de l'alcool, mais de l'alcoolisme... L'alcoolisme, c'est l'intoxication, la dégradation de l'organisme. » Retenons encore ces paroles : « Eh bien ! avec la débauche, la misère ; avec la misère, les privations ; avec les privations, les chagrins ; voilà pour rendre malade ; mais avec l'alcoolisme, la dégradation organique ; voilà pour rendre tuberculeux ». M. Peter nous cite deux exemples remarquables de phtisie acquise à la suite d'alcoolisme.

Il s'agit, pour l'un, d'un riche propriétaire d'une forte constitution, exempt de toute tare héréditaire tuberculeuse, qui succombe à la phtisie pulmonaire à l'âge de 42 ans, après 20 ans d'une ivresse presque continuelle ; pour l'autre, du concierge de celui-ci qui suivit en tout point l'exemple de son maître, mais s'anéantit plus vite, parce qu'il se grisait à meilleur marché avec de l'eau-de-vie.

Ces exemples ne sont pas rares et il est permis d'affirmer que l'alcoolisme est une cause puissante de tuberculose (2). La cirrhose du foie, les altérations de la rate contribuant, par les troubles de l'hématopoïèse, à la déchéance de la nutrition, ne peuvent qu'aider à la production de cette maladie, si le temps le permet.

Appareil de la circulation. — Le cœur est souvent atteint d'hypertrophie à des degrés variables. Parker, de Netley Hospital et Wollowicz ont démontré que le régime alcoolique chez un sujet sain, augmente les battements du cœur. Leurs expériences ont porté sur un jeune soldat qui fut soumis pendant un certain temps au régime de l'eau, puis pendant une autre période de temps au régime de l'alcool. Pendant la première période le sujet soumis à l'observation avait 106.000 battements du cœur en 24 heures et pendant la deuxième 127.000. Le premier jour du régime alcoolique avec une seule once d'alcool, ils ont constaté que, déjà, le cœur battait 4.300 fois de plus que le jour où il a le plus grand nombre de battements dans la période de l'eau. En poussant la dose

1. Page 91, 92 et suivantes jusqu'à 100.

2. Dans une communication faite le 12 novembre 1883, à la Société d'hygiène publique du Havre, M. le docteur Gibert, après avoir exposé qu'au Havre, chaque habitant consomme annuellement 27 litres d'alcool, fait remarquer que les quartiers les plus ravagés par la phtisie sont ceux où il y le plus de débits, tels que le quartier Notre-Dame, qui en compte 400. Il y a lieu de tenir compte de la densité de la population dans les quartiers les plus éprouvés par cette cause de la mortalité.

journalière d'alcool jusqu'à 10 onces, au sixième jour, ils augmentèrent les battements d'une quantité sensiblement égale à une proportion arithmétique (1). Du reste, 6 jours après la cessation de l'alcool, le cœur donna manifestement des signes de faiblesse. L'on comprend alors facilement qu'un organe habituellement surmené finisse par s'hypertrophier. Le cœur gauche est le siège habituel de cette maladie à la production de laquelle concourent tous les obstacles que l'alcool apporte dans les organes à la circulation du sang. A l'hypertrophie du cœur nous ajouterons sa surcharge comme aussi sa dégénérescence graisseuse. Dans le premier cas, un dépôt de tissu adipeux se présente surtout à la base de l'organe, sur le trajet de l'artère coronaire antérieure, entre le péricarde et le tissu musculaire, et quelquefois même sur le bord et la totalité du ventricule droit. Dans la dégénérescence graisseuse, la fibre musculaire elle-même est infiltrée, granuleuse, la substance du myocarde a une teinte jaune cannelle, jaune pâle ou feuille morte; à l'atrophie du tissu musculaire s'ajoute sa friabilité. Il se laisse facilement déchirer, et s'aplatit s'il est déposé sur une table. Les valvules sont rarement altérées; cependant M. Lancereaux signale un épaississement blanchâtre ou grisâtre des valvules aortiques siégeant un peu au-dessous du tubercule d'Aranzi. La dilatation des capillaires est fréquente, que la cause réside dans l'action paralysante de l'alcool sur les vasomoteurs, ou que cela résulte de la dégénérescence graisseuse des fibres musculaires lisses des vaisseaux. Les stases sanguines, les congestions passives en sont la conséquence (face des ivrognes, par exemple).

Les artères peuvent subir la dégénérescence graisseuse ou la dégénérescence athéromateuse. Le siège de prédilection de la première, reconnaissable par des plaques jaunes et lisses, est l'aorte thoracique et l'artère pulmonaire. Dans l'athérome artériel, on rencontre de petits foyers gélatineux disséminés à la surface interne des vaisseaux. Ces produits subissent des métamorphoses régressives, la paroi artérielle finit par être atteinte de dégénérescence calcaire. On note encore des inflammations adhésives des veines. La pyléphlébite, affection si rare, a été rencontrée presque toujours chez les buveurs de profession (2). Dans ces cas une néo-membrane adhère à la paroi interne du vaisseau épaissi et l'on observe souvent dans l'intérieur des coagulations d'un rouge noirâtre. En dehors de la veine porte, on trouve fréquemment cette affection dans l'artère pulmonaire et dans les gros troncs veineux des membres.

Le sang est loin de présenter une constitution normale dans l'alcoolisme chronique. L'augmentation de l'eau correspond à une diminution de la fibrine qui est elle-même modifiée qualitativement; en effet, chez les sujets qui ont succombé à une phlegmasie viscérale, le sang reste fluide et on ne trouve pas de caillot fibrineux dans le cœur. D'après

1. Tempérance, 1870 (pages 370-371).
2. Six fois sur sept (Lancereaux).

MM. Duménil et Pouchet (1) les globules rouges seraient rétractés, déformés, granuleux et même dépouillés de leur matière colorante. M. Lancereaux a constaté souvent une augmentation relative du nombre des globules blancs. Quant à la présence de la graisse à l'état libre dans la masse sanguine, elle n'est plus mise en doute. D'après Lecanu, la proportion de cette graisse serait de 11 pour cent, plus du double qu'à l'état normal (2).

Le nombre des globules rouges diminue sensiblement. Au lieu de 141,1 pour 1000, ils descendraient jusqu'à 123 suivant Bocker. C'est à cause de ces altérations qu'on a accusé l'alcoolisme d'engendrer le purpura et la mélanodermie, et que Dumesnil et Pouchet ont fait de l'anémie aiguë des ivrognes une entité morbide. Nous avons vu succomber à l'âge de 50 ans une femme issue de parents robustes. La mère âgée de 85 ans, s'acquittait encore très bien de ses fonctions de garde-malade. Les excès d'eau-de-vie étaient quotidiens et considérables; et pendant les deux derniers mois de son existence, le malheureuse alcoolisée avait une pâleur extrême des muqueuses, une teinte terreuse, un essoufflement au moindre effort; le pouls était petit, les bruits du cœur sourds; sur les vaisseaux du cou et sur la base du cœur on entendait des bruits de souffle. L'inappétence était presque absolue. C'était là un cas remarquable d'anémie avec cachexie.

Appareil génito-urinaire. — Il n'est pas douteux qu'il existe un rapport chronologique entre les abus des spiritueux et les lésions rénales. Ce fait ne saurait surprendre aujourd'hui que l'on a reconnu aux reins la propriété de contribuer dans une certaine mesure à l'élimination de l'alcool. La polyurie et l'hypérémie fonctionnelle doivent entrer en ligne de compte parce que, au dire de M. Jaccoud, les altérations rénales paraissent être plus communes (3) chez les buveurs de bière et de cidre que chez les buveurs d'alcool. Si l'on s'en rapporte à l'opinion de Bright. Grégory, Christison, Carpenter, pour les îles Britanniques, Magnus Huss pour Stockholm, Frerichs pour le nord de l'Allemagne, Becquerel, Rayer pour Paris, il semble qu'à l'étranger les lésions rénales observées dans l'alcoolisme sont plus fréquentes que chez nous. La néphrite parenchymateuse et la sclérose rénale que l'on rencontre ordinairement ne présentent rien de bien spécial, quant à leur origine, dans leur anatomie pathologique et leur symptomatologie. Pourtant l'urémie est plus fréquente dans la néphrite parenchymateuse d'origine alcoolique que dans les autres lésions chroniques du rein (Jaccoud). Le catarrhe vésical est fréquent chez les ivrognes (Lancereaux). Le même auteur a observé la cavité de la vessie dilatée, la présence de pigment sanguin déposé au pourtour des glandules hypertrophiées, sur la muqueuse de la vessie, des uretères et des bassinets. Dans ces conditions, la miction peut être

1. Gazette hebdomadaire (1862).
2. Long (page 270).
3. Jaccoud, page 1021, *Pathologie interne*, tome II.

lente et difficile. Les testicules sont quelquefois atrophiés (1), réduits au volume d'un haricot ou d'un pois et remontent jusqu'à l'anneau inguinal ; le scrotum et la verge sont flasques. Le sperme qui contient peu de spermatozoïdes et beaucoup de sympexions, est jaunâtre comme chez les vieillards ; et en effet, l'ivrogne devient un vieillard précoce chez lequel il y a souvent non seulement impuissance génésique, mais encore absence de désirs vénériens (2). Chez la femme on a signalé des troubles de la menstruation, hémorragies, cessation prématurée ; la disparition des désirs vénériens, la fréquence des avortements. Du reste, dans certains cas de ménopause survenue avant l'âge, M. Lancereaux a noté plusieurs fois le petit volume des ovaires.

Appareil de la locomotion. — Les faisceaux musculaires peuvent être infiltrés de dépôts graisseux et les fibres contractiles atteintes de dégénérescence granulo-graisseuse. Ce n'est pas seulement dans le muscle cardiaque que l'on rencontre ces altérations, mais encore dans les muscles du tronc, des membres et même du larynx. Les os eux-mêmes ne sont pas toujours indemnes. Dans ce cas, le canal médullaire des os longs est agrandi, la substance graisseuse a pris la place du tissu osseux qui est devenu mince, friable et cassant ; les os courts présentent la même altération dans leurs vacuoles. Alors il n'est pas rare d'observer des douleurs qui ne manquent pas d'une certaine ressemblance avec les douleurs ostéocopes. Prédisposition aux fractures, et difficulté de leur consolidation, telles sont les conséquences de ces désordres. Falck a rattaché à l'alcoolisme une arthropathie spéciale. M. Lancereaux a rencontré chez des buveurs, les cartilages rotuliens érodés sur leur circonférence, la synoviale injectée avec un léger épanchement séreux ; on a observé encore une maladie assez peu différente du rhumatisme articulaire aigu.

Le rôle étiologique de l'alcool dans la pathologie du système nerveux est immense et les lésions qu'il produit sont aussi nombreuses que variées quant à leur siège.

Dure-mère. — Elle présente quelquefois les altérations de la pachyméningite, ce sont de fausses membranes formées sous l'influence d'un processus inflammatoire de nature adhésive et qui ont pour siège habituel la convexité, ou la région pariétale. Elles ont pour origine une exsudation fibrineuse, qui s'organise peu à peu en lamelles plus ou moins nombreuses adhérant à la dure-mère. Celles-ci sont constituées par une trame de tissu conjonctif parsemé de nombreux capillaires à parois minces et fragiles. Aussi n'est-il pas rare de rencontrer des taches ecchy-

---

1. Roesch (*Annales d'hygiène et de médecine légale*).
2. Cette maladie fut commune chez nos soldats en Égypte, et Larcy incrimine l'abus de l'eau-de-vie de dattes ou les excès vénériens ; Schœnlein émet la même opinion concernant les peuples de l'Asie occidentale. Nous avons traité un ivrogne qui s'adonna pendant six semaines à des excès effrénés d'eau-de-vie. Âgé seulement de trente-huit ans, il est depuis deux ans d'une impuissance génésique absolue avec absence complète de désirs, et cela depuis l'abus excessif que nous venons de signaler.

motiques, des suffusions et même des épanchements sanguins dans l'intérieur des néo-membranes. Grande vascularité et tendance aux hémorragies, tels sont les caractères spéciaux de ces produits quand ils sont dus aux accès alcooliques.

Arachnoïde et pie-mère. — Les autopsies d'alcooliques que nous avons faites nous permettent d'affirmer avec tous les auteurs que ces membranes sont très rarement exemptes d'altérations.

L'arachnoïde est épaissie, opaline, blanchâtre, dure et résistante. Les taches laiteuses occupent le plus souvent la face supérieure et convexe des hémisphères, le long du sinus longitudinal ; si l'épaississement n'est pas uniforme, il se présente sous la forme de traînées blanchâtres qui suivent la direction des vaisseaux.

Les corpuscules de Pacchioni sont nombreux, jaunâtres et volumineux.

La pie-mère est souvent œdématiée et infiltrée d'une sérosité blanchâtre ou rougeâtre que la pression du scapel peut déplacer. Il est fréquent d'y rencontrer des taches ecchymotiques occupant de préférence la grande circonférence du cervelet. Les côtés latéraux des hémisphères cérébraux et les parois des ventricules cérébraux. On y trouve quelquefois des plaques jaune d'ocre, résultant de suffusions anciennes. Les vaisseaux sont le plus souvent dilatés, gorgés de sang, atteints par la dégénérescence graisseuse. Le liquide céphalo-rachidien est plus abondant qu'à l'état normal et quelquefois trouble et même rougeâtre.

Cerveau et cervelet. — Les parties le plus fréquemment atteintes sont la substance grise des circonvolutions du cerveau et du cervelet, celle des couches optiques et des corps striés. Au début de l'alcoolisme, les lésions s'observent principalement sur les vaisseaux, qui sont distendus, sinueux. Dans l'épaisseur de leurs parois, on remarque des granulations grisâtres ou jaunâtres, indice de dégénération.

Les cellules de la substance grise, surtout au voisinage des vaisseaux malades, sont souvent déformées et renferment des granules brillants ayant l'aspect de granules graisseux (Lancereaux). Dans cette même période, la consistance de la pulpe cérébrale est souvent augmentée ; la masse encéphalique est ferme et comme macérée dans l'alcool.

A une période avancée, il y a souvent atrophie du cerveau, partielle ou générale. On constate sur la dure-mère des rides et des affaissements au-dessus desquels les circonvolutions apparaissent aplaties, petites, inégales en volume, pâles ou grisâtres et comme lavées ; c'est alors que le liquide séreux abondant comble le vide, remplit les ventricules dilatés. La substance blanche, rarement ramollie, est le plus souvent plus ferme et indurée. Quelquefois, il existe des noyaux indurés se détachant du tissu ambiant par leur couleur blanche et leur consistance. On trouve souvent chez les buveurs des plaques jaunâtres ramollies, dans la masse encéphalique, sorte d'émulsion (Calmeil) (1).

Les foyers de ramollissement ne sont pas rares, surtout à la périphé-

1. Dagonet. De l'alcoolisme au point de vue de l'aliénation mentale, 1873.

rie ; si on y laisse tomber un filet d'eau, il entraîne une sorte de bouillie crémeuse, mélangée de détritus de tissu cellulaire fin, comme cotonneux. Le ramollissement diffus, siège le plus souvent dans la substance grise périphérique qui adhère plus ou moins intimement aux méninges. Quelquefois, on trouve des sortes de kystes vides dont les parois sont appliquées l'une à l'autre et des indurations cicatricielles formées par du tissu conjonctif. En général, il y a une multiplication abondante et diffuse des éléments conjonctifs et de la névroglie, analogue à ce qui existe dans la paralysie générale (Hayem, 1868).

« L'induration, le ramollissement, l'apparence kystique ou cicatricielle ne sont que des modes variés des degrés divers d'un même processus morbide... Il y a lieu de se demander si alors, la dégénérescence graisseuse des capillaires et des éléments nerveux est toujours la conséquence d'un travail phlegmasique, ou si, elle n'est pas quelquefois primitive et indépendante de toute modification de la substance conjonctive, ainsi qu'il arrive pour les éléments cellulaires du foie et d'autres organes » (Lanceraux.)

Dans la moelle épinière, comme pour le cerveau, mais un peu rarement, on trouve la dégénérescence granulo-graisseuse avec épanchement séro-sanguinolent entre les mailles de la pie-mère. La dilatation des vaisseaux, l'état congestif, sont des modifications fréquentes.

Des hémorragies méningées avec pachyméningite spinale, l'œdème des membres, l'hydrorachis, ont été constatés par Leyden. Les affections bien définies des cordons médullaires sont peut-être plus rares que celles du cerveau (1). Les expériences sur les animaux sont loin d'être négatives à cet égard. Chez un chien, âgé de deux ans et demi, pesant 16 kilogrammes, intoxiqué lentement avec une dose quotidienne de 16 grammes d'alcool, M. Magnan a trouvé à l'autopsie une teinte grisâtre des cordons postérieurs (2), surtout à la résion dorsale.

Chez un autre chien qui succomba après cinq mois et demi d'un régime alcoolique à doses variables (trois-six du commerce), le même auteur a trouvé l'arachnoïde et la pie-mère injectées, surtout à la fin de la région dorsale, ainsi, que la substance grise de la moelle (3). Les nerfs périphériques eux-mêmes ne sont pas toujours épargnés dans l'alcoolisme chronique. Ils peuvent être atteints de lésions dégénératives (névrite parenchymateuse) respectant la moelle et les racines médullaires. Il survient alors des accidents paralytiques localisés surtout au membre inférieurs et quelquefois supérieures. Tantôt ce sont des simples parésies s'accompagnant d'incoordination motrice, tantôt de la paralysie à évolution lente chronique, tantôt enfin des paralysies qui se généralisent assez rapidement et qui empruntent encore le masque d'une affection médullaire. « Elles s'accompagnent, dans la majorité des cas, d'atrophie

1. Lenz (page 328).
2. *Etude expérimentée et clinique sur l'alcoolisme*, par Magnan.
3. *De l'alcoolisme, des diverses formes du délire alcoolique*, page 23, 1874.

musculaire, de troubles trophiques et vasomoteurs (altération de la peau, des ongles et surtout œdème), de troubles de la sensibilité.

Ceux-ci se caractérisent par les symptômes suivants : troubles subjectifs, apparaissant au début, et consistant en douleurs très vives, en fourmillements, etc. : hyperesthésie souvent intense des téguments des membres inférieurs et supérieurs, s'accompagnant parfois de diminution dans la sensibilité du tact, et de retard dans la perception des sensations. L'anesthésie, qui peut accompagner également l'hyperalgésie, succède souvent à l'hyperesthésie ; elle est surtout fréquente dans les formes à évolution rapide. La paralysie alcoolique se localise habituellement aux membres, respectant la face et les viscères. Le réflexe tendineux est aboli. Grave et fatale dans les formes les plus rapides, qui évoluent en quelques semaines, mais le plus habituellement en quelques mois, son pronostic est plus favorable dans les formes chroniques susceptibles de guérison ou du moins d'amélioration » (1).

Nous écarterons à dessein la description des troubles psychiques et somatiques, qui sont le résultat de l'intoxication alcoolique, pour aborder de suite l'étude des habitudes particulières à la Seine-Inférieure et même à la Normandie tout entière.

1. *Etude sur la paralysie alcoolique, névrites multiples chez les alcooliques*, par M. le docteur William OEttinger. Paris. Delahaye et Lecrosnier. (Voir la *Gazette des hôpitaux*, nº du 10 septembre 1885.)

DEUXIÈME PARTIE

L'observateur superficiel et celui qui parcourt rapidement le pays, ne peuvent avoir qu'une appréciation bien inexacte des habitudes alcooliques de la campagne ; ils n'entendent, en effet, parler autour d'eux, que du café. Si l'on prolonge un peu son séjour dans un cabaret de village un dimanche, un jour de marché ou de fête, on le verra se remplir de clients qui, presque tous, pour ne pas dire tous, se font servir invariablement un café ou un « demi-café. »

Jusqu'ici l'illusion est possible et il serait permis juqu'à un certain point, de croire que les Normands ont une appétence toute particulière pour cette boisson hygiénique. Mais observons-les un peu plus longtemps et nous verrons bientôt que le café n'est destiné qu'à servir de prétexte et de point de départ à l'absorption d'une quantité d'eau-de-vie variant de 50 à 400 grammes (1 à 4 décilitres) pour chaque individu. Habituellement voici ce qui se passe : une première gorgée de café bue, une *main d'acier* comble le vide de la tasse avec de l'eau-de-vie pour en « réchauffer » le contenu ; un homme généreux ne remplit pas seulement la tasse, mais encore la soucoupe. De nouveaux vides se produisent, on les comble de même et ainsi de suite, de sorte que le café a vite disparu, ou plutôt est arrivé à un degré de dilution telle, que nous pourrions presque l'appeler homéopathique, qu'on nous pardonne l'expression.

Celui qui a été l'objet d'une telle générosité ne veut pas être inférieur à son partenaire. A son tour, il lui offre un café, qu'il assaisonne avec la même profusion, mais alors ce n'est plus le café, mais les buveurs qui sont « échauffés », et il est curieux d'entendre les propos incohérents et les grossièretés banales qu'ils débitent. Si le degré de l'ivresse est assez élevé, toute lueur d'esprit gaulois a disparu ; et si quelque épave de l'intelligence échappe au naufrage, on ne le reconnaît qu'à la secrète pensée qui se manifeste chez nos buveurs de résister plus longtemps les uns que les autres à l'action stupéfiante de l'eau-de-vie et de s'arracher des paroles imprudentes dont ils s'efforcent de se souvenir afin d'en tirer parti plus tard. Il existe encore une autre forme peu différente de celle-ci sous laquelle l'on prend un soi-disant café.

Après avoir été longtemps le privilège des conducteurs de diligence, de là son nom assez caractéristique de « postillon », cette consommation a pénétré dans les habitudes des paysans et surtout des rouliers, des charretiers, des voyageurs, en un mot de ceux qui ne peuvent faire qu'un court séjour dans le cabaret. On l'appelle en général postillon ou jambinet. Elle consiste dans l'addition à une ration ordinaire de café, d'un et souvent de deux décilitres d'eau-de-vie, le tout chauffé ensemble à la température voulue.

Le « jambinet », tout en n'étant encore qu'une consommation prise à la hâte et isolément, s'est généralisée considérablement et marque pour beaucoup d'individus, le commencement et la fin d'une orgie (1). A en juger par la rigoureuse observation des faits, il semblerait qu'il est indispensable de « boire » pour traiter une affaire et conclure un marché. Le café surchargé d'alcool, par l'un ou l'autre des procédés que nous venons d'indiquer, le café à répétition, est un compagnon inévitable dans la plupart des relations sociales (2), de sorte que quelques individus s'alcoolisent par profession. Nous connaissons plus d'un boucher, plus d'un cabaretier qui, à certains jours, ingurgitent jusqu'à trente ou quarante cafés. Malheur à eux, car, grâce à un régime aussi homicide, la folie alcoolique, les délabrements de la santé les suivent pas à pas. Nous sommes bien éloignés d'accuser le café de méfaits qui ne peuvent être imputables qu'à l'alcool : du reste, s'il a pu être employé avantageusement pour stimuler l'organisme et combattre la torpeur de l'ivresse, combien son influence bienfaisante doit être minine et s'effacer même devant la nocuité de l'alcool !

D'après des renseignements très sérieux que nous avons pu recueillir, le cultivateur ne commettait, autrefois, de véritables excès que le jour du marché. Il est vrai que ce jour-là il se « saoulait » énergiquement avant de revenir au logis. Quelques écarts isolés et moins importants signalaient bien encore certains jours. Dans l'intervalle de ces orgies, il n'avait guère comme boisson alimentaire ou rafraîchissante, que du cidre étendu d'eau (3).

A la même époque, c'est-à-dire il y a 40 ou 50 ans, le paysan fréquentait l'auberge de son village surtout pour y boire du gros cidre. Là, plus qu'ailleurs, celui-ci était l'objet de soins tout particuliers, tant pour la fabrication que pour la conservation. Il présentait toutes les qualités d'une boisson agréable et même enivrante. Ces conditions remplies, la clientèle était nombreuse et fidèle. Ce fait, qui ne manque pas d'importance, contribue dans une certaine mesure à nous rendre compte de la rareté plus grande des accidents alcooliques graves à cette époque, car si d'une part nous voyons des épisodes d'alcoolisme aigu apparaître trop fréquemment, d'autre part nous assistons à une période de sobriété qui permet à l'organisme de réparer les désordres qu'il a subis ; du reste, il

1. Dans ce dernier cas, cela s'appelle prendre le coup de l'étrier.

2. Dans la région de l'est, on trouve, au point de vue de ces habitudes, une différence remarquable. Trop souvent déjà, un marché se conclut le verre à la main, mais les parties contractantes boivent le plus souvent du vin au lieu d'eau-de-vie ; naturellement les résultats en sont moins fâcheux au point de vue hygiénique, l'alcoolisme causé par le vin étant bien plus long à se produire que celui qui résulte de l'abus des boissons alcooliques concentrées, comme l'eau-de-vie, les liqueurs, etc.

3. Dans le langage ordinaire du pays, on désigne sous le nom de boisson, ou cidre de ménage, du cidre étendu par moitié. La bonne boisson contient de 2 1/3 à 3 0/0 d'alcool. Le gros cidre est le cidre pur, non étendu d'eau.

est reconnu que les excès alcooliques habituels, journaliers, fussent-ils même minimes, sont incomparablement plus dangereux que ceux qui ne se produisent que de loin en loin avec une intensité beaucoup plus considérable. Mais, actuellement, sauf de très rares exceptions, le cidre du cabaretier ne peut pas soutenir la comparaison avec celui du paysan. L'explication de ce changement est très simple ; le cidre n'est plus un objet de consommation de café, ou d'auberge.

Relégué chez les particuliers, il a été supplanté chez le débitant par l'eau-de-vie, et cela au grand détriment de la santé publique. A première vue, il semblerait tout naturel d'admettre que le cidre du cabaretier étant mauvais, fût rayé de la consommation courante, et subît le sort qui lui est dévolu actuellement ; mais porter un pareil jugement serait une erreur grave qui entraînerait à formuler contre le cidre une accusation imméritée.

Nous croyons devoir insister sur ce fait, à savoir, que le jour où le cidre n'a plus été consommé au café, a été le point de départ d'une nouvelle étape dans la marche envahissante de l'alcoolisme au milieu des populations normandes. L'ivrognerie n'a pas toujours pour théâtre une auberge, mais souvent aussi le foyer domestique. Ici, comme là, elle se présente sous deux aspects : en dehors du café « réchauffé »,comme nous l'avons dit plus haut, avec plusieurs petits verres d'eau-de-vie ou encore, mais plus rarement, du « jambinet » (1), ingéré tous les jours après le repas de midi et quelquefois encore après celui du soir, il survient dans le courant de l'année toute une série d'orgies plus ou moins motivées apparemment.

Plantées comme des jalons de distance en distance sur le chemin de l'intempérance, elle s'étalent au grand jour, nombreuses, entretenues et soutenues par une vanité, un orgueil aussi déplorables que stupides. En ce qui concerne leur fréquence, comme aussi et surtout le degré qu'elles atteignent, nous ne pensons pas que nulle part ailleurs dans les campagnes,on observe rien de comparable. Fêtes de famille, fêtes locales, religieuses ou civiques, assemblées, premières communions, périodes du commencement et de la fin des grands travaux des champs, telles sont ce que l'on pourrait appeler les causes occasionnelles de ces repas planturoux où l'abondance de la nourriture ingérée étonne, et rivalise dans la mesure du possible, avec la quantité de boissons alcooliques englouties. L'Epiphanie et l'Assemblée (2) viennent généralement en première ligne pour ces sortes d'excès. Il n'est pas jusqu'aux repas de noce qui ne soient plus bruyants et plus ébrieux qu'ailleurs, au moins pour la

---

1. Depuis quelques dizaines d'années, l'habitude du café au repas de midi, se généralise aussi bien chez les cultivateurs un peu aisés que chez les ouvriers ; il est remarquable de voir quel empire elle exerce, surtout sur les femmes. Il en résulte quelquefois pour elles des accidents nerveux. On peut apprécier la ténacité qui les y attache par leurs propres paroles : « Je ne peux pas m'en passer » disent-elles au médecin qui leur prescrit l'abstinence du café.

2. L'Assemblée est la fête annuelle ou plus souvent semestrielle du village.

France, aussi sont-ils fréquemment suivis d'accidents morbides, et récemment, encore, nous avons eu connaissance d'un cas de gastro-entérite chez un homme marié, et qui nécessita les secours médicaux la première nuit qui suivit ses noces. Parmi les fêtes dont nous venons de parler, il en est une que nous croyons toute spéciale dans ce pays et qui, si elle a ses analogies dans d'autres régions agricoles, telles que la Beauce, par exemple, les surpasse de beaucoup par l'abus des spiritueux. Elle est célébrée en partie double ; avant la moisson, c'est « la plus aisée » et après la récolte c'est « la passée d'août ou caoudet », celle-ci invariablement plus bachique encore que celle-là. Rien n'approche de ces bacchanales insensées où tout le monde se grise à l'envi. Les femmes ne font pas exception et les enfants suivent facilement l'exemple de leurs parents, autant et souvent plus que le permet la tolérance de leur estomac : tout cela a droit de cité et les mœurs n'y trouvent rien de choquant. Insistons un peu sur ce sujet; le repas présente quelques particularités importantes. En effet, tandis que l'Espagnol fume sa cigarette dans le courant d'un festin, le Normand fait « son trou ». Après de copieuses libations de boisson, on arrive au milieu ou vers la fin du repas à servir généreusement du cidre pur ou du gros cidre (1) ; à ce moment la conversation s'anime, devient bruyante et désordonnée.

Mais cela ne suffit pas, car le maître de la maison veut que l'ivresse soit générale et mémorable : il faut que ses convives soient exaltés au suprême degré, roulent sous la table, vomissent ou s'affaissent dans le sommeil ou même le coma. C'est alors que discrètement, malicieusement, il ajoute au cidre de l'eau-de-vie (2), active la marche du repas, fait servir rapidement le café suivi de son complément ordinaire. En outre de cela il a fallu que chaque convive ingère entre chaque mets un ou deux petits verres d'eau-de-vie : c'est là ce qu'on appelle « faire un trou normand ».

On prétend sottement que cette libation est indispensable pour manger beaucoup et qu'elle est une panacée pour les appétits faibles. L'explication qu'on en donne généralement est très simple : l'estomac étant complètement rempli, l'eau-de-vie ingérée s'y creuse un trou que l'on peut remplir avec des aliments. Ce raisonnement se passe de commentaires. Pourtant ce préjugé n'est pas seulement l'apanage de la classe la plus ignorante à l'exclusion de toute autre, il a encore pour adhérents dans toute la Normandie ce que l'on est convenu d'appeler la classe bourgeoise. Nous préférions que l'on avouât simplement que le trou normand est un moyen de satisfaire une passion funeste. Au reste, s'il nous est permis de nous appuyer sur notre expérience, nous pouvons affirmer

1. Tous les propriétaires ont ce qu'ils appellent du cidre de choix ou du cidre nourri ; on nourrit le cidre en remplissant chaque année de cidre nouveau, un fût de cidre à moitié vide. Au bout de quelques années ce cidre, ainsi nourri, est très riche en alcool ou en dérivés alcooliques. Il enivre facilement et c'est lui que l'on boit dans les grandes occasions.

2. Le plus souvent, c'est de l'eau-de-vie de cidre.

que pratiqué une seule fois au milieu du repas, il diminue l'appétit et que s'il est renouvelé plus fréquemment et dans une aussi large mesure que de coutume, il entrave le travail de la digestion, qu'il peut même arrêter complètement.

Les études de Kretscky, les expériences de Buchner, sont intéressantes à cet égard.

Un centimètre cube de blanc d'œuf est placé dans 20 centimètres cubes d'eau distillée additionnée d'une quantité fixe de pepsine et d'acide chlorhydrique ; après six à huit heures, le bloc d'albumine est dissous complètement dans ce mélange porté à la température constante de 40 degrés. Si l'on ajoute au liquide digestif une quantité d'alcool variant entre 10 et 10 p. 100 du poids total du mélange, la solution complète est retardée ; au delà de 20 p. 100 elle ne se fait plus du tout, même après 150 heures.

Ainsi donc, les boissons spiritueuses qui renferment de 20 à 60 p. 100 d'alcool doivent être tout à fait défavorables à la digestion lorsqu'elles ne sont que diluées. La peptonisation de l'albumine, impossible dans la bière non diluée, exigerait 24 heures avec celle qui est étendue de trois fois son poids d'eau. Cela tiendrait à ce que les phosphates alcalins et alcalino-terreux dissous dans la bière, s'emparent de l'acide chlorhydrique nécessaire à l'action de la pepsine.

Des expériences ont été faites sur des sujets sains.

On retirait le contenu de l'estomac six heures après le repas à l'aide de la pompe stomacale. Buchner a posé les conclusions suivantes : la bière et le vin, même pris modérément, ralentissent la digestion ; de plus grandes quantités l'entravent davantage ; les plus fortes sont à même de l'arrêter complètement. Si l'alcool a une assez faible influence à dose très modérée, sur la digestion stomacale, c'est grâce à son absorption rapide par un estomac dont les parois sont saines ; mais, dans le cas contraire, si son absorption est retardée et qu'il reste mêlé aux aliments, il entrave la digestion (1).

Dans les repas en Normandie, l'on voit bien encore figurer le vin, à côté du cidre, mais en quantité négligeable pour le point de vue auquel nous nous plaçons.

Ainsi, en 1882, par exemple, d'après les quantités moyennes de boissons alcooliques imposées, chaque habitant de la Seine-Inférieure n'a consommé que 25 litres de vin contre 26 litres d'eau-de-vie à 50 centigrades.

Nous ajouterons que dans ces repas, l'on cultive beaucoup la chanson, et qu'on en abuse même ; elle contribue à faire boire davantage, et à rendre interminable le séjour à table. En effet, souvent dans ces cas, il existe à peine une heure d'intervalle entre le festin pantagruélique de midi et celui du soir (2). Nous devons cependant reconnaître que ces

1. *Revue médicale de Louvain*, octobre 1882.
2. On voit des individus se rendre à des repas de confrérie avec une telle conviction de se griser, qu'ils se munissent de véhicules tels qu'une brouette, pour se

grands excès sont peut-être encore moins intenses et moins prolongés qu'autrefois. Il y a vingt ans on célébrait l'Épiphanie, par exemple, par des orgies incomparables ; pendant huit jours, on négligeait tout travail ; actuellement on boit également à tire-larigot (1), mais généralement pendant deux jours seulement.

L'hygiène a-t-elle bénéficié de ce changement dans les mœurs? Bien au contraire, elle y a perdu, car, nous le répétons, ces orgies monstrueuses mais momentanées cèdent peu à peu le pas et s'effacent devant les habitudes d'intempérance quotidienne. C'est, du reste, ce qu'avait bien remarqué un judicieux observateur, M. Morel, alors qu'il remplissait avec éclat les fonctions de médecin en chef de l'asile d'aliénés de Saint-Yon. Dans les diverses conférences qu'il fit à Rouen et au Havre (1866-1868) sur la question qui nous occupe, il fulminait beaucoup moins « contre les repas copieux si chers à nos pères », que, contre les excès journaliers auxquels on se livre actuellement.

Il est une boisson qui jouit d'une grande vogue dans les campagnes ; c'est le « *phlipp* ». Il se compose de trois parties de cidres auxquelles on ajoute une partie d'eau-de-vie (2), le tout chauffé ensemble et servi sur la table dans des bols. Le plus souvent on ajoute du sucre au mélange, surtout si l'on n'emploie pas du cidre doux, c'est-à-dire du cidre qui n'a subi qu'une fermentation incomplète. Le « *phlipp* » possède la propriété de produire sûrement et rapidement l'ivresse : on se l'explique facilement en considérant que le cidre ne contient qu'une faible proportion de tanin (3) et que le mélange est avalé à une température aussi élevée que possible. Ceux qui ne font pas une consommation habituelle de cette terrible boisson, les profanes, oublient difficilement ses funestes effets ; à l'amnésie qui est fréquente dans l'ivresse par le « *phlipp*, » s'ajoute un embarras gastrique très prononcé, avec maux de tête atroces.

Une époque fertile en accidents ébrieux, et qui pour ce motif nous paraît digne d'être signalée est celle de la distillation des cidres et poirés pour l'obtention de l'eau-de-vie. Par ignorance, par forfanterie

faire reconduire à leur logis. Assurés de ce secours, ils ne mettent aucun frein à leur ivresse.

1. Odo Rigault, étant archevêque de Rouen, fit placer dans une des tours de la cathédrale, une grosse cloche de grosseur admirable ; voire tant pesante à ébranler qu'il y faut douze hommes pour la sonner ; aussi y a-t-il quatre demi-roues et quatre chables à la tirer. Et pour ce que le temps passé, il échéait bien de boire avant que de la sonner, le proverbe commun est venu qu'on dit d'un bon buveur qu'il boit en tire-larigot.

Cette explication est donnée par Taillepied, d'après M. Charles Lormier, bibliophile de Rouen.

Voir *Hygiène des boissons alimentaires, du cidre*, par M. A. Lailler (Paris, 1882).

2. Autant que possible, on se sert d'eau-de-vie de cidre ou de poiré.

3. D'après une analyse de Boussingault, le cidre ne contient pas de tanin. Cependant, d'après M. Lailler « on en trouve dans les moûts de presque toutes les pommes et quelques cidres en contiennent. Les moûts titrent par kilogramme depuis 1 jusqu'à 5 gr. de tanin. »

ou par suite d'une passion effrénée pour les boissons alcooliques, on consomme souvent sur place les produits impurs, dès qu'ils sont sortis de l'alambic; alors les cas d'intoxication aiguë sont assez fréquents, et pour être le plus souvent passagère, celle-ci n'en est pas moins très dangereuse.

Nous relaterons le fait suivant qui nous a été raconté par un témoin très digne de foi. Dans un village des environs de Rouen, deux individus firent et tinrent le pari de boire chacun un verre ordinaire des premiers produits passés à la distillation du liquide. Presque immédiatement il se manifesta chez eux un trouble et une agitation extraordinaires. Ensuite, ce qui parut très étrange aux spectateurs de cette scène, subitement ils s'élancèrent à travers champs, escaladant les haies et les fossés et se livrèrent ainsi pendant près d'une heure à une course folle, aveugle. Le lendemain, presque rendus à leur état normal, ils ne conservèrent aucun souvenir de ce qui leur était arrivé. Ainsi deux décilitres environ de cette mauvaise eau-de-vie, avaient suffi pour déterminer une ivresse spéciale, une sorte de manie transitoire.

Les eaux-de-vie de cidre et de poiré contiennent comme éléments accessoires, une petite quantité d'alcool dropylique et butylique, des traces d'alcool amylique, une petite quantité d'acétate d'éthyle, et sans doute de faibles quantités d'acétate de propyle et de butyle (1).

D'après Basset, elles renferment encore des acides malérique et cyanhydrique, du cyanhydrate d'ammoniaque et de l'essence d'amandes amères. Leur degré à l'alcoomètre centésimal de Gay-Lussac, à la température de 15°5, varie entre 52° et 58°, chiffre beaucoup plus élevé que pour les eaux-de-vie ordinaires.

A la suite de ses belles recherches sur la puissance toxique de l'alcool, M. Dujardin-Beaumetz estime que les doses toxiques sont 7 gr, 30 pour l'alcool de cidre et 7 gr. 35 pour l'alcool de poiré (2).

Dans certaines parties de la Normandie, surtout l'Orne et le Calvados, on consomme de grandes quantités d'eau-de-vie de cidre. Aussi, croyons-nous utile d'exposer brièvement ce que présente de spécial l'intoxication qu'elle produit. Nous empruntons la description qui va suivre à M. le docteur Devoisins (3).

1. Rabuteau, communication faite au congrès international de 1878, pour l'étude de questions relatives à l'alcoolisme.

2. Recherches expérimentales sur la puissance toxique des alcools, par le docteur Dujardin-Beaumetz et Audigé. (Paris, Doin, éditeur, 1879.) Ces savants expérimentateurs ont suivi la méthode des injections sous-cutanées chez le chien et appellent doses toxiques limites, les quantités d'alcools purs, qui, par kilogramme du poids du corps de l'animal sont nécessaires pour amener la mort dans l'espace de vingt-quatre à trente-six heures, avec un abaissement graduel et persistant de la température.

3. L'alcoolisme des campagnes. Action de l'eau-de-vie de cidre sur l'économie. Notes et observations recueillies dans la population de la basse Normandie en 1881-1882-1883, par A. J. Devoisins, médecin à Robodanges (Orne). Communication faite à la Société française de Tempérance. D'après M. Devoisins, chaque habitant de la région où il observe, consomme annuellement 43 litres d'eau-de-vie de cidre

L'ivresse produite par l'eau-de-vie de cidre est sombre et farouche, aussi les rixes entre ivrognes, suivies de très fortes morsures, sont-elles fréquentes. Dans l'intoxication chronique, on rencontre chez la femme surtout, des troubles de l'audition, des vertiges et même des fourmillements à la suite de l'usage prolongé de quelques verres d'eau sucrée et alcoolisée. La cause étant supprimée, ces accidents morbides disparaissent facilement.

Le tremblement partiel est rare. L'affaiblissement musculaire des extrémités supérieures est très fréquent. Il débute par les mains, gagne l'épaule et devient incurable s'il s'accompagne d'atrophie musculaire.

Les crampes, les soubresauts des tendons sont fréquents. On observe l'épilepsie, mais l'horreur qu'inspire le haut-mal, rend le malade docile et il guérit souvent dans l'espace de quelques semaines, grâce à l'abstinence. Les fourmillements des mains et quelquefois des pieds se montrent à un âge relativement peu avancé, entre quarante et cinquante ans. On observe fréquemment le zona chez les buveurs émérites. Il en est de même des illusions et des hallucinations. Les malades ont très souvent des tintements d'oreilles, très souvent aussi ils entendent des bruits de canon ou d'explosion. La lypémanie est plus fréquente que le *delirium tremens*. Dans le champ où il observe, M. Devoisins trouve surtout et plus que partout peut-être « la démence et la paralysie ».

Dans l'embarras gastrique fébrile, outre les symptômes ordinaires, « la production des gaz est souvent telle, qu'il en résulte une voussure extrêmement considérable à l'épigastre et que l'on voit se produire ces éructations inodores ou fétides que tous les buveurs d'eau-de-vie de cidre présentent sans aucune exception ». L'intestin est également le siège de flatulences, gargouillements et borborygmes.

L'eau-de-vie de cidre occasionne si souvent le catarrhe chronique gastro-intestinal que l'on peut en quelque sorte déclarer que cette affection est endémique dans la basse Normandie.

Les symptômes habituels sont : Une sensation de plénitude dans la région épigastrique sans douleur notable, une voussure de l'estomac due aux productions gazeuses, des éructations et des renvois acides, enfin, la diminution de l'appétit. Il semblerait que des conditions nerveuses spéciales président à une production abondante de gaz ; car les renvois et les éructations se rencontrent souvent après un jeûne prolongé, ou avant le moment du repas. Une simple cuillerée de tisane ou même d'eau froide peut aussi réveiller ce genre de malaise ; la décomposition des matières ingérées ne serait pas la seule cause de ces phénomènes.

et cela par suite d'une alimentation insuffisante. C'est avec raison qu'il signale la diminution de la population, plus marquée là que partout ailleurs, l'augmentation du nombre des idiots, des enfants naturels, des crimes inconnus, des ravages de la scrofule. Dans une commune, précisément celle où l'on s'adonne le plus à l'eau-de-vie de cidre, il ne connaît aucune famille qui ne soit tributaire de cette dernière maladie.

Beaucoup de malades atteints de cette affection éprouvent des palpitations de cœur et une dyspnée spéciale. Celle-ci est caractérisée par le besoin de faire une large inspiration : les inspirations se précipitent incomplètes, une éructation survient et tout rentre dans l'ordre pour quelques instants, ensuite la même scène se reproduit quelquefois pendant des heures entières. Ce malaise s'observe immédiatement après le repas, six heures après ou même à jeun et souvent encore après un effort musculaire. L'ictère complique souvent cette maladie, surtout lorsque le poiré nouveau entre dans la consommation ; il est juste de dire que quelquefois, malgré un vomitus matutinus quotidien, ils conservent de l'appétit.

Il est une autre forme de dypsnée que l'on rencontre chez les buveurs d'eau-de-vie de cidre, même vigoureux, jeunes et ne présentant aucun symptôme pulmonaire ou cardiaque. Après s'être couché dans de bonnes conditions, le buveur s'éveille tout à coup dans un trouble indéfinissable et s'élance de son lit vers la croisée qu'il entr'ouvre ; il suffoque. Au milieu de vains efforts, il essaie des inspirations précipitées ; sa face devient rouge, il s'agite, frappe les murs, se déchire les chairs. Puis tout à coup, la respiration suspendue redevient entièrement libre chez le malade partagé entre la surprise d'une guérison inopinée, et l'effroi de ce qu'il a ressenti. Chez un malade de ce genre, l'absorption d'une simple cuillerée à café d'eau-de-vie de cidre suffisait pour provoquer cette oppression. Par la suite, M. Devoisins est arrivé à attribuer pour cette dyspnée, une part étiologique à l'humidité et à une certaine fatigue nerveuse.

Les femmes de la région dont nous parlons sont presque toutes adonnées à l'eau-de-vie de cidre ; les métrorragies et les troubles menstruels sont très fréquents chez elles.

La goutte est loin d'être rare chez ces paysans, malgré un travail incessant et une mauvaise nourriture (1).

Pendant nos trois années d'internat à l'asile de Quatre-Mares, nous n'avons pas vu de cas d'intoxication se rattachant exclusivement à l'eau-de-vie de cidre. Cependant, un de nos malades, ivrogne incorrigible, parvenait quelquefois à échapper à la surveillance et à s'enivrer avec du cidre faible « de la boisson ». Chaque fois qu'il était dans cet état, sa vie se trouvait en danger par suite d'un embarras gastrique très intense et surtout d'une dypsnée considérable avec tympanisme abdominal très prononcé, cyanose de la face ; cette dyspnée ne manque pas d'analogie avec celle que signale M. le docteur Devoisins (2).

« Il est rare qu'un Normand boive l'eau pure. La nature lui pré-

1. Nous devons reconnaître que dans la campagne aux environs de Rouen, l'alimentation nous a toujours paru assez substantielle, beaucoup plus même que dans d'autres régions où l'on abuse moins des spiritueux.

2. Il y a peut-être lieu de s'étonner que M. Houssard d'Avranches n'ait rien dit sur ce sujet, lorsqu'en 1862, il a signalé à l'Académie de médecine, la colique végétale qu'il attribue à l'usage ou à l'abus du cidre, surtout de celui qui, trop vieux, contient beaucoup d'acides malique et acétique.

sente des cidres en abondance et la nourrice qui prit soin de son enfance, lui fit avaler de cette liqueur assez douce pour flatter son palais, dans cet âge tendre, autant que son propre lait... » (1). Ainsi s'exprimait Le Pecq de la Clôture au siècle dernier. Les boissons fermentées ne sont pas inconnues aux enfants, et si nous voyons qu'à cette époque l'on faisait déjà prendre du cidre aux nourrissons, nous constatons qu'aujourd'hui on leur donne du vin de préférence. Cette habitude meurtrière est bien digne d'arrêter un moment notre attention.

On trouve quelque chose d'analogue en Suède où, d'après M. Magnus Huss, on donne à sucer de l'eau-de-vie avec un linge aux enfants au berceau, pour calmer leurs cris, dans la classe pauvre (2). Les commères, assez recherchées du reste, qui remplissent trop souvent les fonctions de sage-femme, administrent au nouveau-né dans les premières heures qui suivent la naissance, presque toujours un demi-verre de vin sucré, et coupé d'eau par moitié. Le moindre résultat de cette pratique barbare est de déterminer une gastrite aiguë ou une gastro-entérite qui, dans les cas les plus heureux, mettra pendant une huitaine de jours la vie de l'enfant en danger.

C'est en vain que la médecine condamne impitoyablement cette habitude pernicieuse (personne ne l'ignore), les préjugés l'emportent et l'on prétexte invariablement « que cela purge les enfants et les débarrasse ». Il est probable que, dans ce cas, l'on juge utiles et même nécessaires les vomissements qui surviennent souvent pendant plusieurs jours et quelquefois conduisent les jeunes victimes au tombeau. Comme ce procédé est mis en usage par des femmes qui font le métier d'accoucheuses, il y a lieu de croire qu'il n'éveille aucune répugnance chez les parents, et qu'il est assez répandu (3). Plus tard, si l'on a recours à l'allaitement au biberon, ce qui est fréquent, surtout chez l'ouvrier de campagne aussi bien que chez celui de la ville, on donnera encore du vin à l'enfant, en invoquant toutes sortes de mauvais prétextes.

D'abord, les parents sont sous l'influence de cette idée fausse que le vin, boisson de luxe en Normandie, ne fait jamais de mal aux enfants, qu'il est une boisson tonique et fortifiante, de sorte que, si l'enfant est assez vigoureux, ils attribuent le mérite de cette santé florissante au peu de vin qu'il boit (4), et que si au contraire, il est malingre et chétif, a des tendances aux diarrhées, ils lui en administrent pour le « remonter ». En outre, pour celui qui est souffreteux, pleure souvent, s'endort difficilement, ils useront du vin pour calmer ses cris et pour provoquer artificiellement le sommeil.

Il est inutile d'ajouter que l'athrepsie, qui survient rapidement dans

1. Observations sur les maladies et constitutions épidémiques de la Normandie, Rouen, 1778.
2. Voir Morel (*Traité des dégénérescences*, Paris, 17, B. Baillière, 1877, p. 371).
3. Cette pratique est suivie aussi par des sages-femmes.
4. Il est bien certain qu'il est impossible de constater un état de santé satisfaisante chez un enfant qui boit du vin en certaine quantité pendant sa première année.

ce cas, exerce de formidables ravages, et que les convulsions sont fréquentes.

Maintenant doit-on s'étonner si la dépopulation est plus accentuée dans la Normandie que dans toute autre province de la France? Cette cause, ajoutée à d'autres qu'a signalées récemment avec un accent patriotique la voix autorisée de l'Académie, de médecine ne doit pas être négligée dans l'étude de cette grande question. Au reste, l'alimentation des enfants est très souvent vicieuse sous beaucoup d'autres rapports, mais nous ne nous écarterons pas de notre sujet beaucoup trop vaste déjà pour nos forces.

A mesure que l'enfant avance en âge, les boissons fermentées entrent plus abondantes dans son alimentation. Il n'est pas rare que dès la fin de la première année, il partage d'une façon presque absolue le régime des parents. Alors il boit du cidre, du café, auquel on ajoute même quelquefois un peu d'eau-de-vie. Le soir, lorsqu'il faut le coucher, pour mettre fin à des cris incommodes et vaincre sa résistance maussade, on lui administre encore dans beaucoup de familles, en une seule fois, une quantité de vin sucré ou non sucré, variant de 50 à 80 grammes, et cela, jusqu'à l'âge de quatre ou cinq ans. Victime précoce de l'alcool, l'enfant aura bien un sommeil agité, troublé par des rêvasseries et des cauchemars, mais l'ignorance ne permettra pas de reconnaître la véritable cause de ces désordres, ni de modifier ces habitudes désastreuses.

En outre, chez les enfants, on ne redoute qu'une chose : les vers. Ce sont eux qui sont la cause de tous les malaises ou maladies dont ils peuvent être affectés. Or, il est une opinion, erronée assurément, mais accréditée d'une façon presque générale dans la Normandie: c'est que l'eau-de-vie tue ou chasse les vers (1).

Aussi, dominés par de semblables idées, les parents seront prodigues d'eau-de-vie pour leurs enfants, surtout lorsqu'ils auront atteint l'âge de cinq ou six ans. Le sucre sera un adjuvant utile, et domptera facilement la répugnance qui pourrait se manifester chez l'enfant, lorsqu'il doit avaler un pareil breuvage. Plus tard, l'enfant recevra une ration d'eau-de-vie, à la table des parents chaque fois que l'occasion se présentera, et ainsi jusqu'à l'adolescence, époque à laquelle il aura déjà des habitudes acquises et la recherchera spontanément. Il est étonnant de voir quelle appétence certains enfants manifestent dès l'âge le plus tendre pour le vin et même pour l'eau-de-vie. Il est même dangereux de laisser ces liqueurs à leur portée, et c'est ainsi que nous avons vu une petite fille de 6 ans, qui, en l'absence de ses parents, trouva une bouteille de rhum et en but au point de tomber dans l'ivresse comateuse la plus grave. Pendant deux jours sa vie fut en péril (2).

1. A Paris, où cette expression est très répandue dans la classe ouvrière, on tue le ver en buvant le matin à jeun, soit du vin blanc, soit de l'eau-de-vie. Parfois cette libation est suivie de l'ingestion d'un peu de pain: alors le consommateur « casse une croûte ».

2. Nous avons observé encore un cas analogue chez une enfant de cinq ans. Le kirsch l'avait plongée dans le coma.

Celui qui fabrique l'eau-de-vie pour sa consommation, « celui qui boût » (1), est encore celui qui la prodigue le plus à ses enfants ; d'abord, il n'a pas versé d'argent pour acquérir ce produit qu'il tire de chez lui ; ensuite, à l'étranger stupéfait de voir servir 5 centilitres environ d'eau-de-vie à un enfant, il répond : « Oh ! cela ne peut pas lui faire de mal, c'est naturel, c'est fait chez nous, etc. », et rappelons-nous que ces eaux-de-vie marquent souvent 55 et même 60 degrés à l'alcoomètre centésimal de Gay-Lussac.

L'adolescence n'est signalée par rien de bien particulier ; le goût est faussé, l'appétit, le besoin des boissons alcooliques existent et auront désormais des exigences impérieuses. Aussi n'est-il pas rare de voir les cabarets autorisés ou clandestins dévorer les petites économies des jeunes ivrognes des deux sexes.

Dans certains villages, on voit assez souvent de jeunes garçons et et même des petites filles dérober de l'argent à leurs parents pour se procurer de l'eau-de-vie.

Dans ces conditions, il ne nous semble pas étrange que l'intoxication par l'alcool continue ses ravages dans l'âge viril et qu'elle compte même un certain nombre de victimes parmi les femmes de notre époque. Car il ne faut pas se le dissimuler, l'usage abusif des spiritueux se pratique aussi bien chez les Normandes d'aujourd'hui que chez les Bretonnes leurs voisines.

On nous pardonnera, nous l'espérons, d'insister sur la manière d'élever les enfants et sur les habitudes alcooliques qu'on leur fait contracter ; on conçoit qu'avec un tel état de choses, l'on obtienne des résultats immédiats déplorables : prédispositions à certaines maladies, affaiblissement de la constitution, augmentation de la mortalité ; de plus, l'on doit pressentir de grands dangers ultérieurs : le vice de l'ivrognerie existera chez l'adulte, et dans l'âge mûr, souvent parce qu'il aura été développé chez l'enfant.

En résumé, si nous considérons d'une part, le mode d'éducation et d'alimentation des enfants, d'autre part le goût prononcé pour les liqueurs fortes, et la fréquence de l'ivrognerie devenue un vice si général, il nous semble impossible de ne pas reconnaître qu'il existe un puissant rapport de causalité entre ces faits, et que l'ignorance doit en assumer ici la plus grande responsabilité (2).

Habitudes des ouvriers des villes. — Le travailleur des villes abuse des spiritueux d'une façon plus marquée encore que celui des campagnes. Prises seulement en excès égal, les eaux-de-vie sont plus nuisibles chez le premier que chez le second, et cela à cause des conditions hygiéniques différentes où l'un et l'autre sont placés. En effet, quelle comparaison établir entre le travail au grand air et le travail de l'atelier, entre

1. On appelle ainsi le propriétaire ou fermier qui distille du cidre, le plus souvent des lies pour faire de l'eau-de-vie de cidre. Dans beaucoup d'endroits, chaque cultivateur en fabrique au moins suffisamment pour son usage.

2. Reconnaissons ici toute sa valeur au vieil adage : « Qui a bu, boira. »

l'alimentation généralement saine et surtout abondante de l'ouvrier campagnard, et les aliments parcimonieux, préparés à la hâte, et souvent sophistiqués de l'ouvrier des villes ? Ici, un logement étroit et coûteux, des habillements insuffisants pour combattre le froid et l'humidité ; là, un logement plus vaste, où l'air et la lumière se distribuent d'une façon moins avare, des habits plus chauds et mieux appropriés au climat (1).

Examinons avec quelques détails le genre de vie et surtout l'alimentation des classes laborieuses des villes en nous écartant le moins possible de notre sujet : nous verrons qu'elle est [souvent insuffisante pour la somme de forces qu'il faudra dépenser ; alors qu'arrive-t-il ? On demande à l'alcool tout ce qu'il peut donner, une surexcitation, un surcroît de forces qui ne peuvent être que momentanés, de sorte qu'on sera obligé de renouveler les doses ingérées, et l'accoutumance s'établissant, de les augmenter par la suite. De là, une cause d'alcoolisme. Pourtant ce n'est par l'alcool, mais l'organisme qui fait la dépense, et à son grand détriment ; aussi, comme l'a dit Liebig, dans ces conditions, la banqueroute du corps est inévitable (2).

Rappelons encore que l'alcool est une des causes incontestables de la misère et que, par conséquent, l'on roule dans un cercle vicieux d'où l'on ne peut sortir qu'en appliquant les préceptes de M. Chauffard : instruire et moraliser les générations (3).

Si l'on prend un aliment chaud le matin au premier repas, c'est généralement du café : préparé souvent la veille, il est réchauffé et servi rapidement ; c'est là un avantage quand le mari doit partir de bonne heure à l'atelier, et sa femme « en journée ». Nous n' aurions rien à reprocher à cette coutume, si l'on n'absorbait après le café deux ou trois petits verres d'eau-de-vie. Cependant, nous préférerions qu'à l'infusion du café l'on ajoutât une égale quantité de lait ; l'on aurait un excellent aliment, plus complet, plus nutritif et plus adoucissant si l'on peut s'exprimer ainsi (4). Ici, nous avons en vue les fonctions de l'estomac si souvent lésées par les abus alcooliques qui procèdent en irritant, en modifiant et en pervertissant les sécrétions de cet organe. On sait, du

<hr>

1. Nous ferons remarquer que les vêtements sont généralement assez confortables, à la campagne du moins, si ce n'est les personnes qui se trouvent dans une situation extrêmement précaire et misérable.

2. Nous avons consulté avec fruit le travail si intéressant de M. Lailler : *De l'influence de l'alimentation pour prévenir et combattre l'abus des boissons alcooliques.*

3. Séance de l'Académie de médecine du 3 janvier 1871.

4. En effet, un demi-litre de lait et un demi-litre d'infusion de café renfermant 49 grammes de matières azotées (2 pour le café, 44 pour le lait) environ 4 fois plus qu'une égale quantité de bouillon. Ce dernier renferme moyennement 28 grammes de matières dissoutes par kilogramme, sans compter les matières grasses qui surnagent (à l'état liquide, quand le bouillon est chaud, à l'état solide quand il est froid). Sur les 28 grammes de matières dissoutes, 10 proviennent du sel employé, 6 des légumes et 12 de la viande (*Traité élémentaire de physiologie*, par J. Béclard, 7ᵉ édit. p. 33)

reste, quelle influence régulatrice le lait exerce sur les fonctions digestives.

N'oublions pas le chocolat qui, consommé à l'état liquide, ou cuit et
mélangé avec le lait, constitue un aliment riche en principes nourrissants.
Mais son prix est un peu élevé, et sa préparation quand il est cuit, est assez
longue, ce qui, malheureusement, l'éloigne de la consommation courante des classes laborieuses (1).

Le café et le chocolat ont encore cet avantage qu'ils amènent le plus
souvent avec eux une consommation de sucre, aliment hydrocarboné ou
ternaire, très propre à fournir des matériaux nécessaires à l'entretien
de la chaleur animale et à la production, d'une manière soutenue, de
l'activité musculaire.

Un grand nombre de travailleurs simplifient beaucoup ce repas « d'une
façon funeste ».

Comment, dit M. Lailler, se préparent-ils à supporter les fatigues d'une
journée de travail ? En mangeant un morceau de pain volumineux
et en buvant un verre d'eau-de-vie, c'est ce qu'ils appellent casser la
croûte et avaler une mitrailleuse, un chasseur, un kolback; siffler une
blèche, souffler une chandelle, etc. Plus loin, il ajoute : « Nulle part, l'u-
sage de ce que l'on nomme la goutte du matin n'est peut-être plus répandue qu'à Rouen et aux environs parmi les ouvriers, aussi voit-on un
grand nombre d'alcoolisés entrer dans les hôpitaux de cette ville. »

Chemin faisant pour se rendre au travail, l'ouvrier rencontre une certaine quantité de débits qui bâillent à son passage; il y consomme quelquefois un petit verre au comptoir sous prétexte « de chasser le ver ou
encore de se rafraîchir l'haleine », mais entre tous, celui qui a sa prédi
lection est le plus proche de l'atelier. Là, « une coterie s'amasse » (2),
et sous peine de se voir exclu de cette sorte d'association et déconsidéré,
chacun paye sa tournée de rhum ou de cognac (3), sans délibération
aucune. Remarquons que ceux qui ingèrent ainsi le plus de verres d'eau-
de-vie sont précisément ceux qui ne mangent rien à ce moment, si ce
n'est un petit morceau de pain. Aucune habitude n'est plus fâcheuse ;
l'eau-de-vie rencontrant un estomac à jour conserve sur lui sa puissance irritante et donne facilement naissance aux gastrites.

A l'atelier le besoin de boire se fait sentir par suite de causes multiples : travail pénible exagérant la perspiration cutanée, parcelles de
fer, débris de coton ou poussières de toutes sortes existant en abondance
dans une atmosphère souvent surchauffée, odeur des huiles et des ma-

---

1. L'amande du cacaoyer est très riche en matières grasses, beurre de cacao, elle
en contient près de 50 p. 100 de son poids. Le cacao contient, en outre, 20 p. 100 de
matières azotées, un principe aromatique, de la fécule, de la dextrine, des sels, etc.
Le chocolat renferme aussi une certaine quantité de sucre qu'on incorpore pendant
le broiement de l'amande torréfiée (J. Béclard, *loco citato*).

2. C'est ainsi que les ouvriers désignent un groupe de cinq à dix ouvriers qui se donnent rendez-vous chaque matin pour trinquer ensemble .

3. Ce cognac n'est qu'une mauvaise eau-de-vie ; la qualité du rhum n'est pas
supérieure à celle de ce soi-disant cognac.

tières grasses et impressionnant l'arrière-gorge, etc.; ajoutons que les eaux-de-vie acres, consommées le matin, contribuent à faire naître et à augmenter le sentiment de la soif. Aussi, pour parer à cet inconvénient, l'usage du cidre est toléré à l'atelier avec raison, et même certains patrons donnent du sirop de Calabre. Cette tolérance, excellente du reste, ouvre la porte à la fraude et à l'abus. Certains ouvriers se présentent à l'entrée de l'atelier au dernier moment fixé par le règlement; on n'a plus le temps de leur faire subir la visite et de constater la nature du liquide qu'ils portent ostensiblement sous le bras. C'est souvent un mélange d'eau-de-vie et de café, ce dernier en si petite quantité que le liquide offre à l'œil approximativement la couleur de la boisson. D'autres ont encore des procédés différents : ils remplissent d'eau-de-vie une gaine de cuir fermée à ses deux extrémités et enroulée autour du corps à la manière d'une ceinture, ou bien une sorte de bidon allongé et aplati qu'ils cachent derrière leur dos, sous les vêtements. On voit par là combien la surveillance est difficile et combien elle doit être ingénieuse et active pour déjouer tous ces raffinements de la ruse. A l'atelier, un va-et-vient s'établit des uns aux autres, surtout pendant la première heure de travail, jusqu'à ce que toutes les provisions d'eau-de-vie soient épuisées. A l'heure du déjeuner, chacun sort précipitamment; les moments sont comptés et l'on a hâte d'aller prendre « l'apéritif ». Au débit de prédilection, est préparé à l'avance un nombre suffisant de verres d'absinthe, plus rarement de vermout ou de bitter, de sorte que les habitués n'ont à subir aucune perte de temps. Chacun est inscrit à son tour, sur le livre de comptabilité, par le cabaretier, suivant un ordre invariable pour le payement de ces mauvaises drogues (1).

L'habitude contractée par l'ouvrier d'absorber avant son repas des liqueurs soi-disant apéritives, ne remonte pas dans cette région au delà d'une dizaine d'années. D'après les renseignements que nous avons puisés à diverses sources, elle vient de la classe bourgeoise et surtout des commerçants, des voyageurs de commerce, des employés, etc. Elle gagne plus de terrain de jour en jour, et malheureusement envahit même les campagnes. Pour la fabrication des boissons dites apéritives, Rouen et ses environs n'ont rien à envier à Paris.

Le nombre de ces produits, presque tous décorés du nom de médicaments, et la vogue dont ils jouissent sont considérables. En dehors de l'absinthe et du vermout, les plus répandus sont : le bitter, l'amer Picon, l'amer Lamoureux, l'amer Fleury (2), etc. Quelques-uns simulent plus ou moins le vin de quinquina très alcoolisé (3). Leur degré alcoo-

1. Nous avons vu des cabaretiers vendre jusqu'à 150 « apéritifs » en dix minutes. L'apéritif est encore souvent le jambinet.

2. Ces trois derniers sont fabriqués à Rouen.

3. D'après M. Decaisne, *Tempérance*, tome V, 1877, p. 163, pour faire vingt litres de bitter, on emploie 10 kilog. 65 d'alcool, à 80 degrés. Le même observateur nous apprend que 100 litres de vermout de Turin contiennent 5 litres d'alcool à 85 degrés et 92 de vin blanc doux, et que dans 100 litres d'absinthe suisse, il y a 82 litres, d'alcool à 85 degrés et 85 grammes d'essence d'absinthe.

lique est élevé, et souvent les consommateurs y ajoutent encore du curaçao. Le procès des apéritifs que le professeur Trousseau a appelés fausses clefs de l'estomac n'est plus à faire.

Pour l'absinthe en particulier, M. Magnan a montré les désordres qu'elle engendre. D'après cet auteur, quelques centigrammes d'essence d'absinthe, injectés dans les veines d'un chien, ou trois ou quatre grammes ingérés dans l'estomac produisent des accidents.

Ce sont : un frémissement musculaire saccadé, de l'extension rapide de la tête par secousses, puis des épaules au dos ; des soulèvements de la partie antérieure du corps, une sorte de vertige de trente secondes à deux minutes (petit mal), et enfin, à haute dose, de véritables attaques d'épilepsie, et, dans leur intervalle, des hallucinations (1).

A l'action propre de l'alcool s'ajoute celle de l'absinthe, qui se distingue de la première par les troubles de la motilité. L'attaque d'épilepsie, par suite d'excès d'absinthe, n'est pas, chez les alcooliques, la plus haute expression des troubles de la motilité : elle est un accident d'un autre ordre, puisqu'elle surprend les malades au début, quelquefois au milieu et même au déclin du délire alcoolique, sans modifier le tremblement de ce dernier : « point d'attaques point, d'absinthe, » dit M. Magnan, excepté dans quelques rares cas où il y a eu abus de vin blanc, bitter ou vermout. La lésion anatomique la plus constante dans l'intoxication par l'absinthe est l'hyperémie du bulbe. En ce qui concerne le vermout, qui jouit dans le public d'une certaine réputation, M. Decaisne a observé de la gastralgie plus ou moins grave chez des individus qui n'en buvaient qu'un huitième de litre par jour depuis un an. Cela prouve assez combien sont peu réelles les vertus apéritives et l'innocuité qu'on se plaît à accorder au vermout. Dans ses conclusions, il déclare que l'abus du vermout produit les états désignés sous les noms d'alcoolisme aigu et d'alcoolisme chronique, qu'il amène en très peu de temps des désordres dans les fonctions digestives et le système nerveux, que le vermout, même de bonne qualité et employé comme apéritif, devrait être banni de la consommation journalière.

Ces conclusions sont applicables au bitter. Le vulnéraire suisse, décoré du nom de spiritueux suisse, est plus nuisible encore parce qu'il est plus alcoolique. Quelques ouvrières en consomment à l'excès.

Nous avons vu à l'asile de Quatre-Mares, assez rarement il est vrai, des malades chez lesquels on ne notait que de grands excès d'apéritifs. L'un d'eux qui exerçait la profession de chiffonnier et buvait une dizaine d'absinthes par jour, est entré deux fois à l'asile, et avait des attaques d'épilepsie. La dernière sortie par guérison a eu lieu le 28 juin 1885 après un traitement de 36 jours. En 1886, il est rentré à l'asile atteint de la même affection que précédemment (2).

1. Étude expérimentale et clinique sur l'alcoolisme (*Alcool et absinthe*, 1871).
2. Sur cinq enfants qu'il a eus, un seul survit. Les autres sont nés avant terme, ou mort de convulsions. Les exemples de ce genre ne sont pas rares. Ce malade est fils d'alcoolique et a aussi un frère alcoolique.

Nous ajouterons qu'il est d'observation journalière que ceux qui sont fidèles à l'habitude des apéritifs avant leur repas, sont précisément ceux qui mangent le moins. Nous ne doutons pas que cette habitude est non seulement inutile, mais encore très nuisible quand elle dépasse certaines limites.

Le repas de midi est généralement ici, de tous ceux de la journée le plus confortable, et pourtant il est trop souvent insuffisant. C'est ainsi que beaucoup d'ouvriers et d'ouvrières se contentent de pain avec un hareng saur ou bien une ou deux atignolles (1). A cela on ajoute le café et toujours une quantité variable d'eau-de-vie. Nous pouvons affirmer qu'une grande quantité de travailleurs des deux sexes et de tout âge, dépensent pour ce repas 0,25 centimes de matières vraiment alimentaires et 0,50 centimes d'eau-de-vie ; hygiène déplorable, où nous voyons l'alcool cause de débilitation, se substituer aux aliments réparateurs, et d'où résulte nécessairement dans un avenir plus ou moins prochain la misère physiologique.

On ne saurait trop le répéter à ces classes laborieuses et dignes d'intérêt, et l'on aurait des chances d'être écouté, n'était une appétence insurmontable pour les spiritueux : l'alcool ne nourrit pas.

La deuxième partie de la journée est la copie fidèle de la première ; elle se termine souvent par une pérégrination d'une heure ou deux au café, où les consommations les plus ordinaires sont encore le café et l'eau-de-vie. Il est un jour particulièrement remarquable, c'est celui de la paye, qui a lieu ordinairement à chaque quinzaine.

Le salaire perçu, toutes les bandes partielles se rendent à leur café respectif ; là, sous peine de voir interjeter opposition sur son traitement, chacun paye les dettes qui se sont accumulées depuis quinze jours. La note est peut-être un peu exagérée, mais on ne scrute pas très minutieusement les comptes : du reste le cafetier tient la comptabilité et quand on est presque nécessairement débiteur, on n'a pas le droit de paraître trop exigeant. Les femmes qui avaient attendu leurs maris à la porte des ateliers dans l'espoir de les entraîner au logis avec leur argent, finissent par les accompagner au cabaret ; car elles n'opposent généralement qu'une courte résistance, à une obstination tenace, et l'appétit de boire les attire elles-mêmes. « Les comptes réglés publiquement, le patron offre une tournée générale. » Ce procédé resserre les liens entre lui et ses clients si rétribuables, et influe sur le naturel de ces derniers chez qui cette sorte de récompense et d'encouragement rencontre un accueil très favorable.

Bientôt la conversation s'anime : on fume, on cause, on s'interpelle d'un bout de la salle à l'autre, « on fait la noce », l'agitation générale augmente peu à peu. Tout contribue « à griser les cerveaux » et à exalter les esprits : l'estomac à jeun, d'aliments tout au moins, l'inges-

1. L'atignolle, qui coûte 0,05 centimes, est une préparation alimentaire très usitée dans cette région. Elle est composée de trente grammes de mie de pain, dix grammes de viande rouge et dix grammes de graisse de porc.

tion d'un peu d'eau-de-vie, l'atmosphère empestée par la fumée du tabac, les vapeurs d'alcool et autres (1), le plaisir, inconnu depuis quinze jours, de posséder un peu d'argent, la perspective du repos du lendemain qui est un dimanche; jour où l'atelier est fermé, etc.

La chanson ne fait jamais défaut, plutôt déclamée que chantée. L'artiste improvisé est souvent debout sur un banc; peu à peu le silence se fait autour de lui, il attache tous les regards sur sa personne et recueille de chaleureux applaudissements. De nombreux amphytrions, venus de la ville, égayent aussi cette fête de chansonnettes appropriées.

Le plus souvent chaque membre de la société « offre sa tournée » de sorte qu'à la fin de la soirée chacun a ingéré autant de petits verres que chaque groupe contient d'individus. Dans l'intervalle des chansons on a parlé de politique et de travail, tout le monde a sombré dans une ivresse assez profonde, aussi bien les femmes qui voulaient arracher leurs maris à la tentation, que les maris qui voulaient s'égayer « un brin », et entre onze heures et minuit la salle est évacuée.

De retour au logis, l'on est sous le coup d'une torpeur telle, qu'elle étouffe tous les besoins, on se l'explique facilement en considérant les fatigues de la journée et plus encore celles d'une soirée passée dans une atmosphère viciée, au milieu de l'agitation, du bruit et surtout des petits verres. Aussi, très souvent « l'on ne pense même pas à manger ».

Ce jour a son lendemain où nous observons encore une coutume (2) très particulière. Le mari prolonge son séjour au lit; sa femme se rend chez le débitant habituel où elle commence souvent par ingurgiter un ou deux petits verres dont le prix s'ajoute au compte courant, et emporte une ration extraordinaire d'eau-de-vie qu'elle sert à son mari avec ou sans café, et, ce détail nous paraît assez intéressant, on la voit, pendant qu'elle boit au cabaret ou traverse rapidement la rue, tenir sa main appliquée sur le verre, comme par instinct, pour s'opposer à l'évaporation. Ce jour d'orgie passé et la dette chez le débitant liquidée, il reste souvent peu d'argent pour suffire aux besoins du ménage, pendant la quinzaine suivante.

Des « notes » existent chez le boulanger, le boucher ou le charcutier. Si elles ne sont pas acquittées intégralement, ceux-ci se montrent impitoyables vis-à-vis de leurs clients, au point de ne plus vouloir leur livrer aucune substance à crédit. C'est alors que la misère de l'alimen, tation vient se joindre à toutes les autres misères, que l'on conserve religieusement le peu d'argent restant pour acheter les choses les plus indispensables, que l'on fait un repas avec un morceau de pain contenant

1. C'est cette atmosphère que l'on a si bien caractérisée en l'accusant de produire « la malaria des cafés ».

2. Cette dernière coutume se pratique presque tous les jours non ouvriers, où la femme récompense son mari des labeurs de la semaine en lui offrant dès le matin une quantité d'eau-de-vie supérieure à celle qu'il prend ordinairement. On tient la main sur le verre parce que l'on craint que le liquide ne s'évente.

du beurre, un hareng saur, ou une ou deux atignolles comme nous l'avons dit, peu de chose en un mot (1).

Pourtant, il faut des forces pour suffire à un travail rude : limer, marteler les métaux, manier de lourdes pièces, façonner le bois, etc.; l'ouvrier n'a plus l'accès de l'étal du boucher, mais il s'en console au comptoir du débitant, où il n'alimente que son crédit et rencontre joyeuse et affable société. L'eau-de-vie sera le médicament dynamophore (Gubler) indispensable dans ce cas pour donner « le coup de fouet, le coup d'éperon » à toute sa machine, et le ton à ses muscles (1).

Les enfants sont traités comme à la campagne et d'une façon plus déplorable encore; nous ne reviendrons pas sur ce que nous avons exposé.

L'habitude et l'exemple ont développé chez eux un goût précoce pour les spiritueux et rien n'est moins rare que d'assister à un pénible spectacle de ce genre : un enfant de 4 à 8 ans, fille ou garçon, passe dans la rue rapportant chez lui une certaine quantité d'eau-de-vie ou de rhum qu'il vient d'acheter chez le débitant et absorbe, chemin faisant et à la dérobée, « deux ou trois lampées au goulot de la bouteille. »

Eux-mêmes se ressentent de la misère dans laquelle étouffe la famille, et l'alcool vient quelquefois leur fournir un appoint dans la ration alimentaire (3).

Quant à la question de savoir quels sont parmi les ouvriers ceux qui boivent le plus, nous nous en rapportons aux faits épars que nous avons pu constater et aux renseignements fournis de côté et d'autre, par les chefs d'usine, surveillants et contre maîtres de fabrique. Le vice de l'ivrognerie est nettement plus accentué chez les gens qui exercent les métiers exigeant le moins d'intelligence ou d'attention. Ainsi, les bobineuses, les femmes qui travaillent à le retorderie dans les filatures, les marteleurs, les frappeurs, ceux qui font le triage des chiffons, etc., sont ceux qui se font le plus remarquer par leurs excès journaliers.

Le manque d'aliment et de culture pour les facultés supérieures est peut-être la cause principale de cette prédominance des appétits grossiers et de ce besoin de jouissances toutes physiques que l'on observe dans cette catégorie d'individus. En outre, on conçoit sans peine qu'une

1. Si la femme manque d'ordre et d'activité ou que son travail en journée occupe presque tous ses instants, ces sortes de repas, qui n'exigent de sa part aucune préparation, deviennent encore habituels.

2. L'alcool est nuisible pour les grands travaux musculaires (M. Proust). A l'encontre de cette vérité, il n'est peut-être aucune personne dans le public de cette région qui ne soit absolument convaincue qu'un ouvrier ne pourrait travailler sans boire de l'eau-de-vie. De là à conclure que plus on en boit, sans s'enivrer toutefois, plus on travaille, il n'y a qu'un pas.

3. Quelques faits nous ont été rapportés : des mères dans le dénuement donnant un verre d'eau-de-vie à leurs enfants en bas âge qui leur demandaient du pain, d'autres assez nombreuses, n'achetant d'habitude que des eaux-de-vie à bas prix, s'en procurent des meilleures et même en quantité relativement considérable, dès que leurs enfants, même très jeunes, sont malades, l'eau-de-vie étant, selon elles, une panacée.

fois engagés sur la pente des excès, n'étant pas contenus par la pensée
d'un travail difficile, ils présentent un état stationnaire de l'intelligence,
sinon un abaissement rapide, comme cela arrive dans certains cas, et
qu'ensuite ils ne sont plus perfectibles et capables d'arriver à exécuter
des travaux nécessitant de l'adresse et du talent. Par suite des effets de
l'alcool, ils ne jouent bientôt plus que le rôle de machines et il devient
impossible de leur confier une occupation qui produise un salaire élevé.
Ce sont les ouvriers de ce genre qui introduisent frauduleusement le
plus de boissons alcooliques dans les ateliers (1).

On a prétendu avec raison (Liebig) que c'est une exception à la règle
quand un homme bien nourri devient buveur d'eau-de-vie. Les exceptions de ce genre sont fréquentes dans cette région; elles n'infirment
nullement ce que nous avons dit précédemment, mais fournissent simplement la preuve que l'alcoolisme gagne du terrain. Qu'il nous suffise
d'avancer quelques remarques concernant les mécaniciens et les chauffeurs, ceux-ci suivant facilement l'exemple de ceux-là plus élevés dans
la hiérarchie. Les mécaniciens des chemins de fer sont généralement
bien constitués et on les soumet du reste à une visite médicale minu-
tieuse avant de les admettre à remplir un poste si important. Ils sont
bien doués au point de vue de l'intelligence, gagnent de gros salaires
(environ 300 fr. par mois) et se nourrissent d'une façon très confortable.
Ils peuvent être considérés comme des ouvriers d'élite. Trop souvent
ils n'ont pas deux façons de combattre la chaleur et le froid. Ils ont soif
et boivent de l'eau-de-vie, et si malheureusement ils tombent dans
l'ivrognerie, leurs salaires leur permettent de la pousser jusqu'à des
limites très reculées. Emportant dans un panier, les provisions alimentaires nécessaires pour le voyage, ils peuvent y ajouter impunément et
sans craindre la surveillance, les liqueurs de leur choix. Ce sont très souvent du « jambinet », du rhum ou de l'eau-de-vie. La quantité est un
demi litre, un litre et même plus.

Le mécanicien partage avec son chauffeur les vivres et les boissons,
sur la machine, à des endroits déterminés et invariables. Arrivés à destination, les mécaniciens, les chauffeurs, les conducteurs de trains,
auront un lieu de rendez-vous, le café, où ils consomment quelquefois
du vin, le plus souvent des liqueurs fortes. C'est là, le verre à la main,
au milieu des tournées répétées qu'ils se diront adieu jusqu'au prochain
voyage qui les réunira. Dans les gares où plusieurs trains stationnent
ce sera encore de la même façon qu'ils se serreront la main. Les jours
de dépôt (2) on observe, vers onze heures du matin, un flot de mécaniciens et chauffeurs; tous envahissent les cafés du voisinage où ils con-

1. On est impressionné par l'odeur alcoolique que l'on perçoit en leur parlant
ou même en passant au milieu d'eux pendant les heures de travail.

2. On désigne ainsi les jours qui sont affectés au repos des mécaniciens. Ils ne
voyagent pas et occupent quelques instants à inspecter et à nettoyer leurs machines. Le dépôt est un endroit où l'on met à l'abri les machines qui ne sont pas en
circulation pour un motif quelconque.

somment les apéritifs ordinaires à ce pays : absinthe, bitter, etc. Les tournées au nombre de deux ou trois se succèdent rapidement. Il existe parmi eux un certain nombre d'alcooliques, mais ce sont des alcooliques gras, au moins tant qu'ils continuent l'exercice de leur profession. Nous croyons pouvoir attribuer cette différence qui les sépare des autres aux conditions spéciales où ils se trouvent : ils sont généralement d'une forte constitution, vivent et travaillent au grand air, ont une bonne alimentation, et ne se nourrissent pas d'eau-de-vie, si nous pouvons nous exprimer ainsi, comme certains autres ouvriers. De plus, ils boivent plus de vin que ceux-ci.

Si nous nous permettons de signaler l'alcoolisme dans cette classe d'hommes, c'est à cause surtout des formidables dangers qui peuvent en résulter pour la société. Les troubles de la vision, le tremblement des mains, les hallucinations des sens, le délire, etc., conséquences des excès alcooliques, tous ces désordres les rendent incapables de remplir leurs fonctions et il est très important de les constater en temps opportun. Malheureusement la soudaineté de leur apparition ne permet pas toujours d'éviter de graves inconvénients.

En décembre 1883, un mécanicien bien connu par son intempérance conduisait un train express sur la ligne de Cherbourg. Tout à coup, il fait stopper le train en rase campagne. Le chauffeur et le conducteur accourus en toute hâte se trouvent en présence d'un homme délirant et halluciné. Ce dernier voyait un château qui se dressait devant sa machine en travers de la voie. L'hallucination était si nette qu'il fut impossible de le dissuader.

Vers le 10 décembre 1884, le chauffeur M... dirigeait avec son mécanicien L...; un train de marchandises se rendant du Havre à Paris. A Bolbec-Nointot, le mécanicien confie la surveillance de la machine au chauffeur et se rend au café avec les conducteurs, profitant comme de coutume du stationnement plus ou moins long du train. Le mécanicien avait à peine quitté son poste, lorsque le chauffeur, pris d'un accès subit de folie, ouvre le régulateur, met le train en marche à toute vapeur et se couche sur le tablier de la machine. On lui fit de nombreux signaux d'abord à la gare d'où il partit, puis à la gare voisine qu'il traversa à toute vitesse ; bientôt la machine n'étant plus « alimentée », les organes de protection et de sûreté, les vis fusibles laissant échapper la vapeur, le train vint « mourir » aux abords de la gare d'Yvetot. Le chauffeur interrogé se montra indifférent à ce qui se passait ; il ne répondit que par un sourire stupide et des paroles incohérentes. Il n'avait plus conscience de ses actes, et fut reconnu atteint d'ivresse avec délire. On trouva le corps du délit, une bouteille d'eau-de-vie, vide en partie et cachée dans un coffre.

Un autre cas de folie alcoolique s'est manifesté en mars 1885, chez un mécanicien, le nommé V...

Pendant qu'il exécutait une manœuvre dans la gare du Havre, sans s'inquiéter des coups de « sifflets » ou sans en comprendre la signification, il emmène son train sur Harfleur, puis sur la section de Montvilliers où il fut arrêté par des agents.

Sur la section de Lillebonne à Beuzeville, puis plus tard sur celle de Beuzeville à Fécamp, un mécanicien, M..., était signalé pour ses irrégularités dans son service ; depuis longtemps et assez fréquemment il franchissait les gares sans s'y arrêter et par ce fait les plaintes s'accumulaient contre lui. Par suite de l'alcoolisme, ce mécanicien présentait un affaiblissement de l'intelligence, voisin de la démence ; et cet état s'étant aggravé, il a dû être révoqué de ses fonctions comme ne présentant plus des garanties suffisantes pour la sécurité générale. Les notes de ses dépenses qui s'élevaient à une moyenne de 180 francs par mois, dans un restaurant, étaient ainsi rédigées, 1er février... 2 litres de jambinet ; 28 février... 1 litre de rhum, etc...

Tout récemment encore le nommé G..., mécanicien, a été mis à la retraite pour troubles de la vision imputables à l'alcoolisme ; il était incapable d'observer les signaux.

Un autre mécanicien, S..., dut passer du service des trains de voyageurs, à celui des trains de marchandises ; atteint de tremblement nerveux d'origine alcoolique, il faisait manœuvrer d'une façon défectueuse le robinet à 3 voies ; de là des irrégularités dans la marche du train, qui souvent s'arrêtait même à un moment inopportun. Par égard pour les besoins de sa nombreuse famille, et son état morbide n'étant pas encore assez grave pour ne pas lui permettre de diriger un train à marche lente, on ne voulut pas lui retirer complètement ses fonctions.

Nous pourrions citer encore un nombre assez respectable de mécaniciens et chauffeurs qui, à cause de récidives d'ivresse, sont redevenus nettoyeurs, et qui par suite de l'affaiblissement intellectuel et moral qui était survenu, ne pouvaient plus être considérés comme responsables de leurs actes.

L'administration, il est vrai, use de mesures assez sévères à l'égard de cette catégorie d'employés très importants ; mais il lui est difficile d'exercer une surveillance suffisante sur ces agents qu'atteint la folie alcoolique d'une façon très souvent aussi rapide qu'imprévue.

L'ivrognerie exerce son empire de la façon la plus absolue sur une nombreuse catégorie d'individus ; nous voulons parler des ouvriers du port, des *soleils* ; c'est ainsi qu'on les appelle à Rouen. Dans leurs rangs, viennent prendre place toutes les épaves de la société : ouvriers chassés des ateliers à cause de leur inconduite, garçons boulangers, cochers, tanneurs, domestiques de ferme, employés de bureaux et demi-savants déclassés, etc., tous ceux, en un mot, que l'ivrognerie a mis dans l'impossibilité d'accomplir un travail régulier. Ils descendent par chutes successives et ne peuvent plus remonter le courant. Ce sont des ivrognes incorrigibles et incurables, telle est notre conviction. Parmi eux, l'on rencontre beaucoup de repris de justice, des vauriens de tout âge, qui ne laissent échapper aucune occasion de commettre des méfaits. Quelques-uns, le plus souvent issus de parents ivrognes (1), débutent très jeunes dans la carrière ; vagabonds précoces, soûteneurs de filles, ils n'ont jamais su que détrousser les passants et percer les barriques du quai ; ils ne sortent pas de la voie du cabaret ou de la prison. Ils commencent par où d'autres finissent, et ce sont les plus dangereux parce que leurs mauvais instincts ne sont contenus par aucun frein. Ils ne perdent pas le sens moral qu'ils n'ont jamais eu.

Si parmi les « soleils » un certain nombre sont mariés, il ne faut pas croire qu'ils se préoccupent de leur famille. Celle-ci est, le plus souvent, vouée à la misère la plus profonde, et les enfants à toutes les suites qu'elle entraîne. La plupart vivent en concubinage et changent plus souvent leurs femmes que leur linge ; sauf de rares exceptions, ils n'ont « ni feu ni lieu ».

En dehors des heures passées au travail ou au débit, ils errent dans les rues, cherchant un camarade qui leur paye « un verre » ou les « régale », grelottent sous leurs haillons en hiver, ou se couchent sur la terre en été, présentant au soleil leurs visages sales, maigres et hâlés. Quiconque a observé de près les ouvriers de cette classe, acquiert la certitude qu'ils ne vivent, qu'ils ne travaillent que pour boire, et accessoirement pour manger juste autant qu'il est nécessaire pour ne pas mourir de faim.

Ce n'est pas sans répugnance et surtout sans une certaine appréhension que nous avons fréquenté les bouges où ils se réunissent, de même que ce n'est pas sans intérêt que nous avons vu leur manière d'être, assisté à leurs travaux, visité les garnis où ils s'entassent, étudié, en un mot leurs habitudes, leur vie. Ils nous ont presque toujours laissé l'impression d'hommes rabougris, affectés de vieillesse anticipée et que tuent le travail, la misère et surtout l'alcool. Certains, les charbonniers, sont, à leurs heures, de rudes travailleurs à qui il faut du courage, des muscles et des poumons. Occupés à décharger le charbon des navires, ils grimpent à une échelle s'étendant presque verticalement de la cale jusque sur le pont, traversent une planche étroite et courent sans cesse, malgré la charge énorme de 45 kilogrammes sur les épaules. Ils travaillent ainsi pendant 10 heures et gagnent de 7 à 12 francs par jour ; quelquefois même, suivant les circonstances, ils font ce qu'on appelle des heures supplémentaires, la nuit, et reçoivent un salaire d'un franc par heure. La plupart sont âgés de 25 à 35 ans ; sur dix, cinq ont une femme ou un ménage et mènent une vie à peu près régulière : comme nous le voyons, ce sont les ouvriers du port les plus sérieux. Ils se nourrissent assez bien, et mangent de la viande. Dans le courant de la journée, ils boivent du café, au cabaret, cinq fois environ et chaque fois avec 10 ou 20 centimes d'eau-de-vie. En outre, au moment de leur travail, une femme passe auprès d'eux toutes les heures, et leur sert à chacun du café et de l'eau-de-vie

____

1. On sait combien il est fréquent de rencontrer des dégénérés, des fous moraux même, chez les descendants d'ivrognes.

mélangés, pour une somme de 5 ou 10 centimes. Si, pendant le jour, ils sont relativement assez sobres, ils se « grisottent » tous un peu le soir, et quelques-uns dévorent en eau-de-vie, jusqu'à leur dernier sou. L'eau-de-vie paraît leur être indispensable, d'autant plus qu'ils ne connaissent pas l'usage du vin. L'alcool les excite momentanément, et leur permet de supporter les fatigues de leur rude travail. Leurs forces s'épuisent néanmoins rapidement, et les plus fortement constitués ne peuvent se livrer que quelques années à ce genre de labeur. Les charbonniers travaillent « à la tâche » et généralement toute la journée, à partir de 7 heures du matin; mais les ouvriers du port dont nous allons parler, c'est-à-dire ceux de la grande et [de la petite carue, ne travaillent qu' « à l'heure ».

Ceux-ci sont constitués par un ramassis d'ivrognes, tous incapables de contracter un engagement pour travailler une journée entière, soit parce qu'ils ne le veulent pas, soit que leurs forces ne le leur permettent pas. On y voit des individus de tout âge : jeunes gens maladroits, s'occupant quelques heures et passant le reste du temps à vagabonder; adultes paresseux ou abrutis, vieillards rabougris qui épuisent ce qui leur reste de forces. Leur salaire est de 5 à 7 sous par heure, à la grande carue et 8 au plus à la petite. Ils forment souvent la chaîne et se jettent de la main à la main les marchandises que la grue va chercher au fond des navires. Ils font non seulement le déchargement des bateaux, mais encore le chargement, ce dernier surtout pour ceux qui remontent la Seine et se dirigent sur Paris.

Les femmes avec lesquelles vivent ces ouvriers, confectionnent des sacs où l'on met du café ou d'autres produits; elles gagnent très peu, et 78 centimes par jour constituent, pour elles, une bonne journée.

Quand un genre de travail les ennuie, on les voit demander leur salaire au bout d'une et quelquefois de deux heures, se retirer et chercher à un autre bateau un travail plus agréable ou plus facile; quelquefois même ils se retirent au bout d'une demi-heure et, dans ce cas, ne sont pas payés, ce qui est à l'avantage du chef d'équipe qui les dirige et les surveille. Celui-ci est le plus souvent un homme vigoureux, brutal et doué d'un grand sang-froid; toujours prêt à recevoir un coup, il sait en rendre deux au besoin, et exploiter ses mercenaires. Les « malins » parmi les ouvriers de la carue recherchent surtout ce qu'ils appellent les « corvées » (1) pour lesquelles ils se constituent entrepreneurs. Dès qu'ils ont trouvé une corvée à faire, ils s'adressent à leurs camarades, les racolent dans la rue, sur les places, au débit, leur payent un ou plusieurs petits verres d'eau-de-vie et les entraînent au travail, usant, pour cette seule circonstance, de tous les moyens que leur fournit leur rhétorique. De cette façon, quand le hasard les favorise, ils gagneront

1. Le maître d'un bateau qui a hâte de s'éloigner et à qui il reste encore à opérer une partie du chargement ou déchargement, alloue une somme convenue à un ouvrier qui se charge d'exécuter ou de faire exécuter le travail nécessaire : c'est la corvée.

souvent jusqu'à deux francs par heure. Nous verrons comment ils savent manger ou plutôt « boire » leur salaire de la journée qui s'élève parfois jusqu'à 12 et même 15 francs.

Il arrive souvent qu'à la carue le travail ne « va pas », c'est-à-dire qu'il y a peu de travail ou qu'il est trop peu rétribué ; alors on voit quelquefois de ces malheureux qui ont erré toute la journée, arriver jusqu'à 4 heures de l'après-midi sans avoir pu offrir un aliment à leur estomac. Aiguillonnés par la faim, ils s'agitent, recherchent et acceptent un travail quelconque, car il faut manger au moins un peu de pain le soir. Ils ont pu faire une bonne journée la veille, mais leur fortune est leur insouciance, c'est là un des points saillants du caractère de ces ivrognes ; et tout est englouti au jour le jour et même à l'heure l'heure, si nous pouvons nous exprimer ainsi (1).

Les quatre-cinquièmes au mo'ns des soleils ne prennent aucune nourriture le matin, l'autre cinquième se contente d'un morceau de pain de deux sous.

Le repas de midi se compose pour les plus belles fortunes « d'une portion de quatre sous » qui n'est autre chose que du ragoût, ou d'une « demi-portion », ou bien d'un peu de charcuterie, de deux sous de pain, un sou de fromage et un sou de cidre faible. D'autres n'ont que du pain et un hareng saur. Ceux qui n'ont pas travaillé sont obligés de vivre d'abstinence, à moins qu'un camarade ne leur offre la pâture, ce qui est encore assez fréquent. A quatre heures, les chefs d'équipe leur accordent une demi-heure pour faire une collation, laquelle se compose simplement d'un sou de café et deux sous d'eau-de-vie, rarement d'aliments proprement dits. Le repas du soir présente à peu près le même confortable que celui de midi : deux sous de pain et un sou de boisson en font souvent tous les frais.

Dans une certaine mesure, la quantité d'aliments est proportionnelle à l'argent qui leur reste. Le débit absorbe leur salaire au fur et à mesure qu'ils le reçoivent et souvent ils ne sont pas plus riches le soir que le matin ; cela est vrai pour les ouvriers de la grande et surtout de la petite carue auxquels on fait plusieurs distributions d'argent dans la journée.

Abstraction faite des charbonniers qui travaillent une journée entière, la plupart n'ont pas de domicile ; même parmi les premiers, il en est quelques-uns qui se trouvent dans l'impossibilité de s'offrir le luxe d'un lit après la soirée. Ils couchent les uns sous les ponts, d'autres sous les bâches et dans les wagons qui avoisinent le quai, se roulant pendant l'hiver dans les sacs : en été, ils se rejettent dans les prairies qui avoisinent Rouen, où on les trouve par bandes de 40 à 60, enfouis dans les tas de foin.

Remarquons que, dans ces conditions, quelques-uns s'endorment dans

1. Ils ne respectent rien, aucune autorité. Pourtant le garçon du débit, qui est le dispensateur du trois-six, est pour eux l'objet d'un culte, d'une sorte de vénération. Ils l'appellent « not' maître ». Ils appellent de même celui qui leur « paye à boire ».

le sommeil éternel : l'alcool et le froid rendent facilement compte de ce genre de mort.

Ceux à qui il reste quatre sous trouvent facilement un abri pour la nuit. En effet, ils ont leurs hôtels où ils peuvent coucher pour cette somme.

Groupés au nombre de huit à dix dans des chambrées étroites, ils ont un lit composé de trois planches fixées sur deux tréteaux, une paillasse, des draps sales et une couverture.

L'air est très insuffisant dans ces sortes de dortoirs. Avant que la main des démolisseurs eût atteint et déblayé une partie du quartier Martainville, ils se logeaient à meilleur marché encore. Ainsi, rue du Chaudron, se trouvait un hôtel qui était le modèle du genre. Dans leur « argot », ils l'intitulaient « hôtel de la puce qui renifle », et le prix de la nuit était deux sous. Les chambres occupaient deux étages, avaient chacune 5 mètres de long, 4 de large et 2 mètres 50 environ de haut, et contenaient 12 personnes. C'est là que les soleils grouillaient dans leur vermine, dans leurs vomissements et quelquefois leurs déjections pendant toute une nuit, et d'où ils sortaient dévalisés par leurs camarades quand ils y étaient entrés dans un état d'ivresse trop prononcée. Là, aussi, plus d'un a trouvé la mort dans le coma, tué par l'alcool et par l'air confiné, infect, méphitique qu'on y respirait.

Tous ceux qui les connaissent savent jusqu'à quel point les hôtes de ces taudis, ou de ceux du même quartier, hôtes dont la profonde dégradation physique égale une dégradation morale non moins profonde, ont été décimés par la dernière épidémie de choléra qui a sévi à Rouen.

La nuit, ils pouvaient à leur aise vomir, s'entr'égorger, râler, mourir; car, la chambre remplie, personne n'en sortait, personne n'y pénétrait, la porte étant solidement fermée jusqu'au lendemain.

Le matin, à une heure déterminée, on chassait les clients et l'un d'eux, qui avait gratuitement le lit et le couvert, était chargé d'enlever les ordures de toutes sortes qui inondaient le plancher.

Du reste, tout était sinistre dans cet hôtel, depuis la porte étroite de l'entrée, où ne pouvait s'introduire qu'une seule personne à la fois, et l'escalier obscur, muni d'une corde faisant office de rampe, jusqu'à la physionomie du maître de la maison, qui percevait ses deux sous par un guichet et repoussait impitoyablement et énergiquement les plus braves lorsqu'ils se présentaient les mains vides (1).

Depuis que le prix du coucher s'est élevé de deux à quatre sous, ils se plaignent beaucoup, et le nombre de ceux qui passent la nuit sans abri a considérablement augmenté.

D'autres soleils, presque des aristocrates, se logent, à raison de deux francs par semaine payés d'avance, dans ce qu'ils appellent des « garnos »; mais si, après sept jours, ils n'ont pu renouveler le payement, ils trouvent la porte de leur chambre fermée avec deux crampons.

1. La porte était étroite à dessein, car cela permettait au logeur de n'avoir jamais à lutter qu'avec un seul homme à la fois.

Nous avons hâte de dire quelques mots des débits dont ils sont les habitués, et de leur manière de s'y comporter (1).

Les soleils fréquentent un peu tous les bouges si nombreux qui se trouvent dans le voisinage du quai, dans les faubourgs et dans les vieux quartiers de Rouen ; mais celui qu'ils préfèrent entre tous est situé non loin du port, presque au milieu de la ville, rue de la Savonnerie. Dans celui-là, ils se sentent chez « eux » et y passent une bonne partie de leur temps. Le trois-six dont ils s'abreuvent est aussi inépuisable que leur soif est inextinguible ; ils y mangent souvent, s'y chauffent quelquefois des demi-journées, même lorsqu'ils ne consomment rien, s'ils sont connus et « raisonnables ». Si on veut les voir aux prises avec le petit verre, c'est là qu'il ne faut pas craindre de les suivre, de boire et même de converser avec eux. Dans ce cas, on ne peut se défendre d'un sentiment étrange où l'étonnement se mêle à la tristesse, à la vue d'un si grand nombre d'êtres humains qui s'intoxiquent librement et dans une large mesure, s'abêtissent profondément, livrés, sans merci, à une passion qu'une volonté affaiblie est incapable de réfréner.

Ab uno disce omnes... Le débit dont nous parlons ouvre ses portes à quatre heures et demie du matin en été, et à cinq heures en hiver. Il est rare qu'au bout d'une demi-heure il ne soit pas rempli (2). La circulation y est active : ce sont d'abord les ouvriers ordinaires, qui prennent un ou deux petits verres de genièvre et se rendent à à leur travail : le genièvre est de mode actuellement ; puis les ouvriers du port qui demandent un ou deux quarante (3) quand ils ont six sous d'économie sur le salaire de la veille ; aux premiers, on sert de l'eau-de-vie dans des ver-

1. A Rouen et dans les environs, les cabarets sont très nombreux et augmentent de jour en jour. Nous connaissons une rue où, sur cent cinquante maisons environ, presque toutes à un étage, on rencontre soixante-quinze débits. En 1884, il n'y en avait que soixante-huit. Dans cette région, il n'est pas un épicier, un marchand de légumes, etc., qui ne vende à boire. C'est chez ces derniers surtout que les femmes s'alcoolisent. En achetant, pour quelques sous de légumes ou d'autres choses, elles saisissent l'occasion de boire discrètement et à la hâte, un ou deux petits verres d'eau-de-vie, et cela plusieurs fois dans la journée. D'autres fois elles en emportent, qu'elles dissimulent sous leurs provisions. Si nous en croyons le docteur Baer, de Berlin, le nombre des aliénés est en proportion presque directe du nombre des cabarets ou des débits d'eau-de-vie en détail (Congrès International de 1878, page 169.) La même connexité a été observée entre le nombre des suicides et celui des débits d'eau-de-vie. Si ces conclusions, auxquelles nous ne trouvons rien d'étrange, sont exactes, elles indiquent naturellement un moyen de s'opposer aux progrès de l'alcoolisme, et même de le faire rétrograder.

2. Ce débit représente une salle rectangulaire allongée : approximativement treize mètres de longueur, cinq de largeur et trois de hauteur. Un comptoir est situé à chaque extrémité, et, de chaque côté, des bouteilles multicolores et crasseuses, des tonneaux empilés les uns sur les autres, deux becs de gaz, un poêle constituent tout le mobilier ordinaire. Sur un mur se trouve une peinture assez remarquable, représentant des navires et le port de Rouen. Une extrémité de la salle aboutit à une rue, l'autre à une place où il y a peu de circulation. Sur l'un des côtés se trouve une petite rue qui est, tous les jours, le théâtre de scènes répugnantes.

3. Un quarante est un petit verre d'eau-de-vie à 2 fr. le litre ; il contient un vingtième de litre.

res « à la renache », c'est-à-dire des verres à parois épaisses et à fond conique ; les seconds n'admettent par ces trompe-l'œil ; ils s'irritent, en veulent pour leur argent et disent que les verres à la renache sont bons pour les « caleux » (1). S'ils ne possèdent qu'un sou, ils se contentent d'une « petite bonne », c'est-à-dire d'un petit verre d'un sou. Quelques-uns s'offrent le luxe du fochsiné, c'est-à-dire d'une eau-de-vie à 2 fr. 50 le litre, qui ne diffère de l'autre que par son degré alcoolique plus élevé (2). On sait que presque tous les ivrognes traitent, par l'ingestion d'eau-de-vie, la plupart des accidents morbides si nombreux dont ils sont victimes le matin : ceux dont nous parlons arrivent au débit tourmentés par la céphalalgie, les crampes d'estomac et la sécheresse de la gorge, blêmes, étourdis, titubant, flageolant sur leurs jambes ; tout leur corps est endolori ; ils se donnent de l'entrain en se conformant à la règle générale.

A 6 heures et demie, ils vont se faire embaucher pour les travaux sur le port. Souvent on leur distribue 50 centimes prélevés sur le salaire de la journée qui va commencer et à 7 heures le débit se remplit une seconde fois. A ce moment ils prennent un sou de café et deux sous d'eau-de-vie, doublent et triplent souvent cette ration (3).

La moitié environ des ouvriers de la grande et de la petite carue viennent encore passer dix minutes au débit entre 9 et 10 heures et demie sans changer la nature de leurs consommations : café et eau-de-vie. Ils y restent peu de temps, parce que ce moment compte comme heure de travail.

A midi tous ceux qui travaillent à l'heure demandent et reçoivent un franc. Quatre à sept sous sont dépensés pour la nourriture et le reste pour le café (4) et surtout pour l'alcool (5). Entre une heure et deux heures, le bouge est évacué de nouveau ; mais entre 3 heures et demie et 4 heures, ils se font donner 10 sous comme le matin, et l'on assiste à une nouvelle pérégrination au comptoir de zinc. Alors, ils prennent « un bon coup de

1. Paresseux.

2. Le Fochsiné tire son étymologie du nom du chien de la maison.

3. Au comptoir, les paroles consacrées sont : « un deux », cela veut dire un sou de café et deux sous d'eau-de-vie.

4. Dans le Calvados, où l'on consomme peut-être autant et plus d'eau-de-vie que dans la Seine-Inférieure, mais où la fraude est plus grande, à Caen, par exemple chaque individu fait accompagner son café d'une ou plusieurs « demoiselles ».

Une « demoiselle » est une petite bouteille d'eau-de-vie de cidre contenant un décilitre.

5. Ils mangent au débit, qui est absolument encombré ; l'on installe contre un des murs des tables provisoires, jusqu'à 2 heures. Pour donner une idée de la confiance que l'on peut avoir en leur moralité, nous ferons remarquer qu'ils vont acheter les aliments dans un restaurant voisin, et qu'on leur prête une assiette en leur faisant déposer un sou comme garantie ; il en est de même pour la fourchette et la cuiller. Cette pratique est suivie dans plusieurs autres débits que nous avons fréquentés. Aux alentours du débit dont nous parlons se tient leur marché surtout aux heures des repas ; c'est là que des femmes vendent le poisson, le fromage, les fruits en été, etc., les atignolles. De temps en temps, elles vont au comptoir absorber quelques petits verres d'eau-de-vie.

café bien consolé » et vont ensuite s'adonner à leur monotone labeur, jusqu'à la fin du jour. Alors un certain nombre d'entre eux ingèrent un ou plusieurs apéritifs, bitter, vermout, absinthe, phonsot, etc. (1).

Si nous nous en rapportons à ce que nous avons observé, nous dirons que parmi les consommateurs d'apéritifs, *les buveurs d'absinthe nous ont toujours paru plus misérables, plus maigres, plus étiques que les autres.*

Le repas du soir, comme celui du matin, est réduit à sa plus simple expression.

On voit quelquefois de ces ivrognes faire de l'eau-de-vie une boisson de table ; l'un d'eux, par exemple, qui portait le surnom mérité d'Hercule, buvait à chaque repas un ou deux grands verres d'eau-de-vie. Cet homme, d'une constitution remarquablement vigoureuse, tomba, vers 48 ans, dans un état de décrépitude effrayant. Il pouvait à peine marcher et se tenir debout ; il ne mangeait presque plus, puis il eut une toux fréquente et opiniâtre, des crachats abondants ; il entra à l'hôpital et mourut. Ce sort est du reste celui de la plupart de ces malheureux. Ceux que n'emporte pas une mort accidentelle ou violente, forment une grande partie de la clientèle des hôpitaux où ils succombent dans un âge relativement peu avancé. C'est à eux que le célèbre chirurgien Flaubert, qui connaissait déjà très bien leurs habitudes, administrait l'alcool dans une large mesure, ne voulant pas avec raison les sevrer de leur excitant habituel, alors qu'ils étaient malades dans son service. Leur genre de vie, les phénomènes morbides qu'ils présentaient, les faisaient considérer par cet habile praticien comme des malades spéciaux, qu'il fallait conséquemment traiter d'une façon aussi toute spéciale.

Pour le repas du soir, on installe au débit, des tables provisoires, comme à midi ; les gobelets dans lesquels on leur sert du cidre sont remplis à l'avance, le nombre des clients étant connu presque exactement. A ce moment, la cohue est tellement considérable, qu'il serait impossible de faire le service de la maison s'il n'était pas très bien organisé. Ceux qui ne mangent pas, viennent y prendre leur soi-disant café.

L'affluence est telle qu'il est souvent difficile d'y pénétrer (2) ; il en est

1. Phonsot est dérivé d'Alphonse, prénom du débitant ; il rappelle le goût du bitter, mais est plus amer et surtout plus alcoolique ; il est composé d'un produit chimique ajouté à l'alcool. Il est vendu 3 sous le petit verre. Au début, le débitant en fabriquait 10, 15 ou 20 litres à la fois ; actuellement, c'est par mille litres qu'on le prépare. Un des fils de la maison, qui buvait 7 ou 8 petits verres de Phonsot a succombé à l'âge de 22 ans, probablement de phtisie. On boit le Phonsot, coupé d'eau et le plus souvent pur.

2. A certains jours la cohue est plus grande que d'habitude ; nous pouvons citer tout particulièrement le jour de la fête patronale du débitant et aussi de son fils, où chaque client reçoit 4 sous, le premier jour de l'an où l'on sert gratuitement un petit verre à chaque individu présent, ce qui n'empêche pas de faire 800 francs environ ; l'Épiphanie, où il est distribué à chaque habitué, *suivant ses mérites,* 1 2 litre d'eau-de-vie, un litre de rhum ou de cognac, ou bien, même quelquefois, un bocal de prunes macérées dans l'eau-de-vie. A cette époque, c'est-à-dire le 7 janvier, l'encombrement est vraiment indescriptible , ils sont perchés les uns sur les épaules des

ainsi jusqu'à 10 heures du soir, et le nombre des retardataires est encore assez respectable jusqu'à minuit ou minuit et demi. Que l'on pénètre dans le débit pendant ces longues heures de la soirée, on se sent suffoquer sous l'influence d'un air chaud et profondément vicié ; l'odeur qui se dégage de l'alcool avec ses impuretés et du corps de tous ces individus sales et crasseux produit une impression très désagréable.

Cette atmosphère confinée contribue dans une large mesure à altérer la santé de ceux qui y séjournent ; c'est ainsi que les garçons, hommes grands et robustes, ne peuvent, en général, travailler plus de deux ans dans le débit (1) ; il est vrai qu'ils ont des fatigues excessives, mais ils commettent peu d'excès alcooliques. La pâleur blême de leurs visages tranche d'une singulière façon, avec la teinte bronzée, noire, poudreuse de leurs clients. Ceux-ci eux-mêmes présentent quelque chose de particulier dans leur physionomie, lorsque leurs yeux enfoncés dans l'orbite lancent sur vous, de tous les coins du débit, des regards inquisiteurs, où tout d'abord on surprend facilement une expression de défiance.

A ce moment, c'est-à-dire entre 6 heures et 8 heures du soir, il règne dans le débit de l'animation et une activité dévorante (2). Les « soleils » ont quelque argent, et les « un deux, les quarante » paraissent et dispa-

autres. Ces habitudes existent pour beaucoup de débits et tout particulièrement pour l'un d'eux qui est, pour les femmes, le pendant de celui dont nous parlons pour les hommes.

Dans la soirée et dans la nuit les rues sont encombrées de personnes des deux sexes qui se cramponnent à une rampe ou autre chose d'une main, et de l'autre tiennent la bouteille à la bouche ; souvent aussi elles s'épuisent en efforts de vomissements.

Dans le débit des soleils, il est rare qu'on ne voit pas chaque soir 7 ou 8 femmes soûles, abruties, ne se parlant pas, fixées dans un coin comme des statues, les plus ivres soutenues par les autres qui leur servent de piliers de temps en temps ; elles vont chercher un verre d'eau-de-vie au comptoir, en disant quelquefois : « Ah ! mon Dieu qu'elle est mauvaise, *donnez-moi-z-en encore un verre.* » Les soleils sans travail peuvent rester toute la journée au débit, même sans boire, à la condition d'être calmes. Dans ce cas, ils extorquent un verre à leurs camarades occupés, de sorte qu'à la fin de la journée, ils ont bu beaucoup plus que ceux-ci. Dès qu'ils ont vidé le verre qui leur a été offert, ils disent souvent : « Ah ! en v'la encore un d'étouffé. »

1. Un garçon de 20 ans, d'une belle santé, d'une constitution athlétique, fait le service pendant dix-huit mois, et tombe malade ; huit jours après, il était mort. Un autre, bien constitué, comme le premier, y reste deux ans et meurt après dix jours de maladie. Nous pourrions multiplier ces exemples. La plupart, au bout d'un certain temps, perdent l'appétit et les forces, et présentent une toux de mauvais augure ; tous offrent une pâleur livide de la face. Lorsqu'ils ne quittent pas la maison en temps opportun et qu'ils succombent rapidement, il est probable qu'ils sont enlevés par la phtisie aiguë. Remarquons que chez ces individus tous très vigoureux, la tuberculose est acquise de toutes pièces et dans un bref délai.

2. On voit quelquefois le garçon porter à chaque instant la main à son mouchoir sans avoir le temps d'en faire usage, pendant une demi-heure et plus. Le prix qu'atteint la vente en deux heures est de 150 à 170 fr. obtenus avec la somme des petits verres à deux sous ou des cafés avec l'eau-de-vie, à trois sous. Nous devons en déduire le prix des boissons emportées qui, relativement aux boissons consommées sur place, constituent une quantité assez minime. Deux garçons et quelquefois trois suffisent au travail.

raissent comme par enchantement. Il est curieux de les voir porter le verre à leurs lèvres, l'avaler d'un seul trait (1) et terminer cette opération par un léger hochement de tête, signe de bonheur et de satisfaction. Plus tard dans la soirée, ils vident leurs verres moins rapidement et prolongent leurs moments de plaisir ; toutes les demi-heures environ, ils demandent une « consommation ».

Leur attitude dans la rue offre quelques particularités ; ils marchent habituellement à pas lents et mal assurés, leurs genoux s'entrechoquent quelquefois, la tête est légèrement inclinée en avant et sur le côté, les mains dans les poches, ou appliquées sur le ventre, la partie supérieure du corps déviée à droite ou à gauche. Il en est ainsi, même en dehors de l'état d'ivresse ; on décèle facilement chez eux la parésie musculaire. Leur ivresse elle-même n'est pas ce que l'on pourrait appeler l'ivresse normale. La période de gaieté loquace, d'excitation, fait le plus souvent défaut ; celle de perversion est assez rare, mais quand elle existe, elle est terrible, et les collisions sont meurtrières : ils se mordent comme des fauves et le sang coule à flots. Ordinairement la période ébrieuse est caractérisée par une profonde hébétude qui survient d'emblée, puis par la perte plus ou moins complète de l'intelligence, du sentiment et du mouvement. L'embarras de la parole est très prononcé et l'articulation des mots presque impossible. Non seulement il y a du trouble des idées, mais celles-ci font encore souvent défaut, et plusieurs individus boivent ensemble pendant longtemps sans s'adresser une parole. L'équilibration est profondément atteinte et l'ivrogne est comme assommé, si nous pouvons parler ainsi, aussi bien au point de vue psychique que somatique. Cette ivresse abrutissante, que l'on rencontre si fréquemment, n'a pas sa cause principale dans les conditions particulières des sujets qui la subissent, mais dans la nature de l'eau-de-vie qu'ils consomment. En effet, nous n'avons jamais pu absorber trois petits verres d'eau-de-vie, dans les bouges de Rouen, sans ressentir une constriction des tempes, de l'étourdissement, de l'hébétude, de la faiblesse dans les jambes et une certaine difficulté de la station et de la marche. Les effets persistaient encore le lendemain, où nous éprouvions une fatigue inaccoutumée, du malaise, de l'anorexie et de la céphalalgie.

M. le docteur Chambard, qui a bien voulu nous accompagner quelquefois dans nos pérégrinations, partage notre avis à cet égard et a reconnu chez lui les mêmes symptômes ; il a mis à notre disposition son talent d'observation et sa sagacité ordinaire, aussi nous ne saurions trop le remercier de son concours intelligent.

Ces effets se sont manifestés chez nous, alors même que nous avions pris notre repas. Dans certains débits, un seul petit verre pris à jeun a provoqué chez nous des douleurs dans la région de l'estomac et des coliques qui ont duré deux heures environ. Ces douleurs étaient accompa nées d'un sentiment de faiblesse et d'étourdissement et nous n'avons

---

1. Le liquide, disent-ils, coule comme de l'huile, tout se tient.

pu manger que six heures après environ. Plusieurs fois nous avons répété ces expériences, et les résultats ont toujours peu varié (1).

Nous n'aborderons pas l'étude si difficile et si complexe des impuretés que contiennent les eaux-de-vie du commerce, surtout celles qui sont débitées à Rouen et dans les environs ; nous dirons seulement que la plupart des eaux-de-vie à bas prix ont un goût âcre, qu'elles produisent rapidement la sécheresse de la gorge. Dans certains débits de Rouen, on vend des eaux-de-vie contenant des alcools, mauvais goût de tête, où l'on trouve de l'aldéhyde (2) et de l'éther acétique et une certaine quantité d'alcool propylique. Là, on ne permet pas aux clients de s'asseoir et on les pousse à la porte dès qu'ils ont pris un ou deux petits verres d'eau-de-vie, afin d'éviter les manifestations que produit l'infernale boisson. C'est surtout dans le quartier Martainville et rue Malpalu que l'on vend ces mauvaises eaux-de-vie. Nous devons avouer qu'en s'en rapportant à la simple dégustation, l'eau-de-vie du débit fréquenté par les soleils est encore une des moins mauvaises, eu égard à son prix, et comparativement à celle des bouges du même genre (3). L'alcool propylique. même à la dose de 3 1/2 à 4 pour 100, est difficile à déceler à la dégustation ; il donne surtout aux eaux-de-vie plus de montant (Isidore Pierre).

1. Les habitudes d'ivrognerie diffèrent peu dans la plupart des villes de la Seine-Inférieure, telles que le Havre, Dieppe, Elbœuf, etc., et même Lillebonne. Dans cette dernière, par exemple, qui n'est pourtant qu'un petit centre, la consommation d'alcool pur par habitant a été, en 1870, de 19 litres 81. Au Havre, les ouvriers inférieurs, ceux du port, boivent des mélanges infects d'eaux-de-vie diverses qu'ils appellent « vapeurs et demi-vapeurs ». A Dieppe, le Polet, quartier de pêcheurs, est remarquable par l'usage abusif de l'eau-de-vie, aussi bien chez les femmes et les enfants que chez les hommes. Là, les méfaits de l'alcool ne sont peut-être pas proportionnés à l'abus qu'on en fait, grâce au genre de vie de ces sujets. Pourtant il est notoire qu'au Polet, comme ailleurs, la race vigoureuse des pêcheurs s'étiole, s'abâtardit.

2. D'après M. Dujardin-Beaumetz la dose toxique de l'aldéhyde est 1 gramme à 1 gr. 25, et celle de l'éther acétique 4 grammes.

Les moyens physiques ou chimiques employés pour obtenir des alcools dits bon goût, sont nombreux ; la rectification et la désinfection des flegmes sont des opérations difficiles et coûteuses. Dans l'industrie, les alcools obtenus sont toujours impurs et d'autant plus qu'ils proviennent de matières premières inférieures telles que : betteraves, pommes de terre, grains, mélasses, marcs de raisin, etc., que les rectifications sont moins nombreuses et par conséquent que la valeur vénale de l'eau-de-vie est moins élevée. Un des meilleurs procédés industriels serait l'oxydation convenablement dirigée suivie, d'une rectification par les appareils à colonnes. Signalons une curieuse application de l'électricité : l'hydrogénation des flegmes au moyen du couple zinc-cuivre et dans certains cas leur oxydation puis leur rectification dans les appareils à colonnes.

D'après M. Naudin, chimiste, ce procédé, suivi à la distillerie de Bapeaume-les-Rouen, serait supérieur à tous les autres (*Désinfection des alcools mauvais goût par l'électrolyse des flegmes*, par M. Laurent Naudin, chimiste. Paris. Gauthier-Villars, imprimeur-libraire, quai des Augustins, 55, 1881.

3. On vend, dans cette région, sous le nom de fil, de l'eau-de-vie de meilleure qualité, ou plutôt d'un degré alcoolique plus élevé que celle qu'on consomme ordinairement. D'après les débitants, le fil serait du cognac. On demande au débit du fil en quatre, ou du fil en six, c'est-à-dire à 4 ou à 6 sous le petit verre. Dans les cabarets de bas étage on ne trouve que du fil en quatre.

En présence de l'eau et de l'alcool, l'aldéhyde subit des transformations parmi lesquelles se trouvent des produits excessivement poivrés et des substances colorées.

M. Rabuteau signale dans les mauvais goûts de tête des produits gazeux plus ou moins toxiques et dans les mauvais goûts de queue, la présence des alcools propylique, butylique et amylique (1), du valérianate d'éthyle, de l'acétate d'amyle et des produits innominés et bouillant au delà de 136°. Dans les alcools artificiels du commerce on trouve encore la métaldéhyde, l'acétate de butyle (2), les butyrates d'éthyle, de butyle et d'amyle, les valérianates de butyle et d'amyle, etc. On pourrait ajouter encore le formiate d'éthyle avec lequel on fait le rhum artificiel (3). D'après l'auteur précipité, ce produit provoquerait le tremblement des lèvres et des mains. L'acétate de méthyle se rencontre dans les alcools auxquels on a ajouté de l'alcool méthylique. M. Rabuteau a établi dans les alcools du commerce la présence de trois autres produits, en quantité variable : les alcools butylique normal, amylique secondaire et isopopylique : « C'est ce « dernier qui donne en partie eaux eaux-de-vie débitées presque partout, « cette saveur plus chaude ou plus brûlante que celle des bonnes eaux- « de-vie de vin et à laquelle succède une saveur fade » (Rabuteau).

Personne n'ignore que l'eau-de-vie de vin devient une rareté ; du reste si l'on veut savoir quelle est la nature des boissons consommées dans le public, il suffit de jeter un coup d'œil sur la production des alcools en France. On verra que l'alcool de vin est tombé rapidement du premier au dernier rang ; comme l'a démontré M. Lunier, il n'est pas douteux que l'alcoolisme a suivi une progression inverse, c'est-à-dire, qu'il est devenu un fléau plus général à mesure que les eaux-de-vie de betteraves, grains, mélasse, etc., sont entrées davantage dans la consommation. La France a produit par an, de 1840 à 1850, 715.000 hectolitres d'alcool de vin, de 1858 à 1867, 548.185 hectolitres ; en 1875 530.000 ; en 1880, 22.062 ; et en 1883, 14,678 hectolitres (4). La production des alcools de mélasses a été de 40.000 hectolitres, de 1840 à 1850 ; de 260.943 hectolitres, de 1858 à 1867 ; de 650.000, en 1875 ; de 685.000, en 1880 ; de 750.637, en 1883, celle des alcools de betteraves a été de 500 hectolitres, de 1840 à 1850 : de 270.802 hectolitres, de 1858 à 1867 ; de 396.000, en 1875 ; de 430.000, en 1880 ; et 629.908, en 1883 ; celle des alcools de grains et de matières amylacées a

1. L'alcool amylique est excessivement dangereux. M. Dujardin-Beaumetz fixe sa dose toxique à 1, 70 à l'état pur et M. Rabuteau estime qu'il est 30 fois plus toxique que l'alcool éthylique. « Sur les 2 milliards de litres d'alcool de grains, de betteraves et de pommes de terre qui sont versés dans la population, il y a de 60 à 100 millions de litres d'impuretés. L'alcool amylique forme parfois les deux tiers de ces impuretés. » Rabuteau. Congrès international de 1878.

2. L'acétate de butyle donne aux eaux-de-vie leur coloration jaunâtre plus ou moins foncée.

3. On ajoute quelquefois de l'acide sulfurique à l'eau-de-vie pour éthériser une partie de l'alcool et lui donner le bouquet des vieilles eaux-de-vie.

4. La population de Rouen étant de 106.000 habitants environ, on y consomme beaucoup plus d'eau-de-vie qu'il n'est fabriqué d'eau-de-vie de vin dans toute la France, puisque la consommation par habitant oscille autour de 17 litres d'alcool.

été de 36.000 hectolitres, de 1840 à 1850 ; de 57.213, de 1858 à 1867 ; de 100.000, en 1875 ; de 412.000, en 1880, et de 562,967, en 1883 ; celle des alcools de cidres, marcs, fruits, a été de 100.000, de 1840 à 1850 : de 100,000 hectolitres, de 1858 à 1867 : de 187,000 hectolitres, en 1875 ; de 21.314, en 1880 ; et de 39.000, en 1883. Les eaux-de-vie de pommes de terre renferment presque toute la série des alcools et des acides gras, et contiennent en outre, une huile essentielle particulière, qui paraît un poison violent (1).

Nous croyons utile d'indiquer, pour chaque département, la consommation, par habitant, d'alcool absolu. Le tableau que nous allons présenter montrera en quelque sorte la répartition de l'alcoolisme dans les divers points du territoire français.

QUANTITÉS IMPOSÉES PAR DÉPARTEMENT ET PAR HABITANT EN 1884

1° Seine-Inférieure, 13, 4 ; 2° Somme, 9, 8 ; 3° Calvados, 8,7 ; 4° Aisne, 8,5 ; 5° Eure, 8,4 ; 6° Oise, 8,1 ; 7° Pas-de-Calais, 7,7 ; 8° Eure-et-Loir et Marne, 6,8 ; 9° Seine-et-Oise, 6, 7 ; 10° Seine et Manche, 6,6 ; 11° Seine-et-Marne, 5,8 ; 12° Finistère, Mayenne, 5,7 ; 13° Orne, 5,5 ; 14° Ardennes, 5,3 ; 15° Nord, 4,6 ; 16° Ille-et-Vilaine, Sarthe, 4,5 ; 17° Vosges, 4,3 ; 18° Aube, Bouches-du-Rhône, Meuse et Haut-Rhin, 4,1 ; 19° Rhône, 3,7 ; 20° Meurthe-et-Moselle, 3,6 ; 21° Côtes-du-Nord, Maine-et-Loire et Var, 3,4 ; 22° Doubs, 3,3 ; 23° Loire-Inférieure, Loiret et Morbihan, 3,2 ; 24° Côte-d'Or, Gironde et Haute-Marne, 3,1 ; 25° Pyrénées-Orientales, 3,0 ; 26° Jura, Loire et Haute-Saône, 2,8 ; 27° Loir-et-Cher, 2,7 ; 28° Indre, 2,4 ; 29° Allier, Drôme, Indre-et-Loire et Isère, 2,3 ; 30° Ardèche, Cher, Hérault, Vaucluse et Yonne, 2,1 ; 31° Alpes-Maritimes et Saône-et-Loire, 2,0 ; 32° Basses-Alpes, Hautes-Alpes, Gard, Nièvre, Basses-Pyrénées, Deux-Sèvres et Haute-Vienne, 1,9 ; 33° Cantal et Vienne, 1,8 ; 34° Creuse, Lot et Puy-de-Dôme, 1,7 ; 35° Ain, Dordogne, Haute-Garonne, Haute-Loire et Vendée, 1,6 ; 36° Charente-Inférieure et Tarn, 1,5 ; 37° Charente, Lot-et-Garonne, Hautes-Pyrénées et Tarn-et-Garonne, 1,4 ; 38° Aveyron, 1,3 ; 39° Ariège, Aube, Corrèze et Lozère, 1,2 ; 40° Savoie, 1,1 ; 41° Landes, 1,0 ; 42° Gers, 0,7 ; 43° Haute-Savoie, 0,6.

1. Communication de M. Ch. Girard à la Société de médecine publique. Séance du 28 octobre 1885. Voir la *Revue scientifique*, numéro du 5 décembre 1885.

M. Girard indique en outre les formules usitées pour la préparation des bouquets de rhum et de cognac ; quant aux bouquets fins, dit-il, ils se préparent avec un mélange d'acide cyanhydrique, d'aldéhyde, d'acide benzoïque et de cyanure de phényle. L'Allemagne envoie chaque année en France de 35 à 40 millions de kilogrammes d'alcools.

Par l'examen de ce tableau, nous voyons d'abord que la Seine-Inférieure occupe de beaucoup le premier rang, ensuite que les pays où l'on fabrique du cidre et de la bière sont aussi ceux où l'on boit le plus d'eau-de-vie. C'est que ces boissons ne réchauffent pas comme le vin, à moins d'être absorbées en grande quantité. Si l'on remarque que le vin est cher, qu'il est souvent frelaté, l'on comprendra jusqu'à un certain point que l'on s'adresse à l'eau-de-vie pour se procurer la stimulation, le soi-disant bien-être qui résultent de l'usage des boissons fermentées.

Pour la Normandie et la Seine-Inférieure en particulier (1), n'oublions pas que l'humidité du climat est un facteur que l'on ne saurait négliger. Nous devons aussi tenir grand compte, pour l'explication de ces faits indéniables, de l'ignorance, des préjugés et des habitudes contractées.

Nous avons déjà dit que le nombre des débits est considérable ; il a augmenté en 6 ans d'une façon sensible.

La population de la Seine-Inférieure est de 814.000 habitants environ ; il y avait dans le département en 1878, 10.857 débits ; en 1879, 10.930 ; en 1880, 11.037 ; en 1881, 11.226 ; en 1882, 11.614 ; en 1883, 12.002 (2). Nul doute qu'il existe là encore une cause puissante d'alcoolisme.

Les chiffres indiquant la consommation d'alcool sont fournis par la statistique officielle. Ils sont nécessairement au-dessous de la réalité. Si nous en croyons une pétition présentée à M. le ministre du commerce, le 6 février 1886, par le syndicat central du commerce en gros des liquides du département de la Seine-Inférieure, et demandant la suppression du privilège des bouilleurs de cru, 2.000.000 d'hectolitre d'alcool échappent chaque année aux droits perçus par la régie. Ils se répartissent ainsi : 1° entrée frauduleuse par les vins étrangers ; 500.000 hectolitres ; 2° bouilleurs de cru et de profession, distillation frauduleuse et clandestine : 500.000 hectolitres ; 3° distillation des cidres en 1883 : 500.000 hectolitres ; 4° alcool pris en charge et disparu : 200.000 hectolitres ; 5° alcools distillés en fraude et consommés à l'état d'alcool en dehors de la région des cidres : 500.000 hectolitres ; 6° vinage, inconnu. Nous voulons bien admettre que ces données ne représentent que des valeurs approximatives ; mais, il est bien certain que dans la Seine-Inférieure, et plus encore, dans l'Orne, la Manche, le Calvados, le Finistère, la Sarthe, la Mayenne, les pays à cidre en un mot, le privilège accordé aux bouilleurs de cru favorise l'alcoolisme.

Voici maintenant quelques renseignements que croyons intéressants et qui ont trait à l'alcoolisme au point de vue légal dans l'arrondissement de Rouen.

1. A Rouen, en 1882, il a été consommé par habitant 58 litres de vin, 121 litres de cidre, 16 de bière et 17 d'alcool, ce qui fait en eau-de-vie à 45°, 37 l., 8 environ ; de sorte que, par rapport au vin, l'eau-de-vie consommée représente approximativement les deux tiers.

2. D'après ces chiffres, nous trouvons un débit pour 67 habitants.

Nous avons pu consulter le compte rendu de l'Administration de la justice criminelle pour ce qui concerne le ressort du tribunal de première instance de Rouen (1), et relatif à l'année 1884.

Nous y trouvons les renseignements suivants qui sont relatifs à l'alcoolisme.

Il y a eu 113 morts accidentelles, 98 hommes et 15 femmes ; 2 survenues chez des hommes reconnaissaient comme cause directe l'abus des boissons. On a signalé 101 suicides ou tentatives de suicide : 17 ont eu lieu chez les femmes, 84 chez les hommes. Chez ces derniers, 16 ont reconnu comme cause les accès d'ivresse et l'ivrognerie habituelle ; la proportion est donc de plus d'un cinquième. Sur les 17 suicides qui se sont produits chez les femmes, 3 ont reconnu comme cause l'ivrognerie habituelle et les excès d'ivresse. C'est à peu près la même proportion que chez les hommes ; elle tend même à être dépassée et se trouve être de 5,6 approximativement. Quant à la proportion générale pour les hommes et pour les femmes, elle est de 5,3.

Si nous passons maintenant à l'état des affaires des prévenus jugés, soit contradictoirement, soit par défaut par le tribunal correctionnel, en tenant compte des décisions de la Cour d'appel, nous trouverons, en examinant la nature des délits, que celui de l'ivresse publique (Loi du 23 janvier 1873, articles 2, 6 et 7), a donné lieu à 176 affaires. Le nombre des prévenus a été le même, se décomposant en 154 hommes et 22 femmes.

9 hommes étaient âgés de 16 à 21 ans, 145 de plus de 21 ans ; toutes les femmes avaient plus de 21 ans : 172 ont été condamnés à l'emprisonnement, 4 seulement à l'amende ; 96 étaient interdits des droits mentionnés à l'article 42 du Code pénal ; il y en a eu 128 en faveur desquels les circonstances atténuantes ont été admises. En outre, ces affaires ont donné lieu à 1628 francs de frais. Quant à la loi du 17 juillet 1880, qui a trait aux cabarets, elle a donné lieu à 5 affaires comprenant 5 prévenus, tous de plus de 21 ans. Il y a eu 1 condamnation à l'emprisonnement, 4 à l'amende et un prévenu a vu admettre en sa faveur les circonstances atténuantes.

Nous allons maintenant examiner quel a été le nombre des prévenus poursuivis pour ivresse en même temps que pour d'autres délits :

1° Par infraction au ban de surveillance, 2 sur un nombre de 44 prévenus.

2° Vagabondage : 4 sur 163 prévenus.

3° Mendicité : 5 sur 423 prévenus.

4° Rébellion : 42 sur 56 prévenus.

5° Outrages et violences à magistrats ou à fonctionnaires 108 : sur 261 prévenus.

6° Coups et blessures volontaires : 18 sur 318 prévenus.

1. Population de l'arrondissement de Rouen : 286. 815 habitants.

7° Outrage public à la pudeur : 15 sur 81 prévenus dont 10 hommes et 5 femmes.

8° Vol : 20 sur 842.

9° Destruction du clôtures (art. 456 du Code pénal), 81 sur 84 prévenus.

10° Usurpation de fonctions : 1 sur 5 prévenus.

Il y a donc eu 248 prévenus sur 2.274 qui ont été poursuivis pour ivresse en même temps que pour d'autres délits, soit le huitième ; il est plus probable dans bon nombre de cas, que l'état anormal dans lequel se trouvaient les prévenus a été pour beaucoup dans la production de certains délits ; notons principalement de rébellion (42 sur 56 prévenus), les outrages et violences à magistrats ou à fonctionnaires (105 sur 261 prévenus), la destruction des clôtures (31 sur 84), l'outrage public à la pudeur (15 sur 81 prévenus) et l'usurpation des fonctions (1 sur 5 prévenus) ; l'ivresse, qui surexcite les forces physiques et qui altère les facultés intellectuelles (1) pousse, en effet, trop souvent à la rébellion ; elle ne connaît pas d'obstacles (bris de clôtures), rend batailleur, favorise les rixes, et parfois même, suivant ses degrés, elle se traduit par une excitation génésique des plus marquées, donnant raison au proverbe : *Sine Baccho friget Venus* (outrages publics à la pudeur).

Si nous examinons maintenant l'état des affaires jugées par les tribunaux de simple police, nous voyons qu'en ce qui concerne la sûreté et la tranquillité publiques, il y a eu 1.909 inculpés pour ivresse manifeste (loi du 23 janvier 1873) ; 807 jugements ont été rendus contradictoirement, et 1.087 l'ont été par défaut, tous ces jugements, soit 1.894, ont été rendus à la requête du ministère public, 4 inculpés seulement ont été acquittés ; dans aucun cas le tribunal ne s'est déclaré incompétent.

1.643 ont été condamnés à l'amende seulement et 262 à l'emprisonnement.

Le nombre des jugements susceptibles d'appel, en vertu de l'article 172 du Code d'instruction criminelle (2) a été de 270 : il y a eu deux procès-verbaux classés sans suite.

Observations. — Le nombre des prévenus en récidive correctionnelle s'est élevé de 112 en 1883 à 176, mais le nombre des condamnés pour contravention d'ivresse connexe à un délit s'est abaissé de 284 à 243.

Comme l'a dit M. le professeur Ball, l'alcool est très nuisible aux gens qui ne peuvent le supporter. La résistance à l'action nocive de l'alcool est, en effet, variable suivant les individus, les époques et suivant les peuples.

1. Rappelons que le deuxième degré de l'ivresse a été appelé la période du crime. Dans la pratique ordinaire, la loi n'est appliquée que d'une façon très incomplète ; c'est ainsi qu'habituellement les agents de l'autorité n'arrêtent que l'ivrogne tapageur.

2. Art. 171. Les jugements rendus en matière de police pourront être attaqués par la voie de l'appel, lorsqu'ils prononceront un emprisonnement, ou lorsque les amendes, restitutions et autres réparations civiles excéderont la somme de 5 francs, ou tre les dépens.

ASILE SAINT-YON (femmes)

ANNÉES.	NOMBRE des admissions pendant chaque année, déduction faite des transférées.	NOMBRE des malades atteintes d'alcoolisme.	PROPORTION pour 100.
1861	140	14	10 »
1862	131	13	9.9
1863	203	11	5 »
1864	182	8	4.4
1865	185	10	5.4
	841	56	6.6
1866	190	12	6.3
1867	207	9	4.2
1868	202	11	5.4
1869	193	15	7.7
1870	173	13	7.5
	905	60	6.2
1871	190	14	7 »
1872	210	11	5 »
1873	305	17	8.2
1874	200	15	7.2
1875	183	18	9.6
	1603	75	7.4
1876	179	19	10.6
1877	200	21	10.2
1878	234	20	8 »
1879	199	23	11 »
1880	185	24	13 »
	907	107	10 »
1881	192	32	16 »
1882	207	26	12.2
1883	177	17	9 »
1884	204	20	9.5
1885	180	24	12.3
	960	119	12 »

ASILE PUBLIC D'ALIÉNÉS DE QUATRE-MARES (hommes

ANNÉES.	Nombre de malades admis déduction faite des transférés.	Alcooliques.	p. 100.	Nombre des malades pour lesquels il n'y a pas de renseignements.	Reste.	p. 100 réel.
1861	193	74	38.3	5	188	39.3
1862	190	66	34.7	17	173	38.1
1883	172	53	30.8	16	156	33.9
1864	172	53	30.8	13	159	33.3
1865	179	64	35.7	10	169	37.8
	906	310	34.2	61	845	36.6
1866	167	86	51.4	2	165	52.1
1867	145	68	46.8	5	140	48.5
1868	184	106	57.6	5	179	59.2
1869	181	92	50.8	19	162	56.7
1870	173	114	65.8	19	154	74 »
	850	466	54.8	50	800	58.2
1871	161	73	45.3	4	157	46.4
1872	183	69	37.7	17	166	41.5
1873	184	59	32 »	66	118	50 »
1874	158	66	41.7	56	102	64.7
1875	189	80	42.3	30	159	50.3
	875	347	39.6	173	702	49.4
1876	218	106	48.6	42	176	60.2
1877	175	82	46.8	24	151	54.3
1878	192	93	48.4	40	152	61.1
1879	228	112	40.1	2	226	49.5
1880	212	92	43.4	3	209	44 »
	1.025	485	47.3	111	914	53 »
1881	192	79	41.1	24	168	47 »
1882	151	59	39 »	22	129	45.7
1883	163	63	38.6	24	139	45.3
1884	176	71	40.3	27	149	47.6
1885	199	74	37.1	48	151	49 »
	881	346	39.2	145	736	47 »

Nos pères étaient moins impressionnables que nous sous ce rapport : ils avaient, il est vrai, des boissons moins frelatées.

« L'exagération de l'activité du système nerveux chez les modernes « et son instabilité consécutive sont évidemment la raison principale « de cette intolérance » (1) (Ball). C'est pourquoi, de nos jours, l'alcool est, au point de vue étiologique, un des facteurs les plus importants de l'aliénation mentale.

Il résulte de l'examen de ce tableau que la folie par suite d'alcoolisme est des plus fréquentes dans la Seine-Inférieure ; cette fréquence concorde avec les chiffres de la consommation de l'alcool, ce poison de l'intelligence, comme l'a si bien appelé M. Charles Richet (2).

CONCLUSIONS

1o L'alcool pris journellement en excès produits des lésions très nombreuses et très importantes sur l'organisme et spécialement sur le système nerveux.

2o Les habitudes du pays sont très défectueuses au point de vue de l'hygiène (eau-de-vie prise le matin à jeun, trou normand, etc...) ; le café sert de véhicule à l'eau-de-vie et loin de combattre l'alcoolisme, il ne fait que contribuer à son extension.

3o Par suite de l'ignorance des parents, les enfants sont élevés d'une façon déplorable : dès la naissance on leur donne des boissons fermentées dont la quantité augmente avec leur croissance ; dès le bas âge, on leur donne même de l'eau-de-vie ; ces pratiques augmentent leur mortalité et leur font contracter des habitudes qui, plus tard, les prédisposeront à l'ivrognerie.

4o Les ouvriers des deux sexes des campagnes et surtout des villes ont une nourriture insuffisante parce que la plus grande partie du salaire qui devrait être consacrée à l'alimentation, est employée pour l'achat de plusieurs rations journalières d'eau-de-vie, à tel point que certains d'entre eux y dépensent les trois quarts de leur gain : de la misère de logement et misère d'alimentation.

1. *Leçons sur les maladies mentales*, p. 613.
2. *Les poisons de l'intelligence*, par M. Charles Richet. Cet auteur qualifie ainsi l'opium, le haschich, l'éther, l'alcool, le chloroforme.
Peut-être y aurait-il moins de cas de folie alcoolique, s'il existait en France des hôpitaux d'ivrognes ; Brulh-Cramer réclamait déjà, il y a plus de soixante ans, la fondation d'établissements spécialement consacrées aux dipsomanes et aux ivrognes. Ce n'est qu'en 1854 qu'a été fondé, à New-York, le premier établissement de ce genre sous le nom de *United States Inebriate Asylum*. M. Foville conteste les avantages de ces sortes d'asiles, tels qu'ils existent en Amérique et en Angleterre.

5° L'alcoolisme qui se rencontre dans une certaine classe d'individus (mécaniciens, chauffeurs, employés de chemins de fer), présente des dangers très sérieux pour la société.

6° La coutume des apéritifs qui est très répandue dans la plupart des classes est essentiellement nuisible ;

7° La fréquence des fêtes (assemblées, etc.), plus nombreuses qu'ailleurs, est une occasion d'excès alcooliques.

8° Dans la plupart des débits, les alcools sont de mauvaise qualité et produisent une ivresse dangereuse, abrutissante, qui conduit rapidement à l'alcoolisme chronique. Les alcools consommés couramment, sont généralement tirés d'une toute autre matière que le vin ; c'est pour cela qu'ils sont si pernicieux et qu'ils produisent si rapidement l'intoxication (loi de Rabuteau, expériences de Dujardin-Beaumetz et Audigé). L'eau-de-vie de cidre ne fait pas exception à la règle.

9° La vente chez les débitants, de tabac, légumes, ou objets de consommation indispensables, tels que : épicerie, faïence, verrerie, mercerie, etc., est une grande occasion d'excès alcooliques pour les femmes : l'alcoolisme chez la femme est la ruine de la famille ;

10° Les débits sont trop nombreux eu égard à la population ;

11° Dans la moitié environ des cas d'aliénation mentale (hommes), les excès alcooliques jouent le rôle de cause efficiente.

L'alcoolisme constitue un fléau contre lequel il est urgent de lutter sans merci, fléau bien redoutable au triple point de vue physique, social et économique ; car, non content de frapper l'ivrogne de déchéance physique et intellectuelle, il le poursuit encore dans sa descendance à laquelle il imprime un cachet morbide tout particulier, s'attaquant surtout au système nerveux et il compromet ainsi les forces vives du pays; c'est ce qu'on avait bien compris, du reste, en votant, au lendemain de nos désastres, la loi pour la répression de l'ivresse. Il appartient donc aux législateurs de ne tolérer que l'usage des eaux-de-vie de vin, ou à leur défaut, des alcools bien rectifiés ; de favoriser, en les exonérant de l'impôt, l'usage des boissons fermentées naturelles, comme le vin, le cidre, la bière et de supprimer le privilège de cru ; d'exécuter avec rigueur les lois contre l'ivresse ; de s'opposer à l'ouverture de nouveaux débits et enfin, de répandre à profusion des données claires et pratiques sur l'usage et l'abus des boissons alcooliques en insistant particulièrement sur leur extrême nocuité pour l'enfance.

PROCÈS-VERBAUX DES SÉANCES

CONSEIL D'ADMINISTRATION

SÉANCE DU 6 JUILLET 1887

Présidence de M. Dujardin-Beaumetz.

La séance est ouverte à 4 heures 1/2. Membres présents : MM. Arband, Audigé, Blache, Charpentier, Cruet, Decaisne, Dujardin-Beaumetz, A. Duverger, Fitreman, Gibert, Meige, Mesnet, Motet, de Nervaux, Robÿns, Thierry-Mieg, Vidal.

M. le Secrétaire Général procède au dépouillement de la correspondance qui, outre les publications ordinairement envoyées en échange à la Société, comprend :

1° Une lettre de M. Marambat qui demande à la Société de mettre à sa disposition cent exemplaires de son Mémoire couronné.

2° Une lettre du Dr Bourgeois qui réclame, pour le compléter, le mémoire qu'il a adressé pour le concours pour le *Livre des Mères*. Après quelques observations échangées entre MM. Duverger, de Nervaux, le Secrétaire Général et le Président, le Conseil décide que le travail de M. Bourgeois lui sera renvoyé, à la condition qu'il s'engage par lettre à le rendre à la Société.

3° Une lettre du directeur de la maison centrale de Lambessa (Algérie) qui remercie la Société des récompenses adressées à des personnes de son établissement.

M. Parpaite, directeur de la maison centrale de Lambessa, est nommé membre associé, n° 2194. MM. Sthal, Simonet et Lesage sont nommés membres titulaires de la Société. M. Paquot exprime le désir de faire partie de la Société et réclame les statuts, qui lui seront adressés.

Mme X... soumet à la Société une pétition contre l'ivrognerie, qu'elle désire adresser à la Chambre des députés et pour laquelle elle demande le patronage de la Société. Le Conseil, après examen de cette pétition, ne croit pas pouvoir l'appuyer.

M. le Secrétaire Général communique enfin une lettre de Mme Lunier qui, en souvenir de son mari, propose de donner une somme de mille francs pour fonder un prix qui serait décerné en 1889. Une commission composée de MM. Vidal, Cruet, Mesnet, Charpentier et de Nervaux, sera chargée de désigner le sujet de ce prix et les mémoires devront être adressés avant le 1er janvier 1889.

Sur la proposition de M. le Secrétaire Général, le Conseil délègue M. Robÿns pour représenter la Société au Congrès de Zurich.

M. le Secrétaire Général est, sur sa demande, autorisé à remettre à M. Robÿns une somme de 100 francs à affecter à la distribution en province des récompenses accordées cette année.

M. Duverger soumet au Conseil le projet d'une lettre que le bureau devra adresser au Ministre des finances pour demander que dans tous les lieux où cela sera possible, il soit interdit d'adjoindre aux débits de tabac des débits de boissons. Après quelques observations de M. Vidal, le Conseil décide que cette lettre sera renvoyée à l'examen de la Commission de législation. M. Vidal sera adjoint à cette Commission.

M. Blache donne communication d'un rapport au nom de

la commission des fonds et archives. Les propositions de
ce rapport sont adoptées.

M. Duverger se demande s'il n'y aurait pas un moyen de
rattacher à la Société les Sociétés coopératives de Chauny
en leur défendant la vente des boissons alcooliques. Ce serait
là, dit-il, un exemple à donner aux autres sociétés coopératives.

M. le Président prie M. le Secrétaire Général de vouloir
bien demander à ces Sociétés dans quelles limites elles pourraient proscrire les boissons alcooliques, telles que eau-de-
vie, rhum et liqueurs.

M. Robÿns demande que M. Arband, membre du Conseil,
lui soit adjoint pour le recouvrement des cotisations pour
l'année 1887. Sa proposition est adoptée.

La séance est levée à 5 heures 35.

COMMISSION DES FONDS ET ARCHIVES

RAPPORT DE M. LE Dr BLACHE
14 juin 1887

Présents : MM. les docteurs Dujardin-Beaumetz, Président
de la Société ; Motet, Secrétaire Général ; Mesnet, Blache et
Robÿns, Trésorier.

MM. Van den Dorpel et Thierry-Mieg se sont excusés par
lettre.

M. le Secrétaire Général expose que sur la somme de
17.391 francs qui doit être remboursée à M. Robyns, d'après
compte en date du 31 décembre 1885, il a été recouvré jusqu'au 13 juin 1887 une somme de 2.006 fr. 20 par encaissements effectués sur les cotisations arriérées conformément
au tableau ci-après :

Encaissements effectués sur l'arriéré du 31 décembre au 13 juin 1887

ANNÉES	20	19.20	10	9.60	6	1	Bon Conseiller	TOTAL	
								Fr.	c.
1880	»	»	2	»	»	»	»	20	»
1881	1	»	2	»	»	6	3	42	»
1882	3	3	4	3	»	15	4	209	40
1883	6	2	8	3	»	26	7	307	20
1884	10	2	9	3	1	100	10	613	20
1885	14	3	22	3	»	189	19	814	40
TOTAL.	40	10	47	12	1	336	43	2006	20

Par application du contrat intervenu le 4 mai 1886 entre
la Société et M. Robÿns, il y a lieu d'employer comme suit la
dite somme de 2.006 fr. 20 :

1.500 francs à déduire de la dernière annuité des cotisations, c'est-à-dire, de celle qui échoit le 30 juin 1891 ;

500 fr. 20 imputables en provision sur l'annuité échéant le
30 juin 1890.

D'autre part et toujours en exécution du contrat du
4 mai 1886, la Société sera en mesure de payer à M. Robÿns
au 30 juin 1.887, la somme de 1.500 francs stipulée par le dit
acte.

Après le prélèvement de cette somme sur les recettes de
l'exercice, il restera encore un excédent de. 1.664 fr. 90
qui, joint aux ressources suivantes :

Cotisations de province	1.118	»
Cotisations de Paris	680	»
Associés réduits	800	»
Probabilités, livrets	100	»
Formera un total de	4.362	90

Or, le budget des dépenses pour l'exercice 1887, y compris les frais de loyer, de bureau, d'impressions, de récompenses accordées par la Société etc., etc., ne s'élève qu'à 3.769 fr. 49. C'est donc un boni probable de 593 fr. 50 sur lequel M. le Secrétaire Général propose de prélever la somme de 100 fr. qui, jointe à celle de 400 francs spontanément offerte par de généreux donateurs, forme les 500 francs applicables aux frais de voyage de M. Rob‟ns. Les tournées que notre Trésorier veut bien faire en province pour distribuer les récompenses à nos lauréats, sont d'un excellent effet moral et d'une utilité très pratique. Elles valent toujours à notre Société des adhésions nouvelles. C'est la meilleure de toutes les publicités. Les journaux de province donnent aux séances de distribution des récompenses un retentissement dont l'Œuvre bénéficie.

La Commission, à l'unanimité, approuve les comptes et les propositions qui précèdent.

SÉANCE EXTRAORDINAIRE DU 30 AOUT 1887

Présidence de M. le Dr DUJARDIN-BEAUMETZ

M. le Président. — Messieurs, vous avez été réunis extraordinairement sur la convocation de M. le Secrétaire Général pour réparer une omission bien involontairement commise par le Conseil. Vous vous souvenez que dans la séance du 6 avril 1886, M. Philbert, notre collègue, nous annonça que M. le Pasteur Rouville laissait à la Société Française de Tempérance un legs de mille francs. Nous n'avons pensé qu'à une chose, remercier la famille du généreux donateur; nous acceptions avec empressement cette libéralité, mais cette acceptation n'a pas été sanctionnée par un vote du Conseil.

Notre inexpérience nous a fait commettre la même omission à propos du legs de mille francs que nous a laissé M. le Dr Bourdin. Aujourd'hui, le Conseil d'Etat nous demande la copie de nos procès-verbaux, relative aux délibérations du Conseil. Nous ne pouvions lui fournir que la manifestation de nos sentiments de reconnaissance.

Notre réunion a pour but de réparer ces omissions, en conséquence je mets aux voix:

1° L'acceptation, par le Conseil de la Société Française de Tempérance, du legs de mille francs, que lui a laissé par son testament, M. le Pasteur Rouville.

A l'unanimité, le legs de M. le Pasteur Rouville est accepté.

2° L'acceptation par le Conseil de la Société Française de Tempérance, du legs de mille francs, que lui a laissé, par son testament, M. le Dr Bourdin.

A l'unanimité le legs de M. le Dr Bourdin est accepté.

M. le Secrétaire Général est chargé de transmettre à M. le Préfet de la Seine, pour être soumise au Conseil d'Etat, une copie certifiée par lui conforme, de la présente délibération.

L'ordre du jour étant épuisé, la séance est levée.

Ont signé:

Président d'honneur. — M. Jules Bergeron.

Président. — M. le Dr Dujardin-Beaumetz.

Vice-président. — M. E. Vidal.

Secrétaire Général. — M. le Dr A. Motet.

Secrétaire Général adjoint. — M. le Dr Decaisne.

Secrétaire des Séances. — M. le Dr Audigé.

Trésorier. — M. Jules Robÿns.

MM. Arband, Bartaumieux, Dr Blache, Dr Bouchereau, Dr Cruet, Dubost, Dr Magnan, Dr Mesnet, membres.

SOCIÉTÉ COOPÉRATIVE DE CONSOMMATION DE LA MANUFACTURE DE SAINT-GOBAIN.

Bilan au 31 décembre 1886.

ACTIF.			PASSIF.		
Marchandises					
en magasin.	61.655	34	Capital.....	39.800	»
Immeuble...	2.844	95	Réserve....	4.041	05
Débiteurs...	5.510	03	Fact. à payer.	26.169	27
	70.010	32		70.010	32

Bénéfices répartis...... 25.150 83

Ventes de 1886.		
Pain......	57.734	40
Viande....	19.496	65
Poissons...	9.631	60
Épicerie....	180.399	25
Tissus.....	56.877	90
Pommes à cidre		
(à terme)...	29.706	25
	352.046	05

Les frais généraux s'élèvent à .... 13.769 fr. 10 Soit 3.91 0/0.

Répartition des bénéfices.

8 0/0 aux acheteurs sur achats, déduction faite du vin, des pommes et de la viande....	23.600	90
20/0 sur achat. de viande..	389	93
Gratifications.	1.160	»
	25.150	83

Nombre de souscripteurs..... 266
Nombre de livrets d'acheteurs... 534

SOCIÉTÉ COOPÉRATIVE DE CONSOMMATION DES ÉTABLISSEMENTS DE CHAUNY.

Bilan au 31 décembre 1886.

ACTIF.			PASSIF.		
Marchandises			Fact. à payer.	2.404	27
en magasin.	195.276	66	Mandats en circu-		
Matériel. . . .	4.972	60	lation. . . .	386	80
Débiteurs . . .	54.982	73	Capital souscrit		
			et versé. . .	79.225	»
	195.231	99	Réserve. . . .	14.908	55
	100.811	97	Intér. dus aux		
			souscript . .	3.887	35
Bénéfices nets.	94.420	02		100.811	97

Les ventes de 1886 sont éle- vées à :			Les frais généraux s'élèvent à . . . . . . 38.768 97 soit 4,46 0/0 du montant des ventes.		
Pain.	169.492	30			
Viande	182.576	60	*Répartition des bénéfices.*		
Charbon. . . .	34.226	40	10,5 0/0 aux acheteurs		
Boissons. . . .	69.046	45	sur 843.247 10	88.540	95
Épicerie. . . .	196.764	30	Gratificat. au		
Tissus.	191.141	05	personnel .	2.310	»
Pommes à cidre			Réserve . . .	3.569	10
(à terme). .	25.380	10		94.420	02
	868.627.	20			

Nombre de souscripteurs.   433
Nombre de livrets d'acheteurs. 1610

SÉANCE DU 9 NOVEMBRE 1887

Présidence de M. le Dr DUJARDIN-BEAUMETZ

La séance est ouverte à 4 heures 3/4.

Membres présents à la séance :

MM. Audigé, Bartaumieux, Dujardin-Beaumetz, Blache, Crnot, Duverger, Fitreman, Guignard, Meige, Motet, Philbert, Richard (du Cantal), Robÿns, Van den Dorpel, Vaney.

M. le Secrétaire Général procède au dépouillement de la correspondance qui comprend, outre les publications envoyées, en échange à la Société, des lettres de MM. de Nervaux, Vidal et Gibert qui s'excusent de ne pouvoir assister à la séance. M. le Secrétaire Général communique au Conseil la lettre suivante de M. Ad. Frentz :

Bruxelles, le 29 octobre 1887.

Monsieur le Trésorier de la Société Française de Tempérance.

Nous vous avons adressé les trois numéros parus du Journal que nous avons créé, et venons solliciter l'échange de nos publications.

Espérant continuer, comme par le passé, nos bons rapports de confraternité, nous vous prions, Monsieur et cher confrère, d'agréer l'expression de nos sentiments dévoués.

Le Directeur : AD. FRENTZ.

Le Conseil accepte cette proposition et decide que les *Bulletins* de la Société Française de Tempérance seront désormais échangés avec la *Gazette du Brasseur.*

M. Bourgeois a renvoyé, après en avoir pris copie, le manuscrit qui lui avait été confié temporairement.

Le Secrétaire Général fait connaître en outre que pendant les vacances, plusieurs membres du Conseil se sont réunis extraordinairement, le 30 août, chez M. le Président et ont signé l'acceptation de legs fait à la Société par M. le Pasteur Rouville et M. le Dr Bourdin, et donne lecture du procès-verbal qui est adopté.

M. le Secrétaire Général rend compte de la décision de la Commission de législation au sujet de la lettre que M. Duverger proposait d'adresser au Ministre des Finances pour lui demander d'interdire à certains débits de tabac la vente des boissons alcooliques. La Commission est d'avis d'attendre, pour formuler une demande, le résultat des travaux de la Commission extraparlementaire des alcools.

M. Georges Genreau est nommé membre de la Société, sur la présentation de M. Duverger. M. Robÿns présente 18 sociétaires dont l'adhésion est acceptée par le Conseil (Nos 2196 et 2223).

M. Robÿns présente le rapport sur ses voyages en province pour la distribution des récompenses et rend compte de l'accueil qui lui a été fait dans différentes villes.

DISTRIBUTION DES RÉCOMPENSES EN PROVINCE

J'ai commencé, Messieurs et chers Collègues, mes pérégrinations pour la distribution des récompenses en province par le Havre, Rouen et le Mans ; ensuite je me suis rendu à Alençon, où je n'ai pu distribuer les récompenses, les Instituteurs n'avaient pas été prévenus ; de là, je me suis rendu à Rennes, à Mayenne et à Landerneau.

A Redon, je fus agréablement surpris de trouver mon portrait encadré au milieu de fleurs et de drapeaux, dans une des salles de la gare de Redon, toute pavoisée en l'honneur de la Société française de Tempérance.

Puis je me rendis à la Roche-sur-Yon, après avoir remis les récompenses à la gare de Nantes ; de là, j'allai à Laval et à Chartres.

Je rentrai à Paris pour repartir immédiatement pour Boulogne-sur-Mer, où je trouvai aussi une réception préparée avec tout le confort que permettait l'installation de la gare, et après avoir distribué les récompenses à Dunkerque et à Lille, je me rendis à Vieux-Condé, pour remettre aux ouvriers de la maison Ernest Dervaux, où je fus très bien accueilli, malgré l'absence du chef de l'établissement, les récompenses qui leur étaient destinées ; la cérémonie se fit à la Mairie, et je dus promettre de venir un dimanche, l'année prochaine, s'il y avait de nouveaux lauréats, afin de donner plus de solennité à la distribution des récompenses.

Le lendemain, je donnai les récompenses à l'hôtel de ville de Valenciennes, sous la présidence de M. Debaralle, Adjoint au Maire, qui a bien voulu s'inscrire parmi les membres associés pour donner le bon exemple. M. Debaralle, dans une improvisation chaleureuse, a dit que chaque jour on s'intéresse davantage à la question de l'alcoolisme, et avec raison, car l'alcoolisme exerce de grands ravages, et il faut délibérément lui faire la guerre, en vue d'élever la moralité et d'augmenter le bien-être de l'ouvrier.

A une telle campagne, tous devraient prêter leur concours sans hésitation, a-t-il ajouté. Et il n'est personne qui ne soit en situation de le faire, car il suffit parfois d'un conseil donné à propos, d'une remontrance amicale adressée à qui met le pied sur la pente de l'alcoolisme, pour le retenir.

M. Debaralle a dit qu'une mesure prise déjà, à son instigation, dans quelques ateliers, de payer aux ouvriers le salaire de leur quinzaine le jeudi ou le vendredi, au lieu du samedi, a donné de bons résultats. La femme peut alors, grâce à l'argent reçu, faire ses provisions plus facilement le samedi ; en rentrant ce soir-là, le mari trouve la maison en ordre et le repas préparé ; il est ainsi retenu au foyer, tandis que, souvent, aujourd'hui, il est poussé au cabaret tant par la pénurie qu'il trouve au logis que par l'argent qu'il se sent en poche la veille d'un jour où le travail ne le réclamera pas de bon heure. M. Debaralle a donc conseillé aux ouvriers mêmes de demander à leurs patrons le changement du jour de paye.

Le dimanche 7 août 1887, je procédai, à l'hôtel de ville de Douai, à la remise des récompenses, sous la présidence de M. le Dr Maugin, Adjoint au Maire, représentant M. le Sénateur Merlin, empêché, au milieu d'une foule considérable, et puis je rentrai à Paris, pour repartir presque immédiatement pour Orléans, Vierzon, Châteauroux et Périgueux, où j'eus la bonne fortune d'obtenir l'adhésion au titre de membre titulaire de M. le général Savin de Larclause, commandant la 24e division d'infanterie à Périgueux.

De Périgueux je me rendis à Bordeaux, et de là à Toulouse, où je remis les récompenses aux employés de la Compagnie d'Orléans le 23 août 1887, et le 25 août aux employés de l'asile d'aliénés de Toulouse, après avoir été au préalable à Perpignan, pour rendre visite à la maison Baraston, qui m'avait écrit pour demander des renseignements sur notre Œuvre. Je ne trouvai pas le Chef de la maison, qui était aux eaux; son fils me dit que malgré qu'ils fussent marchands de vins en gros, lui et son père ne buvaient que de l'eau à leurs repas.

Je me rendis ensuite à Tours, où je dus laisser les récompenses; la mobilisation avait été cause de la non convocation des lauréats pour le 29 août 1887 et je me dirigeai sur Paris pour repartir le 31 août pour Mâcon, où je remis les récompenses le 1er septembre 1887, et le 4 septembre 1887 à Lons-le-Saulnier; je partis dans l'après-midi pour la Suisse, pour assister au Meeting international de Zürich.

Je me dirigeai sur Genève, Vevey, Lausanne, Berne, Schinznach et Zurich; après avoir assisté aux séances du Congrès des 9 et 10 septembre 1887, je partis le samedi soir pour Neufchâteau, où j'arrivai le dimanche 11 septembre 1887, dans l'après-midi. Après avoir mis en ordre les diverses récompenses accordées au département des Vosges, je remis le lundi matin les récompenses destinées à l'arrondissement de Neufchâteau et l'après-midi celles destinées à l'arrondissement de Mirecourt. J'allai coucher à Epinal, et le lendemain, après avoir été à la Préfecture et à la Mairie, je partis pour Rambervillers pour visiter M. le Dr Lardier, l'un de nos membres titulaires, qui vient de publier une communication faite au Congrès de Nancy en 1886, intitulée : « Du phlegmon sous-pectoral dit spontané chez les alcooliques, auto-traumatisme et auto-infection. » M. le Dr Fournier, l'un de nos membres fondateurs, se trouvait absent de Rambervillers.

De Rambervillers je me rendis à Nancy pour m'entendre avec le *Progrès de l'Est* et de là à Saint-Dié, où je remis les récompenses le 16 au matin.

De Saint-Dié, j'allai à Remiremont le vendredi 16 septembre 1887. Le samedi, j'étais à Epinal; j'y parvins à obtenir l'adhésion de M. Marchand, fabricant de voitures et de M. Haffner Peclet, corroyeur. Le dimanche matin, je donnai les récompenses à Remiremont, et à 4 heures de l'après-midi à Epinal dans la salle de l'hôtel de ville, sous la présidence du Maire, M. Ohmer. Le soir, je partis pour Lure et le lendemain je me rendis à Besançon par Belfort. Malheureusement, à Besançon les Instituteurs n'avaient pas été avertis, cela fait que je dus laisser les récompenses pour être distribuées à la première occasion, et je rentrai à Paris dans la nuit du 19 au 20 septembre 1887.

Je partis le 25 septembre 1887 pour me rendre à Arnhem pour assister à la réunion de l'Assemblée générale de la Société Néerlandaise pour l'abolition des boissons fortes, qui avait lieu le 27 septembre 1887. J'y prononçai quelques paroles au nom de tous les membres de la Société française de Tempérance qui font partie des Membres d'Honneur de la Société Néerlandaise, à l'occasion de la mort du Président, M. le chevalier J. de Jonge, et j'énumérai les diverses localités dans lesquelles j'avais remis les récompenses de la Société française de Tempérance aux lauréats.

Je rentrai à Paris le 30 septembre et je me suis rendu à Arras le samedi 21 octobre 1887 où je remis les récompenses accordées aux Instituteurs du Pas-de-Calais, à l'issue de la conférence pédagogique à l'école des Instituteurs, sous la Présidence de M. le Préfet, assisté de M. l'Inspecteur d'académie Ridoux et de nombreux fonctionnaires de l'ordre universitaire.

L'Avenir d'Arras et du Pas-de-Calais, dans une édition hebdomadaire du 30 octobre 1887, qui se tire à 20.000 exemplaires, a donné *in extenso* mon allocution et a inséré mon portrait fait à la plume par M. Henri Loubat, de Toulouse, reproduit par la photogravure de Gillot. M. Auguste Druelle, rédacteur en chef de l'*Avenir*, m'avait prié de lui faire parvenir ce cliché, ce que je fis dès ma rentrée à Paris.

Le 27 octobre 1887, je me rendis à Saint-Lô pour remettre la médaille d'argent à M. l'Instituteur Lesage, de Bonneville, en présence de M. le Secrétaire Général Bouvagnet, représentant le Préfet, M. Floret, absent, et de M. l'Inspecteur primaire de Valognes, Desprez. Le dimanche 30 octobre 1887, j'ai distribué à Caen les récompenses accordées à deux Instituteurs du Calvados et à onze membres du personnel des chemins de fer de l'Ouest. Cette cérémonie s'est faite dans la salle des mariages de l'hôtel de ville de Caen, sous la présidence de M. Mofras, Conseiller de Préfecture, représentant M. le Préfet, assisté de M. le Maire et de M. le Dr Chancerel, tous deux membres titulaires de la Société.

M. Mofras a dit que M. le Préfet, en lui faisant l'honneur de le déléguer pour présider cette solennité, lui procurait, sans le savoir, un plaisir extrême. Il ignore, ajoute-t-il, assurément que des liens déjà anciens (il est membre associé depuis 1879) m'attachent à la Société française de Tempérance.

« Vous n'êtes donc pas des étrangers pour moi, mais
« bien des collaborateurs et des amis. Car je ne sais rien
« qui soit mieux fait pour établir entre les hommes des rap-
« ports de mutuelle estime et d'amitié que la communauté
« des sentiments, que la poursuite d'un même but; or, est-il
« un but plus élevé, une œuvre inspirée par une charité plus
« noble que de vouloir soustraire ses semblables à la bruta-
« lité, à la bestialité, à la misère.

« Enfin, je ne crains pas d'être démenti par M. le
« Maire, que je suis heureux de voir à mes côtés, en vous
« assurant que votre présence, dans cette ville, est accueillie
« avec la plus vive sympathie, non seulement par ceux qui
« ont souci du bien-être et de la moralité de leurs concitoyens
« mais aussi par tous ceux que préoccupent la grandeur et
« le relèvement de la patrie. »

Ces diverses pérégrinations comportent un parcours de près de 12.500 kilomètres et il me reste un devoir à remplir : de remercier tous ceux qui ont assisté aux diverses distributions des récompenses décernées par la Société française de Tempérance, mais aussi, d'une manière toute spéciale et toute particulière les Compagnies des chemins de fer de l'Ouest, d'Orléans, du Midi, du Nord et de l'État, de l'appui bienveillant accordé à la Société française de Tempérance, en me facilitant, comme délégué de l'Œuvre, la mission qui m'est confiée de distribuer les récompenses dans les principales localités de leurs réseaux, excellent moyen de propagande, puisqu'il fait encore mieux connaître notre Œuvre et le but que nous poursuivons de combattre à outrance l'alcoolisme.

Pour finir, je remercie spécialement MM. le Dr Roussel, Decauville, Dr Donnet, A. Biver, Boulenger, Baillarger, Paul Chalvet, Kergall, Dr Magnan. Mme Lunier, MM. Guignard, Réné de Sémallé, Edmond Bertrand, Cahuzac, Dr Barrabé, Dr Burdel, Dormoy, Dr Bouteille, Levasseur, L.-O. Smith et le sénateur Claude (des Vosges), pour leur assistance pécuniaire, ce qui m'a permis d'accomplir cette mission si laborieuse de distribuer en province les récompenses décernées par la Société française de Tempéranée.

JULES ROBŸNS.

Des félicitations et des remerciements sont adressés par le Conseil à son zélé et dévoué trésorier, M. Robŷns.

M. Robŷns fait connaître également les travaux du Congrès de Zurich où il avait été délégué par la Société.

A propos de ce Congrès M. le Secrétaire Général communique une lettre de M. Forel qui demande à la Société si elle veut recevoir les travaux du Congrès. Le Conseil décide qu'on peut acquérir cinq exemplaires et autorise le trésorier à faire cette dépense.

M. le Secrétaire Général n'ayant pu se rendre au Congrès de Vienne signale quelques-unes des propositions qui ont été adoptées au sujet de l'alcoolisme :

MOYENS DE COMBATTRE L'ALCOOLISME.

MM. Flood (de Christiania), Borgesius (de la Haye), Lammers (de Brême), Guillaume (de Neuchâtel) et Gauster (de Vienne) sont tombés d'accord pour proposer les résolutions suivantes qui, après un long débat, ont été acceptées par la section :

1° Les maux, qu'engendre la consommation abusive des boissons alcooliques, se font sentir plus ou moins dans tous les pays civilisés. Les conséquences de cet abus s'observent surtout dans les hôpitaux, dans les maisons d'aliénés et dans les maisons de détention. Il est donc du devoir des hygiénistes de prendre une part active à la lutte entreprise contre l'ivrognerie, qui altère la santé physique, intellectuelle et morale des individus, détruit la vie de famille et trouble la société.

2º Les causes multiples de l'ivrognerie devraient être recherchées partout d'après un plan uniforme d'investigations et combattues simultanément par l'Etat et par l'initiative privée, à la suite d'une entente commune.

3º L'action des sociétés libres et des particuliers peut contribuer à atteindre ce but : en éclairant l'opinion publique sur l'action et les effets pernicieux de l'alcool (création de sociétés de tempérance, etc.); en remplaçant les boissons alcooliques par d'autres boissons saines et à bon marché (création de cercles d'ouvriers, Workmen's Halls, cafés de tempérance, etc.); en favorisant tout ce qui peut améliorer les conditions sociales des classes pauvres (sociétés de consommation, sociétés de construction pour maisons d'ouvriers, cuisines populaires, caisses d'épargne, etc.); en créant des établissements destinés au traitement curatif des individus adonnés à la boisson.

4º L'État, de son côté, peut agir : en élevant par l'impôt le prix de l'alcool destiné à la consommation et en ne prélevant qu'un droit insignifiant sur les autres boissons fermentées ; en limitant le nombre des débits de boissons alcooliques et en fixant l'heure de clôture de ces établissements ; en soumettant ces derniers à une surveillance efficace et en s'assurant surtout que l'alcool destiné à la consommation est pur (exempt d'alcool amylique); en édictant des peines contre les débitants qui, d'une manière quelconque, favorisent l'ivrognerie et contre les individus qui sont trouvés publiquement en état d'ivresse ; en internant les ivrognes dans des établissements publics spéciaux.

5° Il est à désirer que les buveurs en traitement dans un hôpital ou dans une maison de santé et qui sont à la veille de sortir de l'établissement, puissent encore subir un stage dans une section spéciale, où ils seraient préparés à mieux résister aux tentations de la boisson.

6° Dans une lutte contre l'alcoolisme, on ne peut espérer obtenir un résultat efficace que si toutes les mesures préventives et curatives sont prises simultanément et appliquées avec persévérance d'après un plan méthodique.

M. Robÿns donne au Conseil communication du discours qu'il a prononcé à la Société Néerlandaise contre l'abus des boissons, Société qui s'est réunie au mois d'août à Arnhem.

DISCOURS DE M. ROBŸNS A ARNHEM

ASSEMBLÉE GÉNÉRALE DE LA SOCIÉTÉ NÉERLANDAISE
Pour l'abolition des boissons fortes, le mardi 27 septembre 1887.

J'ai prononcé, en assemblée générale, aux applaudissements de tous les membres présents, l'allocution suivante :

Mesdames et Messieurs,

Je suis chargé par vos Membres d'Honneur ,

M. le Dr Jules Bergeron, Secrétaire perpétuel de l'Académie de médecine de Paris, Président d'Honneur de la Société française de tempérance :

M. le Dr Dujardin-Beaumetz, de l'Académie de médecine de Paris, Président de la Société française de Tempérance ;

M. le Dr A. Motet, Secrétaire Général de la Société française de Tempérance ;

M. le Sénateur Claude (des Vosges). Vice-Président de la Société française de Tempérance ;

M. le Sénateur Théophile Roussel, de l'Académie de médecine de Paris ;

M. le Député Frédéric Passy, Président d'Honneur de la Société française de Tempérance ;

M. le Dr Vidal, de l'Académie de médecine de Paris, Vice-Président de la Société française de Tempérance ;

M. le Dr P. Boyer ;

M. le Dr Magnan, médecin en chef de l'asile Sainte-Anne de Paris ;

M. le Dr Ernesto Terzi, de Milan ;

Et M. le Sénateur L. O. Smith, de Stockholm,

De vous exprimer tous leurs regrets et les miens de la perte douloureuse et irréparable que nous avons faite en la personne de M. le Chevalier J.-L. de Jonge, de ce Président si dévoué à la cause de la tempérance, de cet homme si aimé et si considéré des pouvoirs publics et dont le concours était si précieux à la Société Néerlandaise pour l'abolition des boissons fortes, et que nous tenions en si grand honneur de posséder parmi les Membres Honoraires de la Société française de Tempérance. Nous espérons que le successeur désigné, M. E.-J.-W. Kock, tiendra à honneur de marcher sur les traces de son prédécesseur, M. le Chevalier J.-L. de Jonge, et nous lui souhaitons la bienvenue avec la continuation des rapports si bienveillants et si sympathiques avec la Société française de Tempérance dus à l'initiative de M. le Chevalier J.-L. de Jonge.

Voici les trente-quatre localités où je me suis rendu pour remettre en province les récompenses décernées par la Société française de tempérance :

Le Havre, Rouen, Le Mans, Alençon, Mayenne, Rennes, Landerneau, Redon, Nantes, la Roche-sur-Yon, Laval, Chartres, Boulogne-sur-Mer, Dunkerque, Lille, Vieux-Condé, Valenciennes, Douai, Orléans, Vierzon, Châteauroux,

Périgueux, Toulouse, Bordeaux, Angoulême, Tours, Mâcon, Lons-le-Saulnier, Neufchâteau, Mirecourt, Saint-Dié, Remiremont, Épinal, Besançon, et j'ai encore à me rendre dans quatre localités, à Saint-Lô, Caen, Blois et Arras.

———

Sur la propositionde M. Robÿns, M. Koch est nommé Membre d'Honneur de la Société de Tempérance.

M. le Secrétaire Général fait part au Conseil d'une proposition faite à la Société par M. le Dr Armaingaud, professeur d'hygiène à Bordeaux. M. Armaingaud offre à la Société cinq mille exemplaires d'une brochure dans laquelle il traite de la Tempérance, Il laisse à la Société le soin de distribuer cette brochure en se réservant les deux premières pages pour les annonces. Cette proposition est soumise à l'examen d'une commission composée de MM. Blache, Vaney, Meige, Cruet et Fitreman.

Le Conseil décide que des circulaires pour les récompenses en 1887, seront envoyées et qu'elles seront rédigées conformément au modèle des années précédentes.

Une Commission est nommée pour le renouvellement du Bureau et du Conseil; elle se compose de MM. Bergeron, Decaisne, Mesnet, Fitreman et Cruet.

La séance est levée à 6 heures.

———

JOURNAUX QUI ONT RENDU COMPTE DES DISTRIBUTIONS DE RÉCOMPENSES FAITES PAR M. JULES ROBŸNS, DÉLÉGUÉ DE LA SOCIÉTÉ FRANÇAISE DE TEMPÉRANCE.

13 Juillet 1887. *République de l'Oise à Beauvais.* — Annonce de récompenses décernées à trois employés du chemin de fer du Nord, à Creil et à Nogent-les-Vierges.

14 Juillet. *République de l'Oise à Beauvais.* — Compte rendu de la distribution à Crèvecœur le 12 Juillet 1887.

18 Juillet. *Courrier au Havre.* — Distribution au Havre le 16 Juillet 1887.

20 Juillet. *Journal du Havre.* — Distribution au Havre le 16 Juillet 1887.

21 Juillet. *Journal de Rouen.* — Distribution à Rouen le 17 Juillet 1887.

22 juillet. *L'Avenir de la Vienne à Poitiers.* — Annonce des diverses pérégrinations du Délégué de la Société française de Tempérance faites ou à faire.

29 juillet. *Le Phare de la Loire à Nantes.* — Distribution à Nantes le 27 juillet 1887.

31 juillet. *L'Ordre de la Mayenne.* Distribution à Mayenne le 24 juillet 1887.

31 juillet. *L'Avenir de la Mayenne à Laval.* — Annonce de la distribution à Laval le 31 juillet 1887.

31 juillet. *Le Redonnais à Redon.* — Distribution à Redon le 26 juillet 1887.

31 juillet. *La Gazette Vierzonnaise à Vierzon.* — Annonce des diverses pérégrinations faites ou à faire du Délégué de la Société française de Tempérance.

3 août. *L'Avenir de la Mayenne à Laval.* — Distribution à Laval le 31 juillet 1887.

4 août. *La France du Nord à Boulogne-sur-Mer.* — Distribution à Boulogne-sur-Mer le 2 août 1887.

4 août. *La Gazette Vierzonnaise à Vierzon.* — Distribution à Landerneau le 26 juillet 1887.

5 août. *Le Libéral de la Vendée à la Roche-sur-Yon.* — Distribution à la Roche-sur-Yon le 28 juillet 1887.

6 août. *L'Impartial du Nord à Valenciennes.* — Annonce de la distribution à Vieux-Condé, chez M. Dervaux le 4 août 1887 et de la distribution à Valenciennes le 5 août 1887.

6 août. *Le Petit Nord à Lille.* — Distribution à Lille le 4 août 1887.

6 août. *Le Courrier du Nord à Valenciennes.* — Article intitulé : *Lutte contre l'alcoolisme,* parlant de la distribution faite à Vieux-Condé, chez M. Dervaux le 4 août 1887 et à Valenciennes le 5 août 1887 avec des commentaires.

7 août. *Journal de Chartres.* Distribution à Chartres le 31 juillet 1887.

7 août. *L'Union agricole à Chartres.* — Distribution à Chartres le 31 juillet 1887.

7 août. *Le Libéral du Nord à Douai.* — Annonce de la distribution à Douai le 7 août 1887, et des distributions faites antérieurement dans le Nord avec quelques commentaires sur l'OEuvre.

8 août. *L'Impartial du Nord à Valenciennes.* — Distribution à Valenciennes le 5 août 1887.

10 août. *Le Libéral du Nord à Douai.* — Distribution à Douai le 7 août 1887.

11 août. *Le Républicain orléanais à Orléans.* — Annonce de l'arrivée du Délégué à Orléans avec quelques commentaires sur l'OEuvre.

13 août. *Le Républicain orléanais à Orléans.* — Distribution à Orléans le 11 août 1887.

14 août. *La Gazette Vierzonnaise à Vierzon.* — Distribution à Vierzon le 11 août 1887 et annonce d'un numéro exceptionnel contenant l'allo-

cution prononcée à Vierzon en 1887 et en 1886 avec l'allocution prononcée à Lyon en 1886 en honneur de l'armée française et l'énumération des mérites des lauréats militaires en 1887.

14 août. *Moniteur de l'Indre à Châteauroux.* — Distribution à Châteauroux le 12 août 1887.

15 août. *L'Avenir de la Dordogne à Périgueux.* — Distribution à Périgueux 13 août.

19 août. *La Petite Gironde à Bordeaux.* — Edition du matin. Annonce de la distribution du 19 août 1887 à la gare de Bordeaux-Bastide.

19 août. *La Petite Gironde à Bordeaux.* Edition de la journée. — Annonce de la distribution du 19 août 1887 à la gare de Bordeaux-Bastide.

19 août. *La Gironde à Bordeaux.* — Annonce de la distribution du 19 août 1887 à la gare de Bordeaux-Bastide.

20 août. *La Gironde à Bordeaux.* — Compte rendu de la distribution à la gare de Bordeaux-Bastide, le 19 août 1887.

21-25 août. *La Gazette Vierzonnaise à Vierzon.* — Numéro exceptionnel contenant le portrait du Délégué avec l'énumération des récompenses accordées à l'armée en 1887; distribution à Vierzon le 12 août 1887 et le 2 août 1886 ; distribution à Lyon le 28 juillet 1886.

28 août. *Le Progrès libéral à Toulouse.* — Distribution à la gare de Toulouse le 22 août 1887.

30 août. *L'Union républicaine de Mâcon.* — Annonce de distribution le 1er septembre 1887 à Mâcon.

3 septembre. *L'Union républicaine de Mâcon.* — Distribution le 1er septembre 1887.

11 septembre. *Le Patriote de Neufchâteau.* — Liste des lauréats de l'arrondissement de Neufchâteau, avec annonce que la distribution se fera le 12 septembre 1887, à Neufchâteau.

14 septembre. *Le Progrès de l'Est à Nancy.* — Compte rendu des distributions à Neufchâteau et à Mirecourt, le 12 septembre 1887 et annonce de distributions le 16 à Saint-Dié, le 18 à Remiremont et à Epinal.

14 septembre. *La Sentinelle du Jura à Lons-le-Saulnier.* — Distribution le 4 septembre 1887, à Lons-le-Saulnier.

18 septembre. *L'Industriel Vosgien de Remiremont.* — Annonce de la distribution à Remiremont, le 18 septembre 1887.

18 septembre. *L'Abeille des Vosges de Neufchâteau.* — Distribution à Neufchâteau le 12 septembre 1887.

18 septembre. *La Gazette Vosgienne de Saint-Dié.* — Distribution à Saint-Dié, le 16 septembre 1887.

22 septembre. *L'Industriel Vosgien de Remiremont.* — Distribution le 18 septembre 1887 à Remiremont.

22 septembre. *Le Mémorial des Vosges à Epinal.* — Distribution à Epinal le 18 septembre 1887.

25 septembre. *Le Patriote de Neufchâteau.* — Compte rendu de la distribution à Neufchâteau, le 12 septembre 1887.

29 octobre. *Le Messager de la Manche.* — Annonce de la distribution à Saint-Lô le 27 octobre 1887.

30 octobre. *L'Avenir d'Arras.* — Journal hebdomadaire tiré à 20.000 exemplaires. Portrait du Délégué et allocution prononcée le 22 octobre 1887.

30 octobre. *L'Avenir du Calvados à Caen.* — Annonce de la distribution le 30 octobre à Caen.

30-31 octobre. *Le Moniteur du Calvados à Caen.* — Annonce de la distribution le 30 octobre 1887 à Caen.

30-31 octobre. *Le Journal de Caen à Caen.* — Annonce de la distribution le 30 octobre 1887, à Caen.

1er novembre. *Le Journal de Caen à Caen.* — Annonce de la distribution le 30 octobre 1887 à Caen.

31 octobre-1er novembre. *L'Avenir du Calvados à Caen.* — Compte rendu de la distribution le 30 octobre 1887,

1er-2 novembre. *Le Moniteur du Calvados à Caen.* — Compte rendu de la distribution le 30 octobre 1887.

5 novembre. *Le Journal de Caen à Caen.* — Compte rendu de la distribution le 30 octobre 1887,

3 novembre. *Le Messager de la Manche à Saint-Lô.* — Compte rendu de la distribution du 27 octobre 1887

MEETING INTERNATIONAL DE ZURICH

Discours de M. le Dr Auguste Forel
Président du Congrès de Zurich, le 9 septembre 1887.

Mesdames et Messieurs,

L'honneur m'incombe de vous saluer au nom de notre Comité d'organisation.

Nous vous remercions chaleureusement d'être venus à Zurich. Pour un grand nombre d'entre vous c'était un lointain voyage et un sacrifice désintéressé d'autant plus grand. Nous vous souhaitons la bienvenue dans notre petit pays. Puisse-t-il par la beauté de sa nature remplacer un peu la réception brillante que vous aurait offerte une grande nation ou une grande ville.

Nous avons été peut-être bien téméraires en nous laissant pousser à vous inviter en Suisse à un second meeting international contre l'abus des boissons alcooliques. Tandis que l'Amérique, la Norvège, l'Angleterre et d'autres pays encore combattent déjà depuis longtemps l'alcoolisme avec un grand succès, ce n'est que tout récemment que la Suisse a commencé à s'y mettre.

Mais c'est précisément la pensée que nous avons si besoin d'être instruits, tant par vos paroles que par votre exemple, qui nous a fortifiés dans notre entreprise.

Nous avons aussi été encouragés par l'acceptation du monopole de la part du peuple Suisse, ainsi que par l'activité féconde de la Société Suisse de Tempérance. Un grand nombre de buveurs invétérés qu'on croyait perdus, de dipsomanes même, doivent à cette Société, encore toute jeune, d'être redevenus des hommes et même souvent des hommes de bien.

Tout cela semble montrer que notre peuple commence à s'apercevoir de son mal et à s'en faire un peu de souci. Il en était temps, car parmi quatorze nations civilisées, seul le Danemark boit plus d'eau-de-vie que nous, la France plus de vin, la Belgique, l'Angleterre et l'Allemagne plus de bière. Mais le Danemark ne consomme pour ainsi dire pas de vin et bien moins de bière que nous, la France moins d'eau-de-vie et de bière, les trois autres moins d'eau-de-vie et infiniment moins de vin.

Nous buvons 12 litres d'eau-de-vie à 50 % (à peu près), 55 litres de vin et 37 1/2 litres de bière par an et par tête de la population (femmes et enfants compris. Ces chiffres moyens pour la Suisse sont naturellement très inégalement répartis suivant les cantons et les individus. Sur une population de 2 3/4 millions cela répond à une consommation ronde d'environ 33 millions de litres d'eau-de-vie, 150 millions de litres de vin et 100 millions de litres de bière par an. Il vous est facile de calculer vous-même d'après cela la somme de richesse nationale, ainsi, pour le moins dire, inutilement dilapidée. L'argument qui consiste à dire qu'en détruisant la production de l'alcool on appauvrit l'industrie, les agriculteurs et par là le pays, est un argument artificiel et peu profond, car on peut aussi bien utiliser les pommes de terre en les mangeant qu'en en faisant de l'eau-de-vie, le terrain en y plantant plus d'autres choses et moins de pommes de terre, enfin les forces des distillateurs en les employant à un travail utile à l'humanité au lieu de les employer à l'empoisonner. L'équilibre économique finit toujours par s'établir, et il s'établira plus solidement sur une base saine que sur une base malsaine.

Ne savons-nous pas tous, nous médecins, que des maladies à la fois fréquentes et presque fatalement mortelles, la cirrhose du foie, la dégénérescence graisseuse avec dilatation du cœur (sans vice des valvules) et d'autres dégénérescences graisseuses des viscères sont presque exclusivement dues à l'alcoolisme, souvent à l'abus du vin ou de la bière seulement. Ce sont même les causes de beaucoup les plus fréquentes de mort par l'alcoolisme, quoique elles ne figurent pas sous ce nom dans les statistiques. — Le catarrhe stomacal des buveurs n'est-il pas proverbial, et n'est-ce pas déraisonner que de pousser toujours le peuple à traiter ces « faiblesses d'estomac » par les soi-disant « *Bitter* », c'est-à-dire par de l'alcool. Plus pernicieuse encore est l'action de l'alcool sur notre système nerveux, sur notre cerveau, sur notre âme. L'ivresse consiste en une intoxication du cerveau, en une paralysie passagère ou un affaiblissement général de la sensibilité nerveuse (en particulier de la sensibilité à la douleur) joint à une sensation générale agréable. — Le premier degré léger de l'ivresse, degré qu'on n'aime pas à avouer, produit cet état expansif, cet enthousiasme alcoolique qu'on considère si généralement, surtout en pays germanique,

mais ailleurs aussi, comme la base d'une joyeuse sociabilité.
— C'est cet enthousiasme artificiel, provenant d'un état plus
ou moins voilé de la conscience de soi, qui cache nos faiblesses et le vide de notre pensée en les imprégnant d'un
nuage d'encens au travers duquel il nous apparaissent comme
du vrai génie.

Si la réaction du lendemain était au moins capable de nous
guérir. Hélas non ! L'homme est ainsi fait. On la chante
aussi et on la fait même passer par le petit verre du matin.

Combien d'hommes de talent, même parfois de génie, ne
sont-ils pas devenus des buveurs à face rougeaude, à corps
graisseux et paresseux, les uns d'ivresse en ivresse, les autres
sans ivresse marquée, seulement en s'alcoolisant impercepti-
blement de plus en plus, au jour le jour. Ils sont devenus
grossiers, paresseux, irritables, faux et faibles de volonté.
— Le sentiment de la morale et de l'art, du bien, du beau et
du vrai, s'est émoussé de plus en plus chez eux. Les plus
malades finissent par la folie, le suicide ou la maison de
force, si la mort ne les surprend pas avant. Tous lèguent à
leur postérité une constitution affaiblie et surtout un système
nerveux anormal, souvent malade.

Il est vrai que la grande majorité des hommes qui, chez
nous, boivent trop, ne dégénèrent pas à ce point. Ils boivent
moins ou boivent un alcool moins concentré, le supportent
mieux et ne deviennent que partiellement alcoolisés, partiellement graisseux. Ils s'indignent lorsqu'on les accuse de
trop boire et de s'alcooliser. Cependant, ces hommes qui
forment malheureusement partout dans notre peuple une
légion considérable de héros dans les cabarets, dans les fêtes,
dans les sociétés, et même dans les assemblées politiques,
n'atteignent pas un âge avancé. L'action de l'alcool sur leur
corps et leur esprit (sur leur cerveau) est moins manifeste,
mais indubitable et suffisamment délétère. Lorsqu'on les

observe soigneusement, ils trahissent la dégradation morale précédemment indiquée par les mêmes signes, mais le tout est moins marqué, mieux voilé à l'extérieur, de sorte qu'on n'ose guère y reconnaître ouvertement les effets de l'alcoolisme et encore moins affirmer hautement la chose.

Ainsi l'alcool ronge sourdement le meilleur de la santé de notre peuple, même chez une foule de gens qui croient pouvoir étendre à leur personne la notion élastique de l'usage modéré des boissons. Cela sans parler de la perte immense et improductive de temps, de travail et d'argent, qui ne peut que nous conduire à une ruine générale, si la consommation des boissons alcooliques continue à croître, comme jusqu'ici, aux dépens surtout d'une bonne nourriture.

Malheureusement, nous sommes si habitués à boire, que nous n'avons pas conscience de ce lent désastre. L'ivresse des autres nous amuse et nous l'excusons. Ce qui est bien pire, c'est que notre peuple est entièrement cristallisé dans l'idée fausse que l'homme a besoin d'alcool, et même en bonne dose, pour être fort et pour travailler. On en est arrivé jusqu'à l'atroce usage de donner aux enfants, aux nourrissons même, du vin et même de l'eau-de-vie pour les « fortifier » ou pour les tranquilliser. — Le pire de tout, peut-être, est la *contrainte morale de boire*, qui, chez nous, n'est pas limitée à certaines sociétés d'étudiants, mais règne partout, dans les innombrables sociétés, dans les fêtes populaires, dans les assemblées communales et politiques, même jusque dans les maisons particulières (sans parler des célèbres caves de Lavaux). On se vante du nombre de fois qu'on s'est grisé et surtout de la quantité d'alcool qu'on croit pouvoir supporter. « Qui ne sait pas boire n'est pas un homme. » « Trinquer avec de l'eau est un déshonneur. » Les personnes qui s'abstiennent entièrement de boire de l'alcool sont raillées et montrées au doigt comme des êtres exotiques; on les soupçonne et on les calomnie en les accusant d'hypocrisie, etc. Et ce ne sont pas seulement des ouvriers, des paysans ou des gamins, mais malheureusement souvent des gens cultivés qui s'abaissent à cela.

L'inanité des arguments mis en avant pour défendre la prétendue nécessité des boissons alcooliques est incroyable et ne peut s'expliquer que par la force d'inertie d'un préjugé profondément enraciné. Lorsque l'humanité s'est habituée pendant de longues années à la plus mauvaise pratique, à la plus fausse opinion, elle trouve toujours mille raisons *a posteriori* pour déclarer la pratique bonne et nécessaire, l'opinion parfaitement fondée. Les preuves les plus claires du contraire, les plus excellents résultats d'une pratique opposée ne rencontrent au commencement que le rire ou le silence du mépris. Cela est surtout vrai dans la question de l'alcoolisme; car, comme une sirène, l'alcool attire ses victimes par la jouissance qu'il procure dès l'abord, puis s'attache à elles avec une force rare, tant par la soif artificielle qu'il procure que par les séductions des spéculateurs de tout rang qui ne pensent qu'à s'enrichir aux dépens de leurs semblables.

Puisse-t-on réussir à rendre l'humanité consciente de ce qu'est l'alcool : un moyen de jouissance artificielle, nullement nécessaire, qui ne devient un besoin que par l'habitude, qui, comme tant d'autres substances toxiques, peut, dans certains cas, être un stimulant momentané précieux, mais qui n'est sans danger pour la santé que très dilué et pris en faible dose. Les centaines de mille de membres des sociétés d'abstinence totale en Amérique et en Angleterre qui, malgré les plus pénibles travaux sont au moins aussi forts, aussi travailleurs et aussi bien portants que les autres hommes, qui, d'après les statistiques des compagnies d'assurance sur la vie dans ces pays, ont même positivement une vie plus

longue et moins de jours de maladie que les non-abstinents,
ces membres, dis-je, sont la preuve claire et vivante des faits
que nous venons d'énoncer. — Cette preuve ne peut pas être
corroborée d'une façon plus palpable que par l'abaissement
considérable de la prime annuelle à payer que les dites sociétés
accordent aux assurés abstinents, tandis qu'elles ne peuvent
l'accorder aux autres assurés qui boivent modérément (les
ivrognes sont refusés d'emblée).

Puisse-t-on comprendre enfin qu'un très grand nombre
d'hommes sont incapables de s'en tenir à la modération
nécessaire, vu la faiblesse inhérente à la nature humaine,
les préjugés et la pression qui règnent partout, ainsi que le
prix minime des boissons alcooliques les plus nuisibles.

Nous avons donc devant nous un immense champ de travail et de combat, car seul le combat incessant peut conduire
à la victoire, à une victoire qui représenterait un haut progrès moral de l'humanité en fortifiant le corps et l'âme de
notre peuple moderne qui a si besoin d'avoir « plus de nerf
et moins de nerfs » comme on l'a si bien dit. Une grande
quantité de force cérébrale humaine qui se perd de nos jours,
paralysée progressivement par l'alcool et la vie de cabaret,
tout en nuisant aux autres hommes, s'emploierait à obtenir
des jouissances plus innocentes et plus pures, à viser à un
idéal plus élevé.

En vous souhaitant encore une fois la bienvenue sur cette
arène de discussions libres, je vous rappelle que toutes les
opinions ont le droit de s'exprimer librement, en tant qu'elles
demeurent dans le cadre du combat contre l'abus de l'alcool
pris en son plus large sens. Nos portes sont donc tout d'abord
ouvertes tant aux partisans d'un usage vraiment modéré des
boissons alcooliques joint à une répression de l'abus, en
général, de la consommation des alcools concentrés et mauvais en particuliers, qu'aux personnes qui croient que l'absti-

nence totale de toute boisson alcoolique peut seule atteindre le but.

Permettez-moi de terminer par les paroles si justes prononcées par l'honorable président de notre comité permanent, M. Houzeau de Lehaie, à l'ouverture du meeting d'Anvers :

« Travaillons donc tous ensemble, quelle que soit notre
» croyance, chrétiens ou israélites, électiques ou matéria-
» listes. Nous sommes unis dans une même pensée :
» affranchir l'homme de l'esclavage alcoolique qui pèse si
» lourdement sur lui. Nous aurons en commun, pour nous
» soutenir dans cette tâche, un ardent amour de l'humanité. »

Je déclare ouvert le second meeting international contre l'abus des boissons alcooliques.

Zurich, le 9 septembre 1887.

Le Trésorier délégué DE LA SOCIÉTÉ FRANÇAISE DE TEMPÉ-RANCE, *auprès du Meeting international contre l'abus des boissons alcooliques à Zurich, à Monsieur le Président du Meeting international contre l'abus des boissons alcooliques à Zurich.*

Monsieur le Président,

La Société française de Tempérance dont je suis le délégué m'a chargé d'affirmer qu'elle ne comprend pas dans les boissons alcooliques : le vin naturel (le jus de raisin), la bière faite avec du houblon, le cidre fait avec le jus de pommes et l'hydromel fait uniquement avec le miel des abeilles.

Loin d'en prohiber l'usage elle fait tous ses effotrs pour que la consommation en soit encouragée, mais à la condition expresse que le commerce soit mis dans l'obligation de ne livrer à la consommation que des produits sains, purs et exempts de toutes falsifications.

De plus la Société française de Tempérance ne prohibe pas absolument l'usage de l'eau-de-vie de vin, mais à la condition qu'elle soit obtenue par distillation directe et prise en quantité modérée.

Elle fait tous ses efforts pour obtenir le dégrèvement de tout impôt sur le vin, la bière, le cidre, l'hydromel.

En conséquence, Monsieur le Président, la Société française de Tempérance ne peut donner son adhésion ni son concours à toute mesure, à tout acte, à tout vœu, à toute résolution qui tendrait à classer dans les boissons alcooliques nuisibles : le vin naturel (le jus de raisin), la bière saine faite avec du houblon, le cidre fait avec le jus de pommes et l'hydromel fait uniquement avec le miel d'abeilles.

Il en serait de même pour l'interdiction absolue de l'eau-de-vie de vin obtenue par distillation directe.

La Société française de Tempérance ne prohibe pas cette eau-de-vie de vin prise en quantité modérée.

Je vous prie, Monsieur le Président, de faire relater, *in extenso*, la présente lettre dans les procès-verbaux et les actes du meeting international contre l'abus des boissons alcooliques.

Je suis chargé par M. le Dr Dujardin-Beaumetz, notre Président, MM. le Sénateur Claude (des Vosges), le Professeur Levasseur, Vice-Président de notre œuvre et M. le Dr A. Motet, notre] Secrétaire-Général, de les excuser auprès de vous, de ne pouvoir venir prendre part à vos travaux.

Veuillez agréer, Monsieur le Président, l'assurance de ma haute considération et de mes sentiments les plus distingués.

JULES ROBŸNS.

RAPPORT *présenté au Conseil d'administration de la Société française de Tempérance par* M. JULES ROBŸNS, *trésorier et délégué de la* SOCIÉTÉ FRANÇAISE DE TEMPÉRANCE *au Meeting international contre l'abus des boissons alcooliques, tenu à Zurich du 8 au 11 septembre 1887 au Rathaus (Maison du Conseil).*

Messieurs et très honorés Collègues,

Je me suis rendu en Suisse pour assister au Congrès international de Zurich, après avoir distribué les récompenses aux Instituteurs du Jura, à Lons-le-Saunier, le 4 septembre 1887.

Mais auparavant je me suis rendu à Genève, à Vevey, à Lausanne, et à Berne.

A Genève, avec le bienveillant concours de M. le pasteur Rochat, l'un de nos membres honoraires, j'ai vu en 2 heures, les deux Cafés de Tempérance, l'Asile de nuit et l'Auberge des Familles (Herberge zur Heimath). — L'un des cafés de Tempérance donne des pertes et l'autre laisse quelques bonis; le premier est situé dans un endroit peu propice à l'Œuvre que poursuit la CROIX-BLEUE ; il est question de le déplacer.

A l'asile de nuit on reçoit les hommes et les femmes qui viennent réclamer un asile pour la nuit ; l'on doit payer une légère rémunération, 10 ou 15 centimes, l'individu admis reçoit une soupe, a un bon lit et le matin il a de nouveau une soupe; mais il doit battre sa couverture de laine et on lui donne une paire de savates.

Des personnes charitables ont fondé des lits pour hommes et pour femmes. Un lit coûte cinquante francs.

L'asile m'a paru très bien tenu, très aéré et sans aucune odeur.

L'auberge de Familles est une entreprise particulière fondée par les Membres de la Croix-Bleue.

Je mets sous vos yeux le règlement de l'Auberge des Familles en date du 15 mai 1882. — Il est interdit d'y consommer de l'eau-de-vie ou des liqueurs fortes.

Il se célèbre tous les soirs à 9 heures un culte auquel chacun est invité à prendre part — sans aucune contrainte ou obligation.

La fermeture de l'auberge a lieu à 10 h. 1/2 du soir ; sauf exception, chaque voyageur devra être rentré dans sa chambre à cette heure-là.

Il y a des appartements distincts pour les dames.

Les prix sont très modérés : 1 fr. 50 par chambre, 1 fr. 50 par repas. On donne du vin et de la bière à table en quantité limitée.

Je joins au présent rapport le rapport du Comité présenté à l'Assemblée générale des actionnaires le 31 mars 1887 pour le 5e exercice (1886)

En 1886, il y eu :

986 voyageurs (hommes et femmes) . . 986 1re classe.
Et 937 — — . . 937 2e classe.

                        Ensemble. . 1.923 perso nnes.

Les recettes pour 1886 :

Produit des chambres à coucher. 7.681 fr. 45 ⎱ 26.064 30
Produit des 2 tables et restaurants 18.382 fr. 35 ⎰

Les dépenses :

En vin et denrées en 1886. . . 14.693 fr. 55 ⎱ 25.172 50
Autres dépenses. . . . . . 11.478 fr. 95 ⎰

    Excédent 891 80

D'après le compte des Pertes et Profits :

Le déficit qui était au 31 déc. 1885 de. 2.300 fr. 90 ⎱
Augmenté de l'amortissement du   ⎰ 2.453 70
   compte mobilier de. . . . . 152 fr. 80

Se trouve réduit au 31 décembre 1886 à. . . . 965 25

           Donc. 14.488 45

qui se trouvent amortis en 1886 par suite de diverses recettes.

Sans doute 1887 ou tout au moins 1888 laissera des bénéfices.

Je me suis rendu à Vevey où j'ai été visiter M. Caille, éditeur de la Feuille de Tempérance. Au bas de sa maison de la rue du Torrent il y a un café de Tempérance; mais je me suis rendu ou préalable à un autre café de Tempérance fondé par un particulier il y a six mois à titre privé à ses risques et périls. Il m'a dit qu'il réussissait et était satisfait. J'ai déjeuné chez lui et c'était bien servi et très bon.

A Berne, je me suis rencontré avec M. le D\ Kümmer, aussi l'un de nos membres honoraires. — Il m'a annoncé qu'il ne se rendrait pas à Zurich.

En arrivant à Zurich le 7 septembre 1887, je trouvai une lettre de M. Claude (des Vosges) qui m'appelait à Schinznach où il se trouvait en traitement ; je m'y rendis par le premier train et revins dans la soirée chez M. Mennet Rordoff qui avait bien voulu m'offrir l'hospitalité ; — c'est le beau-père de M. le pasteur Emile Dietz, l'un de nos chers membres titulaires.

Le jeudi, je me suis mis à terminer l'État comparatif de la consommation de l'alcool, du vin, du cidre, de la bière en 1873 d'après les documents de feu le D\ Lunier et, en 1885, d'après les documents recueillis par M. le Sénateur Claude (des Vosges), travail que j'annexe au présent rapport avec une note concernant les différences qui résultent de ces deux documents. Le soir, nous allâmes à la réception des délégués et à la présentation des délégués et des membres étrangers qui eut lieu à 7 heures à l'Hôtel National.

On nous servit une excellente collation et nous nous nommâmes chacun pour se faire connaître de tous les membres du Congrès.

Je fis distribuer le lendemain mon portrait en quantité suffisante avec l'indication de Membre de la Société française de Tempérance et Membre d'honneur de la Société Néerlandaise pour l'abolition des boissons fortes.

Le vendredi 9 septembre 1887, à 8 heures 1/2, le Président, M. le Dr Forel, prononça un discours en allemand, dont je vous remets ci-joint la traduction en français, que M. le Dr Forel a bien voulu m'adresser (Voir page 209).

Quoique partisan de l'abstinence totale, M. le Dr Forel a rappelé à la fin de son discours que toutes les opinions ont le droit de s'exprimer librement, en tant qu'elles demeurent dans le cadre du combat contre l'abus de l'alcool pris en son plus large sens.

« Nos portes, a-t-il ajouté, sont donc tout d'abord ou-
« vertes tant aux partisans d'un usage vraiment modéré
« des boissons alcooliques, joint à une répression en géné-
« ral de la consommation des alcools concentrés et mauvais
« en particulier qu'aux personnes qui croient que l'abstinence
« totale de toute boisson alcoolique peut seule atteindre le
« but. »

J'avais remis à M. le Président, M. le Dr Forel, une lettre pour protester au nom de la Société française de Tempérance et affirmer que la Société française de Tempérance ne comprenait pas dans les boissons alcooliques : le vin, la bière, le cidre, l'hydromel, et qu'elle ne prohibait pas absolument l'usage de l'eau-de-vie prise en quantité modérée (Voir la minute de la lettre annexée au présent rapport page 216).

Après l'élection du bureau définitif — votre délégué fut désigné comme l'un des Présidents du Congrès, — la première question fut mise à l'ordre du jour — le Monopole. — Dans un très long discours, M. Millet, directeur du bureau fédéral de statistique, a exposé les motifs pour lesquels le monopole a dû être admis en Suisse, les traités de commerce passés avec les pays étrangers ne permettant pas de recourir à des mesures d'impôt.

236 personnes étaient présentes : Suisses, 165 ; Français, 9 ; Anglais, 13 ; Autrichiens, 10 ; Allemands, 23 ; Américain, 4 ; Polonais, 3 ; Belges, 3 ; Hollandais, 2 ; Suédois, 1 ; Russe, 1.

M. L. Grandeau, dans le *Temps* des 13 et 15 septembre 1887, a donné un résumé assez complet des réunions du Congrès. — Je joins un exemplaire de ces deux journaux à mon rapport — presque tous les discours ont été prononcés en allemand, et je ne connais pas assez la langue allemande pour pouvoir résumer ces discours.

La séance de l'après-midi a été consacrée à la discussion des moyens moraux et matériels à mettre en œuvre pour combattre l'intempérance et l'alcoolisme. Les uns, le parti intransigeant de l'alcool, proscrivent les boissons fermentées d'une manière absolue, quelle qu'en soit l'origine. Aucun des liquides résultant de l'action d'un ferment quelconque n'a trouvé grâce devant eux : vin, cidre, bière, cognac ou rhum, tous sont poisons à titre égal. L'abus et l'usage modéré sont tout un et paraissent aussi dangereux à leurs yeux. Ils vont jusqu'à proscrire l'emploi du raisin fermenté pour l'office divin.

Les autres veulent substituer à l'alcool, dans la plus large limite possible, le vin, le cidre, la bière.

Puis quelques-uns qui, considérant le vin et la bière comme inoffensifs à doses modérées, veulent que l'on s'abstienne d'en faire usage, dans la pensée que leur usage entraînera des imitateurs ; ils pensent qu'il est plus facile de renoncer tout à fait à l'usage des boissons alcooliques que de réduire la consommation à l'une d'entre elles.

MM. Lammers et Knapp ont exposé l'état de la question de l'alcoolisme en Allemagne ; le mouvement général des esprits est en faveur d'une réduction dans la consommation de l'alcool par la diminution dans le nombre des cabarets.

M. Lammers, président d'une association de Tempérance de 10.000 membres, a particulièrement insisté sur les services rendus par l'organisation de débits où le café est substitué à l'alcool; il cite la ville de Hambourg qui, à elle seule, compte trois grands établissements où les ouvriers affiliés à la Société de Tempérance, consomment, par mois, de 9 à 13.000 tasses de café.

M. le pasteur Rindfleisch insiste pour la création d'Associations de Tempérance pour les enfants, mais, suivant lui, la religion peut seule entreprendre avec succès une œuvre de ce genre.

M. le pasteur Rochat, de Genève, constate les progrès de la Croix-Bleue et espère que bientôt l'on dira : *sobre comme un Suisse.* Cette prophétie est accueillie par des rires approbatifs.

Mme Audersen, de Stockholm, demande aux femmes de s'associer aux hommes pour livrer avec eux le combat contre l'alcoolisme, leur concours pouvant très utilement servir la bonne cause.

L'Angleterre piétiste, par l'organe de Rowland Hill, B. Mils et Williams, inspecteurs des écoles de Londres, préconise l'abstinence absolue. C'est dès l'école enfantine qu'il faut enseigner l'horreur des spiritueux. Les livres qui sont mis aux mains de l'écolier doivent lui inculquer dès l'âge le plus tendre le goût du thé et lui faire détester le vin, la bière et l'alcool.

M. le conseiller d'Etat de Steiger et M. le pasteur Bovet, de Berne, ne partagent point l'avis des Anglais sur cette méthode pédagogique. « Le jus de raisin et le malt, dit M. de Steiger, sont des dons de Dieu dont il ne faut point médire et au mépris desquels on ne doit point exciter l'enfance. A l'école, le combat livré à l'intempérance pourrait détourner l'enfant de l'usage modéré d'aliments utiles à l'homme. »

M. Bovet dit : « Nous autres Suisses, nous appartenons à un pays vinicole, et par cela même nous buvons plus volontiers du vin que les Anglais et les Américains. Notre bière est d'ailleurs moins alcoolique que la vôtre. »

Mlle Marwedel, de San-Francisco, vante les bienfaits du combat et prêche l'abstinence totale évangélique.

M. le Dr Drysdale, médecin de Free-Hospital, à Londres, provoque une douce gaîté dans l'auditoire en ripostant à M. de Steiger que « le vin et la bière ne sont pas des dons de Dieu, mais bien plutôt ceux des chimistes ». Bien des choses existent dans le monde, ajoute-t-il, qui sont d'ailleurs des dons du diable : il en est ainsi du vin et de la bière, la meilleure croyance est celle qui consiste à fermer les cabarets. Ma mère, continue M. Drysdale, s'est abstenue toute sa vie des boissons alcooliques, et elle a vécu cent ans.

M. Rowland Hill croit devoir faire observer que l'alcool n'existe pas dans la nature : c'est un produit fabriqué par l'homme, conclut l'orateur, la suppression absolue de l'usage de l'alcool est un idéal, mais l'humanité doit en poursuivre la réalisation.

C'est l'abus, dit M. de Mertzen, qui est dangereux, et non l'usage. Les Toscans boivent du bon vin et cependant, un séjour de vingt années au milieu d'eux ne lui a pas fait rencontrer une demi-douzaine d'ivrognes.

M. de Steiger, que les réflexions humoristiques du Dr Drysdale n'ont point converti, réplique avec une joviale animation qu'aux Noces de Cana, on a donné l'ordre de remplir à nouveau les cruches avec du vin, et qu'il vaut mieux, selon lui, puiser des leçons dans la Bible que dans le Coran. Mais reprend le Dr Drysdale, aux Noces de Cana le jus de la vigne n'était pas fermenté (Est-ce bien démontré?).

M. le directeur Millet de Berne, combat avec énergie les apôtres de l'abstinence totale. Il y a, dit-il, une grande différence entre les effets du *schnaps* et ceux du vin, de la bière, du cidre, de l'hydromel.

M. Cauderlier, de Bruxelles, soutient la même cause : il oppose à l'exemple de la mère de M. Drysdale celui de son aïeule, qui a vécu quatre-vingt-dix-huit ans et qui, pendant quarante ans, n'a pas bu d'eau. Comme elle, beaucoup d'entre nous boivent de la bière, ce qui ne nous empêche pas d'espérer de vivre de longues années. Une partie de l'assemblée accueille cette riposte par des applaudissements et des rires, ce qui provoque une vive irritation de la part d'un des membres du Congrès, M. Maximilien Klein.

« Je ne saurais, dit-il, m'associer à cette manifestation.
« Je ne veux pas de demi-mesure ; la modération dans l'usage
« des boissons alcooliques en est une, je la repousse de
« toutes mes forces. »

M. Bange appuie M. Klein : il faut sacrifier radicalement l'alcool et ces congénères. Qu'ont produit les associations de Tempérance qui admettent l'usage modéré ? Rien. Il ne s'agit pas de guérir des ivrognes, mais d'empêcher qu'il y en ait à l'avenir !

Le samedi matin je m'assis au fauteuil de la Présidence que je quittai presque immédiatement pour le céder à M. le Chevalier Max. de Proskowetz, de Vienne (Autriche), après avoir déposé sur le bureau l'état comparatif en 1873 et en 1885 de la consommation de l'alcool, du vin, du cidre et de la bière d'après les travaux de feu le D\u02b3 Lunier et d'après les documents recueillis par M. le sénateur Claude (des Vosges).

La séance a été presque entièrement consacrée à l'organisation et au fonctionnement des asiles ouverts aux alcoolisés en vue de les guérir.

La plus grande partie de la séance a été remplie par un

discours de M. le pasteur Hirsch de Lintorf, sur la nécessité, sur l'organisation des asiles pour les alcooliques (Trinkerazylen), et sur les services que rend cette institution. L'établissement de Lintorf a servi d'exemple à M. Kirsch pour le développement de sa thèse.

Fondé en 1851, l'asile de Lintorf a reçu jusqu'à ce jour 611 alcooliques, soit de 17 à 27 par année. Depuis 1851 des asiles analogues ont été ouverts dans le Mecklembourg, le Brandebourg et en Silésie. Suivant les classes, les individus admis dans ces asiles paient, par année, une pension de 190 à 500 francs.

A Lintorf, le directeur, aidé d'un diacre, logé dans l'établissement qu'il dirige : les pensionnaires sont astreints au travail dans l'intérieur de l'établissement et dans les champs. Une seconde maison a été ouverte en 1879 pour recevoir les alcooliques appartenant à une classe sociale plus élevée que ceux qu'on admet à Lintorf.

Le prix de la pension est, par mois, de 150 francs pour la 2ᵉ classe et de 190 francs pour la 1ʳᵉ classe ; 198 pensionnaires ont été admis de 1879 à ce jour.

Malgré ce prix de pension élevé, les deux établissements solidaires ont encore besoin de subsides pour parfaire leur budget. Le produit net d'une feuille hebdomadaire qui paraît à Dusbourg et compte 30.000 abonnés, est affecté à l'entretien des deux asiles.

M. Hirsch insiste sur l'insuffisance d'un traitement moral de l'alcoolisme ; c'est une maladie terrible qui engendre par transmission des maux héréditaires d'une gravité extrême. La guérison est difficile et ne peut s'obtenir sans le concours de soins médicaux incessants. « L'abus de l'alcool, dit M. Hirsch, produit des maux bien plus graves chez des individus appartenant aux classes élevées de la société que chez les gens du peuple ; le travail corporel auquel ceux-ci sont astreints paralysant, dans une certaine limite, les effets de l'alcool. »

Le principe du traitement dans ces asiles repose sur l'abstinence absolue de toute boisson alcoolique. Sans contredit, il existe, sous le rapport des effets, une grande différence entre le vin, la bière et l'eau-de-vie, mais tolérer l'usage modéré du premier pour les alcooliques serait leur donner des tentations irrésistibles de revenir à l'alcool; aussi l'abstention totale est-elle le seul remède à appliquer.

Des soins médicaux constants, une alimentation convenable, l'ordre, la propreté et le travail manuel, telles sont les bases essentielles pour la guérison. Le travail manuel répugne aux alcooliques des classes élevées qui n'y ont pas été habitués; aussi est-ce par persuasion et non de force qu'on cherche à les y amener.

M. Hirsch a constaté le danger de la sortie prématurée des pensionnaires : les récidives sont alors fréquentes, ce qui discrédite les asiles. Il considère une année de séjour à l'asile comme un minimum. L'amélioration corporelle n'est point à ses yeux un signe suffisant de guérison : M. Kirsch considère comme seuls réellement guéris les pensionnaires en état de boire un verre de vin ou de bière sans danger d'être entraînés à boire davantage. Un ivrogne ordinaire, dit-il, arrive à ce résultat après un séjour d'un an; un alcoolique à accès périodiques (Quartal Saüfer) ne l'atteint pas à moins de trois années de traitement. Le taux des guérisons obtenues dans l'asile de Lintorf s'élève à environ 58 0/0.

Cette intéressante communication a été suivie d'observations faites par MM. Normann Kerr de Londres, Morel-Sandoz de Trelex, David Ludwig, de Paris, qui doit, dit-il, personnellement sa guérison au séjour qu'il a fait à l'asile du Burghoeltzli, à Zurich, chez M. le Dr Forel.

M. le professeur Bochmert, de Dresde, exprime l'opinion

que les alcooliques devraient être envoyés dans un asile aux frais de leur commune, s'ils sont indigents, et qu'il faudrait les y maintenir pendant un an.

M. le pasteur Kayser, de Carlsruhe, communique au Congrès une pétition admise au Reichstag demandant une loi contre l'ivrognerie et ordonnant l'envoi, d'autorité, dans un asile, des alcooliques avérés.

A la fin de la séance M. le Président, le professeur Forel, annonce au Congrès que le Comité permanent a donné sa démission. Il va être procédé, dit-il, pour remplacer le Comité, à l'élection d'un bureau permanent formé de trois des membres de l'ancien Comité et de 5 membres du Comité d'organisation du Congrès. Le bureau devra, en outre, comprendre des représentants de chaque nation.

Le Congrès ratifie cette proposition et nomme, par acclamation, les membres suivants dont les noms lui sont soumis par M. le professeur Forel :

Pour la France : M. Jules Robyns.
Pour l'Angleterre : M. Robert Rae.
Pour l'Allemagne : M. le Dr Lammers.
Pour l'Autriche : M. le Chevalier Max de Proskowetz.
Pour la Hollande : M. le Baron de Lynden.
Pour l'Amérique : M. John Tinch (de l'Illinois).
Pour la Suède : Mme Andersen-Meyerhelm.
Pour la Norvège : M. Flood.
Pour le Danemark : M. Wagener.
Pour l'Italie : M. Bisacchi.
Pour la Russie (Finlande) : M. Forskadius.
Et pour le Canada : M. Forster.

Après ces élections, M. le Dr Snyder communique quelques chiffres relatifs à la question de l'alcoolisme en Hollande et donne des détails sur les débits de café ouverts à l'instigation des Sociétés de Tempérance. M. le pasteur Rochat, de

Genève, rappelle l'organisation des salles de rafraîchissements organisés par la Croix-Bleue.

Une trentaine de dames, membres des Sociétés de Tempérance ont et suivi régulièrement les travaux du Congrès et elles ont toutes assisté au banquet qui a eu lieu au sommet de l'Utli. A une heure, un train spécial nous emportait vers ce site charmant, élevé de 500 mètres environ au-dessus de Zurich et qui forme de ce côté la dernière cime de la chaîne de l'Albis.

Suivant la coutume suisse, les toasts ont commencé au potage et se sont succédés jusqu'au dessert. Le banquet était splendide, mais beaucoup de convives ne buvaient que de de l'eau, mais moi pas. M. le professeur Forel ne buvait que de l'eau ou de l'eau gazeuse.

Il avait été décidé qu'il y aurait encore une séance le dimanche dans la matinée, mais devant être le lundi matin à Neufchâteau pour y distribuer les récompenses de la Société française de Tempérance, je dus partir le samedi soir et ne pus assister à cette séance.

Le bureau du Congrès avait décidé, avant l'ouverture de la session, qu'aucune des questions ne donnerait lieu à un vote. Rien n'était plus logique que cette décision.

Comment résoudre par oui ou par non une question aussi complexe, aussi grave que celle des avantages ou des inconvénients du monopole? L'opinion qu'on peut avoir à ce sujet dépend, avant tout, des conditions générales et spéciales du pays auquel on voudra appliquer le régime du monopole ou le lui refuser. Possible et utile peut-être — c'est ce que l'avenir montrera — pour un pays peu étendu comme la Suisse et qui, comme elle, tire de l'étranger les trois quarts de l'alcool consommé par sa population, le monopole se présente pour d'autres nations, pour la France, par exemple, sous un tout autre aspect.

De même les questions d'abstinence, de l'organisation et de l'influence des Sociétés de Tempérance, dont le développement est si étroitement lié aux pratiques religieuses et à l'intervention des ministres des cultes en Angleterre et en Suisse, ne sauraient être utilement soumises à la sanction d'une assemblée composée de membres appartenant à des pays où cette intervention serait impossible, assemblées d'ailleurs aussi divisées que possible sur plusieurs des points capitaux en discussion.

Les Ligues anglaises de Tempérance, la Croix-Bleue de Genève, M. Thomann du Maine, le bureau de statistique de la Confédération helvétique avaient déposé dans la salle de la Bibliothèque du Rathaus de nombreux documents. J'en ai reçu quelques-uns que j'ai remis à notre cher Secrétaire Général, M. le Dr A. Motet.

Je terminerai mon rapport en remerciant les organisateurs du Meeting et la municipalité de Zurich du gracieux accueil fait aux Membres du Congrès, et je tiens particulièrement à remercier M. J. Mennet-Rordorf, sécrétaire du Meeting, chez lequel j'étais descendu et qui m'a reçu à bras ouverts. Nous avons tous été accueillis avec la plus grande cordialité et la plus grande sympathie.

JULES ROBŸNS.

Note concernant l'Etat comparatif de la consommation de l'alcool, du vin, du cidre et de la bière en 1873 et en 1885 d'après les travaux de feu le docteur L. Lunier et les documents recueillis par M. le sénateur Claude (des Vosges).

Nous remarquons tout d'abord que 10 départements ont conservé en 1885 le même rang dans l'ensemble des départements qu'en 1873 :

		au lieu de	ou en plus
La Seine-Inférieure toujours le 1er rang, c'est-à-dire le plus alcoolisé :	13 litres 20	10 litres	32 0/0
La Somme toujours le 2e rang :	9 — 40	7 — 90	16
L'Aisne — 3e —	8 — 10	7 — 27	11 1/2
Le Pas-de-Calais — 7e —	7 — 30	6 — 34	15
La Manche — 11e —	6 — 30	5 — 16	23
L'Ille-et-Vilaine — 18e —	4 — 40	3 — 48	26
La Sarthe — 20e —	4 — 30	3 — 30	30
Les Basses-Pyrénées — 63e —	1 — 80	0 — 09	82
L'Aveyron — 77e —	1 — 30	0 — 65	100
La Haute-Savoie ou le dernier. — 86e —	0 — 60	0 — 37	65

Nous constatons que 42 départements se sont plus alcoolisés parce qu'ils sont classés en un rang supérieur qu'en 1873 et avec augmentation dans la consommation de l'alcool :

			au lieu de	ou en plus
Le Calvados	de 5 est passé à 4	8 litres 10	6 litres 80	19 0/0
L'Eure	6 — 5	8 — »	6 — 80	17 3/4
L'Oise	8 — 6	7 — 90	6 — 07	30
L'Eure-et-Loir	16 — 8	6 — 80	4 — 42	54
Seine-et-Oise	12 — 9	6 — 60	5 — 05	30 3/4
Le Finistère	14 — 13	5 — 80	4 — 08	24
Seine-et-Marne	26 — 14	5 — 60	2 — 29	145
Les Ardennes	17 — 16	4 — 90	3 — 06	40 1/2
Les Bouches-du-Rhône	54 — 22	4 — 20	1 — 15	275
Le Rhône	31 — 24	3 — 70	2 — 08	78
Les Côtes-du-Nord	30 — 26	3 — 40	2 — 10	62
Les Pyrénées-Orientales	37 — 30	3 — 30	2 — 10	57
La Côte-d'Or	32 — 31	3 — 20	2 — 06	55 1/4
La Gironde	46 — 34	3 — »	1 — 36	121
La Loire-Inférieure	58 — 35	2 — 00	1 — 06	174
La Haute-Marne	40 — 36	2 — 90	1 — 05	87
La Loire	38 — 37	2 — 80	1 — 00	75
La Haute-Saône	52 — 30	2 — 80	1 — 20	133
L'Indre-et-Loire	62 — 41	2 — 60	0 — 09	160
La Drôme	78 — 42	2 — 50	0 — 64	200
L'Allier	50 — 43	2 — 30	2 — 14	7/10
Le Cher	49 — 46	2 — 20	1 — 20	70
L'Hérault	60 — 47	2 — 20	1 — 04	112

Département				au lieu de	ou en plus
L'Isère	de 57 est passé à 48	2 litres 20	1 — 21	82 0/0
Vaucluse	56 — 57	2 — 10	1 — 08	95
L'Aude	67 — 58	1 — 80	0 — 90	100
La Haute-Garonne	71 — 59	1 — 80	0 — 80	128
Le Puy-de-Dôme	70 — 61	1 — 80	0 — 85	111 1/2
Les Deux-Sèvres	64 — 62	1 — 80	0 — 90	82
Les Hautes-Alpes	66 — 64	1 — 70	0 — 90	90
Le Cantal	74 — 65	1 — 70	0 — 73	148
La Creuse	68 — 66	1 — 70	0 — 87	85 1/2
Le Lot	80 — 67	1 — 70	0 — 60	183
La Vienne	69 — 68	1 — 70	0 — 87	87 1/2
La Dordogne	75 — 70	1 — 60	0 — 67	130 1/2
Le Tarn	73 — 71	1 — 60	0 — 75	113
Les Alpes-Maritimes	83 — 72	1 — 50	0 — 54	151
Htes-Pyrénées	70 — 75	1 — 40	0 — 63	122
Le Tarn-et-Garonne	81 — 76	1 — 40	0 — 59	138
La Lozère	85 — 74	1 — 30	0 — 45	190
La Vendée	84 — 80	1 — 30	0 — 53	143
L'Ariège	82 — 81	1 — 20	0 — 45	122

Nous reconnaissons que 29 départements sont classés en rang inférieur, mais malgré cela avec augmentation dans la consommation de l'alcool :

Département				au lieu de	ou en plus
La Marne	de 9 est descendue à 10	6 litres 40	5 litres 71	11 0/0
La Seine	10 — 12	6 — 30	5 — 20	10
L'Orne	13 — 17	4 — 90	4 — 75	3
Les Vosges	19 — 21	4 — 30	3 — 45	20
L'Aube	22 — 23	4 — 10	2 — 46	63
La Meuse	21 — 25	3 — 60	2 — 61	88
Le Doubs	24 — 27	3 — 40	2 — 85	48
Meurthe-et-Moselle	23 — 28	3 — 40	2 — 45	38
Le Morbihan	25 — 29	3 — 80	2 — 34	41
Le Loiret	20 — 32	3 — 10	2 — 11	47
Le Var	27 — 33	8 — 10	2 — 22	40
Maine-et-Loire	34 — 38	2 — 80	1 — 84	53
Le Jura	39 — 40	2 — 70	1 — 58	72
Loir-et-Cher	41 — 43	2 — 50	1 — 49	68
L'Indre	28 — 44	2 — 40	2 — 18	12
Saône-et-Loire	43 — 40	2 — 20	1 — 80	51
Alpes (Basses)	43 — 50	2 — 10	1 — 87	54

			au lieu de	ou en plus
Ardèche de 42 est descendue à 53	2 litres 10	1 — 89	44 0/0	
Le Gard 44 — 54	1 — 90	1 — 38	88	
La Nièvre 35 — 55	1 — 90	1 — 77	5	
La Hte-Vienne 47 — 56	1 — 90	1 — 33	41 1/2	
L'Yonne 36 — 57	1 — 90	1 — 72	10 1/2	
La Hte-Loire 48 — 60	1 — 80	1 — 29	40	
L'Ain 56 — 69	1 — 60	1 — 11	41	
La Charente 65 — 78	1 — 50	» — 91	65	
Charente-Inf. 57 — 74	1 — 40	1 — 6	30	
Le Lot-et-Garonne 61 — 78	1 — 30	1 — 1	29	
La Corrèze 74 — 82	1 — 20	» — 66	82	
La Savoie 72 — 84	1 — »	» — 70	27	

Nous constatons que seulement 4 départements se sont alcoolisés en moins et ont un rang plus favorable dans l'ensemble des départements :

			au lieu de	ou en moins
La Mayenne de 4 est descendue à 15	6 litres 87	5 litres 50	5 1/2	
Le Nord 15 — 19	4 — 65	4 — 30	7 1/2	
Les Landes 53 — 83	1 — 10	1 — »	14	
Le Gers 50 — 85	1 — 65	» — 70	58	

En admettant que la Corse ne consomme en 1885 que 2 litres 05 d'alcool comme en 1873, alors de 33 elle est descendue à 52 dans l'ensemble des départements.

Par conséquent nous avons une augmentation réelle et parfois très considérable dans la consommation de l'alcool à l'exception de 4 départements, et encore nous nous permettons de mettre en doute les chiffres donnés pour deux d'entre eux, nous voulons parler de la Mayenne et du Nord. Si ces chiffres sont vrais, il faut alors qu'il y ait une fraude considérable, alors que surtout la consommation du cidre pour la Mayenne a éprouvé une notable diminution et celle dé la bière dans le Nord.

Tout prouve qu'en France la consommation de l'alcool a augmenté ; elle est pour l'ensemble de 3 litres 85 en 1885, alors qu'elle n'était que de 2 litres 84 en 1873, donc augmentation de 35, 3/5 p. 100; ce qui n'est pas encore la vérité parce que les bouilleurs de cru et la fraude sur les fron-tières doivent augmenter de beaucoup la consommation réelle de l'alcool en France.

Jules Robÿns.

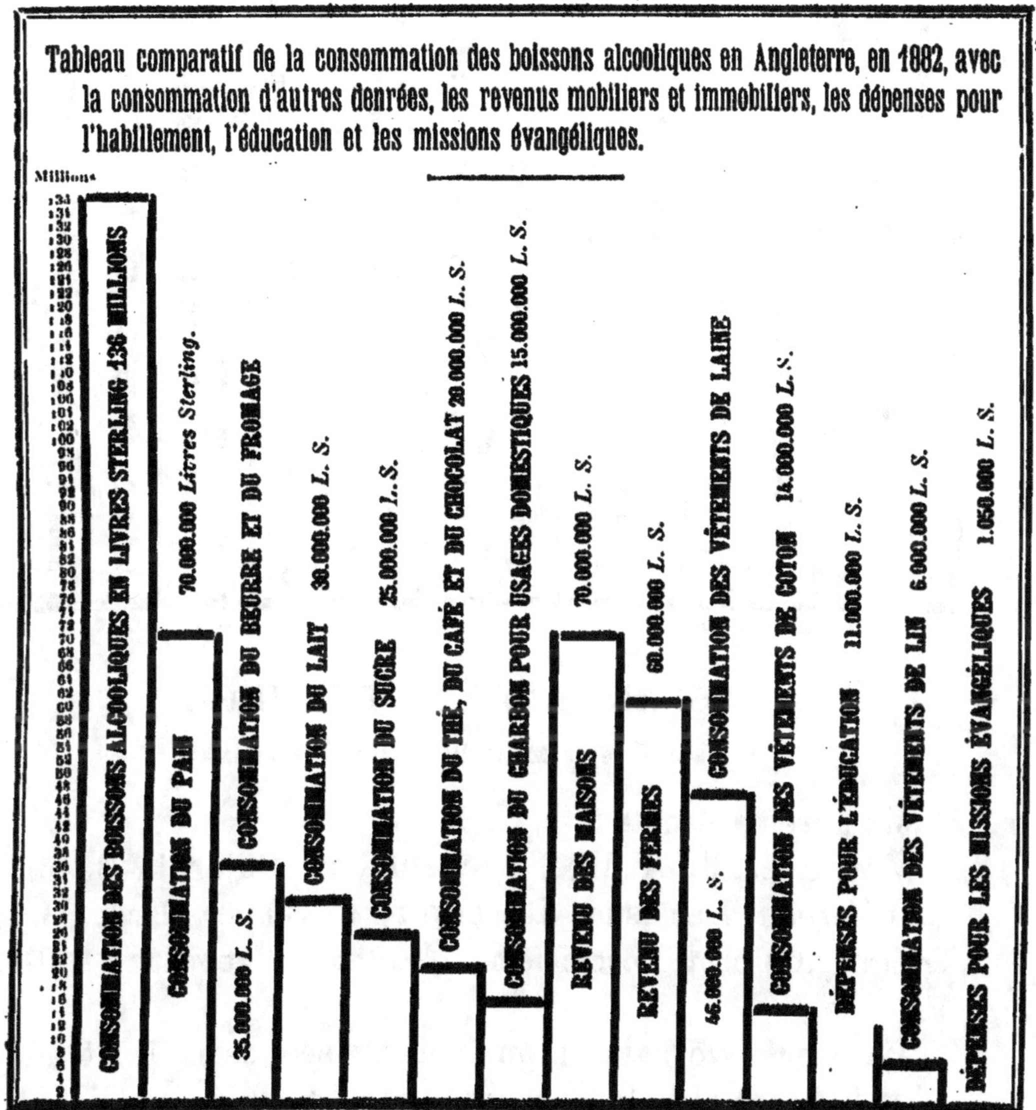

Tableau comparatif de la consommation des boissons alcooliques en Angleterre, en 1882, avec la consommation d'autres denrées, les revenus mobiliers et immobiliers, les dépenses pour l'habillement, l'éducation et les missions évangéliques.

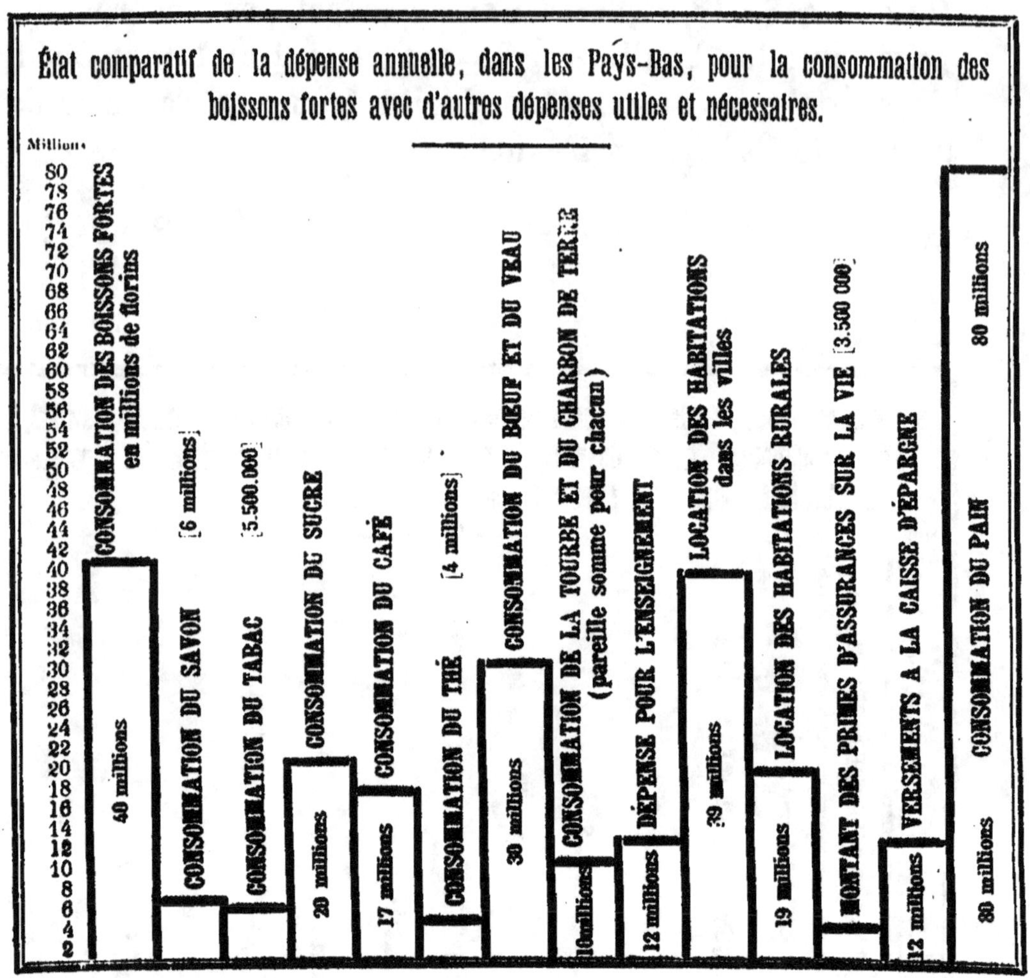

SÉANCE DU 7 DÉCEMBRE

Présidence de M. le Dr DUJARDIN-BEAUMETZ

Membres présents :

MM. Arband, Audigé, Bartaumieax, Dujardin-Beaumetz, Bouchereau, Decaisne, Duverger, Fitreman, Froc, Gibert, Guignard, Joret-Desclozières, Motet, de Nervaux, Philbert, Robÿns.

Le procès-verbal de la précédente séance est lu et adopté.

M. le Secrétaire Général après avoir communiqué des lettres de plusieurs membres du Conseil qui s'excusent de ne pouvoir assister à la séance, dépouille la correspondance imprimée qui comprend les journaux avec lesquels la Société échange ses *Bulletins*.

La correspondance manuscrite comprend :

1º Une lettre de M. le Dr Forel, Président de la Commission internationale sur l'abolition des liqueurs alcooliques.

2º Une lettre de M. le Dr Martin, Secrétaire Général de la Société de médecine et d'hygiène publique concernant le coin de notre médaille, dont il nous demande à se servir pour faire frapper un certain nombre de médailles pour la Société d'Hygiène publique. M. le Secrétaire Général est chargé de s'enquérir des conditions dans lesquelles ce tirage aurait lieu.

3º Une lettre de M. le Dr Perier.

4º Une lettre de M. le Dr Bellencontre, de Rouen, annonçant l'envoi de deux brochures.

Admission de nouveaux membres :

Le Conseil prononce l'admission de onze membres associés, (nº 2214-2225).

M. le Secrétaire Général communique le rapport de la Commission par le renouvellement de Bureau et du Conseil :

MM. de Nervaux et Albert Desjardins sont proposés comme candidats pour les fonctions de Vice-Président, et comme candidats pour membres du Conseil :

MM. le Sénateur Dufay, Dr Hérard, Dr Froc, Donnet, Muteau, Manuel, Van den Dorpel, A. Desjardins, Noizette, Richard (du Cantal), Decroix, Herscher, Rossolin, Dr Périer, Jouglas.

M. Fitremann donne lecture d'un rapport au nom de la Commission des fonds et archives.

RAPPORT DE LA COMMISSION DES FONDS
ET ARCHIVES
Séance du 27 novembre 1887

Messieurs,

Votre Commission des fonds et archives m'a chargé de vous faire connaître la situation financière actuelle de la Société et de vous proposer un projet de budget pour l'année 1888.

Grâce à la sage administration de M. le Secrétaire Général et de M. le Trésorier et aux actives démarches de ce dernier, les encaissements prévus au budget ordinaire de 1887 ont déjà été dépassés. Ils s'élevaient sauf mémoire, à 6.535 francs, et, pendant les 3 premiers trimestres de 1887 la Société a reçu 6.749 fr. 35. Suivant la règle prescrite, les dépenses autorisées n'ont été faites qu'au fur et à mesure des encaissements, et il reste en ce moment, aux mains de M. le Trésorier, un reliquat net de 294 fr. 30. Nous espérons que ce reliquat s'augmentera d'ici à la fin de l'année et, tout en permettant de faire face aux quelques dépenses à solder encore, laissera un boni qui se joindra aux encaissements de 1888.

Nous ne parlons pas d'une somme de 1.000 francs destinée à servir de récompense à l'auteur du *Livre des Mères* et qui est restée entre les mains de M. le Secrétaire Général, la Société n'ayant pas eu l'occasion de délivrer le prix fondé par elle.

Le recouvrement des cotisations arriérées a donné un encaissement de 2.219 fr. 20, ce qui a permis de verser à M. le Trésorier une somme de 1.500 francs représentant la cinquième annuité, à échéance du 30 juin 1891 et, laissé libre une somme de 719 fr. 20 qui paraît devoir être attribuée à un paiement d'une partie de la dernière annuité. Nous avons cependant demandé à M. le Trésorier de conserver cette somme de 719 fr. 20 entre ses mains sans attribution spéciale. Nous y trouverions, au besoin, une ressource pour le cas où des dépenses imprévues s'imposeraient.

M. le Trésorier s'est prêté avec sa bonne grâce et son dévouement ordinaires à cette combinaison, toute provisoire d'ailleurs.

Ces explications données, nous avons pensé que le budget de 1888 pouvait, eu égard aux budgets précédents et en agissant avec la plus grande prudence s'établir de la manière suivante :

RECETTES

ARRÉRAGES	Rentes sur l'État . . .	63 »	138 »
	Legs Rouville et Bourdin.	75 »	
COTISATIONS	Richard Wallace . . .	200 »	4.842 »
	Compagnie du Gaz. . .	100 »	
	120 fondateurs à 20 fr.	2.400 »	
	115 titulaires à 10 fr. .	1.150 »	
	32 affiliations à 6 fr. .	192 »	
	800 associés à 1 fr. . .	800 »	
SUBVENTIONS	Asile de Cadillac . . .	25 »	1.225 »
	Départements du Doubs et des Vosges . . .	200 »	
	Ministère de l'Intérieur .	1.000 »	

Cotisation de M. Boulenger, usine de Choisy-le-Roi, pour frais de voyage. . . . . 100 »

Vente d'ouvrages en 1888. . . . . 100 »

DONS POUR RÉCOMPENSES { MM. le Dʳ Dujardin-Beaumetz, Motet, de Nervaux, de Cauville et autres. . . . . 500 »

Cotisations de membres nouveaux et associés nouveaux . . . . mémoire
____
6.905 »

En établissant ces prévisions de recettes nous nous sommes tenus au-dessous des chiffres prévus en 1887 : au lieu de 140 cotisations à 20 francs, nous n'en avons juste que 120 ; au lieu de 130 à 10 francs, 115 seulement. Nous n'avons plus que 800 associés à 1 franc au lieu de 1.635.

Nous avons cru devoir faire figurer à notre actif la subvention de 1.000 francs du Ministère de l'intérieur, notre excellent Trésorier ayant obtenu à ce sujet presque une promesse du Directeur compétent.

Le budget des dépenses devrait être établi de la manière suivante :

DÉPENSES

Frais de bureau, timbres de quittance, correspondance, etc.	900 »
Loyer.	600 »
Dépenses de déménagement.	100 »
Impressions 1888	2.200 »
Récompenses en argent, médailles de bronze, diplômes, etc.	1.000 »
2° annuité due à M. le Trésorier	1.500 »
Frais de voyage de délégué en province	500 »
Assurance contre l'incendie	19 80
	6.819 80

Le Conseil voit qu'il resterait un léger boni de 85 fr. 20, auquel se joindrait celui de l'exercice précédent, non encore définitivement arrêté et les divers recouvrements portés pour mémoire.

Tous les chiffres portés sont inférieurs à ceux des exercices précédents. Ils ont été arrêtés avec M. le Trésorier, de manière à restreindre les dépenses autant que possible.

Il est du reste, et demeure bien entendu, que ces dépenses ne se feront qu'avec des ressources réalisées et certaines et seront suspendues si les prévisions étaient trompées.

Nous croyons qu'en adoptant les chiffres que nous lui proposons le Conseil sera dans le vrai Nous sommes certains que nos intentions de sagesse et d'économie bien comprises par M. le Secrétaire Général et M. le Trésorier dont nous ne pouvons trop louer le zèle, recevront leur exécution en 1888 comme en 1887, et qu'ainsi les charges de la Société s'allégeront de plus en plus.

Les propositions de M. le Rapporteur mises aux voix sont adoptées.

M. le Secrétaire Général présente le rapport de la commission sur le prix Lunier. Ce prix sera de 1.000 francs et sera décerné en 1889. La question qui sera mise au concours est la suivante :

1° Statistiques des débits de boissons comparées dans les différents pays. Déterminer les rapports entre le nombre des débits de boissons et le développement de la criminalité et de la folie.

Des moyens de restreindre le nombre de ces établissements et de combattre leur influence dangereuse.

2° Le *Livre des Mères* (prix de 1.000 francs) est remis au concours pour l'année 1889, et M. le Secrétaire Général prie M. Duverger de signaler aux Candidats, les points qui, selon lui, doivent être traités d'une manière plus spéciale.

M. Duverger trouve le titre suffisant et croit qu'un programme détaillé aurait des inconvénients.

Après quelques observations échangées entre le Président et MM. Decaisne, de Nervaux et Duverger, le Conseil prie M. Decaisne d'appeler l'attention des concurrents sur quelques points principaux.

M. le Président annonce que la quatrième assemblée générale aura lieu le 28 décembre 1887.

Il demande également au Conseil l'autorisation de donner congé du loyer occupé actuellement par la Société. Cette autorisation est accordée.

La séance est levée à 6 heures.

LETTRE DE M. LE Dr FOREL
Président du Congrès de Zurich

Burgholzli Zurich (Suisse), 1887.

Très honoré Monsieur,

Dans sa séance du 14 novembre, le Comité permanent des meetings internationaux contre l'abus des boissons alcooliques a décidé de soumettre deux prières aux membres de la Commission internationale :

1) M. J. Grant Mills, secrétaire du « Native Races and Liquor trafic United Committee ; a lu au Meeting de Zurich un travail de la plus haute importance qui démontre à l'aide de documents les ravages épouvantables que le trafic de l'eau-de-vie fait parmi les races indigènes de tous les continents.

En terminant M. Grant Mills propose :

a) Que les délégués de chacun des pays représentés au Congrès de Zurich fassent à leur retour chez eux des démarches pour fonder dans leurs pays respectifs une société nationale analogue à la Commission anglaise, pour obtenir des données sur la question, pour travailler l'opinion publique, pour faire aux Chambres de commerce des représentations au sujet de l'action néfaste du trafic des spiritueux sur le commerce honnête, et enfin pour attirer l'attention de leurs gouvernements sur la question brûlante du trafic des spiritueux parmi les races natives.

b) Qu'une fédération des sociétés nationales soit fondée sous le nom de « Commission pour prévenir la déchéance morale des races natives due au trafic des spiritueux ».

c) Que chaque société nationale nomme un secrétaire correspondant qui ait la mission de maintenir la société en rapport et correspondance avec les autres sociétés et, en particulier, avec le comité central de Londres.

Le Meeting international de Zurich a exprimé le vœu pressant que la commission internationale s'occupe de ces propositions si importantes et si opportunes, et que chacun des ses membres s'efforce de fonder à cet effet une société nationale qui devra se mettre en rapport avec l'United Committee de Londres.

En recommandant expressément ce vœu à toute votre attention, nous vous prions de vous mettre directement en rapport avec l'United Committee. Nous considérons notre tâche dans cette affaire comme terminée.

L'adresse est :

Rev. J. Grant Mills. Secretary of the « Native Races and Liquor traffic United Committee », 127, Palace Chambers 9, Bridge Street Westminster,

2). Il est de toute importance que nous connaissions exactement les diverses sociétés de Tempérance et d'abstinence totale du monde entier.

Nous vous prions donc de nous procurer à l'aide des formulaires ci-joints la statistique de ces sociétés dans votre pays. Vous pouvez bien plus facilement que nous requérir ces données directement des sociétés de votre pays.

Il serait particulièrement important pour nous d'obtenir *l'adresse permanente* du bureau ou dépôt de chacune de ces Sociétés, pour autant qu'il en existe, car le nom et l'adresse des membres du Comité (secrétaire, président) sont susceptibles de changements trop fréquents.

Agréez, Monsieur, l'assurance de ma plus haute considération,

Au nom du Comité permanent,

Le Secrétaire,   *Le Président,*
Dr ED. RAHN,   Dr AUG. FOREL.

PENSION DE LA CROIX-BLEUE

A TRÉLEX-SUR-NYON.

STATUTS

ART. Ier. — Cet établissement fondé dans un esprit chrétien a pour but d'offrir aux buveurs un milieu favorable à leur relèvement moral et physique.

ART. II. — Personne ne sera admis s'il y est contraint par des tiers, et s'il n'a pas un désir personnel de relèvement.

ART. III. — Seront admis moyennant les conditions requises dans le Règlement, des hommes depuis l'âge de vingt ans et au-dessus, de la Suisse tout d'abord, et d'autres pays si la place le permet.

ART. IV. — La maison ne peut faire de dettes. Elle ne fera point de collectes, mais recevra avec reconnaissance tous les dons qui lui seront faits.

ART. V. — Il y a à la tête de l'œuvre un comité de trois membres, qui se réunit au moins une fois par an, pour nommer, confirmer, ou révoquer le Directeur, contrôler les comptes, revoir les statuts et règlements, et donner son avis sur la marche générale de l'œuvre.

ART. VI. -- Le président a le droit de contrôle sur tout ce qui se passe dans la maison ; il décide seul *des admissions* et réadmissions ainsi que des expulsions des pensionnaires ; il nomme et révoque les aides du Directeur ; il dispose de tous les fonds et ressources de la maison.

ART. VII. — Le Directeur dirige la marche journalière de l'établissement ; il exerce la discipline et la surveillance ; il préside les cultes quotidiens ; il a sous ses ordres tous les employés de la maison ; il tient un compte exact des recettes et des dépenses courantes ; il avise le président de tout ce qui peut survenir de grave et en particulier de toute infraction au règlement ; il tient un registre de chaque pensionnaire ; il peut préaviser sur le renvoi de ceux-ci et des employés. Il ne peut s'absenter au delà de huit jours sans se faire remplacer au gré du président.

ART. VIII. — Le Directeur et les employés-résidents doivent être abstinents de toute boisson alcoolique.

RÈGLEMENT

ART. Ier. — Tout pensionnaire est tenu de s'astreindre à l'ordre établi et au Règlement.

ART. II. — Les repas ont lieu à des heures fixes, tous sont tenus de s'y rencontrer, et personne ne peut exiger autre chose que ce qui est servi.

ART. III. — Les heures du lever et du coucher sont réglées par le Directeur.

ART. IV. — Toutes les sorties de la maison doivent être autorisées par le Directeur.

ART. V. — Tout langage inconvenant ainsi que toute conversation pouvant amener des dissensions et des querelles doivent être évités. Le Directeur a le droit d'exclure toutes les publications immorales.

ART. VI. — Le travail étant indispensable à tout vrai relèvement, est obligatoire selon les aptitudes, et sauf cas de maladie.

ART. VII. — Le premier mois de pension se paie complètement, après cela il sera tenu compte dans la mesure du possible, et suivant les ressources de la maison, du travail des pensionnaires.

ART. VIII. — Le prix de la pension est de 1 fr. 50 à 2 fr. 50 par jour, selon les positions de fortune et le travail. La maison étant chauffée convenablement, et la grande salle commune éclairée, ceux qui voudraient à part du bois de chauffage ou de la lumière devront les payer en sus de la pension.

ART. IX. — La pension doit être garantie par une personne connue et solvable. Elle se paie au Directeur tous les 15 jours.

ART. X. — En cas de départ avant le terme convenu, on est tenu d'en avertir le directeur 15 jours à l'avance, ou de payer la pension pour ce temps-là, sauf dans les cas de force majeure dont le président reste juge.

ART. XI. — La signature pour la demande d'admission équivaut à l'engagement d'abstinence totale des boissons alcooliques; ceux donc qui, soit dans la pension soit au dehors, en useront à un degré quelconque et ne voudront se soumettre ni au Règlement ni aux observations, seront renvoyés.

ART. XII. — La fréquentation des auberges et cafés, sous quelque prétexte que ce soit, est interdite absolument dans le village de Trélex, et dans tout le district de Nyon; les cafés de Tempérance sont exceptés.

ART. XIII. — L'usage religieux du vin est réservé. Dans les cas de prescription médicale, l'alcool ne pourra être ordonné que sous forme pharmaceutique, et par le médecin de l'établissement.

ART. XIV. — D'après les expériences faites, il est à désirer que le temps de séjour ne soit pas inférieur à 3 mois, il ne pourra, en règle générale, excéder 6 mois.

ART. XV. — Aucune réadmission ne pourra se faire avant trois mois depuis le jour de la sortie.

ART. XVI. — Les pensionnaires sont instamment et affectueusement priés de travailler eux aussi et avec le secours de Dieu, à leur propre relèvement, et de faire tout ce qui dépendra d'eux pour rendre le séjour de la maison agréable à eux-mêmes et aux autres.

ART. XVII. — Le présent Règlement sera lu par le Directeur une fois par semaine, à tous les pensionnaires réunis.

Trélex, octobre 1884.

Le Président :
P. MOREL-SANDOZ, pasteur.

LOI FÉDÉRALE CONCERNANT LES SPIRITUEUX
DU 23 DÉCEMBRE 1886

L'ASSEMBLÉE FÉDÉRALE DE LA CONFÉDÉRATION SUISSE :

Vu le message du Conseil fédéral du 8 octobre 1886 ;

En exécution des articles 31, 32 et 32 *bis* de la constitution fédérale et de l'article 6 de ses dispositions transitoires(1).

Décrète :

Art. premier. — Le droit de fabriquer et d'importer les spiritueux dont la fabrication est soumise à la législation fédérale appartient exclusivement à la Confédération.

La Confédération est tenue de pourvoir à ce que les spiritueux destinés à être transformés en boissons soient suffisamment rectifiés.

Pour autant que les besoins doivent être couverts par la production indigène, la Confédération abandonne à l'industrie privée, conformément à l'article 2, la fourniture des quantités nécessaires.

Art. 2. — Le quart à peu près de la consommation de spiritueux est fourni au moyen de contrats de livraison que la Confédération doit conclure avec des productions indigènes.

Les livraisons sont mises au concours, aux conditions établies par un cahier de charges, par lots de 150 hectolitres au moins et de 1,000 hectolitres au plus d'alcool absolu ; chaque lot est adjugé à l'entrepreneur qui, tout en présentant des garanties suffisantes, fait les offres les plus favorables pour le lot respectif.

On donnera la préférence, lors de l'adjudication, à la mise en œuvre de matières premières indigènes et aux distilleries exploitées par des associations agricoles.

Une distillerie ne peut obtenir qu'un seul lot.

Art. 3. — L'importation de spiritueux de qualité supérieure est permise aussi aux particuliers, aux conditions à fixer par le conseil fédéral et moyennant une finance de monopole fixe de 80 francs par quintal métrique, poids brut, en sus du droit d'entrée, sans égard à la contenance en alcool.

Art. 4. — La Confédération livrera les spiritueux en quantités de 150 litres au moins, contre paiement au comptant. Le prix de vente est fixé

1. Voir 'observation ci-après.

de temps en temps par le Conseil fédéral et publié dans la feuille fédérale. Il ne doit être ni inférieur à 120 francs ni supérieur à 150 francs par hectolitre d'alcool absolu, fût non compris.

Art. 5. — Lors de l'exportation de produits pour la fabrication desquels on emploie de l'alcool imposable, la quantité d'alcool qui a dû être employée, en raison des conditions spéciales de la fabrication, est déterminée et donne droit à un remboursement correspondant au bénéfice du monopole, payable à la fin de l'exercice.

La somme à rembourser est calculée par le conseil fédéral sur la base de la différence moyenne entre le prix de vente et le prix d'achat des spiritueux importés.

L'exportation de quantités inférieures à 20 litres ne donne droit à aucun remboursement.

Art. 6. — L'alcool destiné à des usages industriels ou aux besoins domestiques, qui dans la règle sera pris dans les qualités à meilleur marché, sera livré dénaturé par les magasins de la Confédération, en quantités de 150 litres au moins, au prix de revient ou, pour les marchandises importées, avec adjonction du droit d'entrée.

Le conseil fédéral fixera les conditions et les procédés auxquels est soumise la dénaturation.

Art. 7. — Le colportage des spiritueux de tout genre, ainsi que leur débit et leur commerce en détail dans les distilleries et dans les établissements où ce débit ou cette vente en détail ne sont pas en connexité naturelle avec la vente des autres articles de commerce, est interdit. Reste réservé le commerce en détail fait par les distilleries d'après l'article 8, 4° alinéa.

Art. 8. — La vente des spiritueux de toute espèce, en quantité de 40 litres au moins, est une industrie libre (commerce en gros).

Le commerce en quantités inférieures à ce chiffre (commerce en détail) se subdivise comme suit :

1° le débit ;

2° la vente en détail à pot renversé.

Les autorisations de débit ou de vente en détail sont accordées par les autorités cantonales et doivent être soumises par elles à un droit de vente proportionné à l'importance du commerce et à la valeur des marchandises vendues ; jusqu'à l'entrée en vigueur d'une loi fédérale, ce droit de vente sera fixé par les cantons.

Toutefois, les distillateurs qui ne fabriquent pas, dans une seule et même année, plus de 40 litres de spiritueux non soumis à l'impôt fédéral peuvent vendre librement la quantité produite, à condition de ne pas la livrer par parts inférieures à 5 litres.

Les vases des débits d'eau-de-vie doivent être étalonnés.

Art. 9. — Les cantons sont chargés de la surveillance sur le commerce des spiritueux livrés par la Confédération, ainsi que sur la fabrication et la vente de l'eau-de-vie qui n'est pas soumise à l'impôt fédéral.

Art. 10. — L'exécution de la loi dans ses autres parties est de la compétence du Conseil fédéral, qui établira à cet effet les règlements et les organes nécessaires. Le Conseil fédéral peut réclamer la coopération des cantons, auquel cas il remboursera à ceux-ci les dépenses dont la justification sera fournie.

La Confédération avancera à l'administration du monopole les sommes nécessaires pour l'exécution de la loi ; ces sommes porteront intérêt et devront être amorties dans un délai convenable.

Art. 11. — La Confédération percevra les droits d'entrée respectifs sur tous les spiritueux importés ; elle portera au compte les frais de l'administration du monopole, ainsi que l'augmentation de frais qui sera occasionnée à l'administrateur des péages par le monopole.

Art. 12. — Les recettes nettes de l'administration du monopole seront, sous réserve des prescriptions de l'article 6 des dispositions transitoires de la constitution fédérale, réparties entre tous les cantons, proportionnellement à leur population de fait établie par le recensement fédéral le plus récent.   Le décompte a lieu le 31 décembre de chaque année.

Art. 13. — Les gouvernements cantonaux doivent faire chaque année rapport au conseil fédéral sur l'emploi des 10 % de leurs recettes qui, d'après l'article 32 *bis* de la constitution fédérale, sont destinés à combattre l'alcoolisme. Ces rapports seront soumis imprimés à l'assemblée fédérale.

Art. 14. — Quiconque contrevient aux dispositions de la présente loi, soit en fabriquant de l'alcool sans y être autorisé, soit en ne livrant pas à la Confédération la totalité de l'alcool fabriqué avec autorisation, soit en se faisant indûment restituer des droits ou en donnant à des spiritueux dénaturés une destination autre que celle qui est prévue, soit en se procurant illicitement de l'alcool ou de l'eau-de-vie, est passible d'une amende s'élevant de cinq à trente fois la somme soustraite à l'Etat.

Si le montant de cette somme ne peut être déterminé, l'amende est de 200 à 10.000 francs.

En cas de récidive ou de circonstances aggravantes, l'amende peut être doublée, et le contrevenant peut en outre être condamné à un emprisonnement jusqu'à six mois.

La tentative des contraventions punies par le présent article est traitée comme la contravention consommée.

Art. 15. — En dehors des cas énumérés à l'article précédent, toute contravention à la présente loi ou aux règlements qui en fixent l'application est punie d'une amende de 20 à 500 francs. Cette amende est de 50 à 1.000 francs si le contrevenant a cherché à empêcher le contrôle de l'autorité. Restent réservées les dispositions de l'article 47 du code pénal fédéral.

Art. 16. — Un tiers des amendes perçues en application de la présente loi revient au dénonciateur, un tiers au canton et un tiers à la commune dans laquelle a été commise la contravention. Lorsqu'il n'y a pas de de dénonciateur, la part correspondante est attribuée à la caisse cantonale. Dans les cas où la contravention a été constatée par des employés ou fonctionnaires de l'administration des péages, la répartition des amendes a lieu en conformité de l'article 57 de la loi fédérale du 27 août 1851 sur les péages.

Art. 17. — Quant au mode de procéder en cas de contravention à la présente loi ou aux règlements édictés pour son exécution, on appliquera la loi fédérale du 30 juin 1849 sur le mode de procéder à la poursuite des contraventions aux lois fiscales et de police de la Confédération.

Art. 18. — Les propriétaires des distilleries existantes seront indemnisés par la Confédération pour la moins-value résultant, pour les bâtiments et appareils servant à la distillation, de l'article 1er de la présente loi.

Pour déterminer l'indemnité on ne pourra porter en compte le bénéfice réalisé jusqu'à présent par la distillation.

Toutefois le droit à l'indemnité, n'est accordé qu'à ceux des propriétaires dont les distilleries ont été établies avant le 25 octobre 1885 et exploitées jusqu'à cette époque et qui, en outre, renoncent à la fabrication permise par l'article 32 *bis* de la Constitution fédérale.

Si l'entente ne peut s'établir à l'amiable au sujet du chiffre de l'indemnité, celui-ci sera déterminé par des Commissions d'estimation.

Ces Commissions d'estimation se composeront chacune de trois membres, dont le premier sera nommé par le Tribunal fédéral, le deuxième par le Conseil fédéral et le troisième par le Gouvernement du canton sur le territoire duquel se trouve la distillerie à indemniser.

Tout intéressé a le droit, dans le délai de trente jours après la signification de la sentence, de recourir au Tribunal fédéral contre la décision de la Commission d'estimation ;

A défaut de recours, la décision de la Commission d'estimation est considérée comme ayant force de loi.

Le mode de procéder à suivre par le Tribunal fédéral et par les Commissions d'estimation sera déterminé par un règlement spécial établi par le Tribunal fédéral, règlement qui sera basé sur la loi du 1er mai 1850 concernant l'expropriation pour cause d'utilité publique.

Art. 19. — La Confédération aura le droit de se rendre acquéreur, moyennant indemnité, des provisions d'alcool monopolisé dépassant 1/2 hectolitre et qui se trouveront dans le pays au moment de l'entrée en vigueur de la présente loi, à moins que les propriétaires de ces provisions ne préfèrent les conserver moyennant paiement de l'impôt respectif.

Si la Confédération déclare vouloir faire usage de son droit d'acquisition, les détenteurs de ces provisions sont tenus de les déclarer, à défaut de quoi la marchandise sera confisquée et le contrevenant encourra les pénalités prévues à l'article 14. Le prix d'acquisition sera fixé par des Commissions d'experts nommés à cet effet par le conseil fédéral.

Pour la constatation des spiritueux qui doivent être rachetés à teneur du présent article, les cantons sont tenus de prêter leur concours à la Confédération, sur sa demande, moyennant une bonification dont le montant sera fixé d'après le nombre des détenteurs et le chiffre total du prix de rachat.

Art. 20. — Le Conseil fédéral est chargé de l'exécution de la présente loi.

Art. 21. — Le Conseil fédéral est chargé, conformément aux dispositions de la loi fédérale du 17 juin 1874 concernant la votation populaire sur les lois et arrêtés fédéraux, de publier la présente loi et de fixer l'époque où elle entrera en vigueur.

Ainsi décrété par le Conseil national,

Berne, le 22 décembre 1886.

Le président : MOREL.

Le secrétaire : Ringier.

Ainsi décrété par le conseil des états,

Berne, le 23 décembre 1886.

Le vice-président : SCHERB.

Le secrétaire : Schatzmann.

OBSERVATION

Les dispositions de la loi fédérale, en exécution desquelles la loi ci-dessus a été adoptée par l'assemblée fédérale, sont les suivantes :

Article 31.

La liberté de commerce et d'industrie est garantie dans toute l'étendue de la Confédération.

Sont réservés :

a. La régale du sel et de la poudre de guerre, les péages fédéraux, les droits d'entrée sur les vins et les autres boissons spiritueuses, ainsi que les autres droits de la consommation formellement reconnus par la Confédération, à teneur de l'article 32.

b. La fabrication et la vente de boissons distillées, en conformité de l'article 32 bis.

c. Tout ce qui concerne les auberges et le commerce au détail des boissons spiritueuses, en ce sens que les cantons ont le droit de soumettre par voie législative, aux restrictions exigées par le bien-être public, l'exercice du métier d'aubergiste et le commerce au détail des boissons spiritueuses.

d. Les mesures de police sanitaires contre les épidémies et les épizooties.

e. Les dispositions touchant l'exercice des professions commerciales et industrielles, les impôts qui s'y rattachent et la police des routes. Ces dispositions ne peuvent rien renfermer de contraire au principe de la liberté de commerce et d'industrie.

Article 32.

Les cantons sont autorisés à percevoir les droits d'entrée sur les vins et les autres boissons spiritueuses prévus à l'article 31, lettre *a*, toutefois sous les restrictions suivantes :

a. La perception de ces droits d'entrée ne doit nullement grever le transit; elle doit gêner le moins possible le commerce, qui ne peut être frappé d'aucune autre taxe.

b. Si les objets importés pour la consommation sont réexportés du canton, les droits payés pour l'entrée sont restitués sans qu'il en résulte d'autres charges.

c. Les produits d'origine suisse seront moins imposés que ceux de l'étranger.

d. Les droits actuels d'entrée sur les vins et les autres boissons spiritueuses d'origine suisse ne pourront être haussés par les cantons où il en existe. Il n'en pourra être établi sur ces produits par les cantons qui n'en perçoivent pas actuellement.

e. Les lois et les arrêtés des cantons sur la perception des droits d'entrée sont, avant leur mise à exécution, soumis à l'approbation de l'autorité fédérale, afin qu'elle puisse, au besoin, faire observer les dispositions qui précèdent.

Tous les droits d'entrée perçus actuellement par les cantons, ainsi que les droits analogues perçus par les communes, doivent disparaître sans indemnité à l'expiration de l'année 1890.

Article 32 bis.

La Confédération a le droit de décréter, par voie législative, des prescriptions sur la fabrication et la vente des boissons distillées. Toutefois, ces prescriptions ne doivent pas imposer les produits qui sont exportés ou qui ont subi une préparation les rendant propres à servir de boissons. La distillation du vin, des fruits à noyaux ou à pépins et de leurs déchets, des racines de gentiane, des baies de genièvre et d'autres matières analogues est exceptée des prescriptions fédérales concernant la fabrication et l'impôt.

Après l'abolition des droits d'entrée sur les boissons spiritueuses mentionnées à l'article 32 de la constitution fédérale, le commerce des boissons alcooliques non distillées ne pourra plus être soumis par les cantons à aucun impôt spécial, ni à d'autres restrictions que celles qui sont nécessaires pour protéger le consommateur contre les boissons falsifiées ou nuisibles à la santé. Restent toutefois réservées, en ce qui concerne l'exploitation des auberges et la vente en détail de quantités inférieures à deux litres, les compétences attribuées aux cantons par l'article 31.

Les recettes nettes provenant des droits sur la vente des boissons distillées restent acquises aux cantons dans lesquels ces droits sont perçus.

Les recettes nettes de la Confédération résultant de la distillation indigène et de l'élévation correspondante des droits d'entrée sur les boissons distillées étrangères seront réparties entre tous les cantons proportionnellement à leur population de fait établie par le recensement fédéral le plus récent. Les cantons sont tenus d'employer au moins 10 %, des recettes pour combattre l'alcoolisme dans ses causes et dans ses effets.

Article 6 des dispositions transitoires.

Si la loi fédérale prévue par l'article 32 *bis* est mise en vigueur avant l'expiration de l'année 1890, des droits d'entrée perçus par les cantons sur les boissons spiritueuses, en conformité de l'article 32, seront abolis à partir de l'entrée en vigueur de cette loi.

Si, dans ce cas, les parts revenant à ces cantons ou communes sur la somme à répartir ne suffisaient pas à compenser les droits abolis calculés d'après la moyenne annuelle du produit net de ces droits pendant les années 1880 à 1884 inclusivement, le déficit des cantons ou communes constitués en perte sera couvert, jusqu'à la fin de l'année 1890, sur la somme qui reviendrait aux autres cantons d'après le chiffre de leur population, et ce n'est qu'après ce prélèvement que le reste sera réparti à ceux-ci au prorata de leur population.

La législation fédérale pourvoira en outre à ce que la perte que pourrait entraîner l'application du présent arrêté pour le fisc des cantons ou des communes intéressés ne les frappe que graduellement et n'atteigne son chiffre total qu'après une période transitoire jusqu'à 1895, les sommes à allouer dans ce but devant être prélevées sur les recettes nettes mentionnées à l'article 32 *bis*, 4ᵉ alinéa.

Chancellerie fédérale.

DOCUMENTS OFFICIELS

CHAMBRE DES DÉPUTÉS

SÉANCE DU 7 JUILLET 1887

RAPPORT fait au nom de la commission (1) chargée d'examiner la proposition de loi adoptée par le Sénat, ayant pour objet l'institution d'un prix au profit de la personne qui découvrira un moyen pratique et usuel de déterminer dans les spiritueux du commerce et les boissons alcooliques, la présence et la quantité des subtances autres que l'alcool chimiquement pur ou alcool éthylique ; par M. Gadaud député.

Messieurs, le but du présent projet de loi est de favoriser la recherche de certains moyens susceptibles d'être opposés avec succès à l'envahissement de l'alcoolisme, fléau considérablement augmenté, sinon tout à fait engendré par l'usage des alcools d'industrie. Concurremment, on tenterait d'arriver par ces mêmes moyens à faciliter l'atténuation des pertes que fait subir au Trésor public la fraude pratiquée à l'intérieur du pays aussi bien qu'à la frontière, à l'aide de ces mêmes alcools d'industrie.

Quel est le degré de toxicité des alcools d'industrie ?

1. Cette commission est composée de MM. Hyppolyte Faure, président ; de Lévis Mirepoix, secrétaire ; Brugère, Gamotel, Ganivet, Deniau, Michou, Clauzel, Gadaud, Ducher (Ain), Laur. — (Voir le n° 1172).

Existe-t-il un alcool qui, ingéré comme substance alimentaire, soit sans danger pour l'économie et qui, d'autre part, puisse être distingué des alcools toxiques ?

Serait-il possible de reconnaître facilement, dans une boisson alimentaire, les diverses variétés d'alcool ?

Tel est l'ordre d'idées que le Sénat a eu en vue quand cette assemblée a proposé de faire décerner par l'Académie des sciences un prix à la personne qui pourra mettre à la disposition des employés de la régie un procédé quelconque n'exigeant pas de grandes connaissances chimiques, se trouvant par conséquent à la portée de tous et pouvant leur permettre de faire sommairement et sûrement une sorte d'analyse des boissons.

L'idée de fonder un prix de ce genre remonte, messieurs, à l'année 1874. Elle appartient à M. Léon Say, qui, alors ministre des finances, la soumit à l'Assemblée nationale. Une prise en considération s'ensuivit le 5 juin 1874, sur un rapport favorable de M. de Dampierre et après une discussion dans laquelle le projet de loi fut chaleureusement appuyé par notre honorable collègue, M. Ganivet.

Depuis cette époque, et avant que cette proposition fut reprise par le Sénat, le congrès international du Trocadéro pour l'étude des questions relatives à l'alcoolisme, dans sa séance du 16 août 1878, l'avait adoptée et reproduite sous forme de vœu.

M. Léon Say demandait le vote d'un prix de 50.000 fr. C'est également ce chiffre qui vient d'être indiqué par la commission d'enquête sur la consommation de l'alcool qui a siégé au palais du Luxembourg.

Votre commission, tout en émettant l'avis qu'on ne saurait trop récompenser l'auteur d'une découverte aussi utile et aussi vivement attendue, et tout en déclarant qu'un prix de 100.000 fr. ne lui paraîtrait pas exagéré, a estimé comme le Sénat qu'il convenait de laisser à l'Académie des sciences non seulement le soin de décerner le prix, mais encore le droit d'en fixer le montant.

Votre commission a ensuite examiné le fonds même de la question et m'a chargé de vous résumer son opinion.

CHAPITRE 1er. — Des alcools.

L'alcool, messieurs, n'est pas une substance unique, homogène, toujours semblable à elle-même dans sa nature, dans sa forme et dans ses effets. C'est, au contraire, un corps extrêmement variable, à composition chimique diverse quoique régulière, à origine multiple, à propriétés singulièrement dissemblables. Il n'y a pas qu'un alcool, il y a plusieurs alcools.

Grâce aux progrès de la chimie, grâce aux découvertes d'une foule de savants, au premier rang desquels brillent nos illustres Dumas et Berthelot, on sait qu'il existe des séries d'alcools, c'est-à-dire des séries de corps neutres oxygénés, capables de donner naissance à des éthers par l'action des acides, et chez lesquels la quantité de carbone augmente proportionnellement à mesure qu'on s'élève dans la série.

§ 2. — PROPRIÉTÉS CHIMIQUES ET PHYSIQUES.

Composition chimique. — La composition chimique des alcools est la suivante (1) : Un radical, composé d'une proportion croissante de carbone et d'hydrogène, remplace dans l'eau un des équivalents de l'hydrogène, savoir :

Le radical méthyle $C H^3$ + HO = alcool méthylique $C H^4 O$.
Le radical éthyle $C^2 H^5$ + H O = alcool éthylique $C^2 H^6 O$.
Le radical propyle $C^6 H^7$ + HO = alcool propylique $C^3 H^8 O$.
Le radical butyle $C^4 H_9$ + H O = alcool butylique $C H^{10} O$.
Le radical amyle $C^5 H^{10}$ + H O = alcool amylique $C^5 H^2 O$.

D'autres séries comprennent les alcools polyatomiques, aldéhydes, glycérines, glycols.

Puis viennent les iso-alcools, qui ont la même formule chimique que les alcools de la série, quoiqu'ils en soient distincts par leurs propriétés physiques, organoleptiques et physiologiques. Ils diffèrent aussi par la qualité de leur agent de production. On sait, depuis les intéressantes recherches d'Ordonneau, que les iso-alcools sont produits dans les mêmes solutions fermentées que les alcools. Si le ferment est pur, il donne naissance à de véritables alcools ; est-il impur, au contraire, c'est un iso-alcool qui se développe.

D'après M. Girard, chef du laboratoire municipal de Paris (Rapport sur la consommation de l'alcool en France, par M. Claude, sénateur), « un même moût ensemencé avec telle levure donnera tel produit ; avec telle autre, tel autre. » « Actuellement, dit-il, l'industrie emploie deux sortes de levures : la levure basse et la levure haute.

« La levure basse (*saccharomyces cerevistæ*), qui vit à la température de 6 à 10° dans le moût et ne monte jamais à la surface, même si la température s'élève à 20°. C'est elle qui est employée à la fabrication des bières allemandes et des bons alcools. — Parmi les levures basses, il en est une maintenant très répandue, fournie par les ferments des fruits et des plantes. Cette levure (*saccharomyces apiculatus*) est très faible ; elle n'intervertit pas la saccharose et, par conséquent, ne détermine pas la fermentation du sucre ; elle disparaît assez rapidement du moût, pour laisser place à une levure plus active (*saccharomyces pastorianus*) faisant partie des ferments du vin, laquelle est déplacée à son tour par une levure encore plus énergique (*saccharomyces ellipsoideus*) qui paraît être le ferment principal du jus de raisin. Dans les liquides sucrés et acides, ces levures donnent des alcools de bon goût.

« La levure haute (2) n'agissant pas à basse température, qui ne se dé-

---

1. Nous ne parlons, dans le présent rapport, que des alcools dont la mention est nécessaire à notre démonstration.

2. Dans ces derniers temps cependant on a trouvé que la levure haute de grains qui sert à fabriquer la galazine donnerait avec la fermentation du riz et du maïs, sans rectification, des alcools éthyliques presque purs et où les autres alcools sont en proportion moindre que dans les eaux-de-vie de vin (*L'hygiène alimentaire*, par le Dr Dujardin-Beaumetz).

veloppe que de 16 à 20°, monte à la surface et communique aux alcools un mauvais goût d'autant plus accentué que la température se sera élevée et que les levures secondaires se seront multipliées. — C'est elle surtout qui sort dans les distilleries. »

Par une transformation plus avancée, les alcools deviennent des acides.

Mis en présence des acides minéraux ou organiques, les alcools se transforment en éthers, avec élimination d'une ou plusieurs molécules d'eau. Cette propriété est caractéristique de la fonction alcoolique.

Les alcools se comportant comme des hydrates basiques, c'est-à-dire des bases hydratées salifiables, il en résulte que les éthers formés ainsi de l'union d'un alcool à un acide avec élimination [d'eau sont comparables par leur genèse aux sels minéraux. Ils en diffèrent toutefois en ce qu'ils ne sont pas aptes aux transformations rapides et complètes. Il faut l'action du temps et de la chaleur pour entraîner les échanges et les doubles décompositions.

Aux acides de même qu'aux alcools correspondent des éthers.

Les éthers forment à leur tour des séries. Parmi eux, un seul nous intéresse particulièrement, c'est l'éther acétique ou acétate d'éthyle $C^8 H^3 O^2 (C^2 H^5)$ que l'on rencontre en quantité notable dans l'alcool ordinaire et dans certains vins.

Propriétés physiques. — Les propriétés physiques des alcools dont nous nous occupons ici sont les suivantes :

1° Densité des vapeurs. — La densité des vapeurs que donnent les alcools devient de plus en plus considérable à mesure que l'on monte dans la série. Elle est, par exemple, la suivante, en prenant pour point de départ la densité de l'hydrogène = **1**.

Alcool méthylique	16
— éthylique	23
— propylique	»
— butylique	37
— amylique	44

2° Pesanteur spécifique. — Il en est à peu près de même pour la pesanteur spécifique.

Le poids spécifique de l'eau étant égal à 1.000 à la température centigrade, on a comme poids spécifique des différents alcools :

Alcool méthylique	814
— éthylique	809,8
— propylique	820
— butylique	803
— amylique	811

3° Point d'ébullition des alcools (1). — Les alcools ont également un

1. Comme pour les alcools, il est à remarquer que la température d'ébullition des éthers s'élève graduellement avec la série. Je relève dans l'ouvrage intitulé : l'*Alcool* par le médecin belge Peeters, les points d'ébullition suivants :

point d'ébullition d'autant plus élevé qu'ils sont eux-mêmes plus élevés dans la série.

L'alcool méthylique bout à 66,5 centigrades.

éthylique	—	78,4	—
propylique	—	97	—
butylique	—	117	—
amylique	—	132 (2)	—

4° Solubilité des alcools. — La solubilité des alcools est en raison inverse de leur carbone de composition et de leur élévation dans la série. Par conséquent les alcools méthyliques et éthyliques sont plus solubles que l'alcool amylique. Nous verrons de quelle importance est cette propriété dans les intoxications alcooliques.

Phénomènes de la distillation. — Au premier abord on pourrait être tenté de croire que si l'on soumet à la distillation une substance fermentée, un liquide renfermant réunis les alcools de la série, cette différence dans les points d'ébullition et dans les pesanteurs spécifiques que nous venons de signaler, permettra facilement d'isoler chaque alcool, en arrêtant la distillation à un moment qui correspondra à son point d'ébullition, à son poids spécifique, à la densité de sa vapeur.

En réalité les choses ne se passent pas ainsi et, à aucune période de la distillation, l'opération n'est aussi simple.

D'abord, l'entraînement mécanique y joue un grand rôle : les vapeurs qui distillent les premières entraînent mécaniquement les particules moins volatiles qu'elles et d'une autre nature.

D'autre part, il ne faut pas oublier que les alcools sont des corps extrêmement avides d'eau, dans laquelle ils se dissolvent en toutes proportions. Cette dissolution s'accompagne de phénomènes de contraction, si

L'éther éthylique bout à 94° Farenheit.
L'éther propylique bout à 153° Farenheit.
L'éther butylique bout à 210° Farenheit.
L'éther amylique bout à 348° Farenheit.

2. Les chiffres donnés ci-dessus pour la densité des vapeurs, la pesanteur spécifique et le point d'ébullition, ne sont, sauf en ce qui concerne les alcools méthylique et éthylique, que des chiffres se rapportant à des mélanges d'alcools. En effet ni l'alcool butylique, ni l'alcool amylique ne sont uniques. Ils se décomposent ainsi :

Alcool propylique :
Normal. — Densité 820, point d'ébullition, 98°,5 centigrade.
Isopropylique. — Densité 791 à 15°, point d'ébullition 87°.
Alcool butylique :
Normal primaire. — Point d'ébullition 115°.
Secondaire ou hydrate de butylène. — Point d'ébullition, 96° — 98°.
Primaire anormal ou alcool primaire de triméthylméthane. — Densité 800 à 18o ; — point d'ébullition, 108°,5.
Tertiaire ou triméthylcarbine. — Point d'ébullition, 82°9.
Alcool amylique brut de fermentation.
Isopropyl-éthylique.
Méthyl-éthyl-éthylique.
Chacun de ces alcools ayant sa densité de vapeur, de pesanteur spécifique et son point d'ébullition propres, il importerait, ce nous semble, de tenir compte de ce fait dans l'étude des phénomènes de la distillation.

bien qu'on ne peut débarrasser complètement d'eau un alcool et le rendre absolument anhydre, même par des distillations répétées, si l'on a soin d'y ajouter préalablement des substances qui s'emparent de la totalité de l'eau, la chaux caustique ou la baryte, par exemple.

D'où il suit que les phases de la distillation ne sont pas aussi régulières qu'elles sembleraient l'être à première vue.

Mauvais goûts. — Toujours il se produit des impuretés pendant une distillation, surtout au commencement et à la fin de l'opération. Les impuretés du commencement sont désignées d'une manière générale sous le nom de mauvais goût de tête et celles de la fin sous le nom de mauvais goût de queue.

Le tableau suivant dû au docteur Rabuteau indique les points d'ébullition de ces divers mauvais goûts.

PRODUITS DE MAUVAIS GOUTS DE TÊTE	ALCOOL DE BON GOUT	MAUVAIS GOUTS DE QUEUE
Aldéhyde. . . . . 21,8°	Alcool éthylique . . 78°	Alcool propylique . . 97°
Ether acétique. . 72,7°		Alcool butylique . . . 109°
		Alcool amylique . . . 132°
		Ether valérianique. . 138°
		Acétate d'éthyle et produits innomés toxiques . . . . . . 190°

Flegmes. — On appelle flegmes les produits qui résultent de la distillation brute des matières fermentées. Les flegmes qui ne sont pas repris par la rectification ne devraient pas être utilisés dans l'alimentation, car ils sont extrêmement toxiques. Malheureusement, ils sont vendus le plus souvent pour la fabrication de certaines liqueurs, vermout, absinthe, curaçao, crème de menthe, etc.

Pour dégager l'alcool éthylique, c'est-à-dire l'alcool chimiquement pur de ces flegmes et pour le séparer des alcools dits supérieurs, parce qu'ils ont une formule chimique supérieure, et des impuretés avec lesquels il est mélangé, il faut donc nécessairement une suite d'opérations, un perfectionnement de procédés qui font précisément la difficulté de la rectification des alcools. Nous aurons à revenir sur ce point.

§ 2. — PROPRIÉTÉS TOXIQUES DES ALCOOLS.

MM. Dujardin-Beaumetz et Audigé, dans leurs études sur l'alcoolisme, ont établi au moyen d'expériences nombreuses pratiquées sur les animaux que tous les corps compris dans les séries monoatomiques et polyatomiques des alcools et de leurs dérivés sont extrêmement toxiques.

Doses toxiques. — Chose remarquable, leur toxicité suit également d'une façon presque mathématique leur formule chimique et croît par conséquent avec la quantité de carbone qu'ils renferment.

Le tableau suivant emprunté à l'ouvrage « l'Hygiène alimentaire » de M. Dujardin-Beaumetz le prouve péremptoirement.

De l'examen de ce tableau, il ressort la constatation de cette loi que plus un alcool est élevé dans la série, plus il est toxique.

Alcools primordiaux

GROUPE DES ALCOOLS	DÉSIGNATION DES ALCOOLS et DE LEURS DÉRIVÉS	DOSES TOXIQUES moyennes par kilogramme du poids du corps de l'animal	
		À l'état pur	À l'état de dilution
		Grammes	Grammes
Alcools fermentés .	Alcool éthylique C^2H^6O . .	8 »	7 75
	Alcool propylique C^3H^8O . .	2 »	3 15
	Alcool butylique $C^4H^{10}O$ . .	2 »	1 85
	Alcool amylique $C^5H^{10}O$ . .	1 70	1 50 à 1 60
Alcools non fermentés	Alcool méthylique chimiquement pur CH^4O . . .	»	7 »
	Esprit de bois ordinaire . .	»	5 75 à 6 15
	Alcool œnanthylique $C^2H^{16}O$	8 »	»
	Alcool caprilique $C^8H^{18}O$ . .	7 » à 7 50	»
	Alcool cétylique $C^{46}H^{36}O$ . .	»	»
Iso-alcools	Alcool isopropylique C^5H^8O	»	3 70 à 3 80
Alcools polyatomiques	Glycérine $C^8H^8O^3$	»	8 50 à 9 »
	Aldéhyde acétique C^2H^4O . .	»	1 » à 1 25
	Éther acétique $C^2H^3O^2, C^2H^5$	»	4 »
	Acétone $C^3H^6O^2$	»	5 »

On le voit, bien que leur formule chimique soit la même que celle des alcools de la série, les iso-alcools sont beaucoup plus toxiques que ces derniers.

Parmi les mauvais goûts de tête, l'aldéhyde est un poison tellement violent qu'il suffit d'une seule aspiration un peu ample au-dessus d'un flacon débouché, pour qu'un homme soit renversé. L'aldéhyde est dû à la décomposition que subissent les alcools à l'air libre. Dans les mêmes conditions, il se produit de l'éther, une huile essentielle particulière, des produits poivrés, de l'acétone (1).

Dans les mauvais goûts de queue, l'alcool amylique se fait particulièrement redouter.

1. L'acétone est un poison dangereux. En inhalation il produit rapidement chez les animaux le sommeil et l'anesthésie sans que celle-ci soit précédée de phénomènes d'excitation trop marqués, et sans provoquer de vomissements après le réveil. 120 gouttes d'acétone injectées sous la peau d'un lapin tuent cet animal en un temps qui varie de cinq à vingt heures, sans convulsions et avec un abaissement de température de 5 à 10 degrés (Gautier, *Chimie organique*).

§ 3. — TOXICITÉ DES ALCOOLS D'APRÈS LEUR SOLUBILITÉ.

La première condition pour qu'un alcool soit toxique, c'est qu'il soit soluble, soit par lui-même, soit par son mélange dans l'économie avec des substances qui permettent sa dissolution.

Ainsi l'alcool éthylique étant complètement insoluble est complètement inoffensif.

Ainsi encore l'alcool amylique étant le moins soluble de la série devrait être le moins dangereux ; mais comme il est toujours mélangé avec de l'alcol éthylique qui, lui, est extrêmement soluble, il devient par son contact avec ce dernier le plus toxique des alcools.

§ 4. — DOSES TOXIQUES DES ALCOOLS D'APRÈS LEUR PROVENANCE.

Les alcools sont plus ou moins toxiques, suivant la nature des substances dont ils sont extraits par fermentation et distillation, c'est-à-dire suivant que les substances qui servent à leur fabrication contiennent plus ou moins d'alcools supérieurs.

Le second tableau suivant, de M. Dujardin-Beaumetz, en fournit une preuve :

Eaux-de-vie de consommation

ALCOOL ÉTHYLIQUE et ALCOOL DU COMMERCE	DOSE TOXIQUE MOYENNE CHEZ LE CHIEN par kilogramme du poids du corps pour amener la mort dans l'espace de vingt-quatre à trente-six heures		
		Flegmes	Rectifiés
Alcool éthylique.	7 75	»	»
Esprit-de-vin fin de Montpellier.	7 50	»	»
Eau-de-vie de poiré	7 35	»	»
Eau-de-vie de cidre et marc de raisin	7 30	»	»
Alcool de grains	»	6 90	7 15
Alcool de mélasse de betteraves.	»	6 90	7 15
Eau-de-vie de débit de vin (qualité ordinaire) . .	7 10	»	»
Eau-de-vie de débit de vin (qualité inférieure) . .	6 80	»	»
Alcool de pommes de terre	»	6 85	7 10
Alcool de pommes de terre (dit dix fois rectifié) .	»	»	7 85

§ 5. — TOXICITÉ DES ALCOOLS DUE A LA SOPHISTICATION.

A la nocivité intrinsèque des mauvais alcools d'industrie, s'ajoute celle que leur apporte, en supplément, la sophistication.

Une industrie coupable altère les alcools par l'adjonction de substances étrangères nuisibles par elles-mêmes.

Quelques alcools renferment de l'acide sulfurique provenant de leur fabrication et que les distillateurs ont bien soin de leur laisser parce que cet acide donne aux eaux-de-vie un certain montant très recherché d'un grand nombre de consommateurs.

Des fabricants peu scrupuleux ajoutent à l'alcool vinique du méthylène en quantité suffisante pour leur permettre de bénéficier de la modération d'impôt (37 fr. 50 0/0 au lieu de 156 fr. 25) accordée aux alcools dénaturés.

Certains rhums provenant de la distillation des sucres de canne sont dédoublés avec des alcools de mauvais goût et on leur donne ensuite leur bouquet avec du méthylal.

Pour communiquer du montant aux eaux-de-vie, on les corse très souvent avec des substances excitantes : poivre, alun, acide sulfurique, acide acétique.

Pour produire artificiellement le bouquet (1) des eaux-de-vie, on leur ajoute outre de l'acide sulfurique, de l'ammoniaque, de l'acétate d'ammoniaque (2) et aussi du savon.

D'autre fois, pour augmenter la densité des alcools et des eaux-de-vie, diminuer leur force et par suite tromper l'octroi, on leur ajoute du chlorure de calcium.

Dans ce même but, les droits n'étant perçus que sur l'alcool brut, on

1. Le bouquet des eaux-de-vie est trop fréquemment une mixture encore plus complète, une horrible drogue.

On fait un mélange d'huile de ricin, de beurre, d'huile de coco et autres matières grasses. On traite le tout par l'acide nitrique et on forme ainsi ces matières en acides propylique, butylique, amylique, pélargonique, acétique, caprylique, œnantique, capronique et valérianique. On éthérifie ensuite avec un mélange nouveau d'alcools méthylique, éthylique et amylique.

Il suffit de 100 à 150 grammes de ce produit pour parfumer une pipe de 1,000 hectolitres, mais en revanche un injection hypodermique de 1 centigramme faite avec ce bouquet à un chien de Terre-Neuve tue cet animal en onze minutes. (Claudeu, *loc. cit.*)

L'essence de Cognac, qui sert à masquer le mauvais goût de certaines eaux-de-vie et à les frauder, est obtenu avec le mélange suivant d'essences de fruits artificielles :

Éther amylchlorhydrique ;
— amybromhydrique ;
— amyliodhydrique ;
— amylformique (odeur prononcée de fruits) ;
— amylacétique (odeur de poire très agréable) ;
— valéroamylique (essence de pomme ou *Apple oil* des Anglais) ;
— butyroamylique (odeur de pommes reinette).

Auxquelles on ajoute :
Butyrate d'éthyle (odeur d'ananas) ;
Acétate de capryle (parfum de la fraise) ;
Pélargonate d'éthyle (essence de coings) ;
Auxquelles on ajoute encore :
Éther œnanthylique ;
— pélargonique.

(Gautier, *Chimie organique*.)

2. L'acétate d'ammoniaque est un diurétique et un diaphorétique. Il peut provoquer une sécrétion exagérée de l'urine et de la sueur.

additionne les mélanges d'alcool avec de l'essence de thérébentine, de la benzine ou des pétroles légers.

Pour clarifier les eaux-de-vie de grains et de fécule, on se sert d'acétate de plomb.

Les alcools peuvent encore renfermer des sels de cuivre et de plomb, provenant soit de leur conservation dans les estagnons de cuivre étamés anciennement ou attaqués par l'acide acétique qui s'est formé au sein du liquide ; soit de la négligence avec laquelle certains fabricants entretiennent les appareils distillatoires ; soit de l'emploi de serpentins construits avec un alliage de plomb et d'étain.

§ 6. — BOISSONS ALCOOLIQUES.

Tout le monde sait que l'alcool n'est jamais absorbé à l'état anhydre.

Il entre dans l'alimentation sous forme de mélange avec l'eau. C'est l'eau-de-vie.

D'autres fois il a pour véhicule le vin, la bière, les liqueurs de toute sorte.

Qu'il y soit naturellement contenu, qu'il figure dans la composition de ces différents breuvages par addition artificielle, il s'en faut que le titre et la qualité alcooliques d'une boisson alimentaire soient toujours les mêmes et surtout présentent des qualités hygiéniques suffisantes.

A. — *Eaux-de-vie.*

Les eaux-de-vie sont plus vulgairement appelées trois-six, parce que trois parties d'alcool anhydre mélangées avec trois parties d'eau donnent six volumes d'eau-de-vie de moyenne force, c'est-à-dire contenant 50 0/0 d'alcool. Si le mélange est plus riche en alcool, on le désigne sous le nom d'esprit-de-vin, alcool, etc.

Les eaux-de-vie sont composées d'alcool de toute provenance.

Voici un tableau qui donne une idée de la richesse en alcool des différentes eaux-de-vie et des alcools commerciaux.

Quantité d'alcool pour cent au degré de l'aéromètre de Gay-Lussac.

Alcool pur ou anhydre	100.0
Esprit rectifié de mélasse, de betterave, etc.	94.1
Alcool 3/0 de mélasse, etc.	89.6
Esprit de vin (3/6 de Montpellier)	84.4
Eau-de-vie de Hollande	58.7
— double cognac	52.8
— commune	49.1
— faible	45.8

Origines des eaux-de-vie.

1° **Eau-de-vie de vin.** — L'eau-de-vie de vin doit être fabriquée, pour être bonne, avec des vins blancs qui, n'ayant pas cuvé sur la pellicule et sur la râfle, contiennent moins de ces huiles essentielles (*fuselœi* des Allemands), dont le moindre défaut est de donner un mauvais goût. Les vins doivent être vieux et sains. C'est avec les vins tournés qu'on fabrique l'eau-de-vie commune.

La couleur jaune foncé (1) que l'on voit à l'eau-de-vie quand elle arrive au consommateur provient de ce qu'elle dissout certains principes du bois de chêne (tannin, acide gallique, etc.), qui sert à la confection des fûts dans lesquels on la conserve ; mais quand elle sort de l'alambic, l'eau-de-vie est incolore.

Sa conservation en fût a cet avantage, outre de lui donner sa coloration marchande, de permettre l'évaporation des mauvais goûts dus à la présence d'essences volatiles, ce phénomène ne pourrait se produire dans des vases de verre ou de grès.

« Les vins gallisés (sucrés) et pétiotisés (faits avec les moûts sucrés de 2° cuvée) bien préparés sont très avantageux pour la fabrication des eaux-de-vie », assure M. Girard.

2° Eaux-de-vie de marcs et de lies. — Les eaux-de-vie et alcools de marcs proviennent de la distillation des marcs et des lies du raisin. Elles possèdent une odeur désagréable due à la présence d'une huile volatile au goût âcre et pénétrant qui existe toute formée dans la pellicule du raisin. Outre l'alcool éthylique, ces eaux-de-vie contiennent des composés nocifs tels que l'acide caproïque, l'acide et l'éther œnanthique, l'alcool propylique et l'alcool amylique.

Eaux-de-vie de fruits. — Les eaux-de-vie de fruits proviennent de la distillation des cerises et des prunes (hirsch et couetsche), des mûres blanches, des baies de genièvre (genièvre, gin) et autres fruits. Ces eaux-de-vie doivent leur arome particulier, les premières à l'acide cyanhydrique ou prussique, dont la propriété est éminemment stupéfiante, les autres à l'emploi dans leur fabrication de mélanges d'alcools de seigle, d'orge et de pommes de terre, le tout aromatisé avec des baies de genièvre.

Eaux-de-vie de grains. — Les eaux-de-vie de grains, blé, orge, avoine, seigle, maïs, auxquelles il faut ajouter les eaux-de-vie de riz, d'amidons et de fécules contiennent de l'alcool vinique et, en plus, des principes les uns plus volatils que ce dernier, et dont il est relativement facile de se débarrasser, tels que l'aldéhyde et l'éther acétique, les autres beaucoup plus fixes et ayant l'apparence d'huiles essentielles, tels que les

---

1. La coloration artificielle des eaux-de-vie se fait aussi quelquefois dans le commerce ; et cela à l'aide du caramel, du cachou, du brou de noix, associés à d'autres substances astringentes ou aromatiques.

Chaque débitant possède une recette particulière pour fabriquer ce qu'il appelle sa sauce.

L'usage prolongé et immodéré de ces substances finirait par devenir très préjudiciable à la santé. En effet, quelques-unes de ces substances sont usitées en médecine ; et comme il est constant que tout médicament est un poison, à certaines doses, on conçoit que leur action prolongée, pouvant devenir toxique et s'ajoutant aux autres causes de toxicité, leur emploi dans la coloration des eaux-de-vie devienne une véritable altération, une sophistication inadmissible.

alcools propylique, butylique et amylique, ainsi qu'une huile très odo-
rante (mulder $C^{24}H^{34}O$) des acides margarique, caprylique et caprique,
l'alcol amylique et les éthers correspondants de ces acides et de ces
alcools. Les alcools provenant de grains germés (maltose) sont plus purs
que ceux provenant de grains saccharifiés par les acides faibles (glucose).
(Girard, *loc. cit.*)

5° Eaux-de-vie de pommes de terre et de topinambour. — L'eau-de-
vie de pommes de terre, l'eau-de-vie de topinambour sont infectées par
une huile volatile découverte par Scheele en 1875, et qui n'est autre que
l'alcool amylique $C^{5}H^{12}O$. L'alcool amylique est vénéneux même à faible
dose. Elle contient aussi des alcools plus hydrocarbonés, des acides gras
et des éthers, du furfurol et de la pyridine.

Eaux-de-vie de betterave et de mélasse. — Les alcools de betterave et
de mélasse contiennent des alcools iso-butyliques, des alcools supérieurs
de la série, des acides pelargonique, caprylique, caprique, et des éthers
correspondants.

7° Eau-de-vie de provenance diverse. — Nous mentionnons, pour mémoire, à la fin de cette nomenclature des produits employés à la fabrication de l'alcool, la garance et la gentiane.

Dans certains pays on fabrique aussi de l'eau-de-vie avec les tuber-
cules de l'asphodèle.

On obtient aussi de l'eau-de-vie par distillation après fermentation du
miel des abeilles. Cette eau-de-vie renferme de l'alcool cérylique
($C^{27}H^{56}O$) et de l'alcool mélissique ($C^{60}H^{62}O$). (Gauthier, *Chimie organique.*)

M. Girard a signalé une importance fabrication russe d'alcools provenant de raisins secs, de caroubes, de figues sèches, dont le moût fait à
chaud est mis en fermentation avec de la levure de bière, alcool très mauvais d'ailleurs, assure-t-il.

On obtient aussi des alcools de dattes, de palmier, de koumys ou lait
fermenté.

En résumé, les alcools viniques ne contenant que de très faibles proportions d'alcool propylique et ne renfermant pas du tout d'alcool amylique, sont les moins dangereux.

Le plus détestable et plus nocif est l'alcool de pommes de terre. C'est
le grand réceptacle de l'alcool butylique, et surtout de l'alcool ami-
lique.

B. — Vins.

« C'est une profonde erreur, dit M. Dujardin-Beaumetz (*loco citato*) que de
croire que le vin n'est qu'un mélange d'eau et d'alcool. C'est un tout complet, vivant, si j'ose m'exprimer ainsi, et dont tous les éléments constituent un ensemble complexe, mais pourtant homogène ! » En dehors de
l'eau et de l'alcool, les vins renferment de la glycérine (1), du tannin,

---

1. La glycérine à doses élevées est extrêmement dangereuse.

des huiles essentielles, des éthers, des sels et en particulier des tar-
trates.

Le tableau suivant emprunté à MM. Chevalier et Beaudrimont peut
donner une idée des proportions en volume d'alcool p. 100 que présentent
certains vins.

Vin de Marsala	23,83
— de Madère rouge	20,82
— — blanc	20,00
— de Porto	20,00
— de Bagnols	17,00
— de Malaga	17,42
— de Roussillon	16,88
— de Malaga ordinaire	15,00
— de Chypre	15,00
— de Jurançon rouge	13,70
— de Lunel	13,70
— d'Angers	12,90
— de Champagne	12,77
— de Grave	12,30
— de Beaune blanc	12,80
— de Frontignan	11,80
— de Champagne mousseux	11,77
— de Cahors	11,38
— de Mâcon blanc	11,00
— de Volnay	11,00
— d'Orléans	10,66
— de Bordeaux rouge	10,10
— de Laroze	9,88
— de Pouillac	9,70
— de Vouvray blanc	9,66
— de Château-Latour	9,33
— de Léoville	9,10
— de Pouilly blanc	9,10
— de détail à Paris	8,80
— de Château-Margaux	8,78
— de Château-Laffitte	8,73
— de Chablis blanc	7,88

C. — Cidres et poirés.

Le second groupe des boissons alcooliques comprend les cidres et
poirés.

D'après M. Girard, directeur du laboratoire municipal de Paris, un
cidre ordinaire bien fermenté doit avoir la formule suivante :

Alcool p. 100	8 à 9 degrés.
Extrait à 100 degrés	30 grammes par litre.
Cendres	2,80.

Les cidres doux renferment une quantité beaucoup plus faible d'alcool, qui ne dépasse pas 1 gr. 70 p. 100.

D. — Bières.

Le troisième groupe des boissons alcooliques est constitué par les bières qui ont une proportion d'alcool variant entre 2 à 8 p. 100 et qui renferment en outre de l'acide carbonique. Voici d'après MM. Girard et Pabst leur composition.

Composition des bières p. 100

DÉSIGNATION	ALCOOL MOYENNE	EXTRAIT MOYENNE	CENDRES MOYENNE
BIÈRES FRANÇAISES			
Strasbourg	4 70	4 65	0 32
Lille	4 10	4 65	0 35
Paris	3 50	6 »	»
Nancy, Tantonville, etc.	5 60	5 70	0 09
Lyon	5 50	5 »	»
BIÈRES ALLEMANDES			
Saxe	3 70	5 80	0 25
Bavière	4 50	7 20	0 29
Hanovre, Holstein, Poméranie	4 20	5 00	0 25
BIÈRES AUTRICHIENNES			
Vienne, Moravie	3 50	6 10	0 20
Bohême	3 60	4 70	0 20
BIÈRES ANGLAISES			
Ale d'exportation	7 30	5 00	0 35
Porter de Londres	5 20	6 40	0 32
BIÈRES BELGES			
Lambic	6 02	3 70	0 32
Faro	4 15	4 20	»
Bière d'orge	4 35	3 40	»
Bières diverses	5 80	5 50	»

C. — Liqueurs.

Les boissons alcooliques désignées sous le nom de liqueurs sont des mélanges d'alcool, d'eau et de sucre dans lesquels on introduit un principe aromatique.

Ce principe est obtenu soit en faisant infuser dans l'alcool et dans l'eau la substance qui le contient, soit par addition d'eau aromatique, d'alcoolat ou d'huile essentielle.

D'après les proportions respectives d'alcool, d'eau et de sucre qu'elles renferment, les liqueurs sont classées en liqueurs ordinaires, liqueurs demi-fines, liqueurs fines et liqueurs surfines. Voici quelles sont ces proportions :

LIQUEURS	ALCOOL 5/6	SUCRE	EAU
	litres	grammes	litres
Ordinaires.	1	125 à 175	2
Demi-fines.	1	200	1,8
Fines	1	250 à 300	1
Surfines	1	375 à 500	1

Leur composition par hectolitre est la suivante :

LIQUEURS	DEGRÉ au pèse-sirop	ALCOOL à 85°	SUCRE	ESPRIT parfumé	EAU
		litres	kilos		
Ordinaire	5°	25	12.500	q. s.	q. s.
Demi-fine	9° à 10°	28 à 30	25	—	—
Fine	15° à 17°	32	43 à 44	—	—
Surfine	20° à 22°	36 à 38	50 à 56	—	—

§ 7. — SOPHISTICATION DES BOISSONS ALCOOLIQUES.

Non seulement les boissons alcooliques peuvent être malsaines, quand elles sont fabriquées avec de mauvais alcools d'industrie, mais l'effet meurtrier de ces alcools toxiques peut être centuplé par la sophistication de leurs véhicules, c'est-à-dire des boissons alcooliques elles-mêmes.

1° Vins. — En ce qui concerne le vin, le plus usité de {ces véhicules, citons d'abord le mouillage, puis le vinage qui se suivent, s'associent et se complètent généralement. On ne mouille que pour viner, et on ne vine que pour mouiller. L'un ne vaut pas mieux que l'autre. Le mouillage, entre autres inconvénients, favorise le développement des moisissures.

On sophistique encore quelquefois les vins par l'addition de sels de plomb, céruse et litharge, pour les conserver ou pour leur enlever leur âpreté. Il en peut résulter de l'intoxication plombique.

« On falsifie le vin (Dictionnaire de Beaudrimont) en y ajoutant de l'eau, du cidre ou du poiré, de l'alcool, du sucre, de la mélasse ; des acides tartrique, acétique, salycilique, tannique, de l'acide sulfurique, de la craie, du plâtre, de l'alun, du sulfate de fer, des carbonates de potasse, de soude, du chlorure de sodium, des matières colorantes étrangères et de la glycérine ; des amandes amères ou des feuilles de laurier-cerise. »

Les vins artificiels sont souvent colorés avec de la fuchsine et de l'aniline, ainsi qu'au moyen de composés arsénicaux, toutes substances plus funestes les unes que les autres et dont les autres et dont les noms seuls font frémir.

Le plâtrage est également une opération qui rend les vins dangereux. Il est confirmé que le carbonate de chaux contenu dans le plâtre sature en partie les acides du vin et en précipite ainsi les phosphates de chaux et de magnésie dissous à la faveur de ces acides. Tous les vins qui contiennent plus de 2 grammes de sulfate de potasse par litre doivent être rejetés : à 6 grammes, il y a eu intoxication.

Aux vins blancs, on incorpore de l'acide acétique dans la proportion d'un sixième à un quart p. 100.

2° Bières. — On distingue des bières à haute fermentation (bières anglaises) et des bières à basse fermentation (système allemand). Ces dernières sont généralement glacées, ce qui les rend peu salutaires.

Les bières anglaises renferment quelquefois de la strychnine, provenant de la fève Saint-Ignace, ou noix vomique, le poison convulsivant par excellence, ainsi que l'acide picrique, poison cardiaque, excitant d'abord plus paralysant du cœur.

Certaines bières sont sophistiquées par l'introduction de la coque du Levant, dont le principe actif, la picrotoxine, sert à conserver la bière, mais met très sérieusement en danger la santé de ceux qui la boivent, parce qu'il épuise la moelle épinière.

Pour conserver la bière, nombre de brasseurs font usage de l'acide salycilique qui, à certaine dose, est un poison des plus énergiques.

Enfin la bière renferme aussi quelquefois du plomb provenant de l'emploi d'appareils et de pompes en plomb dont les brasseries et les cabarets sont munis (1).

3° Liqueurs. — Leur degré de nocuité est en rapport :

1° Avec la nature et la qualité de l'alcool qui leur sert de base ;

3° Avec les propriétés des plantes aromatiques qui entrent dans leur composition ;

3° Avec la mauvaise qualité et le degré d'avarie de ces aromes ;

4° Avec les acides, les alcools dénaturés et surtout le méthylène, à l'aide desquels on masque le goût désagréable de ces derniers.

1. MM. Dragendorff et Kubucki (*Bullet. de la Société de pharmacie de Bruxelles*, 1874, et *Monit. scient.* 1874), ont retrouvé dans certaines bières les substances falsifiantes suivantes ; dont le nom est accompagné ici de leur principe actif.
Absinthe (absinthine), aloès (aloétine), belladone (atropine), chardon bénit (cnicine), semences de colchique (colchicine) coloquinte (colocynthine), garou (daphine), gentiane (amer de gentiane), jusquiame (hyoscyamine), ményanthe (ményanthine), opium (morphine, papavérine, narceïne), petite centaurée (erythrocentaurine), piment des jardins (capsicine), quassia (quassine), écorce de saule (salicine), fève de Saint-Ignace (strychnine, brucine), coque du Levant (picrotoxine), l'acide picrique ; et l'acide salycilique.

Deux liqueurs méritent une mention spéciale ; nous voulons parler du vermouth et de l'absinthe.

Le vermouth a pour base le vin blanc doux, doublé d'alcool, et pour ingrédients l'absinthe, la racine d'angélique, le chardon bénit, le calamus aromaticus, l'aunée, la petite centaurée, la germandrée, des muscades et des oranges fraîches.

L'absinthe contient 15 à 70 p. 100 d'alcool, de l'essence d'absinthe, diverses autres essences d'angélique, d'anis, de mélisse, d'origan, de badiane, etc., etc.

Telles qu'elles sont, ces liqueurs sont elles-mêmes sophistiquées par l'emploi des vins et des flegmes les plus mauvais dont on dissimule l'affreux goût au moyen d'acides dangereux, tels que l'acide sulfurique et l'acide chlorhydrique.

§ 8. — NOCIVITÉ DES ALCOOLS SUIVANT L'AGE DES BOISSONS QUI LES CONTIENNENT.

L'âge des boissons dans lesquels ils entrent ajoute encore à la nocuité des alcools d'industrie.

Les vins jeunes, les bières jeunes, les eaux-de-vie et liqueurs jeunes ne sont pas aussi propres à la consommation que lorsque ces boissons ont subi l'opération du vieillissement naturel ou artificiel (2).

Indépendamment des principes communs que renferment ces boissons alcooliques parfaites et imparfaites, ces dernières (les jeunes) contiennent en outre des aldéhydes, des éthers, des huiles essentielles de mauvaise nature, des hydrocarbures, de l'alcool amylique et d'autres substances douées de propriétés perturbatrices, irritantes et dépressives de l'organisme, qui ont disparu dans les boissons vieillies appelées parfaites.

§ 9. — NOCIVITÉ DES ALCOOLS SUIVANT LE CLIMAT

La nocivité des boissons alcooliques est sur toute la terre en proportion du froid et de l'humidité du climat. L'Américain Bowdits a formulé ainsi ce qu'il appelle la loi cosmique de l'intempérance.

L'ivrognerie est rare à l'équateur.

Elle s'accroît avec les degrés de latitude et devient plus fréquente, plus brutale, plus funeste à mesure que l'on se rapproche du Nord.

2. Le vieillissement artificiel des boissons alcooliques n'est pas toujours une manipulation sans danger pour les consommateurs.

On se sert, en effet, de l'acide sulfurique pour donner aux eaux-de-vie le bouquet spécial produisant l'apparence de la vieillesse. Or, ce bouquet est constitué par la formation d'une certaine quantité d'éther au contact de l'acide sulfurique avec l'alcool.

L'éther est un anesthésique puissant. On verra plus loin que certaines variétés d'ivresse donnent lieu à des phénomènes semblables à ceux que provoquent les anesthésiques. D'autre part, les chirurgiens ont constaté la gravité de l'ivresse survenant dans la période d'excitation de l'anesthésie par l'éther et par le chloroforme mélangé d'éther.

L'intempérance règne surtout dans les pays qui ont une température moyenne de 50 degrés Fahrenheit.

Elle est plus rare et moins dangereuse au sud et au nord de l'équateur, sur les points isothermes se rapprochant de 77 degrés Fahrenheit.

L'ivrognerie se rencontre moins souvent, elle est moins dangereuse dans les pays de vin, dans les contrées où le vin est vendu à très bas prix et consommé par toutes les classes et par tous les âges.

§ 10. — NOCIVITÉ DES ALCOOLS SUIVANT LES RACES HUMAINES

Certaines races ont un penchant plus prononcé que d'autres pour les boissons alcooliques. Ce sont les races germanique, anglaise, chinoise et nègre.

Par contre ces races supportent mieux que d'autres l'alcoolisation soit aiguë, soit chronique.

§ 11. — NOCIVITÉ DES ALCOOLS D'APRÈS LA CONSTITUTION ET LE TEMPÉRAMENT DES BUVEURS

D'après Becquerel (*Traité d'hygiène*), les alcools attaquent directement la constitution des buveurs dans chacun des éléments qui la constituent.

Ainsi l'intoxication alcoolique diminue ou détruit, à la fois : 1° la solidité et la perfection de la structure anatomique des divers organes ;

2° La régularité du jeu physiologique des diverses fonctions ;

3° Le degré de force physique :

4° La résistance aux causes des maladies ;

5° L'énergie de la vitalité.

L'alcoolisme est plus rapide et plus fort chez l'homme sanguin. Chez les personnes au tempérament nerveux, l'alcool provoque plus facilement l'ataxie et le collapsus, c'est-à-dire le désordre et l'anéantissement des mouvements. L'impression de l'alcool sur les lymphatiques semble faible en apparence, mais ce genre de tempérament est plus particulièrement prédisposé à l'alcoolisme chronique.

§ 12. — NOCIVITÉ DES ALCOOLS D'APRÈS D'AUTRES CAUSES DIVERSES

D'autres circonstances font également varier le degré de nocivité des alcools. Ce sont : 1° l'âge ; 2° le sexe ; 3° les saisons ; 4° la température ; 5° l'activité de la circulation, l'ingestion de certaines substances qui ont précédé celle de l'alcool ; 6° l'état de vacuité ou de plénitude de l'estomac. Tout le monde sait que les gros buveurs, pour éviter l'ivresse, ont la précaution d'avaler avant de commencer leurs libations de l'huile, de manger des olives, des corps gras, du blanc d'œuf, toutes substances qui rendent en quelque sorte imperméable la muqueuse de l'estomac retardent l'absorption de l'alcool.

CHAPITRE II. — *Des alcoolismes.*

Nous voici maintenant conduits à considérer « les accidents produits par l'introduction de l'alcool dans l'économie », c'est-à-dire les effets pathologiques que cette substance peut déterminer dans l'organisme humain.

Certes ce n'est pas de nos jours que date l'ivrognerie. Mais son caractère a singulièrement changé depuis un siècle. Nos pères avaient l'ivresse gaie, inoffensive et parfois sprituelle, parce qu'ils ne buvaient que du vin naturel ou de l'eau-de-vie provenant de la distillation du vin naturel. Nos contemporains ont l'ivresse sombre, dangereuse, abrutissante, parce qu'ils ne consomment en général, que des vins frelatés ou des eaux-de-vie provenant de [la distillation de toutes sortes de substances absolument étrangères au vin naturel. A part les inconvénients moraux, sérieux assurément, qui résultaient de leurs habitudes d'intempérance, savoir, l'oubli de leur dignité et la négligence de leurs intérêts, les buveurs incorrigibles n'avaient jadis presque pas autrement à souffrir de leur vice ; leur santé restait à peu près intacte ; l'ivresse habituelle n'avait point encore amené cette dégradation profonde au physique et au moral, cette marche progressive vers la déchéance de l'individu et de la race qu'on observe de nos jours et à laquelle il n'est que temps de mettre un terme. Aujourd'hui l'ivrognerie revêt un caractère particulièrement funeste.

Elle conduit fatalement à cette terrible affection, la grande maladie du siècle : l'alcoolisme.

§ 1er. — VARIÉTÉS D'ALCOOLISME

Mais de même que l'alcool n'est pas une substance unique et homogène, de même la maladie qu'il engendre dans le corps humain n'est pas unique et toujours semblable à elle-même. Il y a pour ainsi dire autant d'alcoolismes qu'il y a d'alcools, et le caractère pernicieux de ces affections augmente en même temps que s'élève dans la série le poison qui les occasionne : le degré d'intensité de l'alcoolisme est en proportion directe de la richesse en carbone des alcools.

Chaque degré constitue un alcoolisme particulier. On peut désigner ses variétés sous les noms de méthylisme, propylisme, butylisme, amylisme correspondant aux alcools méthylique, propylique, butylique, amylique.

Méthylisme. — L'alcool méthylique est, on le sait, le moins toxique de la série.

Cependant il a des propriétés irritantes. Ses vapeurs peuvent donner lieu à des inflammations locales : conjonctivite, coryza, bronchite. Ingéré, il produit des troubles plus ou moins intenses dans l'appareil digestif et sur le système nerveux, se traduisant par de l'anorexie, des vomissements, une faiblesse musculaire exagérée, de l'insomnie. On l'a vu même déterminer la mort après l'absorption de doses trop fortes.

Sa caractéristique est que son action est très rapide : l'ivresse méthylique est la plus courte de toutes. Ses effets sont extrêmement prompts. Son élimination demande une force de dépense animale peu considérable.

L'ivresse méthylique présente bien deux périodes, l'une d'excitation et l'autre de dépression, mais toutes les deux sont de courte durée.

L'alcool méthylique abaisse la température, mais il ne produit jamais de tremblement.

Ses effets peuvent être comparés à ceux des anesthésiques, l'éther et le chloroforme, quoique ces derniers aient une action plus passagère encore.

Tous ces phénomènes pathologiques ont été observés à Lyon sur des ouvriers qui travaillent dans les feutres (fabrication qui emploie l'alcool méthylique ou esprit de bois).

L'absorption des vapeurs d'alcool méthylique par la peau ou par la muqueuse pulmonaire donne lieu quelquefois à l'ivresse méthylique.

Propylisme. — Dans l'ivresse propylique, le période d'excitation suit de plus près que dans le cas précédent l'administration du poison, mais elle cède tout de suite pour faire place à la résolution musculaire et au collapsus.

Les vomissements sont la règle et reviennent à de courts intervalles.

L'élimination se fait encore assez rapidement, mais la muqueuse digestive et les reins ont éprouvé une empreinte plus profonde de l'irritation.

Quand les animaux soumis aux expériences d'intoxication propylique ne succombent pas tout de suite, ils restent touchés et gardent des tremblement fibrilaires persistants.

Butylisme. — Dans l'empoisonnement par l'alcool butylique, on observe les mêmes périodes que dans les précédents, mais le temps voulu pour leur développement est beaucoup plus long.

Il se montre déjà un phénomène particulier : ce sont les tremblements étendus à tout le système musculaire. Ces tremblements reviennent spontanément, à des intervalles réguliers, ou bien ils peuvent être provoqués par des attouchements.

Dans les intervalles, on observe des secousses fréquentes dans les muscles, comparables à des mouvements ondulatoires et accompagnés d'un affaiblissement de la contractilité.

Ces tremblements coïncident avec un abaissement notable de température et ils sont les mêmes que ceux du délirium tremens.

Le propylisme et le butylisme donnent plus particulièrement lieu à des accès épileptiformes et provoque l'ivresse convulsive.

Amylisme. — L'alcool amylique est le plus violent et le plus toxique des alcools. Il a une odeur douce, nauséabonde et pénétrante, qui persiste longtemps après l'ivresse.

Pur, il tue à la dose de 1,8 à 2,3 grammes par kilogramme de poids du corps.

Une seule goutte déposée sur la langue détermine des nausées et une salivation des plus abondantes.

Une dose de 10 à 12 centigrammes amène chez l'homme une céphalalgie frontale ou temporale passagère.

A la dose de 4 grammes, il s'ensuit un abattement général ; les paupières deviennent lourdes et pesantes ; la station pénible et difficile ; il a des borborygmes, du météorisme, de la diarrhée.

A la dose de 8 16 grammes, arrive une respiration saccadée, profonde, avec une céphalalgie atroce, une anxiété considérable, des vomissements répétés, un accablement durable.

Enfin l'empoisonnement complet produit une excitation violente des centres nerveux, suivie d'assoupissement et de dépression des forces sensitives et motrices.

La longue durée de son action s'explique par sa plus grande densité et par son peu de solubilité. La force requise pour le chasser de l'économie est plus grande que celle qu'il faut pour éliminer les alcools légers dont les issues sont faciles par les sécrétions, par l'évaporation de la muqueuse pulmonaire et de la peau, et qui se décomposent avec plus de rapidité.

L'ivresse amylique produit plus particulièrement le coma prolongé et l'ivresse apoplectique.

Absinthisme. — A côté de ces différentes intoxications, nous devons signaler ici un empoisonnement qui s'en rapproche beaucoup et qu'on peut considérer, socialement du moins, comme une variété d'alcolisme. Nous voulons parler de l'absinthisme.

Pendant les premières phases de l'empoisonnement par l'absinthe, alcoolisme et absinthisme paraissent se combattre, à tel point que si l'absinthe était fabriquée avec de l'alcool chimiquement pur, ce dernier atténuerait dans une certaine mesure ou tout au moins retarderait en quelques sorte les effets de la première. Mais nous avons vû plus haut que, le plus ordinairement, la liqueur d'absinthe est fabriquée avec les pires alcools, de sorte que les deux poisons, loin de se nuire et même de se contrarier comme ils paraissent le faire au début, s'ajoutent bientôt l'un à l'autre, dans leurs effets meurtriers, comme s'ajoutent les vitesses de deux trains lancés l'un contre l'autre jusqu'à la rencontre et l'écrasement final.

L'effort de l'alcool porte d'abord sur l'extrémité inférieure de la moelle et occasionne de préférence des paralysies de la partie inférieure du corps, des paraplégies. L'effort de l'absinthe s'exerce, au contraire, de préférence sur la partie supérieure de l'axe cérébro-rachidien. Il provoque des mouvements rapide de la tête qui se redresse convulsivement en haut et en arrière, et de là les mouvements gagnent tout le corps.

C'est pourquoi, s'il est douteux que l'alcoolisme engendre directement l'épilepsie, on admet, depuis les célèbres expériences de Magnan, que « l'absinthisme a pour caractéristique de produire l'épilepsie ».

Mais préalablement l'absinthisme provoque des troubles sensoriaux, puis des vertiges, des hallucinations, et abolit prématurément l'intelligence.

L'alcoolisme prépare son terrain pour mieux investir la place, l'absinthisme l'attaque d'emblée et l'emporte d'assaut.

Les deux réunis la détruisent de fond en comble.

§ 2. — ALCOOLISME GÉNÉRAL.

Tous ces états divers sont reliés entre eux par la grande affection générique qui les domine et leur imprime sa physionomie propre ; l'alcoolisme général.

C'est lui qui donne à l'ensemble sa redoutable unité.

On le distingue en alcoolisme aigu et alcoolisme chronique.

§ 3. — ALCOOLISME AIGU.

L'alcoolisme aigu n'est malheureusement que trop connu. — C'est l'ivresse. L'analysse des phénomènes qui constituent un accès d'ivresse permet de le diviser en trois périodes.

Dans la première, on remarque tout d'abord de l'excitation intellectuelle, une expansion inusitée des sentiments affectifs, coïncidant avec une suractivité du système circulatoire et une élévation de la température générale avec des signes de congestion vers la tête.

La deuxième période se manifeste au contraire par une perturbation de l'intelligence, de la réflexion, de la volonté, du caractère, du pouvoir de l'homme sur lui-même, une incohérence « du moi » : l'harmonie habituelle dans les facultés de l'âme disparaît. L'excitation fait place à la perversion.

A cette dernière période où les phénomènes que nous venons d'énumérer vont en croissant, en succède une troisième faite de dépression plus ou moins complète. La sensibilité s'émousse, les idées disparaissent peu à peu, l'intelligence s'anéantit, le mouvement devient impossible, les sphincters se relâchent, la température s'abaisse et l'individu finit par tomber dans un sommeil comateux, réduit à la vie végétative. Cette troisième période de l'ivresse produit un tel abaissement de température s'accompagnent de congestions internes si considérables, que la plupart des ivrognes sont incapables de résister aux grands froids. Pendant la campagne de Russie, les soldats qui s'enivraient succombaient plus promptement que les autres. Dans certains pays septentrionaux, il arrive que dans les kermesses de trop copieuses libations occasionnent pendant la nuit un grand nombre de morts. « N'était l'odeur alcoolique, dit Racle, il serait souvent impossible de distinguer l'ivresse d'une hémorragie cérébrale abondante ou d'une apoplexie. »

Chez les individus morts en accès d'ivresse on le trouve sang plus rouge et plus sombre qu'à l'état normal. D'après Voltini, il présenterait une teinte cinabre particulière.

L'ivresse à son plus haut degré détermine toujours l'insensibilité générale, l'anesthésie, le sommeil, parce que l'alcool s'empare d'une partie de l'oxygène du sang destiné au cerveau, lequel n'ayant plus en quantité et en qualité suffisantes son excitant physiologiques, cesse de fonctionner.

En même temps l'alcool s'attaque aux éléments nerveux, comme le font les anesthésiques, éther et chloroforme.

D'après Richardson, l'alcool agit aussi directement sur tous les tissus en s'emparant de la matière colloïde qui les forme et en modifiant les combinaisons que cette dernière fait avec l'eau. De là, les congestions de l'ivresse.

En étudiant les ivresses méthylique, propylique, butylique et amylique, en étudiant la nocivité des alcools d'industrie et de leurs associés toxiques, nous avons vu quelle influence particulière, quelle part funeste ont ces différentes substances dans les phénomènes de l'ivresse ordinaire.

Au surplus, à côté de l'ivresse type, signalons deux formes distinctes, deux variétés, l'ivresse convulsive et l'ivresse apoplectique.

1° L'ivresse convulsive, décrite pour la première fois par Percy, paraît résulter surtout de l'usage des vins frelatés et des eaux-de-vie sophistiquées. D'après nous, elle devrait être principalement attribuée aux alcools propylique et butylique. En effet elle consiste surtout en secousses, en convulsions cloniques, en excitation maniaque. Un délire furieux s'empare du malade qui grince des dents, crache au visage des personnes qui l'entourent, lacère ses vêtements, se déchire lui-même, gratte la terre, cherche à s'échapper, se heurte contre les murs, se précipite par la fenêtre et se donne quelquefois la mort;

2° L'ivresse apoplectique n'est que l'exagération de la troisième période de l'ivresse ordinaire.

Elle se termine souvent d'une manière fatale. Quand la mort survient rapidement, l'apoplexie pulmonaire et surtout l'apoplexie méningée sont des lésions tellement fréquentes qu'elles deviennent caractéristiques de ce genre de mort.

Au résumé, l'ivresse commence par une exaltation plus ou moins brillante de l'intelligence, se continue par une perversion des facultés de l'âme et de la sensibilité, se termine par une véritable folie et par l'anéantissement de l'être. C'est exactement la marche et les troubles fonctionnels que nous allons rencontrer tout à l'heure dans une des formes les plus terribles de l'alcoolisme chronique, la paralysie générale.

Mais l'accès d'ivresse diffère de cette dernière par la succession rapide de ses phénomènes et leur prompte disparition.

Après le sommeil lourd de l'ivrogne, survient un réveil pénible. Le malade est brisé, il a la langue pâteuse, le dégoût des aliments, l'appétence des boissons fraîches et acidules, quelques envies de vomir et des vomituritions; la figure est bouffie; les yeux sont injectés; les forces sont lentes à revenir. Le malade a l'esprit porté vers les idées sombres et tristes. Une nouvelle dose d'excitant alcoolique ramène la vigueur du corps et de l'esprit. Mais il lui reste pendant quelques heures — pendant tout un jour si l'ivresse a été forte — une certaine incohérence des

idées, des vertiges, un peu d'obtusion de la sensibilité, des tintements
d'oreille, etc. Puis tout s'évanouit, et l'état normal se rétablit.

Répétez souvent une pareille scène, et vous verrez bientôt naître l'alcoolisme chronique.

§ 4. — ALCOOLISME CHRONIQUE.

S'il est aigu, l'alcoolisme terrasse rapidement sa victime. Mais, fou-
droyant ou passager, à forme convulsive ou à forme apoplectique, soit
qu'il détermine la mort, soit qu'il disparaisse sans laisser de traces, il
n'a pas d'action à longue portée; son action cesse avec lui (1). Bien que,
sous son influence, des actes soient accomplis journellement qui révèlent un trouble mental profond et des lésions organiques certaines, il
retentit beaucoup moins que l'alcoolisme chronique sur la descendance et
sur l'ensemble de la nation. Il ne fait que traverser l'économie après y
avoir pénétré d'emblée à doses massives.

Tout autres sont les effets de l'alcoolisme chronique.

Ingéré dans la plupart des cas à doses minimes et répétées, l'alcool
dans cet état n'annonce point son invasion par l'appareil bruyant et
pénible de l'ivresse. Mais une fois entré dans l'économie, il s'y installe
en maître; il s'emmagasine dans la trame intime des tissus; il fait corps
avec eux et ne trahit sa présence qu'au bout d'un certain temps par ses
méfaits. C'est un poison lent, mais sûr, qui détruit aussi bien les organes par lesquels il est absorpé que ceux dans lesquels il séjourne ou qui
servent à son élimination.

Alcoolisme physique. — Ainsi par exemple, la tendance première de
l'alcoolisme chronique, de celui que j'appellerai l'alcoolisme physique,
est de pousser d'une part à la prolifération du tissu fibreux ou conjonctif,
d'autre part à la dégénérescence et à l'infiltration graisseuse des éléments
anatomiques. Il produit, en un mot, la sclérose et la stéatose, pour abou-
tir à cette fin des éléments anatomiques que l'on appelle la nécrobiose.

Qu'ils soient méthyliques, butyliques, propyliques, amyliques ou absin-
thiques, tous les alcooliques se présentent sous deux états : il y a des
buyeurs maigres et des buyeurs gras.

Les premiers sont généralement des individus qui se livrent à un grand
exercice musculaire; les seconds sont des personnes aisées dont la fonction respiratoire n'est pas très active, soit à cause d'un état anatomique
des poumons comme l'emphysème, soit par le fait d'une profession
sédentaire.

Tous, florides ou émaciés, sont atteints de misère physiologique.

---

1. Cette règle souffre toutefois une exception. Les enfants procréés en état d'ivresse
de l'un en moins des générateurs, quand ils ne sont pas destinés à naître mort-nés,
sont exposés plus que d'autres à des difformités et même à venir au monde à l'état
de monstres. C'est dans cette circonstance que sont plus particulièrement conçus les
monstres anencéphales, c'est-à-dire sans cerveau, ou acéphales, c'est-à-dire sans
tête. Velpeau en a relaté un cas très curieux et nous en avons observé un dans le service du professeur Verneuil, en 1865, à l'hôpital Lariboisière.

L'alcoolisme chronique entraîne également des troubles fonctionnels permanents : la congestion chronique, l'altération quantitative et qualitative des secrétions, des désordres nerveux irrémédiables.

Un autre point important, c'est la ressemblance des lésions de l'intoxication alcoolique avec celles qu'entraîne à sa suite le progrès des années.

« L'alcoolisme, dit Lancereaux, n'est qu'une vieillesse anticipée :

« Atrophie de l'encéphale, augmentation du liquide céphalo-rachidien, altération graisseuse des petits vaisseaux, des fibres musculaires du cœur et de la plupart des éléments anatomiques, dilatation des vésicules, pulmonaires ossification des cartilages costaux et laryngiens, raréfaction de la substance osseuse à laquelle se substituent des matières grasses, voilà pour les ressemblances anatomiques entre l'alcoolique et le vieillard.

« Au point de vue physiologique, l'ivrogne, même jeune, a peu de force musculaire ; il tremble, ses facultés intellectuelles sont affaiblies et enfin il excrète peu d'urée et d'acide carbonique.

« Enfin les maladies aiguës qui surviennent chez les alcooliques ont non seulement les allures, mais encore la gravité de ces mêmes maladies chez le vieillard. »

Exemple : la pneumonie des alcooliques se comporte exactement comme la pneumonie des vieillards.

Par contre, on a pu constater dans le jeune âge l'identité absolue des lésions de l'alcoolisme avec celles de la vieillesse. En Normandie, certaines nourrices ont la triste habitude de faire boire à leurs nourrissons plusieurs petites cuillerées d'alcool par jour. On ne tarde pas à observer sur ces jeunes êtres tous les caractères et tous les symptômes de la sénilité dès les premiers mois de leur vie.

L'alcoolisme est comme la vieillesse une cause d'affaiblissement des fonctions génésiques, d'impuissance, de stérilité, d'infécondité.

En réalité, tous les éléments anatomiques, tous les tissus, tous les organes sont frappés par le fléau les uns après les autres ou simultanément.

Mais il choisit comme lieu d'élection l'organe qui est habituellement chargé de la plus grande somme de travail.

Chez le manouvrier, exposé à toutes les intempéries, soumis par un travail physique des plus pénibles aux causes de refroidissement, le rein sera principalement attaqué.

Chez le gros buveur paresseux et inerte, ce sera le foie qui disparaîtra dans la cirrhose.

Chez l'homme sanguin, le cœur, soumis à des excitations trop répétées, augmentera de volume comme le fait sous un travail excessif et prolongé le bras du forgeron ou le mollet du danseur.

Chez l'homme de plaisir, chez l'homme surmené par un travail intellectuel excessif coïncidant avec l'abus des boissons excitantes, ce seront le cerveau, les méninges, la moelle épinière qui deviendront le siège du processus pathologique.

Au surplus, on peut suivre en quelque sorte pas à pas la trace de l'alcool dans l'organisme humain aux ravages qu'il laisse après lui.

Son action topique et irritante sur toute l'étendue du tube digestif est bien connue.

A la bouche, à la gorge, l'alcool excite la sécrétion exagérée de la salive, suscite des inflammations, des ulcérations, des angines spéciales que compliquent souvent des affections similaires produites par l'abus du tabac; car tout grand buveur est généralement doublé d'un grand fumeur. — L'alcool engendre dans l'estomac les nombreuses variétés de gastrite chronique, ulcéreuse, phlegmoneuse suivies ou non du ramollissement de la muqueuse. Peut-être est-il aussi une des causes déterminantes de l'apparition du cancer de l'estomac. — Le reste du tube intestinal, surtout le gros intestin, n'échappe point à ses atteintes.

On peut appeler l'ensemble de toutes ces lésions : l'alcoolisme gastro-intestinal.

Les organes glandulaires de l'abdomen et leurs enveloppes, c'est-à-dire le foie, la rate, le pancréas et le péritoine deviennent ensuite malades.

L'organe important placé le premier sur le chemin de l'absorption de l'alcool est celui sur lequel il semble se complaire à porter les coups les plus rapides et les plus meurtriers; nous voulons parler du foie. C'est d'abord l'hépatite ou inflammation aiguë; puis la cirrhose, dont nous venons de parler, qui se présente sous ses deux formes également terribles, l'hypertrophique et l'atrophique. La cirrhose hypertrophique est une inflammation chronique des canalicules biliaires; elle porte sur certains points du foie; c'est une scérose insulaire. Dans cette maladie le foie augmente de volume et de poids. Il peut guérir par cessation de l'abus alcoolique; mais l'affection se termine fréquemment par l'ictère grave et la mort. La cirrhose atrophique est une inflammation des vaisseaux portes; elle est d'origine veineuse; c'est une sclérose en anneaux qui se rétracte à la façon du tissu cicatriciel et comprime la substance propre du foie en même temps que ses vaisseaux. Il en résulte une diminution dans le volume et le poids de l'organe. Rarement il survient de l'ictère, mais en revanche, cette maladie provoque un amaigrissement considérable et constant du sujet et amène dans l'abdomen un épanchement considérable de liquide connu sous le nom d'ascite. Cet état se termine toujours par la mort. On signale encore parmi les lésions alcooliques du foie l'hyperphasie diffuse décrite par Baër et surtout le foie gras des buveurs, ce sinistre avant-coureur de la mort.

Le système circulatoire est pris à son tour.

Le cœur se surcharge de graisse ; puis, comme l'alcool l'excite pendant que d'un autre côté il produit un affaiblissement de l'économie, ce surcroît de travail, qui n'est point accompagné de moyens plus puissants pour y faire face, fait que les parois du viscère s'amincissent pendant que se dilatent ses cavités, ou bien elles augmentent d'épaisseur pendant que se rétrécit et diminue la capacité des oreillettes et des ventricules.

L'alcool dilate les capillaires, d'où l'injection et la coloration permanentes des joues qui donnent au buveur habituel la figure enluminée, caractéristique de sa profession. — Altérant les parois des vaisseaux, il enflamme les veines, ossifie ou rend athéromateuses les artères. De là des ruptures qui produisent les anévrismes, de là ces migrations de caillots sanguins et purulents qui vont au loin dans les départements vasculaires oblitérer les plus petits vaisseaux, désorganiser les tissus et occasionner des gangrènes partielles.

Les lésions du sang, que l'on doit mettre à la charge de l'alcoolisme chronique, sont plus étendues et plus profondes que celles que nous avons attribuées à l'alcoolisme aigu, savoir : changements plus appréciables dans la composition et la couleur du sang, état graisseux du liquide parsemé de points brillants semblables à de la cholestérine, et qui ne sont autre chose que de très petits globules de graisse.

L'altération plus complète des globules sanguins fait naître une série d'affections générales décrites sous le nom d'anémie des buveurs, de scorbut des buveurs, d'érysipèle hémorragique des buveurs, de gangrène des buveurs.

Tous les tissus ayant une tendance à se changer en graisse, il n'est pas rare que les os longs se raréfient (d'où une prédisposition toute particulière aux fractures) et se ramollissent pendant que durcissent les cartilages. L'ossification des cartilages laryngiens et costaux entraîne la gêne dans les phénomènes mécaniques de la respiration.

L'alcool endommage ou tue les éléments anatomiques dans les organes et dans les appareils qui l'éliminent.

C'est ainsi que l'appareil respiratoire est loin d'être épargné. L'inflammation alcoolique des premières voies aériennes donne lieu au phénomène caractéristique connu sous le nom de voix de rogomme. Le poumon et la plèvre peuvent être également touchés. L'alcool fait naître, favorise ou complique dans ces organes les emphysèmes, les pleurésies, la phtisie pulmonaire. On sait combien sont fréquentes et dangereuses les pneumonies chez les alcooliques.

La peau de l'alcoolique peut devenir le siège d'affections rebelles ou même mortelles, prurigos, urticaires, ecthymas divers, ainsi qu'une certaine variété de pellagre et l'ulcère perforant du pied.

Les reins alcooliques sont sujets à la maladie de Bright ou néphrite albumineuse des buveurs, également fatale et dans sa période congestive et dans sa période exsudative. Ils sont exposés aux dégénérescences amyloïde et granuleuse.

L'alcoolisme est une cause fréquente du catarrhe de la vessie.

L'alcoolisme chronique est un des auteurs de la goutte (Boire des liqueurs fortes, c'est infuser la goutte dans le corps, a dit le docteur Réveillé-Parise). A ce titre, il entre fréquemment dans l'étiologie de la gravelle et des coliques néphrétiques.

Chez la femme, l'alcoolisme chronique provoque les hémorragies utérines et l'avortement.

Il est une cause d'infécondité dans les deux sexes, nous le savons déjà.

Alcoolisme cérébro-spinal. — Mais la lésion dominante de l'alcoolisme physique réside dans le système nerveux central.

A la vérité, le grand sympathique peut être touché aussi, ce qu'attestent les congestions chroniques des vaisseaux capillaires et des organes qui sont sous sa dépendance, ce que témoignent en même temps les modifications qui surviennent dans les organes glandulaires dont les sécrétions sont altérées dans leur quantité et dans leur qualité.

Mais on peut affirmer qu'alcoolisme chronique est plus souvent et plus particulièrement synonyme de destruction lente et progressive du système nerveux de la vie de relation.

L'inflammation alcoolique s'acharne avec plus de prédilection sur l'axe nerveux, en désorganise comme à plaisir les tubes et les cellules, les vaisseaux et les enveloppes, et fait éclater ses violences en des symptômes variés et nombreux : congestion méningée chronique, apoplexie séreuse, pachyméningite et méningite hémorragique, encéphalite et péri-encéphalite, toutes lésions autour et dans le cerveau ; congestion de la moelle épinière et de ses méninges, paraplégie douloureuse, myélite dont les manifestations fonctionnelles sont le tremblement, la paralysie complète ou incomplète, les troubles de la sensibilité générale ou spéciale, les convulsions, les accès épileptiformes.

En même temps il survient des hémorragies rétiniennes (Ollivier de Rouen). Le vue se trouble et peut même disparaître tout à fait après l'atropie du nerf optique. Les autres sens se prennent plus ou moins à leur tour et préparent les hallucinations, prélude de la lésion psychique.

Alcoolisme psychique. — Mais par-dessus tout, l'alcoolisme s'attache à l'intelligence. On pourrait décrire une forme quasi-immatérielle de cette maladie. En effet, pendant que certaines de ses manifestations sont la conséquence de lésions anatomo-pathologiques déterminées, quelques autres sont réputées sans lésions correspondantes et passent pour être purement psychologiques. Mais dans l'un et dans l'autre cas nous sommes au milieu des altérations de l'intelligence, des perversions du sentiment, des troubles de la volonté, en plein domaine par conséquent de l'aliénation mentale. C'est pourquoi on donnera à cette forme de l'alcoolisme le nom d'alcoolisme psychique (1).

Manie transitoire. — Mais notons d'abord que le saut n'est pas toujours brusque entre les désordres mentaux dus à l'ivresse simple et ceux qui dérivent de l'alcoolisme chronique. Avant de détruire complètement l'intelligence, l'alcool a besoin, comme nous l'avons dit déjà, de préparer son terrain. Ce n'est qu'après avoir miné silencieusement les premiers ouvrages qu'il attaque parfois soudainement le fort principal. Ainsi la folie ébrieuse éclate chez quelques alcooliques chroniques plus facilement à la suite d'excès isolés que d'excès habituels.

1. Bien que l'expression alcoolisme psychique soit inexacte au point de vue nosologique, je crois néanmoins devoir l'employer parce qu'elle rend mieux que toute autre la pensée sur laquelle j'insiste, savoir : les dangers que l'alcoolisme fait courir à l'intelligence individuelle et à l'intelligence nationale.

Rien ne peut d'ailleurs en faire prévoir l'apparition.

Voici, par exemple, un homme sain d'apparence qui, sous l'empire d'un alcoolisme inconscient, passagèrement excité par une libation légère entre en colère, commet un délit, frappe même et puis s'endort. — Au bout de quelques heures, il se réveille parfaitement présent d'esprit, mais ne se rappelant rien de ce qui s'est passé depuis le commencement jusqu'à la fin de l'incident. — Cet homme a été un moment aliéné, atteint de manie.

C'est la manie transitoire. Elle s'arrête là, mais elle indique que l'économie est déjà empoisonnée. Quelque passagère qu'elle puisse être, il faut la connaître, car elle entraîne avec elle, on le comprend, de redoutables questions de responsabilité.

L'alcoolisme psychique proprement dit peut être lui-même distingué en aigu, subaigu et chronique.

Alcoolisme psychique aigu. — Dans l'alcoolisme psychique aigu, on range cette terrible affection qu'on appelle le *delirium tremens*, et cette autre plus dramatique et plus épouvantable encore : le délire alcoolique.

Le *delirium tremens* éclate ordinairement à la suite d'une cause occasionnelle parfaitement appréciable : traumatisme accidentel ou chirurgical, maladie aiguë, excès plus considérables que d'habitude, ou bien encore il arrive sous l'influence d'une température ou trop froide ou trop chaude, et surtout après la suppression brusque du stimulant alcoolique auquel le buveur avait habitué ses organes. Toutes les causes débilitantes jouent d'ailleurs un rôle dans son origine. Il peut être simple ou accompagné de fièvre.

Dans ce dernier cas il est rapidement mortel. Presque toujours aussi il se complique de troubles sensoriaux, d'hallucinations douloureuses ou effrayantes d'une mobilité et d'une multiplicité extrêmes, ayant pour objet les événements et les occupations de la vie courante. Quelques malheureux voient des bêtes immondes et surtout des rats envahir leur lit, leurs vêtements et leur monter sur le corps.

Véritable Protée, le délire alcoolique est tantôt à l'état de délire maniaque, tantôt sous la forme mélancolique ; tantôt c'est un délire stupide, tantôt c'est un délire furieux et dangereux.

Le maniaque croit entendre des injures, des provocations. Il voit des voleurs, des gens armés, des animaux qui le menacent. Il entend ses parents, ses amis qui l'appellent, qui l'avertissent d'un danger, qui invoquent son secours. Sa femme lui apparaît environnée d'individus qui l'outragent. Aiguillonné par ces hallucinations, le malade répond, injurie, se querelle, court, s'élance, devient furieux. Cet état est caractérisé par une tendance particulière, la tendance à s'échapper. L'aliéné est ici conséquent avec son délire. Il fuit les assassins, les monstres prêts à le dévorer, les voleurs qui en veulent à sa bourse. Il veut s'échapper par toutes les issues qu'il croit entrevoir. Dans son trouble, il ne reconnaît pas les objets extérieurs ; il donne de la tête contre le mur, se jette par la fenêtre, dans la rivière, et se tue souvent en fuyant devant ses propres visions.

Le mélancolique est sombre, inquiet, défiant. Il se plaint, il est effrayé. Poursuivi par des voix qui l'insultent, accusé de crimes affreux, croyant les avoir commis, il essaye de se soustraire au chagrin, au déshonneur en se donnant volontairement la mort. Parfois il est d'un mutisme obstiné. Mais toujours il a une tendance au suicide. Chose étrange, dans tous les cas, il poursuit son dessein avec opiniâtreté.

Le stupide est à un degré plus avancé de dégradation physique et morale; il a un pas plus avant dans l'aliénation. Il va subir le dernier supplice; il a devant lui les cadavres ensanglantés des siens; tout est en feu dans sa maison; il va être englouti. Ces images l'ont atterré; épouvanté, anéanti, il reste immobile dans un complet état de stupeur.

Dans le délire furieux, l'alcoolique est tour à tour agité et déprimé. Il a des hallucinations terrifiantes alternant avec de courts intervalles demi-lucides. Ses crises furieuses coïncident avec de l'anesthésie complète. Inconscient et insensible à la douleur, tantôt il casse et brise tout ce qui lui tombe sous la main, tantôt, après avoir exercé sur son entourage ses fureurs, il les retourne contre lui-même. On connaît l'observation rapportée par Dupuytren et devenue classique, de ce vieil alcoolique opéré d'une hernie étranglée qui arracha les pièces de son pansement, fit sortir ses intestins et s'amusa à les couper et à les déchirer tout en riant et en chantant. — Le délire furieux se complique ordinairement d'affaiblissement musculaire, de tremblement et de convulsions.

Alcoolisme psychique subaigu. — Quand le délire alcoolique a des dehors moins éclatants, une allure plus douce, c'est le délire subaigu. Il est caractérisé par la manie de la persécution. Le malade est persuadé que tout le monde lui en veut. Il imagine des trames et des complots ourdis contre lui. Il est une victime de la conspiration universelle. « Les uns, disent le docteur Magnan, jaloux, soupçonneux, se disent trompés par leur femme et interprètent dans ce sens tout ce qui se dit et qui se passe autour d'eux. D'autres, en butte à des poursuites, s'entendent accuser d'actes obscènes, se plaignent des atteintes portées à leur honneur, à leur moralité. On veut les perdre, les plonger dans la misère, les faire disparaître. Quelquefois encore ils souffrent de troubles de la sensibilité générale avec des idées hypochondriaques, avec la crainte d'être empoisonnés. »

Les hallucinations de l'alcoolisme subaigu sont presque exclusivement des hallucinations de l'ouïe.

Alcoolisme psychique chronique. — Quand l'alcoolisme psychique est tout à fait chronique et qu'il atteint le dernier terme de son développement, il conduit à la démence sénile (abrutissement complet, gâtisme), ou bien à la folie paralytique que l'on appelle aussi paralysie générale.

Dans l'état de démence alcoolique, le mémoire s'affaiblit, le jugement est peu sûr, l'association des idées se fait avec difficulté. L'impressionnabilité est diminuée, l'attention se fixe avec peine, et l'indifférence du malade le rend incapable d'accomplir des actes intellectuels. La sensibilité morale est émoussée. Le malade vit pour lui seul. Il pleure quand on s'intéresse à son sort, puis il redevient souriant quelques minutes après et sans aucun motif. La vie cérébrale faiblissant, la vie instinctive reprend le dessus. Dans un dernier degré, le fonctionnement intellectuel est nul. Le malade ignore son âge, donne des réponses absurdes, montre un appétit vorace, mange gloutonnement. Alors aussi les conceptions délirantes disparaissent, et le malade est tout simplement gâteux.

La paralysie générale alcoolique est caractérisée par les lésions matérielles suivantes : méningite, adhérences cérébro-méningées, ramollissement de la substance grise, altération de la substance blanche et des vaisseaux, le tout résumé par ces deux états pathologiques : la sclérose du tissu nerveux et la stéatose de son réseau vasculaire. Symptomatiquement, cette maladie est déterminée par des troubles de la motilité et par un délire expansif ou dépressif. La forme expansive, c'est le délire des grandeurs, le délire ambitieux ; la forme dépressive, c'est la fin misérable d'un état dont le début est parfois une excitation brillante des facultés intellectuelles.

La forme expansive est toujours accompagnée d'excitation ou d'agitation maniaque. Les malades se croient de grands personnages. Ils se disent être Dieu. Ils se proclament pourvus des plus grandes qualités, doués de facultés éminentes, possesseurs d'immenses richesses. Ils sont des inventeurs, des savants de premier ordre, de grands artistes. Ils sont d'une force surnaturelle. Et cette haute opinion qu'ils ont d'eux-mêmes contraste singulièrement avec l'état misérable physiquement et moralement dans lequel ils se trouvent. Toujours la mobilité du malade est extrême ; il court, il marche, il gesticule ; il fait des actes extravagants, violents ; il déchire son linge, il attaque les personnes qui le soignent pour leur prouver sa supériorité. Bientôt, oubliant ce qu'il a dit, il se prétend un ouvrier, gagnant à peine de quoi vivre. D'abord sa loquacité était extrême, il chantait, il criait. Bientôt les idées se pressent, s'embrouillent. Puis la parole s'embarrasse, la langue et les muscles de la face tremblent, les pupilles sont inégales. De même l'écriture, qui au début était encore nette, devient du barbouillage informe. Enfin, l'intelligence s'affaiblit tout à fait, la mémoire disparaît à son tour. Le patient ne raisonne plus. La sensibilité affective et morale cesse complètement.

Commençant quelquefois par une exaltation des facultés intellectuelles, la paralysie générale expansive finit toujours par l'abrutissement et la mort.

Dans la forme dépressive, le paralytique général alcoolique ne bouge pas de toute la journée, ne parle jamais, ou bien il a un délire mélancolique et hypocondriaque incohérent et absurde. Il meurt au bout de quelques semaines.

Somme toute, on le voit, la paralysie générale alcoolique représente, toutes proportions gardées, d'une manière persistante, les phénomènes passagers de l'accès d'ivresse ordinaire avec ses périodes d'excitation et de dépression, de perversion et d'anéantissement intellectuel.

Le terme extrême de l'alcoolisme ressemble à son début.

§ 5. — ALCOOLISME HÉRÉDITAIRE

L'alcoolique mourant ne disparaît pas tout entier et le germe de sa maladie ne descend pas toujours avec lui dans la tombe. Sa transmission par hérédité est incontestable.

Lésions physiques héréditaires. — Dès la vie embryonnaire, la transmission héréditaire de l'alcoolisme détermine déjà des déformations d'où résultent après la naissance des monstruosités où des lésions permanentes, telles que l'atrophie partielle des hémisphères cérébraux, l'atrophie du squelette, des membres paralysés, la microcéphalie.

Les fils d'alcooliques sont porteurs primitivement d'une série de lésions et de maladies inséparables de leur qualité. Ce sont, par exemple : 1° les convulsions de l'enfance qui font tant de victimes au premier âge et les paralysies infantiles consécutives ; 2° la scrofule et la tuberculose ; 3° les grandes névroses, l'hystérie et l'épilepsie ; 4° enfin l'appétence irrésistible pour les boissons alcooliques.

Cette appétence irrésistible pour les boissons alcooliques ou dipsomanie héréditaire peut être transmise directement et immédiatement. Elle peut aussi n'éclater qu'au bout d'un certain nombre d'années dans la jeunesse ou vers le milieu de la vie. Enfin elle peut sauter deux ou trois générations et apparaître longtemps après sous forme de phénomène atavique.

Troubles psychiques héréditaires. — Mais les conséquences les plus fréquentes et les plus fâcheuses de l'alcoolisme héréditaire sont les dégénérescences qui portent principalement sur le domaine intellectuel.

Un grand nombre de fils d'alcooliques viennent au monde idiots ou imbéciles.

D'autres, nés avec toutes les apparences d'une conformation normale, grandissant comme tous les enfants de leur âge, paraissant même doués d'une dose suffisante d'intelligence et de moralité, s'en arrêtent tout à coup dans leur développement.

Cet arrêt brusque du développement intellectuel et moral peut, dans les cas les plus heureux, les laisser tels qu'ils sont au moment où les frappe le coup héréditaire ; et ils restent alors à perpétuité des arriérés, condamnés à ne jamais progresser. Ils portent en même temps empreint sur tout leur être le stigmate de cet état particulier que l'on désigne sous le nom d'infantilisme.

Mais souvent aussi le choc est le signal d'une marche régressive vers la dégénérescence complète, vers l'idiotie et l'imbécillité.

Chez d'autres dégénérés, fils d'alcooliques, on signale l'existence des instincts les plus pervers. Ces derniers éprouvent un besoin irrésistible de faire le mal, de torturer les animaux ; ils sont atteints de la monomanie du vol et du crime.

Si à leur tour ils deviennent pères, ils donnent naissance à des alcooliques ou à des aliénés, et leurs générations successives et intermédiaires se donnant ainsi la main par la fatalité héréditaire forment un cercle maudit dont elles ne peuvent plus s'échapper.

§ 6'. — ALCOOLISME SOCIAL

Nous venons de voir les désordres que l'alcool exerce sur l'homme et sur sa descendance, et nous savons déjà que les alcools toxiques, que les alcools d'industrie sont principalement coupables de ces désordres.

Leurs ravages paraîtront bien plus grands encore, si l'on en poursuit l'examen sur l'ensemble du corps social.

1° Proportion du nombre des alcooliques sur le nombre total de la population.

La consommation de l'alcool va tous les jours en augmentant, et cet accroissement n'est pas en rapport avec le développement de la population.

En Belgique la consommation des spiritueux s'élevait, en 1830, à 18 millions de litres pour 4 millions d'habitants. En 1877, elle a atteint 50 millions de litres pour 5 millions d'habitants.

En France, le chiffre officiel de la consommation de l'alcool qui était de 970.500 hectolitres en 1874, année où le droit de 156 fr. 25 actuellement en vigueur a été perçu pour la première fois, s'est élevé à 1.444.342 hectolitres en 1885, et le chiffre de la population ne s'est pas sensiblement modifié.

Malgré cet accroissement bien établi de la consommation de l'alcool, n'est pas très facile de savoir quelle est la proportion du nombre des alcooliques sur l'ensemble de la population.

Cependant il paraît résulter de nombreuses statistiques faites en Europe et en Amérique, que cette proportion est comme 3 est à 120; c'est-à-dire d'environ 3. 4 p. 100.

Les femmes comptant moins d'alcooliques que les hommes. Le nombre des alcooliques femmes est à celui des alcooliques comme 16 est à 123, c'est-à-dire dans la proportion d'environ 7. 4 p. 100.

2° Influence de l'alcoolisme sur la natalité.

Nous avons vu que l'alcoolisme était une cause d'impuissance chez l'homme, d'infécondité ou d'avortement chez la femme; d'où l'augmentation du nombre des familles stériles. Nous n'avons pas à insister sur ce point ; notons seulement que cette diminution des naissances coïncide avec l'accroissement de la consommation de l'alcool.

3° Influence de l'alcoolisme sur la diminution de la taille des conscrits.

La diminution de la taille chez les fils d'alcooliques est une conséquence trop fréquente et trop constante de l'alcoolisme héréditaire.

Un père sobre, travailleur et rangé, a des enfants qui sont grands, d'une bonne constitution et très intelligents. Postérieurement à leur naissance il se livre aux excès alcooliques, et il a de nouveau des enfants qui naissent petits, rabougris, à figure idiote et à développement intellectuel incomplet.

On dit que les Tartares, à qui leur loi religieuse défend l'usage des boissons enivrantes constituent la race la plus saine et la plus forte qu'il soit possible de voir. Certaines de leurs tribus voisines ont commencé à prendre des liqueurs fortes et voient tous les jours leurs tailles devenir plus petites et rabougries.

En Allemagne, là où le chiffre des cabarets n'est pas sensiblement accru, la proportion des militaires impropres au service militaire est en général peu élevée. — Elle s'est, au contraire, considérablement accrue là où les cabarets se sont le plus multipliés.

En France, on cite dans le département de l'Orne, l'arrondissement de Domfront, le canton de Passais et, dans ce canton, une commune, celle de Mantilly où le recrutement était toujours impossible avant la loi sur le service obligatoire. Cette commune était celle qui se distinguait le plus parmi toutes les communes de France par les abus alcooliques de ses habitants.

4° Influence de l'alcoolisme sur la morbité.

L'alcoolisme a une influence décisive sur la morbité.

A. — *Résistance moindre aux épidémies.*

En temps d'épidémie, il est facile de se convaincre que la résistance aux causes morbifiques est moindre chez le buveur que chez l'homme sobre.

Cela a été observé surtout à chaque apparition du choléra dont voici un exemple :

En 1832, à Albany (Amérique, Etat de New-York) sur une population de 26.000 habitants au-dessus de seize ans, 336 furent atteints du fléau, et parmi eux on ne comptait que deux membres des Sociétés de Tempérance qui réunissaient 3.000 adhérents. Sur 600 malades qui entrèrent au Parc-Hospital, il y avait pour six ad. cinq buveurs.

On a fait des observations analogues pour d'autres épidémies, typhus, dysenterie, fièvre jaune, fièvre pernicieuse.

B. — *Action de l'alcoolisme sur les affections internes.*

Cette dernière peut être établie par la statistique. Dans l'armée anglaise aux Indes, qui compte des soldats membres des Sociétés de Tempérance et des soldats non sociétaires, le chiffre des malades en un temps donné était trois fois plus élevé pour les soldats alcooliques que pour les tempérants.

Le buveur, en effet, vit dans des conditions si anormales que celles-ci peuvent être considérées comme des conditions morbides.

Les buveurs sont plus sujets à devenir malades que les personnes sobres.

Il y a d'ailleurs un fond d'adynamie qui recouvre toutes les maladies chez l'alcoolique, comme chez le vieillard.

Aussi le pronostic des affections internes, ne fût-ce que par suite du delirium tremens, est-il toujours relativement plus grave chez l'alcoolique qui succombe plus facilement et plus rapidement aux maladies aiguës que les personnes sobres.

Le tableau suivant, cité à l'appui par Carpenter, est très instructif :

MOIS	CHIFFRE des adhérents des Sociétés de Tempérance	FORCE du reste du régiment	PROPORTION des admissions à l'hôpital		PROPORTION par jour et pour 100 d'hommes à l'hôpital	
			Membres des Sociétés de Tempérance	Reste du régiment	Membres des Sociétés de Tempérance	Reste du régiment
Janvier	1 953	2 569	1 par 18 77	1 par 0 22	2 54	8 15
Février	1 840	2 639	1 — 20 10	1 — 0 24	2 27	7 27
Mars.	1 542	2 870	1 — 14 44	1 — 7 14	2 04	8 60
Avril.	1 350	3 084	1 — 10 90	1 — 5 26	5 47	10 22
Mai	1 282	3 164	1 — 18 44	1 — 6 35	5 24	10 66
Juin	1 304	3 075	1 — 19 53	1 — 6 37	4 55	10 35
Total . .	9 340	17 354	1 par 16 47	1 par 7 28	3 66	10 20

C. — *Action de l'alcoolisme sur les maladies chirurgicales*

Il en est de même pour les maladies chirurgicales.

Outre l'apparition encore plus fréquente du delirium tremens, l'alcoolisme exerce ici, sur l'état local, une influence considérable, surtout dans les traumatismes qui s'accompagnent de fièvre. Pour ces derniers cas, il y a prédisposition à certaines maladies infectieuses consécutives, telles que lymphangite, phlegmon diffus superficiel ou profond, érysipèle de mauvaise nature, sphacèle envahissant, hémorrhagies consécutives, en un mot tout ce cortège d'états particuliers qui escortent la septicémie. Tout cela tient aux lésions du sang et peut se résumer en deux symptômes caractéristiques : l'adynamie d'abord, l'ataxie ensuite.

Les résultats des opérations chirurgicales sont toujours plus défavorables chez l'alcoolique que chez tout autre, et l'on sait combien il est parfois dangereux d'administrer le chloroforme pour une opération aux alcooliques.

En outre, si l'alcoolique est plus particulièrement disposé à contracter des maladies intercurrentes, il est également plus exposé qu'une personne ordinaire à être atteint par des accidents de toute nature, brûlures, chutes, chocs volontaires ou involontaires entraînant des contusions, des luxations, des fractures, des plaies, des désordres de toute sorte. Le docteur Lunier a démontré que les accidents sont plus fréquents dans les départements où l'on consomme le plus d'alcool, le plus d'alcool d'industrie surtout.

5° Influence de l'alcoolisme sur l'hospitalisation. — Les alcooliques sont dans la proportion de 30 p. 100 sur le total des malades hospitalisés.

6° Influence de l'alcoolisme sur l'aliénation mentale. — Quant à l'aliénation mentale proprement dite, l'alcoolisme lui fournit un contingent annuel de 35 à 45 p. 100.

Par un effet réciproque, l'aliénation mentale devient une cause d'alcoolisme et sert aussi à perpétuer indéfiniment le mal. L'aliéné boit par excès et il est sobre dans l'intervalle. Il se distingue par là de l'ivrogne ordinaire, qui boit toutes les fois qu'il en trouve l'occasion.

7° Influence de l'alcoolisme sur le suicide. — Pour le suicide, sa part est grande.

On compte en France :

	Suicides alcooliques
De 1850 à 1854.	227
— 1855 à 1859.	283
— 1860 à 1864.	390
— 1866 à 1869.	643

Pendant la période de 1873 à 1878, il y a eu 34.735 suicides, sur lesquels l'alcoolisme entre dans la proportion de 13.31 p. 100 chez les hommes et de 5.07 p. 100 chez les femmes.

8° Influence de l'alcoolisme sur la durée de la vie. — Il n'est pas étonnant dès lors que la durée moyenne de la vie soit beaucoup plus courte chez le buveur que chez l'homme sobre. Sur 6.111 personnes, toutes choses égales d'ailleurs, il meurt 357 buveurs, pendant qu'il ne succombe que 110 personnes dans la classe frugale.

La différence est surtout remarquable de vingt à trente ans.

A vingt ans, le buveur ne peut espérer de vivre que quinze ans; l'homme sobre peut espérer de vivre quarante-quatre ans encore.

A trente ans, le buveur peut vivre encore treize ans; l'homme sobre, trente-six ans.

Les buveurs abrègent leur vie d'un tiers à deux tiers proportionnellement à leur âge, de manière que très peu de buveurs arrivent au sommet de l'échelle, à quatre-vingts ans par exemple, où leur aptitude à vivre est la même que celle des personnes sobres.

Les chiffres des Sociétés d'assurances sur la vie ne sont pas moins probants.

Dans une Société d'assurances de ce genre en Angleterre on établit vers 1840 deux sections, l'une pour les personnes qui s'abstenaient complètement de boissons alcooliques, l'autre qui renfermait des buveurs modérés.

Dans la section de Tempérance, le nombre des décès réels fut inférieur au nombre des décès probables dans les proportions de 72 à 100.

Dans la section des buveurs modérés, les décès réels furent au contraire de 81 au lieu de 100, chiffre prévu ; c'est-à-dire que dans cette section la proportion des décès augmente de 26 p. 100 sur la section de Tempérance.

9° Influence de l'alcoolisme sur la mortalité. — L'alcoolisme est une cause de mortalité dans des proportions effrayantes. C'est de tous les empoisonnements celui qui fait le plus de victimes. Tandis qu'il n'y a que 159 décès par empoisonnement ordinaire (fruits, champignons, acide sulfurique, arsenic, etc.), il y en a 288 par l'alcool.

En France de 1865 à 1870, trois mille cinq cent cinquante personnes sont mortes des suites directes de l'abus des boissons. En Angleterre, de 1870 à 1874, trois mille huit cents décès ont eu la même origine.

Des statistiques très sérieuses évaluent à 23.3 p. 100 l'imputation des décès par l'alcoolisme sur la somme des décès annuels pour une même période dans une même région.

Le nombre des morts accidentelles par suite d'alcoolisme va en augmentant tous les ans. Il était de 226 dans la période quinquennale de 1836 à 1840. Il est de 538 en 1885.

Le nombre des morts accidentelles par alcoolisme est d'autant plus fort par département, que le département consomme d'alcools d'industrie.

L'alcoolisme est, en outre, une cause très fréquente de mort subite.

Le nombre total des décès par alcoolisme sur le chiffre total de la population serait dans le rapport de 3 à 1.200, c'est-à-dire presque un demi p. 100.

10° Influence de l'alcoolisme sur la dépopulation. — « C'est l'alcoolisme, dit Lancereaux, qui a contribué à réduire de plus en plus le nombre des indigènes de l'Amérique du Nord et de l'Amérique du Sud. C'est lui encore qui, aujourd'hui même, amène la disparition progressive des habitants d'un grand nombre d'îles de l'Océanie, notamment ceux des îles Marquises, Sandwich, Taïti, etc.

M. Claude démontre que la population tend à diminuer précisément dans les régions où l'on consomme le plus d'alcool « et d'alcool d'industrie ! « La Normandie, dit-il, où l'on distille une grande quantité d'eau-de-vie de cidre, de poiré et de betteraves, est une des contrées où l'alcoolisme exerce le plus de graves ravages. »

La dépopulation se ferait ainsi sous l'influence de l'alcoolisme, non seulement par la diminution des naissances, mais surtout par la propagation de la tuberculose et du rachitisme.

11° Influence de l'alcoolisme sur la constitution de la famille. — L'alcoolisme agit sur la constitution même de la famille. Il entre pour une part dans les causes du divorce. Au Danemark, la publication de documents officiels a fourni de très curieux renseignements sur ce sujet.

Dans la période de 1871 à 1875, on a prononcé 1.640 divorces, dont 329 pour cause d'alcoolisme, soit 20 p. 100. Pour la période suivante 1876-1880 on a eu 2.070 divorces, dont 509 pour cause d'alcoolisme, soit 24,6. p. 100.

Ainsi le nombre des divorces causés par l'ivrognerie est allé en augmentant et proportionnellement à une augmentation dans la consommation des alcools.

12° Influence de l'alcoolisme sur les bons rapports entre les citoyens. — Cette même influence se fait sentir sur le nombre des procès, la diminution des abus alcooliques les restreint d'une façon merveilleuse.

De 1831 à 1835, grande consommation d'alcool, 99,087 procès.

De 1866 à 1870, consommation d'alcool beaucoup moindre, 44,068 procès.

13° Influence de l'alcoolisme sur la force physique. — Les ouvriers alcooliques ne peuvent plus disposer de la force physique qu'ils avaient antérieurement à leurs excès. On en voit qui dès l'âge de quarante-cinq à cinquante ans n'ont plus aucune énergie morale et que le moindre exercice musculaire essoufle, fatigue et arrête. Aussi les ouvriers alcooliques deviennent-ils paresseux.

4° Influence de l'alcoolisme sur la diminution du travail. — Cette diminution dans la force physique de l'ouvrier qui est due à l'influence débilitante exercée par l'alcool sur ses systèmes nerveux et musculaires fait que, toutes choses égales d'ailleurs, il ne peut plus donner la même quantité de travail qu'autrefois. Tous les chefs d'atelier savent et de nombreuses statistiques fort bien faites ont démontré depuis longtemps que la somme de travail accomplie par les ouvriers adonnés aux liqueurs fortes est infiniment moindre que celle que peut produire le même nombre d'ouvriers tempérants et bien nourris.

15° Influence de l'alcoolisme sur la diminution des salaires. — La somme de travail produite par les ouvriers alcooliques allant en diminuant, il s'ensuit que la somme de leurs salaires va également en diminuant.

Mais ce n'est pas tout. Une partie de ces salaires se dissipe au cabaret.

La moyenne annuelle des salaires payés aux ouvriers anglais est d'environ 10 milliards 450 millions; or, pendant les quatre années de 1866 à 1869, ces mêmes ouvriers anglais ont dépensé une somme de 11 milliards 370 millions, ce qui représente une dépense moyenne annuelle de près de 3 milliards. Que fût devenue cette somme énorme placée dans l'épargne et dans l'industrie, et quel effet extrêmement utile n'eût-elle pas produit pour les ouvriers eux-mêmes ?

16° Influence de l'alcoolisme sur la force morale. — L'ouvrier qui s'adonne aux liqueurs fortes est bientôt pris dans un véritable engrenage.

— Portant au cabaret l'argent destiné à sa famille, il lui arrive bientôt de voir le dénuement, la privation des choses essentielles à la vie, la malpropreté remplacer chez lui l'aisance et le bien être. — Alors il fuit son intérieur, le prend en aversion et revient de plus en plus au cabaret.

L'homme d'affaires boit souvent pour s'étourdir, — car il n'a pas ordinairement l'excuse de l'alimentation insuffisante ou du surmenage physique. — Quelquefois c'est pour oublier ses affaires embarrassées et ne point voir la banqueroute qui l'attend à brève échéance. — D'autre fois c'est pour se consoler d'un chagrin, d'un malheur qu'il n'a pu surmonter. Tous finissent par oublier, surtout le sentiment du devoir et de l'honneur.

17° Influence de l'alcoolisme sur la force intellectuelle. — Les premiers effets de l'alcool produisant une excitation des facultés intellectuelles, nombre de gens, artistes, hommes de lettres, professeurs, savants, etc., tous ceux qui vivent du travail du cerveau, croient trouver dans l'alcool un stimulant heureux pour la production d'œuvres souven*. remarquables. Aussi se laissent-ils aller volontiers à la terrible accoutumance des liqueurs alcooliques. — Mais bientôt la difficulté du travail succède à l'énergie des premières conceptions, et le joug pesant de la stupeur ébrieuse remplace l'essor de l'esprit, l'enthousiasme et le génie. L'alcoolisme est le grand générateur des déclassés et des avortés.

18° Influence de l'alcoolisme sur la misère et la prostitution. — Cet arrêt dans la force physique, morale et intellectuelle, cette diminution du travail et des salaires, ne tarde pas à entraîner la misère de l'homme la pauvreté de la famille, l'imitation du vice ou la suggestion du mauvais exemple chez la femme et l'enfant, qui se trouvent ainsi naturellement conduits à la déchéance ultime : la prostitution.

19° Influence de l'alcoolisme sur la criminalité. — L'alcoolisme est surtout en relation étroite de cause à effet avec la criminalité. Chez les gens adonnés aux boissons alcooliques, chez les fils d'alcooliques, chez tous ces gens à circulation cérébrale imparfaite, à développement intellectuel insuffisant ou déprimé, la volonté est pervertie, les facultés morales s'émoussent et disparaissent. Il y a une tendance simultanée aux plus mauvais penchants et aux excès. Plus encore que la pauvreté, la paresse, que la misère, que la prostitution, l'alcoolisme est la grande école du mal.

A. *Délits et crimes proprement dits*. — En Angleterre, une Commission nommée en 1834 par le Parlement, à l'effet d'étudier les conséquences de l'abus des liqueurs enivrantes, terminait ses travaux par cette conclusion que l'augmentation et la diminution de la criminalité varie en proportion directe de l'augmentation et de la diminution de la consommation des boissons spiritueuses.

De 1838 à 1842, sous l'effort d'une propagande vigoureuse organisée par le père Mathews en faveur des Sociétés de Tempérance, la consommation de l'eau-de-vie diminua de 50 p. 100 dans tout le Royaume-Uni, et en même temps le chiffre des délits graves descendit de 64,820 à 47,027. Au lieu de 50 exécutions capitales qu'il y avait eu des les quatre années précédentes, il n'y en eut qu'une dans toute cette période.

En Suède, de 1830 à 1834, la consommation des boissons alcooliques diminue dans des proportions considérables et en même temps des viols tombe de 12 à 1 ; celui des meurtres de 59 à 15, celui des agressions de 8,353 à 2,010 ; celui des querelles entre personnes mariées de 98 à 27 ; celui des vols de 7,588 à 4,302.

Ces chiffres ont assurément leur éloquence, mais ce n'est pas tout, car les preuves abondent en pareille matière.

En France, pendant la période de 1816 à 1829, sur 1,129 meurtres commis, 446 proviennent de disputes et de querelles dans les cabarets.

En Belgique, sur 3,651 condamnés qui se trouvaient en prison la même année, il y avait 1,080 alcooliques, c'est-à-dire 27 p. 100 des détenus;

En Hollande, le Président des Associations de tempérance déclare que son expérience personnelle lui a appris que 75 à 80 p. 100 des crimes sont commis sous l'influence de l'alcool.

En Allemagne, sur 32,837 détenus hommes, on comptait 41 p. 100 de buveurs dont 22 p. 100 d'occasion et 16 p. 100 d'habituels.

Sur 2,796 femmes détenues, on trouvait 18 p. 100 de buveuses, dont 7 p. 100 d'occasion, et 11 p. 100 de buveuses d'habitude.

Sur l'ensemble des buveurs, hommes et femmes réunis, 55,6 p. 100 hommes et 39 p. 100 femmes buvaient à l'occasion ; 46,4 p. 100 hommes et 61 p. 100 femmes étaient des buveurs de profession.

Ce qui prouve, d'une part, que les femmes adonnées aux boissons alcooliques sont plus sujettes que les hommes à l'alcoolisme chronique, et que, d'autre part, au point de vue de la criminalité, l'alcoolisme aigu est tout aussi dangereux que l'alcoolisme chronique.

Nous trouvons dans un très intéressant ouvrage du docteur Peeters, médecin inspecteur de la colonie d'aliénés de Ghesel en Belgique, le tableau ci-joint dressé par l'Allemand Baër, qui donne une assez juste idée de l'influence que l'alcoolisme exerce non seulement sur la genèse de la criminalité, mais aussi sur la nature des délits.

Dans les maisons de force pour hommes

NATURE DES DÉLITS	TOTAL	PARMI EUX SE TROUVAIENT		PARMI LES BUVEURS ON COMPTAIT			
		Buveurs	Pour cent	Buveurs d'occasion	Pour cent	Buveurs habituels	Pour cent
Meurtre	514	237	46 1	139	58 6	98	41 4
Homicide.	348	220	63 2	129	58 6	91	41 4
Tentative d'homicide .	252	128	50 8	78	60 9	50	39 1
Vol avec agression et vol sur la voie publique.	898	618	68 8	353	57 1	265	42 9
Vol	10 033	5 212	51 9	2 513	48 2	2 699	51 8
Blessure	773	575	74 5	418	72 7	157	27 3
Incendie	804	383	47 6	184	48 0	199	52 0
Parjure.	590	157	26 6	82	52 2	75	47 8
Impudicité, viol	954	575	60 2	352	61 2	223	38 8
Délits divers	1 689	712	42 2	358	50 2	354	49 8

Prisons ordinaires pour hommes

NATURE DES DÉLITS	TOTAL	PARMI EUX SE TROUVAIENT		PARMI LES BUVEURS ON COMPTAIT			
		Buveurs	Pour cent	Buveurs d'occasion	Pour cent	Buveurs habituels	Pour cent
Vol.	3 282	1 048	32 0	666	63 5	382	36 5
Blessures.	1 130	716	63 4	581	81 1	135	18 9
Vol avec agression. . .	48	28	58 3	16	57 »	12	43 0
Résistance aux autorités	652	499	70 5	445	89 »	54	11 0
Rupture de la paix du ménage	411	223	54 2	210	94 2	13	5 8
Atteinte à la moralité .	200	154	77 0	113	73 3	41	26 7
Tromperie, faux, détournement	786	194	24 7	111	57 2	83	42 8
Rebellion, atteinte à la paix publique . . .	34	18	52 9	12	66 6	6	33 3
Incendies.	23	23	48 0	5	45 4	6	54 6
Délits divers.	826	433	52 4	306	70 7	127	29 3

Ce tableau prouve, en outre, que les attentats contre les personnes sont plus fréquents que les attentats contre les choses, sous l'influence de l'alcoolisme.

B. Influence de l'alcoolisme sur les récidives. — Enfin l'alcoolisme exerce une influence incontestable sur les récidives des délits et des crimes.

Le docteur Baër affirme que chez les criminels qui ont commis un crime en état d'ivresse, la rechute est plus fréquente pour les criminels ordinaires qui peuvent continuer à s'adonner dans une certaine mesure aux alcools que pour ceux qui sont enfermés dans les maisons de force.

La proportion des récidives chez les ivrognes femmes est également plus élevée que chez les hommes.

20° Influence de l'alcoolisme sur la responsabilité. — Nous avons vu quelles analogies étroites existent entre l'alcoolisme et la folie. Ces deux maladies ne diffèrent souvent l'une de l'autre que par leur étiologie et la rapidité plus ou moins grande de leur évolution.

Le libre arbitre étant supprimé totalement ou partiellement, il s'ensuit que la vraie responsabilité n'existe pas plus pour l'alcoolique que pour l'aliéné car, à un moment donné, ni l'un ni l'autre ne sont maîtres absolus de leurs déterminations ; à un moment donné, l'un et l'autre obéissent à des impulsions.

Et ici nous n'entendons point nous placer au point de vue du criminaliste, et discuter la question de savoir si les actes de l'alcoolique constituent des délits et des crimes qui doivent être punis, ou s'ils ne sont que des manifestations dangereuses contre lesquelles la société a le devoir de se défendre et de se prémunir.

Nous voulons tout simplement fixer l'attention sur le rôle que l'absence de domination sur lui-même fait jouer à l'alcoolique dans le milieu social.

Que l'ivresse soit volontaire ou involontaire, accidentelle ou préméditée, habituelle ou passagère, que l'alcoolique doive ou ne doive pas tomber sous le coup d'une pénalité, l'homme qui s'est soumis de lui-même ou qui a été soumis malgré lui aux troubles intellectuels et physiques de l'alcoolisme, n'est plus son maître. Et cette perversion des sentiments de l'alcoolique est telle que les auteurs ont trouvé des expressions spéciales pour les caractériser. Clarus décrit la dégénérescence ébrieuse des mœurs et du caractère (*inhumanitas ebriosa*), l'altération des qualités affectives (*ferocitas ebriosa*), l'abattement maladif (*morositas ebriosa*). Ajoutez à cela l'impulsion et vous verrez accomplir des actes dans lesquels la volonté n'entre pas du tout, ou n'entre que partiellement. L'alcoolique est devenu *non sui compos, alienus a se*. C'est donc toujours un aliéné dans le véritable sens du mot.

21° Influence de l'alcoolisme sur les charges de l'Etat. — Non seulement l'alcoolique est un danger perpétuel pour l'ordre social, mais encore la société en ne s'opposant pas suffisamment à l'extension de l'ivrognerie, tend à augmenter ses dépenses et ses frais généraux. L'Etat, par la perte que lui fait subir la diminution du travail national, par l'élévation des frais de justice criminelle, l'entretien des prisonniers et des déportés, la relégation des récidivistes, les sommes énormes consacrées aux pauvres, aux hôpitaux, aux hospices, aux asiles d'aliénés, rembourse largement l'argent que lui rapporte l'impôt sur les boissons fortes et les patentes des cabaretiers.

22° Influence de l'alcoolisme sur l'ensemble social. — Ce qu'il y a de très grave dans l'alcoolisme social dont nous venons de décrire les principales modalités, ce qu'il y a de particulièrement redoutable dans l'intoxication par les différents alcools, par les alcools d'industrie, c'est que leurs effets s'ajoutent les uns aux autres et se compliquent ainsi mutuellement.

Prenez, par exemple, un ivrogne de profession, un de ces forts buveurs de bière (*beertotaller*, comme disent les Anglais), qui s'adonne en même temps avec excès à toutes les autres boissons alcooliques. Cet homme-là pourra être à la fois un propylique, un butylique, un amylique, avoir le cœur et le système nerveux pris ; s'il a des enfants, les uns pourront être idiots et les autres voleurs.

Prenez un paralytique général amylique ou absinthique, non seulement son existence s'achèvera dans la folie, mais ses enfants pourront être phtisiques, buveurs de profession, épileptiques. C'est une véritable gamme ascendante que constituent ainsi les variétés de l'alcoolisme.

Une nation dégénère vite quand un mal aussi subtil la pénètre profondément.

Sa population diminue et devient rachitique. La taille de ses conscrits s'abaisse, ses contingents militaires deviennent insuffisants, son aptitude et ses vertus guerrières s'affaiblissent. En même temps, le travail national diminue, car l'ouvrier perd son intelligence, sa résistance, sa force ; le plus clair de ses salaires va au cabaret ; la paresse et la misère l'achèvent.

Le capital intellectuel s'amoindrit parallèlement, car l'homme de sciences, l'industriel, l'écrivain, le penseur, l'homme d'affaires sont déprimés, arrêtés même dans leur production cérébrale.

Le paupérisme s'accroît et les hôpitaux se remplissent.

Que peut devenir un peuple dont un grand nombre de ses membres s'expose volontairement aux dangers les plus irrémédiables et dont la descendance est tellement menacée que le souhait le plus heureux que l'on puisse formuler pour elle, c'est qu'elle n'existe pas !

Que peut devenir un peuple dont l'énergie disparaît, dont l'intelligence s'obscurcit, dont le génie s'éteint et qui présente comme les alcooliques eux-mêmes le double caractère d'infantilisme et de sénilité ?

Ne mériterait-il pas la sanglante injure dont le Prussien Virchow a essayé de nous flétrir en un jour d'expansion injuste et haineuse, quand il a dit que la folie paralytique était la maladie nationale des Français ?

Un tel peuple serait à la merci de peuples plus forts. Il est temps d'aviser. Ce que la science et le patriotisme de l'illustre Magnus Huss ont fait pour la Suède, il faut que la volonté et le patriotisme du législateur le fassent pour la France.

CHAPITRE III. — *Pertes que les alcools d'industrie font subir au Trésor par la fraude qu'il occasionnent.*

Les alcools d'industrie ne sont pas seulement un danger pour la santé et la moralité publiques. Leur fabrication et leur circulation sont encore un objet de pertes peut-être incalculables pour le Trésor public, à cause de la fraude dont ils sont un des principaux moyens.

§ 1er. — ORIGINES DE LA FRAUDE

Cette fraude s'exerce surtout par les distilleries clandestines, par la distillation des cidres et poirés, par le privilège des bouilleurs de cru, par le vinage des vins soit à l'intérieur du pays, soit à la frontière.

Fraudes par les distilleries clandestines. — Les distilleries agricoles favorisent la fraude, d'abord par le grand nombre de ces usines qui sont clandestines ou établies sous le couvert d'exploitation agricole et dont les produits échappent totalement à l'impôt.

Il arrive bien souvent que, sous prétexte d'acheter des grains pour les bestiaux, sous prétexte de traiter certaines substances, les drèches, par exemple, en vue de les transformer en engrais, des distillateurs fabriquent réellement de l'alcool qui est vendu au commerce.

D'autre part, les établissements qui fonctionnent au grand jour se livrent à des opérations tellement imparfaites qu'elles ne fournissent en réalité que des flegmes et des alcools de qualité tout à fait infime.

La plupart de ces alcools sont concentrés sur certains points du territoire, où ils arrivent sous le nom d'alcools de bourse et en filière. Ils sont vendus pour le mouillage des vins, ou ils entrent dans la composition de certaines liqueurs.

Fraude par distillation des cidres et poirés. — Pour les cidres, il ressort d'un travail très consciencieux de M. Luzet, que la fraude porte au moins sur 500.000 hectolitres, savoir : 1° sur tout l'excédent de production qui, pour une cause ou pour une autre, n'a pas été vendue ; 2° sur la totalité des poirés dont l'absence de qualités marchandes empêche l'entrée dans la consommation générale; 3° sur les petits cidres dont la production dépasse la consommation ; 4° enfin sur les lies et sur les soutirages que l'on envoie en totalité à l'alambic.

D'après M. Luzet, l'État ferait ainsi une perte sèche de plus de 80 millions par an.

Fraude par suite du privilège des bouilleurs de cru. — Il est assez difficile de calculer la fraude qu'abrite le privilège des bouilleurs de cru : l'exercice n'existant pas pour eux, nous n'avons point de constatations officielles qui permettent de l'asseoir sur des données absolument précises.

D'après le projet de budget présenté le 16 mars 1886 par M. Sadi Carnot, la suppression du privilège devait donner une plus-value de 20 millions. — La commission du budget de cette même année, allant plus loin dans la réforme, supprimait aux bouilleurs de cru les 25 litres que leur laissait encore en franchise le projet ministériel, et portait cette plus-value à 30 ou 40 millions.—M. Claude, dans son rapport sur *la consommation de l'alcool en France*, l'estime à une douzaine de millions au plus.

Mais cet excédent de recettes que verserait au Trésor ce seul fait de la suppression du privilège n'est rien si on le compare au bénéfice qu'apporterait la suppression de la fraude dont il est l'occasion.

M. Bardy, chef du laboratoire des contributions indirectes, déclare cette fraude considérable. M. le docteur Lunier l'évalue au cinquième de la production totale de l'alcool en France. M Luzet va plus loin et l'égale aux trois quarts. Enfin quelques-uns la disent de 100 pour 100.

Ce qu'il y a de certain, c'est qu'en 1875, les quantités soumises à l'impôt étaient de 1.430.309 hectolitres. Intervient la .loi du 17 décembre 1875 qui rétablit le privilège, et le service ne constate plus que 1.049.238 hectolitres. Différence 381.071 hectolitres, s'élevant probablement à l'heure actuelle à 500.000 et qui sont absolument affranchis de l'impôt.

Fraude par le vinage des vins. — La fraude s'exerce encore par le vinage des vins.

1° *A l'intérieur du pays.* — On vine, en effet, au moyen d'eaux-de-vie de toute provenance. Les droits n'étant perçus que sur l'alcool pur, il est évident que le commerçant trouve son intérêt à employer des alcools d'industrie qui ne lui coûtent que 41 à 45 francs, tandis que les alcools rectifiés lui reviendraient à 65 ou 75 francs.

On ne passe d'ailleurs généralement par le vinage que pour arriver au mouillage, qui se pratique à Paris de la façon suivante : on ajoute à beaucoup d'eau du glucose du commerce et de la piquette de raisin sec, on perfectionne le tout avec des flegmes. Le raisin sec entre en franchise, et il suffit de 25 kilogrammes pour fabriquer un hectolitre de vin. C'est, on le voit, une boisson des plus antihygiéniques, qui renferme de l'acide sulfurique, de l'acide chlorhydrique, des traces d'arsenic à l'état de sels de chaux, de soude et de magnésie. Etonnez-vous, après cela, que ce breuvage vole le Trésor et occasionne la diarrhée.

2° A la frontière. — La plus désastreuse des fraudes se pratique à la frontière au moyen des alcools allemands.

On sait que les pays septentrionaux de l'Allemagne sont à peu près stériles. Aucune végétation n'y prospère. — Leur population ne peut vivre sur son propre sol ; elle émigre. — Pour remédier au danger que pouvait, à la longue, déterminer un pareil état de choses, nos voisins, avec cet instinct merveilleusement pratique qui les distingue, ont poussé, autant qu'ils ont pu, sur cette terre déshéritée, à la production de la pomme de terre et de la betterave qui, faisant exception aux autres cultures, réussissent très bien dans ces contrées. Adoptant les derniers perfectionnements de l'outillage, ils ont créé des distilleries pour utiliser la plus grande partie de l'énorme rendement qu'ils obtiennent ainsi et qu'ils ne peuvent consommer en nature. De là une surproduction d'alcool dont une partie parfaitement rectifiée est de très bonne qualité et se vend cher, mais dont l'autre partie très inférieure est d'un très bas prix de revient et se vend par conséquent à vil prix.

Ces mauvais alcools de pommes de terre et de betteraves sont des composés d'alcools toxiques au dernier degré. Les Allemands en inondent l'Italie, l'Espagne et le Portugal. Ces pays les emploient à suralcooliser leurs vins.

Par exemple, dans ces pays, le vin naturel cote 10 et 12 degrés ; il est ramené à 6 degrés par addition d'eau. Pour obtenir les 16 degrés permis par nos tarifs douaniers, on complète par des flegmes allemands.

Ainsi transformés, ces vins entrent chez nous, n'ayant à acquitter d'autres droits que les droits de douane sur les vins et viennent presque en franchise faire une concurrence déloyale à nos produits vinicoles indigènes.

Cette concurrence est d'autant plus redoutable que les eaux-de-vie reçoivent en Allemagne une prime d'exportation, pourvu qu'elles aient une force d'au moins 35 degrés à l'alcoomètre de Tralles et que la quantité exportée soit de cinquante litres au moins.

Cette prime d'exportation ou drawback vient même d'être triplée par une loi récente du Reichstag, ce qui a excité en France une émotion vive et parfaitement fondée.

En effet, pour l'Espagne seule, l'importation des alcools allemands a été en 1878 de 71.000 hectolitres et en 1882, elle a été de 330.000 hectolitres. Or, cette importation en Espagne des alcools allemands suit exactement les oscillations de l'importation en France des vins espagnols, importation qui est passée de 946.000 hectolitres en 1878, à 6.500.000 hectolitres en 1882.

Qu'est devenue cette importation en 1886, avec le perfectionnement de l'outillage allemand? Qu'est-elle devenue avec la fraude qui a redoublé d'intensité pour l'Allemagne même, ne fût-ce que celle qui se fait au moyen des alambics à double issue sous l'estampille et la jauge de l'administration?

Qu'est-elle devenue avec la puissance commerciale intense que produit sur toute l'étendue de l'empire la concentration de cette branche de la production agricole et industrielle allemande entre les mains de deux ou trois grands propriétaires et agioteurs tels que MM. de Bismarck, de Hohenlohe et de Rothschild?

Que sera-t-elle demain avec cette politique d'exportation à outrance à l'aide de laquelle nos ennemis héréditaires espèrent envahir et accaparer nos marchés pour anéantir plus sûrement notre industrie?

§ 2. — ÉVALUATION DE LA TOTALITÉ DE LA FRAUDE

Quelle qu'en soit l'origine, la fraude qu'on fait sur la totalité des alcools est immense. Si l'on compare la consommation de l'alcool en France pendant l'exercice 1881 à celle de l'année 1885, on constate dans certains départements et dans certaines recettes un affaiblissement. Ce sont les départements du Nord, voisins de la Belgique, ou bien les départements du Nord-Ouest.

Or, la consommation de l'alcool augmente avec la latitude ; la Belgique consomme plus d'alcool que nos départements limitrophes. Dans la plupart de ces départements l'alcoolisme est plus intense qu'ailleurs et y règne en maître. Dans un très grand nombre de ces pays, les récoltes ont été d'une abondance quasi-miraculeuse pendant les années 1884 et 1885.

On est bien obligé de conclure que la contrebande et la fraude sont les causes de cet affaiblissement apparent. Où serait allé l'excès de production qui dépasse dans des proportions énormes l'exportation et même les besoins de la consommation ? Où, si ce n'est à l'alambic clandestin, au grand détriment du Trésor dont les recettes ont fléchi ?

En 1856, la production d'alcool de vin était d'environ 11 à 12 millions d'hectolitres. — Depuis cette époque, le phylloxera a détruit un million d'hectares de vignes. Présentement la fabrication d'eau-de-vie de vin est de 15.000 hectolitres au plus, tandis que la production totale d'alcool est de 3 millions d'hectolitres, sur lesquels 1.500.000 seulement acquittent des droits.

3 millions d'hectolitres d'alcools plus ou moins toxiques versés dans l'alimentation, voilà pour la santé publique.

1.800.000 hectolitres soustraits à l'impôt, voilà pour les finances publiques.

Tel est l'acte d'accusation contre les alcools toxiques, c'est-à-dire autres que l'alcool éthylique ou vinique.

CHAPITRE IV. — *De l'alcool éthylique*

§ 1er. — PROPRIÉTÉS DE L'ALCOOL ÉTHYLIQUE.

L'alcool éthylique ou vinique a pour formule $C^2 H^6 O$.

C'est un liquide fluide, incolore, d'une odeur enivrante, d'un goût chaud et doux à la fois.

Il ne congèle pas, mais il devient visqueux à la température de 80°.

Sa densité est de 0,8095 à 0° et de 0,7963 à 15°.

Sa chaleur spécifique à 20° est de 0,60.

Sa formation dégage 70,5 calories.

L'alcool éthylique entre en ébullition a 78°,4 sous la pression de 760 millimètres.

Les mélanges d'eau et d'alcool éthylique entrent en ébullition à des températures fixes et avec des compositions constantes pour chacune des pressions sous lesquelles on essaye de les distiller et la distillation fractionnée ne suffit pas à séparer de ces liqueurs l'alcool absolu.

Les vapeurs d'alcool éthylique résistent sans se décomposer jusqu'au rouge sombre. Au-dessus du rouge sombre, elles donnent de l'éthylène, de l'eau, de l'hydrogène, de l'acéthylène et de l'aldéhyde.

Par conséquent il ne faut jamais chauffer l'alcool au-dessus de cette température, si l'on ne veut pas s'exposer à obtenir des produits qui peuvent être toxiques.

A température plus basse l'alcool éthylique peut également donner des produits toxiques. Car il est alors accessible à l'action de l'oxygène et produit sous son influence deux dérivés réguliers : l'aldéhyde et l'acide acétique.

Il faut donc toujours se tenir au cours des distillations à une température moyenne.

§ 2. — ORIGINES DE L'ALCOOL ÉTHYLIQUE

L'alcool éthylique est toujours produit en grand par la distillation des liqueurs fermentées : vin, bière, cidre, vin de dattes, vin de palmier, koumys, etc. Il en existe également une certaine quantité dans quelques fruits (pommes, poires, etc.), dans un grand nombre de moisissures, soit à l'état libre, soit à l'état d'éther. En somme, il se dégage de tous les jus sucrés, sous l'action spécifique de certains micro-organismes appelés ferments ou bacilles (1), qui ont la propriété mystérieuse de transformer certains sucres en acide carbonique et en alcool.

Dans une liqueur ainsi transformée par le ferment, l'alcool remplace peu à peu le sucre, en même temps qu'il se dégage tumultueusement d'abord, lentement ensuite, de l'acide carbonique.

On sépare après cela, par la distillation, l'alcool mélangé de plus ou moins d'eau, et on l'obtient anhydre ainsi que nous l'avons déjà dit plusieurs fois, en l'additionnant de substances qui s'emparent de la totalité de l'eau (1).

§ 3. — Usages industriels de l'alcool éthylique

1° Outre le rôle considérable que joue l'alcool éthylique dans l'alimentation en servant de base à la plupart des boissons hygiéniques, ce corps a également des usages industriels de la plus haute importance.

C'est un précieux dissolvant.

Les alcalis caustiques, les acides minéraux, les bromures, les chlorures, les iodures et quelques nitrates sont très solubles dans l'alcool éthylique.

L'alcool éthylique dissout encore le brome, l'iode, un peu le phosphore et le soufre.

Un litre d'alcool éthylique dissout 123 centimètres cubes d'azote, 284 d'oxygène, 3.500 d'acide carbonique.

Il est le dissolvant ordinaire des essences, des résines, des acides gras.

Il dissout les camphres, la chlorophylle, une foule de matières colorantes naturelles, les alcaloïdes.

Quand il est absolu, il se mêle, sans les dissoudre, avec les essences et un certain nombre d'hydrocarbures.

2° Non seulement l'alcool éthylique est un puissant auxiliaire du chimiste, pour la préparation des éthers, l'extraction des alcaloïdes, la préparation de la potasse dite à l'alcool, mais il entre en outre comme élément prépondérant dans l'industrie du parfumeur et du confiseur.

Il entre dans la composition des vernis et des siccatifs et devient par conséquent indispensable pour l'industrie des couleurs et de la peinture.

Dans l'industrie, il sert à fabriquer le vinaigre, à lustrer les bougies stéariques, à confectionner le savon diaphane.

1. Outre les ferments alcooliques, que nous avons énumérés pages 5 et 6, nous devons mentionner également le *bacillus subtilis*, qu'on rencontre surtout dans les infusions de foin.

Toutes ces levures vivent soit à l'air, soit à l'abri de l'air ; toutes jouissent de la propriété de dédoubler le sucre en acide carbonique et en alcool, en même temps que de la faculté de former aux dépens des sucres fermentescibles une petite quantité de glycérine et d'acide succinique, qu'on rencontre dans toute liqueur fermentée (Gautier, *chim. org.*).

2. L'alcool éthylique se dissout dans l'eau et s'unit intimement à elle. Cette union produit une véritable contraction avec échauffement de la masse alcoolisée et dégagement de bulles de l'air provenant de l'eau et de l'alcool et qui est moins soluble dans le mélange que dans chaque liquide séparé.

Quand on emploie pour ce mélange, au lieu d'eau de rivière, une eau minéralisée, les sels dissous se précipitent, grâce à leur solubilité moins grande dans le mélange que dans l'eau.

Quoique fort soluble dans l'eau, l'alcool s'en dégage lentement. A l'air les solutions alcooliques s'éventent. Voilà pourquoi il y a toujours plus d'alcool dans le haut d'une barrique que dans le bas et voilà pourquoi aussi on doit toujours rouler un fût d'eau-de-vie avant d'en prendre le titre alcoolique.

3° C'est encore un des véhicules les plus habituellement employés dans les préparations pharmaceutiques pour la préparation de l'eau de Cologne, des teintures et extraits alcooliques.

§ 4. — USAGES MÉDICAUX DE L'ALCOOL ÉTHYLIQUE.

Enfin ses usages médicaux sont des plus précieux.

Usage interne.

1° Au point de vue diététique, l'alcool éthylique est un véritable aliment.

Le grand chimiste Liebig le considérait autrefois comme un aliment respiratoire, parce qu'il le croyait destiné à être comburé (comme toutes les substances sans azote), dans l'économie et à lui fournir la chaleur dont elle a besoin. On était persuadé à son époque que l'alcool ingéré était brûlé tout entier dans les tissus et qu'il donnait, en se décomposant, de l'acide carbonique et de l'eau.

Mais depuis les remarquables travaux des savants français Lallemand, Perrin, Du Roi, cette théorie de l'alcool aliment respiratoire n'est plus admise par personne.

Complétées et rectifiées par Baudot en France, par Anstie en Angleterre, par Schulinus en Allemagne, les recherches des auteurs que nous venons de citer ont contribué à établir que tout l'alcool absorbé n'est pas décomposé dans l'économie et que tout l'alcool n'est pas éliminé en nature. Une partie est éliminée par les reins, les poumons et la peau. Une partie s'oxyde aux dépens de l'oxygène du sang, dont l'économie a besoin pour les combustions internes et pour la production de la chaleur animale.

De là un ralentissement dans les combustions qui se passent dans la trame intime des tissus. Ce ralentissement dans les combustions se traduit par un abaissement de la température du corps, une exhalation moindre d'acide carbonique par les poumons et l'accumulation de la graisse dans les tissus.

L'alcool éthylique est donc, non pas un aliment respiratoire, mais un aliment d'épargne.

Il ralentit la destruction des matériaux de la nutrition. C'est un frein à la rapidité de la formation des déchets dans l'organisme.

Ainsi l'ouvrier qui le matin, avant son travail, prend un petit verre d'alcool, se nourrit, en ce sens qu'il diminue ses pertes. Pris à dose très modérée, l'alcool éthylique, l'alcool hygiénique, loin de lui être nuisible, lui est utile, au contraire.

2° Les propriétés que nous venons d'attribuer à l'alcool éthylique ont été utilisées en médecine.

Nous avons déjà vu que l'ingestion de l'alcool à de très petites doses avait pour résultat d'activer la circulation du sang et d'augmenter légèrement la température. C'est pourquoi l'on peut se servir de l'alcool éthylique à faible dose comme excitant diffusible pour ranimer les forces momentanément éteintes, relever la température et réchauffer le corps.

Mais comme à doses plus élevées prises même dans une mesure relativement restreinte, il ralentit la combustion et abaisse considérablement la température du corps, on l'emploie avec succès en thérapeutique à doses presque massives pour combattre la fièvre. C'est un excellent antipyrétique. L'action énergique de l'alcool dans le traitement de la pneumonie est connue de tous et absolument vulgarisée. L'alcool éthylique dans ce cas, en abaissant la température, en retardant les combustions générales et en particulier la combustion pulmonaire, produit un peu le même effet que la saignée.

Usage externe.

L'alcool appliqué sur la peau saine détermine une sensation de froid due à son évaporation rapide.

A la longue, il exerce une action astringente, qui se manifeste par la pâleur, le refroidissement, l'engourdissement de la sensibilité, la diminution des secrétions, la réduction de volume. De là son utilisation pour combattre les inflammations locales, les phlegmons.

Appliqué sur une plaie, son action est très remarquable. Elle diminue la suppuration, donne aux bourgeons charnus un aspect de bonne nature ; dans les suppurations profondes, elle tarit la sécrétion purulente et favorise le recollement des clapiers. Ces faits ont été parfaitement établis par Gaulejac et Audhoui.

§ 5. — L'ALCOOL ÉTHYLIQUE EST-IL DANGEREUX?

Au milieu de cette bande de criminels qu'on appelle alcools d'industrie et dont nous avons parlé, l'alcool éthylique est-il coupable par lui-même ou l'est-il seulement par ses complices?

Aussi dangereux que les autres, disent les membres de Sociétés de Tempérance, les « abstainers » anglais et américains qui trouvent que la tempérance est un leurre et qui prêchent l'abstinence complète. Et leur propagande a été si active que, dans l'état du Maine aux Etats-Unis, par exemple, la vente de l'alcool est absolument interdite, autrement que sur une ordonnance de médecin.

Mais d'autres, défenseurs éloquents et convaincus de l'alcool éthylique sont venus proclamer son innocence et réclamer un acquittement complet. D'après eux, l'alcool éthylique est absolument inoffensif.

Cette affirmation est trop absolue et par cela même inexacte. La vérité, la voici :

A doses plus fortes que les autres alcools, l'alcool éthylique serait lui aussi un poison susceptible de produire les accidents de l'alcoolisme.

Mais, comme il n'aurait d'effets nocifs qu'à des doses tellement élevées qu'elles ne pourraient généralement pas être absorbées, on peut le considérer en fait comme sans nocivité. Ce serait seulement par son mélange avec d'autres composés de sa série qu'il deviendrait dangereux.

Au surplus, il contribuerait pour sa part à une grande partie des revenus du Trésor. Aurait-on le droit de le traiter en ennemi ?

Enfin, dans le pays où le phylloxera a totalement détruit la vigne, et réduit quelquefois de plus de moitié des fortunes particulières, la distillation des fruits de toute sorte permet de reconstituer des ressources depuis longtemps disparues. Dans une excellente brochure publiée cette année même, M. Gagnaire, de Bergerac, a exposé comment, après les avoir fait fermenter séparément, on pourrait distiller ensuite tout ensemble les produits sucrés d'une ferme, d'un verger, produits qui se perdent habituellement ou qui sont envoyés avec un mince profit aux porcheries. Il est bien évident que le résultat bien rectifié de cette distillation donnerait une eau-de-vie excellente et de réels bénéfices aux propriétaires.

D'autre part, dans certaines industries, la parfumerie par exemple, l'industrie des couleurs, la fabrication des feutres, la chapellerie, on peut employer sans danger les alcools d'industrie. Les alcools mauvais goût peuvent parfaitement être usités pour la conservation des animaux et des pièces anatomiques, comme moyen de chauffage dans les laboratoires et l'économie domestique, pour préparer les solutions de carbones d'hydrogène et obtenir l'hydrogène liquide propre à l'éclairage.

L'essentiel est de bannir ces derniers de la consommation alimentaire.

De là, la nécessité absolue, l'obligation étroite qui s'impose au législateur de bien distinguer les différentes variétés d'alcool, pour confiner ces derniers dans le domaine des manipulations sans danger pour la santé publique et de réserver l'alcool éthylique à l'alimentation.

§ 6. — RECTIFICATION DES ALCOOLS

L'alcool éthylique étant salutaire, il devient indispensable de le séparer des alcools malsains.

On doit se demander d'abord, s'il est possible de rectifier tous les alcools, quelles que soient leur composition, leur provenance, leur impureté.

La réponse n'est pas douteuse. Elle est affirmative à quelques centièmes près. C'est l'opinion émise par les spécialistes entendus par la Commission d'enquête du Sénat et elle nous a été personnellement confirmée par M. Berthelot.

Nous avons déjà vu qu'on obtenait, à l'aide de certains ferments, des alcools éthyliques presque purs, sans rectification.

La température d'ébullition, la pesanteur spécifique, la quantité de carbone qu'ils renferment, variant pour les différents alcools, on sait que les alcools de la série passent en s'enchevêtrant les uns dans les autres, par suite de l'entraînement mécanique de leur particules, mais qu'ils passent tous au commencement ou à la fin de la distillation, sauf l'alcool éthylique qui distille dans la partie médiane de l'opération.

On conçoit dès lors qu'après une série de distillations bien conduites, suffisamment répétées, reprenant plusieurs fois les flegmes, on finisse par obtenir exclusivement de l'alcool éthylique.

Dans l'industrie, on pratique la distillation des liqueurs fermentées dans des appareils fort compliqués dits à colonnes et à plateaux.

La liqueur alcoolique arrive froide par le haut de l'appareil dans un récipient qui contient le serpentin destiné à condenser les vapeurs alcooliques.

Elle entoure le serpentin, le refroidit, puis s'échauffe elle-même. Elle monte dans la partie supérieure de l'appareil rectificateur, au haut de la colonne distillatoire, tombe en cascade sur une série de plateaux successifs, jusque dans la chaudière en contact avec le feu.

Là, elle entre en ébullition et procédant en sens contraire de l'arrivée du liquide à distiller, les vapeurs d'alcool et d'eau dégagées dans la chaudière, remontent en parcourant dans la colonne distillatoire la série des plateaux, y rencontrent le liquide initial, l'échauffent, lui abandonnent par condensation une partie de leur eau, s'échauffent de plus en plus par le fait de cette cession d'eau et vont jusqu'en haut de la colonne gagner le serpentin où elles se condensent définitivement.

L'alcool éthylique, marquant 100° alcoométriques à la température, 15°5, on ramènerait ainsi tous les autres alcools à 95° ou même à 97°.

Il est, du reste, excessivement rare de trouver dans le commerce de l'alcool à 99° (1).

La rectification des alcools est d'autant plus facile à obtenir qu'on opère sur de grandes masses, dans des usines spécialement destinées à cet usage et bien organisées, comme il en existe en Allemagne.

En France, nous le constatons avec regret, il n'en est pas ainsi. L'ou-

---

1. Depuis que le présent rapport a été lu à la commission, M. Grandeau a publié dans le journal le *Temps*, une série d'articles fort intéressants dans lesquels il démontre que l'on peut faire avec les flegmes les plus impurs de l'alcool entièrement pur, c'est-à-dire de l'alcool éthylique exempt de tout mélange, au moyen du procédé de M. Yvor Bang.

Ce procédé est fondé sur les particularités suivantes :

Les alcools de queue (amylique, isobutyrique, etc., etc.), sont absolument solubles dans les hydrocarbures lourds ou légers (huile ou essence de pétrole), tandis que l'alcool éthylique y est tout à fait insoluble.

Les aldéhydes et autres produits de tête, quoique insolubles dans ces hydrocarbures, y deviennent solubles quand on les a préalablement mis en présence des alcalis.

L'acide sulfurique enlève aux hydrocarbures tenant en dissolution les alcools de queue la totalité de ces alcools.

L'acide sulfurique joint à la potasse et à la soude enlève aux hydrocarbures la totalité des alcools de tête qu'ils contiennent en dissolution.

Il suffirait donc pour rectifier un alcool de prolonger suffisamment l'injection des hydrocarbures dans les flegmes (24, 36 ou 48 heures) suivant le degré d'impureté de ces derniers pour arriver à l'enlèvement complet de tous les alcools impurs de tête et de queue.

Avec 100 litres d'alcool impur, on pourrait, ainsi extraire 97 litres d'alcool éthylique totalement pur. Les 3 0/0 manquant représenteraient le déchet inévitable dans tout traitement industriel sur une grande échelle.

La distillation des flegmes ainsi débarrassés de leur impureté, s'effectuerait dans les appareils ordinaires.

D'après M. Grandeau, le problème de la rectification des alcools serait ainsi résolu.

tillage de nos distilleries est encore malheureusement trop défectueux ou trop rudimentaire. Cependant on signale la constitution de syndicats de distillateurs et même de bouilleurs, en vue de créer de grandes usines de rectification dans les conditions les plus modernes et les plus parfaites.

§ 7. — MOYENS DE RECONNAITRE DANS LES SPIRITUEUX DU COMMERCE LES DIFFÉRENTS ALCOOLS D'INDUSTRIE

La question que nous avons maintenant à nous poser est de savoir s'il est possible de distinguer, dans un mélange d'alcools, chacun des types de la série.

Nombreux sont les moyens que l'on a préconisés pour distinguer dans une boisson alcoolique les différentes variétés d'alcool. Mais aucun d'eux n'est appliqué, ni même connu en dehors des laboratoires.

A. — Quelques-uns que l'on pourrait appeler procédés partiels, servent à la recherche de certains alcools et sont impropres à déterminer les autres.

Recherche de l'alcool méthylique.

La recherche de l'alcool méthylique dans les spiritueux du commerce peut se faire de différentes manières :

1° Le docteur Ure traitant un alcool par la potasse caustique trouve que l'alcool pur reste incolore, tandis que les alcools impurs, notamment l'alcool méthylique, donnent une teinte brune caractéristique ;

2° L'acide sulfurique et le sel marin mis en présence d'un alcool d'essai engendrent dans ce mélange l'éther éthylchlorydrique qui est condensable et l'éther méthylchlorhydrique qui reste gazeux (Baudrimont, ouvrage cité) ;

3° Le procédé de Reynoldi est fondé sur la solubité de l'oxyde de mercure dans l'acétone qui accompagne toujours l'alcool méthylique ;

4° Celui de Fuchs est fondé sur la solubité de l'iodure de tetramercurammonium dans l'esprit de bois lui-même ;

5° Portes et Ruyson obtiennent le même résultat avec le nitrate de mercure et le molybdate d'ammoniaque ;

6° Antonin Gaspard décèle l'alcool méthylique au moyen de la propriété que possède ce corps de former de l'iodoforme en présence du biodure de potassium ;

7° Viennent à la suite les procédés plus compliqués de Caillot de Poncy, de Cazeneuve et Colton, de Riche et Bardy, de Berthelot, qui se basent tous sur les propriétés chimiques de l'esprit de bois, savoir : les phénomènes qui accompagnent la transformation de cet alcool en éther ; la réduction que sa présence détermine sur certaines substances chimiques ; la couleur violette caractéristique qui le révèle lorsque, après avoir été transformé en éther par l'iodure de phosphore, on le chauffe avec de l'aniline et qu'on décompose avec une solution alcaline le sel ainsi obtenu ; enfin, la différence de solubilité dans l'acide sulfurique et l'eau, des gaz méthylène et éthylène résultant de l'action de l'acide sulfurique concentré sur l'alcool, ce qui permet facilement, par le dosage de l'éthylène insoluble, de reconnaître le méthylène soluble.

Recherche de l'alcool de grains. — Chevalier et Baudrimont ont indiqué plusieurs procédés pour la recherche de l'alcool de grains :

1° Pour s'assurer si un alcool est falsifié avec de l'eau-de-vie de grains, ils en chauffent une certaine quantité de manière à ce qu'elle n'entre pas en ébullition et jusqu'à ce que la vapeur ne s'enflamme plus ; si l'alcool est pur, le résidu présente une légère acidité, une saveur un peu âcre, une odeur douce, analogue à celle du vin cuit ; s'il est falsifié, au contraire, le résidu a une saveur âcre et une odeur empyreumatique désagréable ou une odeur analogue à celle de la farine brûlée ;

2° On reconnaît encore les alcools de maïs et de grains en les mélangeant en parties égales avec de l'acide sulfurique concentré. Le mélange brunit fortement par suite de la carbonisation de la matière huileuse qu'ils contiennent. Ces phénomènes ne se produisent pas avec de l'alcool de vin pur ;

3° Si l'on ajoute du nitrate d'argent avec l'esprit que l'on veut examiner et que l'on expose le tout aux rayons du soleil ou à la lumière diffuse, rien ne se manifeste si l'alcool est pur, mais s'il renferme de l'alcool de grains, le précipité est noir ;

4° On se sert également des procédés de « Molner » et de « Ketzinski » pour découvrir les alcools de grains. Ils consistent dans l'action de l'acide sulfurique sur les alcools distillés avec la potasse ou traités par un savon de soude — cette action décèle l'odeur et le goût de l'alcool de grains.

Recherche de l'alcool de betterave.

1° Cabasse reconnaît l'alcool de betterave au moyen de l'acide sulfurique pur. Cet acide, mélangé avec trois fois son poids de cet alcool, développe une coloration rose très persistante ;

2° Stein place du chlorure de calcium réduit en petits morceaux dans un bocal, et l'humecte avec de l'alcool à examiner. Puis il recouvre d'une plaque de verre, et au bout de quelques heures, le goût de l'alcool de betterave devient manifeste.

Recherche de l'alcool de pommes de terre.

1° Quand l'eau-de-vie de pommes de terre renferme une grande quantité d'alcool amylique, elle devient laiteuse par son mélange avec l'eau ;

2° Gautier, pour retrouver l'alcool amylique dans une eau-de-vie ou une boisson, recommande de distiller partiellement ce breuvage, puis laisse évaporer le résidu sur une assiette. La liqueur qui reste possède une odeur prononcée d'alcool amylique et se trouble par addition d'eau tiède ;

3° Un Anglais, Cros, a indiqué le moyen suivant pour reconnaître l'alcool amylique. Quand un liquide renfermant cet alcool est chauffé en présence de l'acide oxalique, il donne à la fin de la distillation une odeur de punaise ou de cumin très prononcée, qui est due à la production d'éther oxalymique. Est-il chauffé au contraire en présence de l'acide acétique, il donne une odeur très agréable de poire qui distingue l'éther acétamylique.

On pourrait, affirme-t-il, distinguer de cette façon 3 centigrammes d'alcool amylique dans 100 grammes d'alcool ordinaire à 80 degrés ;

4° Richardon recommande un procédé pour lequel il ne faudrait ni réactifs chimiques, ni opérations compliquées :

Du coton imbibé d'alcool méthylique ou d'alcool éthylique ne donne en brûlant aucun dépôt de charbon sur une assiette blanche que l'on tient au-dessus de la flamme.

Avec l'alcool butylique, on obtient une tache légère, une ombre, dit l'auteur.

Avec l'alcool amylique, on a un dépôt épais de carbone ;

5° Jorissen développe la belle coloration rouge un peu fugace, de l'alcool amylique en ajoutant à 10 centimètres cubes d'alcool commercial, contenus dans un tube à essai, 10 gouttes d'aniline, puis 4 à 5 gouttes d'acide chlorhydrique étendu de son volume d'eau, et en agitant le tout ;

6° Cazali, en évaporant un alcool impur sur de l'acétate de soude desséché et traitant le résidu par l'acide sulfurique, développe une odeur très sensible de fraise ou de poire due à la production d'éther amylacétique ;

7° L'alcool additionné de son volume d'éther rectifié et d'un volume d'eau égal à celui du mélange laisse évaporer l'alcool amylique, qui est entraîné par l'évaporation de l'éther ;

8° Bertolli agitant 5 grammes d'alcool d'essai avec 6 à 7 fois son volume d'eau et 15 à 20 gouttes de chloroforme, décantant et chassant le chloroforme par une douce évaporation, reconnaît l'huile de pomme de terre ou alcool amylique à son odeur caractéristique, ou bien en la transformant en acétate d'amyle à l'aide d'acide sulfurique et d'un acétate alcalin. Il prétend ainsi pouvoir reconnaître un demi-millième d'huile de pomme de terre dans un alcool.

B. — *Recherche simultanée des alcools toxiques dans les spiritueux du commerce.*

Tous les procédés que nous venons d'indiquer ne visent que la recherche de certains alcools pris en particulier. Il en est d'autres qui tendent à les séparer tous de l'alcool éthylique.

1° Tel est le procédé de Jacquemard, au moyen de l'azotate de mercure additionné ensuite d'ammoniaque après que le sel a été ramené à son minimum d'oxydation. On obtient ainsi un précipité noir d'autant plus foncé que l'alcool éthylique est en plus grande quantité dans les produits suspects. Cette réaction ne se produirait ni avec l'alcool méthylique, ni avec les alcools supérieurs de la série ;

2° Beaudrimont propose de mélanger le liquide suspect avec quelques cuillerées de nitrate de magnésie en poudre pur et sec ; on chauffe jusqu'à dissolution sans aller jusqu'au dégagement de vapeurs rutilantes ; on verse ensuite goutte à goutte sur une lame de verre le liquide obtenu. L'alcool éthylique donne des pastilles solides, sèches au toucher, se cassant nettement sous l'ongle ; les alcools d'industrie donnent des pastilles molles, mielleuses et adhérentes ;

3° Enumérons encore, pour en finir, les procédés de Bouchardat, de Savalle à l'acide sulfurique et à la potasse ; l'appareil optique de Dupré ; le même employé par Amagat pour les huiles, mais qui ne donnent ni l'un ni l'autre aucun indice de réfraction propre à chaque alcool ; le procédé calorimétrique suédois, qui demande un ensemble de conditions compliqué d'une application difficile et restreinte ; les appareils français de Cail, de Laugier, de Champenon ; l'appareil allemand de Coiffey ; l'appareil capillarimétrique de Traube, dont les résultats rapides et sûrs sont encore à venir ;

4° Château a soumis les différents alcools du commerce à une série de réactifs dont les réactions permettent de distinguer les uns des autres les alcools. Le tableau ci-joint donne les résultats de ce procédé.

5° Enfin nous nous demandons si l'on ne pourrait pas obtenir la diagnose des différents alcools contenus dans les spiritueux du commerce au moyen d'un appareil à distillation fractionnée.

On a vu plus haut que les points d'ébullition des différents alcools ou dérivés alcooliques (tableau du docteur Rabuteau) sont connus, depuis la température d'ébullition de l'aldéhyde (21°) jusqu'à celle de l'acétate d'éthyle (136°), la température d'ébullition de l'alcool éthylique (78°5) étant intermédiaire.

En faisant bouillir un liquide d'essai, dans l'appareil en question, on obligerait les vapeurs qui se forment dans la distillation à passer dans un tube de verre muni d'autant de renflements ovoïdes qu'il peut y avoir d'alcools ou de dérivés à séparer.

Ces renflements ovoïdes portent chacun dans leur étranglement inférieur un petit panier de platine et un tube latéral à déversement.

Ceci décrit, prenons d'abord les mauvais goûts de tête.

Les vapeurs de l'alcool qui bout plus haut que ces mauvais goûts, soit l'alcool éthylique (78°5) se condenseront d'abord dans la boule inférieure. Celles du corps qui bout un peu au-dessous monteront dans le renflement au-dessus, et de boule en boule le liquide provenant des vapeurs qui se condensent grâce au refroidissement de l'enveloppe de verre baignée par l'air extérieur sera de plus en plus volatil.

Si bien que l'aldéhyde qui bout à 21° arrivera seule tout d'abord à la dernière boule, qui atteindra bientôt cette température.

Dès lors les vapeurs de l'aldéhyde, ne se condensant plus dans cette ampoule, passeront dans le tube latéral, distilleront et couleront à travers le serpentin.

Pendant ce temps, le thermomètre, placé à la partie supérieure de l'appareil à boules, marquera 21°, température d'ébullition de l'aldéhyde.

Tableau des réactions que donnent les différents alcools du commerce

NOMS DES ALCOOLS	ACTION à froid et à chaud	POTASSE	AMMONIAQUE	SULFATE ferrique desséché	BARYTE	STRONTIANE	AZOTATE mercureux précipité blanc devenant	SULFURE d'ammonium
Montpellier	Froid	Jaune	+ J.	Jaune	Jaune	Jaune	Jaune	Jaune
	Chaud	Id.	»	»	Rien	Id.	Id.	»
Marc	Froid	Rien	J. —	+ J.	Jaune	Id.	Blanc	Laiteux
	Chaud	Id.	»	»	Rien	Rien	»	»
Betterave	Froid	Id.	Rien	Rien ou J.	Id.	Id.	Blanc J.	Rien
	Chaud	Id.	»	»	Id.	Id.	»	»
Pomme de terre	Froid	Id.	Rien	J. —	Id.	Id.	Blanc	J. pâle
	Chaud	Id.	»	»	Id.	Id.	Disparu	»
Grains	Froid	Id.	Rien	Rien	Id.	Id.	Blanc	Rien
	Chaud	Id.	»	»	Louche	Trouble	Jaune	»
Maïs	Froid	Id.	Rien	J. clair	Rien	Rien	Blanc J.	Rien
	Chaud	Id.	»	»	Id.	»	Jaune	»
Mélasse	Froid	Jaune	Jaune	J. trouble	Jaune	J. trouble	Id.	Rien
	Chaud	Id.	»	»	Rien	Jaune	»	»
Riz	Froid	Id.	Rien	J. —	Id.	Rien	Disparu	Rien
	Chaud	Id.	»	»	Jaune	Id.	Rien	»

La lettre J indique une coloration de l'alcool. Les signes + et — indiquent que la coloration se prononce plus ou moins rapidement. Pour les sulfates ferrique et cuprique desséchés, la coloration porte sur eux-mêmes et non sur la liqueur.

Tableau des réactions que donnent les différents alcools du commerce (suite)

NOMS DES ALCOOLS	ACTION à froid et à chaud	EAU	ACIDE CHROMIQUE	SULFATE DE CUIVRE ANHYDRE	CARBONATE de potasse	CARBONATE de soude	AZOTITE mercurique
Montpellier	Froid	Mousse	Jaune.	Bleu foncé	Rien	Jaune	Trouble
	Chaud	»	»	»	Jaune	»	»
Marc	Froid	Trouble	Précipité J.	Bleu foncé	Rien	Rien	Rien
	Chaud	»	»	»	Id.	»	»
Betterave	Froid	Rien	Précipité blanc	Bleu pâle	Id.	Rien	Rien
	Chaud	»	≯	»	»	»	»
Pomme de terre	Froid	Rien	Précipité blanc J.	Bleu pâle	Rien	Rien	Rien
	Chaud	»	»	»	»	»	»
Grains	Froid	Rien	Précipité J.	Bleu très prononcé	Rien	Rien	Rien
	Chaud	»	»	»	»	»	»
Maïs	Froid	Rien	Précipité blanc J.	Bleu pâle.	Rien	Rien	Blanchâtre
	Chaud	»	»	»	»	»	»
Mélasse	Froid	Rien	Précipité J.	Bleu pâle	Jaune	Rien	Rien
	Chaud	»	»	»	Id.	»	»
Riz	Froid	Rien	»	Bleu pâle	Rien	Rien	Rien
	Chaud	»	»	»	»	»	»

La lettre J indique une coloration de l'alcool. Les signes + et − indiquent que la coloration se prononce plus ou moins rapidement. Pour les sulfates ferriques et cuprique desséchés, la coloration porte sur eux-mêmes et non sur la liqueur.

Cette température restera constante tant que l'aldéhyde bouillant à ce point fixe n'aura pas été complètement chassée grâce à la température d'ébullition plus élevée des autres substances alcooliques qui l'accompagnent.

Mais bientôt, quand presque toute cette aldéhyde aura distillé, l'arrivée incessante de vapeurs plus chaudes dans la boule la plus élevée, l'échauffera au dessus de 21° et les vapeurs bouillant à près de 78°5 (température fixe d'ébullition de l'alcool éthylique) passeront sans se condenser.

Au moment où les vapeurs bouillant à 78° arriveront au thermomètre, celui-ci indiquera par sa brusque élévation de 57° qu'un nouveau corps est en train de distiller.

On séparera ce nouveau corps, qui est de l'alcool éthylique.

Une opération semblable sera faite pour toutes les substances alcooliques dont le point d'ébullition est intermédiaire entre celui de l'aldéhyde et celui de l'alcool éthylique.

Pour la recherche des mauvais goûts de queue, on procéderait ensuite de la même manière, avec cette disposition inverse que l'alcool éthylique étant plus volatil qu'eux monterait le premier dans la boule la plus élevée.

Mais tout cela n'est qu'une hypothèse destinée bien plus à justifier le problème qu'à en indiquer la solution.

En somme, il n'y a qu'un seul moyen pour reconnaître les alcools mauvais goût, c'est la dégustation. Mais ce moyen ne peut être utilement employé que par des personnes ayant une longue habitude de cet art, et encore faut-il que l'alcool ait déjà un certain temps de préparation : car, au sortir de l'alambic, il possède ce qu'on appelle le coup de feu qui masque dans une certaine mesure sa saveur et son odeur.

Mais il est impossible de baser un procédé scientifique et a plus forte raison administratif sur la dégustation seule. Il est donc nécessaire d'avoir recours à des procédés nouveaux.

Conclusion.

Les développements dans lesquels nous sommes entrés prouvent toute l'importance qu'il convient, à notre avis, d'attacher à l'objet de la présente proposition de loi.

Nous avons vu quels désordres et quels ravages produisent les alcools d'industrie dans la santé publique et dans les revenus du Trésor, et combien il est urgent de les chasser de l'alimentation publique.

Nous savons aussi de quelles difficultés est entouré le problème à résoudre, savoir la recherche du moyen à employer pour les distinguer du bon alcool.

Ajoutons que cet autre problème de l'unification de l'impôt sur les boissons serait peut être bien près de recevoir, lui aussi, sa solution, si ce moyen était trouvé.

Nous possédons, en effet, grâce aux alcoomètres, la possibilité de constater le titre alcoolique d'une boisson. Si nous avions en main un instrument semblable pour la détermination de la nature des alcools, la matière imposable serait facilement saisie par tous ses côtés, et l'on pourrait arriver plus facilement à l'égalité et à l'équité de la perception de l'impôt.

Le moment est venu de hâter cette découverte, dont le patronage de l'Académie des sciences ne pourra que faciliter l'avènement.

En conséquence, messieurs, votre Commission a l'honneur de vous proposer l'adoption du projet de loi dont la teneur suit :

PROPOSITION DE LOI

Art. 1er. — Un prix sera décerné à la personne qui découvrira un procédé simple et usuel pouvant être mis en pratique par les agents de l'administration, pour déterminer, dans les spiritueux du commerce et les boissons alcooliques, la présence et la quantité des substances autres que l'alcool chimiquement pur ou alcool éthylique.

Art. 2. — L'Académie des sciences de l'Institut de France est chargée de déterminer les conditions dans lesquelles le prix devra être décerné, et de le décerner conformément au programme qu'elle aura arrêté.

RAPPORT

AU PRÉSIDENT DE LA RÉPUBLIQUE FRANÇAISE.

Paris, le 17 septembre 1887.

Monsieur le Président,

L'opinion se préoccupe, depuis longtemps, des dangers que fait courir à la santé publique la consommation des alcools d'industrie qui, depuis les ravages de l'oïdium et du phylloxéra, se sont substitués peu à peu aux alcools de vin.

Ces dangers ont été mis en évidence par l'enquête que le Sénat a entreprise l'année dernière sur la consommation de l'alcool en France. Le rapporteur de la Commission, l'honorable M. Claude (des Vosges), a pu conclure des faits recueillis dans l'enquête que « l'alcoolisme a déjà porté le trouble dans l'économie sociale tout entière » et qu' « un certain nombre de nos départements sont menacés d'une dégénérescence rapide de la race ».

Ce qui fait la gravité particulière du péril, c'est qu'il tient bien moins à des habitudes nouvelles, à une démoralisation quelconque de nos populations, qu'à une sorte d'empoisonnement lent et inconscient. Sans doute, sur certains points, la multiplication des débits de boissons a pris des proportions véritablement inquiétantes, mais elles ont ce caractère, c'est surtout en raison de la nature des liquides débités.

Il est démontré que la majeure partie des alcools impurs provient de livraisons faites en fraude. Tantôt ces alcools sont introduits dans la circulation par des bouilleurs de cru qui, abusant d'un privilège consenti par le législateur, éludent le payement des droits; tantôt ils le sont par des expéditeurs étrangers qui, sous prétexte de « viner » leurs vins, — opération d'ailleurs interdite en France, — rehaussent le degré alcoolique des vins qu'ils importent chez nous. Dans l'un et l'autre cas, l'Etat est frustré de sommes considérables.

L'intérêt du Trésor se joint donc aux prescriptions les plus impérieuses de l'hygiène pour exiger que toutes ces fraudes prennent fin et que des alcools complètement rectifiés soient seuls livrés à la consommation.

Mais des questions infiniment complexes et délicates naissent aussitôt.

Par exemple, faut-il supprimer le privilège des bouilleurs de cru? Ou suffit-il de le réglementer? Convient-il, en ce qui concerne l'importation des vins, de prendre des mesures pour que les taxes appliquées par les traités de commerce aux vins proprement dits ne profitent pas aux alcools pour lesquels l'Etat a entendu garder sa liberté d'action?

Les réformes ou les précautions que l'on pourrait édicter dans ces deux ordres d'idées ne risqueraient-elles point de n'être que des palliatifs insuffisants, et ne devrait-on pas admettre, vu la gravité du mal, des moyens de défense exceptionnels? D'excellents esprits ne reculent pas devant la constitution d'un vaste monopole de l'alcool. La commission d'enquête du Sénat s'est ralliée à cette solution : « Le monopole permet seul, a-t-elle dit, d'atteindre le rendement théorique et absolu, le rendement sans fraude ni coulage. » Mais ce monopole lui-même peut se concevoir de diverses façons.

Ce peut être soit le monopole de la vente, soit le monopole de la fabrication, soit le monopole de la rectification, soit le monopole intégral. Et, suivant qu'on incline vers tel ou tel système, des difficultés spéciales apparaissent qui, pour n'être pas, sans doute, insurmontables, appellent néanmoins la plus sérieuse attention : elles touchent non seulement à l'état des institutions et des mœurs, à la liberté primordiale du commerce et du travail, mais, en outre, à la division et à la diversité de nos cultures, au renom mérité de nos alcools de vins, aux progrès de nos distilleries agricoles, au régime de nos fabriques de sucre. Enfin, on peut juger qu'il est inutile de constituer aucun monopole pour préserver la santé publique et atteindre la fraude.

Certaines personnes, élargissant les termes du problème, se demandent si le régime des vins ne devrait pas être étudié en même temps que celui des alcools, si on ne pourrait pas le simplifier en modifiant la base des droits existants et en percevant la taxe au degré alcoolique. Toute notre législation des boissons serait ainsi à refondre.

D'autres voudraient que l'on mît à profit le mouvement d'opinion actuel pour faire payer à l'alcool la rançon des boissons hygiéniques, vins, bières, cidres; ce qui conduit à cette question : ne pourrait-on pas trouver dans un remaniement des droits sur l'alcool d'abondantes ressources à l'aide desquelles le Gouvernement procéderait, sans troubler en rien l'équilibre du budget, à une réforme démocratique de nos impôts?

Avant de prendre un parti sur ces différentes questions et sur celles qui s'y rattachent, il me paraît utile d'avoir l'avis d'une commission extraparlementaire qui, tant par la haute expérience de ses membres que par les informations et les lumières dont ils pourront s'entourer, serait en mesure de formuler dans un délai assez court les résolutions pratiques que la situation lui paraîtrait comporter.

L'heure est, du reste, particulièrement propice pour des études de ce genre : le calme profond dont jouit la France, sa sécurité intérieure et extérieure, la confiance des populations dans la République permettent d'aborder sans hésitation tous les problèmes.

Si ces vues ont votre approbation, je vous prie, monsieur le Président, de vouloir bien revêtir de votre signature le présent rapport ainsi que le décret ci-annexé.

Je vous prie d'agréer, monsieur le Président, l'hommage de mon profond respect.

Le président du conseil,
ministre des finances,

ROUVIER.

Approuvé :
Le Président de la République,
JULES GRÉVY.

Le Président de la République française.

Sur le rapport du président du conseil, ministre des finances.

Décrète :

Art. 1er. — Une commission est instituée au ministère des finances à l'effet d'étudier les réformes qu'il convient d'apporter à la législation de l'alcool, et en général au régime des boissons.

Art. 2. — Cette commission est composée ainsi qu'il suit :

MM. Léon Say, sénateur, ancien ministre des finances, président.
Tirard, sénateur, ancien ministre des finances, vice-président.
Sadi Carnot, député, ancien ministre des finances, vice-président.
Claude, sénateur.
Dietz-Monnin, sénateur.
Teisserenc de Bort, sénateur.
Jamais, député.
Méline, député.
Peytral, député.
Pradon, député.
Ribot, député.
Jules Roche, député.

Sans-Leroy, député.

Sigismond Lacroix, député.

Wilson, député.

Yves Guyot, député,

Pallain, conseiller d'Etat, directeur général des douanes.

Catusse, conseiller d'Etat, directeur général des contributions indirectes.

Chevrey-Rameau, directeur général de la comptabilité publique.

Jacquème, inspecteur général des finances.

Vignon, chef du cabinet du président du conseil, ministre des finances.

Tisserand, directeur de l'agriculture.

Alglave, professeur à l'école de droit de Paris.

Boufflers, administrateur de la distillerie de la Méditerranée.

Brouardel, doyen de la Faculté de médecine de Paris.

Debray, membre de l'Institut, membre du Comité consultatif des arts et manufactures.

Delizy, distillateur.

Girard (Aimé), directeur du laboratoire municipal.

Guiraut, président de la chambre syndicale des vins et spiritueux de la Gironde.

Jarlaud, membre de la chambre de commerce de Paris.

Leenhart, président de la chambre de commerce de Montpellier.

Lucas (Félix), ingénieur des ponts et chaussées en retraite.

de Luynes, professeur au conservatoire des arts et manufactures, chimiste de l'administration des douanes.

Porion, président de l'association des distillateurs de France.

Stourm, ancien administrateur des contributions indirectes.

Roussan, chef de bureau à la direction générale des contributions indirectes, secrétaire.

Turquan, chef de bureau au ministère du commerce et de l'industrie, secrétaire.

Art. 3. — Le président du conseil, ministre des finances, est chargé de l'exécution du présent décret.

Fait à Mont-sous-Vaudrey, le 18 septembre 1887.

JULES GRÉVY.

Par le Président de le République :

Le président du conseil,
ministre des finances,
ROUVIER.

JOURNAUX ET OUVRAGES REÇUS PENDANT L'ANNÉE 1887

De Volksvriend (l'Ami du peuple) ; bulletin de la Société néerlandaise pour l'abolition des boissons fortes, hebdomadaire, 1887.
— *The Alliance News* ; Journal de la Société de tempérance anglaise.
— *The United Kingdom Alliance*, hebdomadaire, 1887.
— *The Irish Temperance League Journal*, mensuel, 1887.
— *The medical Temperance Journal*, trimestriel, 1887.
— *The quaterly Journal of Inebriety*, 1887.
— *The British Temperance advocate*, mensuel, 1887.
— *The national Temperance advocate*, 1887.
— *The Youth's Temperance Banner*, 1887.
— *Bulletin du ministère de l'agriculture*, 8ᵉ année, 1887.
— *Bulletin du ministère des travaux publics*, 9ᵉ année, 1887.
— *Bulletin mensuel de la Société d'agriculture des Bouches-du-Rhône*, 1887.
— *Bulletin de la Société contre l'abus du tabac*, mensuel, 1887.
— *La Gazette du Brasseur* ; hebdomadaire, 1887.
— *Le Progrès médical*, hebdomadaire, 1887.
— *Journal d'hygiène*, 1887.
— *Les Signes des temps*, mensuel, 1887.
— *Annales du commerce extérieur*, mensuel, 1887.
— *Journal de la Société de statistique de Paris*, mensuel, 1887.
— *Bulletin de la Société industrielle de Mulhouse*, trimestriel, 1887.
— *Bulletin de la réunion des officiers*, hebdomadaire ; 1887.
— *Société des sciences, agriculture et arts de la Basse-Alsace*, mensuel, 1887.
— *Bulletin mensuel de l'Association amicale des anciens élèves de l'École centrale*, 18ᵉ année, 1887.

———

AVIS

L'impression du *Compte rendu du Meeting anti-alcoolique de Zurich* est à peu près terminée. On peut encore souscrire à ce volume de plus de 250 pages, au prix extrêmement réduit de *Deux francs* (envoi par remboursement), en s'adressant à **M. Théodore Pestalozzi Bleichérweg, 15, Zurich.**

LE COMITÉ

Imp. de la Soc. de Typ. - Noisettes, 8, r. Campagne-Première, Paris

Société française de Tempérance

ASSOCIATION CONTRE L'ABUS DES BOISSONS ALCOOLIQUES

Reconnue établissement d'utilité publique par décret du 5 février 1880

SIÈGE SOCIAL, 84, rue de Grenelle, à Paris (Hôtel de la Société nationale d'Horticulture),

DEMANDE D'ADMISSION

Je soussigné, demande à faire partie de la *Société française de Tempérance* à titre de Membre (1)

A .... le .... 1888.

SIGNATURE (2)

1. Fondateur à vie (300 francs une fois payés);
    Fondateur (20 francs par an);
    Titulaire (10 francs par an);
    Associé (1 franc par an : de plus 1 franc pour le livret et le droit d'admission.
Les Instituteurs et les Bibliothèques communales ou d'établissements publics sont admis comme membres titulaires au prix réduit de 6 francs par an.
2. Écrire lisiblement les noms, prénoms, profession et domicile, avec indication du bureau de poste desservant la localité.

AVIS. — Prière de détacher ce feuillet et de l'envoyer rempli au Trésorier, M. Jules ROBŸNS, 5, rue Bridaine, Batignolles-Paris.

TABLE DES MATIÈRES

CONTENUES DANS LE TOME HUITIÈME DE LA 2ᵉ SÉRIE (1887).

III. — Documents divers.

CONCOURS DE 1889 : *Mémoires à envoyer avant le 31 décembre 1888 à M. le Dr A. Motet, 161, rue de Charonne.*

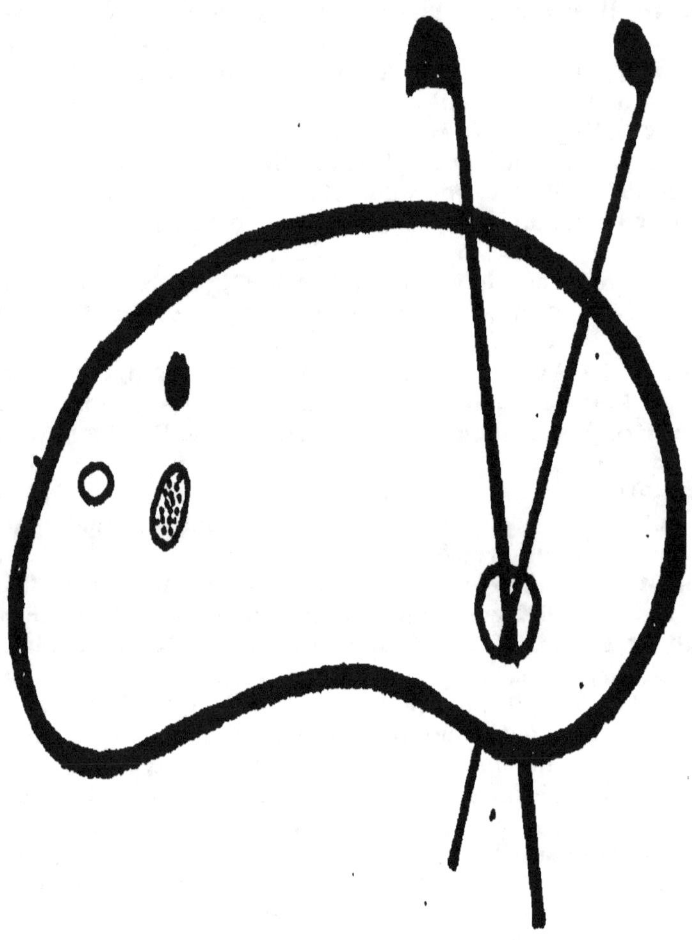

DEBUT D'UNE SERIE DE DOCUMENTS
EN COULEUR

LA TEMPÉRANCE

BULLETIN

DE LA

SOCIÉTÉ FRANÇAISE DE TEMPÉRANCE

ASSOCIATION CONTRE L'ABUS

DES

BOISSONS ALCOOLIQUES

2ᵉ SÉRIE. — TOME VIII. — ANNÉE 1887. — Nᵒˢ 1 ET 2

SOMMAIRE

Documents officiels et Procès-verbaux des Séances

Le journal LA TEMPÉRANCE paraît quatre fois par an, par fascicules de six à huit feuilles in-8° raisin ; il reproduit tous les travaux communiqués par les membres de l'Association, dans les assemblées générales, les séances du conseil ou les commissions spéciales ; il est envoyé *franco* à tout membre fondateur ou titulaire.

LA TEMPÉRANCE est publiée par les soins d'un comité de rédaction nommé chaque année par le Conseil, et qui est composé, pour l'année 1887, de :

MM. Dʳ BOUCHEREAU,   VANEY,
Dʳ DECAISNE,   Dʳ MOTET, *secrétaire général.*
Dʳ DE RANSE,

Article 3 du Règlement. — Les membres fondateurs et les titulaires reçoivent gratuitement les bulletins de la Société ; ils sont convoqués aux séances générales et prennent part à l'élection des membres du Conseil.

LES ADHÉSIONS SONT REÇUES AU SECRÉTARIAT GÉNÉRAL, RUE DE CHARONNE, 161
ET A LA TRÉSORERIE, 5, RUE BRIDAINE, BATIGNOLLES-PARIS

— Les nouveaux souscripteurs peuvent se procurer les Bulletins de la Société des années 1873 à 1885 au prix de 8 francs pour chaque année et de 2 fr. 50 pour chaque numéro séparé.

———————————

Tout ce qui concerne la rédaction de la *Tempérance*, l'administration de la Société, doit être adressé à M. le Dʳ A. MOTET, 161, rue de Charonne, à Paris.
— Pour les réclamations et avis de changements d'adresse, s'adresser de préférence au TRÉSORIER, M. Jules ROBŸNS, 5, rue Bridaine, à Batignolles-Paris, lequel est visible chez lui tous les jeudis de 8 heures à 5 heures du 15 octobre au 15 juillet.

———————————

CONDITIONS D'ADMISSION

Article 3 des Statuts. — La Société se compose, en nombre illimité, de membres honoraires, fondateurs à vie, fondateurs, titulaires, correspondants étrangers et associés.

Le versement d'une somme de 300 francs une fois payée confère le titre de fondateur à vie.

Le titre de fondateur est acquis par une souscription de 20 francs et au-dessus.

La cotisation annuelle des titulaires varie de 10 à 20 francs : elle peut être réduite à 6 francs pour les instituteurs et les bibliothèques scolaires ou communales.

Les associés verseront annuellement 1 franc ; à leur entrée dans la Société ils versent, en plus, une somme de 1 franc pour les frais du livret.

Les correspondants ne sont assujettis à aucune rétribution non plus que les honoraires.

Les dames sont admises en qualité de membres honoraires, fondateurs, titulaires, correspondants étrangers et associés.

~~~~~~~~~~~~

PAYEMENT DES COTISATIONS

Les cotisations sont reçues chez **M. Jules ROBŸNS**, trésorier de l'œuvre, **5, rue Bridaine, Batignolles-Paris.** Les souscripteurs qui n'ont pas encore acquitté leur cotisation sont priés, pour éviter des frais de recouvrement, d'en adresser le montant au trésorier par un mandat-poste ou par un chèque sur Paris. Une quittance détachée d'un livre à souche leur sera adressée comme accusé de réception.

NOTA. — **Les mandats-poste doivent être indiqués payables au bureau des Batignolles, n° 1.**
~~~~~~~~~~~~

LA TEMPÉRANCE

BULLETIN
DE LA
SOCIÉTÉ FRANÇAISE DE TEMPÉRANCE
ASSOCIATION CONTRE L'ABUS DES BOISSONS ALCOOLIQUES

2ᵉ SÉRIE. — TOME VIII. — ANNÉE 1887. — Nᵒˢ 3 ET 4

SOMMAIRE
TRAVAUX ORIGINAUX ET PROCÈS-VERBAUX DES SÉANCES

Le journal LA TEMPÉRANCE paraît quatre fois par an, par fascicules de six à huit feuilles in-8° raisin; il reproduit tous les travaux communiqués par les membres de l'Association, dans les assemblées générales, les séances du conseil ou les commissions spéciales; il est envoyé *franco* à tout membre fondateur ou titulaire.

LA TEMPÉRANCE est publiée par les soins d'un comité de rédaction nommé chaque année par le Conseil, et qui est composé, pour l'année 1887, de :

MM. Dr BOUCHEREAU,   VANEY,
Dr DECAISNE,   Dr MOTET, *secrétaire général.*
Dr DE RANSE,

Article 3 du Règlement. — Les membres fondateurs et les titulaires reçoivent gratuitement les bulletins de la Société; ils sont convoqués aux séances générales et prennent part à l'élection des membres du Conseil.

LES ADHÉSIONS SONT REÇUES AU SECRÉTARIAT GÉNÉRAL, RUE DE CHARONNE, 161 ET A LA TRÉSORERIE, 5, RUE BRIDAINE, BATIGNOLLES-PARIS

— Les nouveaux souscripteurs peuvent se procurer les Bulletins de la Société des années 1873 à 1885 au prix de 8 francs pour chaque année et de 2 fr. 50 pour chaque numéro séparé.

Tout ce qui concerne la rédaction de la *Tempérance*, l'administration de la Société, doit être adressé à M. le Dr A. MOTET, 161, rue de Charonne, à Paris.
— Pour les réclamations et avis de changements d'adresse, s'adresser de préférence au TRÉSORIER, M. Jules ROBŸNS, 5, rue Bridaine, à Batignolles-Paris, lequel est visible chez lui tous les jeudis de 8 heures à 5 heures du 15 octobre au 15 juillet.

LA SOCIÉTÉ FRANÇAISE DE TEMPÉRANCE

MET AU CONCOURS POUR L'ANNÉE 1889, LES SUJETS SUIVANTS :

1°. — PRIX LUNIER :

Statistique des débits de boissons, comparées dans les différents pays.

Déterminer les rapports entre le nombre des débits de boissons et le développement de la criminalité et de la folie.

Des moyens de restreindre le nombre de ces établissements et de combattre leur influence dangereuse.

Le prix est de la valeur de 1.000 francs.

2°. — PRIX DE LA SOCIÉTÉ :

« LE LIVRE DES MÈRES, Manuel à l'usage des femmes désireuses de préserver leur famille de l'alcoolisme et de l'ivrognerie. »

La Société française de Tempérance demande un petit traité populaire, pouvant trouver sa place dans les bibliothèques à très bon marché, c'est-à-dire à 0,20 ou 0,25 centimes le volume de 100 à 120 pages in-32.

Ce petit livre doit être clair, précis, sans dissertations philosophiques et économiques. Il ne doit pas discuter les principes et les méthodes, formuler des lois et résoudre des problèmes, mais répandre seulement et appliquer les préceptes, sans employer les termes techniques de la science.

Un ouvrage de cette nature, s'adressant surtout à la classe ouvrière, doit parler un langage en rapport avec la culture d'esprit de ses lecteurs. Il faut qu'il ait le ton simple, persuasif et familier de la causerie.

Ce prix sera de 1.000 francs.

Les mémoires devront parvenir AVANT LE 31 DÉCEMBRE 1888, à M. le docteur A. MOTET, Secrétaire général, 161, rue de Charonne, à Paris.

PAYEMENT DES COTISATIONS

Les cotisations sont reçues chez M. Jules ROBŸNS, trésorier de l'œuvre, 5, rue Bridaine, Batignolles-Paris. Les souscripteurs qui n'ont pas encore acquitté leur cotisation sont priés, pour éviter des frais de recouvrement, d'en adresser le montant au trésorier par un mandat-poste ou par un chèque sur Paris. Une quittance détachée d'un livre à souche leur sera adressée comme accusé de réception.

NOTA. — Les mandats-poste doivent être indiqués payables au bureau des Batignolles, n° 1

SOCIÉTÉ FRANÇAISE DE TEMPÉRANCE

ASSOCIATION CONTRE L'ABUS DES BOISSONS ALCOOLIQUES

(Reconnue établissement d'utilité publique par décret du 5 février 1880.)

ARTICLE PREMIER. — La Société française de Tempérance, Association contre l'abus des boissons alcooliques, a pour but de combattre les effets désastreux de l'ivrognerie.

ART. 2. — Elle se propose d'employer à cet effet tous les moyens que l'expérience lui suggérera, et notamment :

a. D'instituer des conférences et d'encourager toutes les espèces de publications sur les dangers de l'intempérance;

b. De favoriser l'usage des boissons salubres en remplacement des liqueurs alcooliques;

c. D'accorder des récompenses aux personnes qui lui seront signalées pour leur zèle en faveur de la tempérance;

d. De publier un Bulletin qui fera connaître les actes de l'association, et où seront traitées toutes les questions relatives à l'*Alcoolisme*.

ART. 3. — La Société se compose, en nombre illimité, de membres honoraires, fondateurs à vie, fondateurs, titulaires, correspondants étrangers et associés.

Le versement d'une somme de 300 francs une fois payée confère le titre de fondateur à vie.

Le titre de fondateur est acquis par une souscription de 20 fr. et au-dessus

La cotisation annuelle des titulaires est de 10 francs; elle peut être réduite à 6 francs pour les instituteurs, les institutrices, les bibliothèques scolaires ou communales.

Les associés verseront annuellement 1 franc; à leur entrée dans la Société ils verseront, en plus, une somme de 1 franc pour les frais de livret.

Les correspondants ne sont assujettis à aucune rétribution non plus que les honoraires.

Les dames sont admises en qualité de membres honoraires, fondateurs, titulaires, correspondants étrangers et associées.

ART. 5. — On ne peut faire partie de la Société qu'après avoir été admis par le Conseil, sur la présentation d'un membre de la Société.

ART. 6. — La Société est administrée gratuitement par un Conseil composé de :

    1 Président;
    4 Vice-Présidents;
    1 Secrétaire général;
    2 Secrétaires généraux adjoints;
    2 Secrétaires des séances;
    1 Trésorier;
    1 Bibliothécaire-archiviste;
et 40 Conseillers.

ART. 7. — Les membres du Conseil sont nommés par l'assemblée générale: ils sont choisis parmi les membres fondateurs, et ceux des membres titulaires qui ont pris pendant deux ans au moins une part active aux commissions permanentes.

ART. 8. — Le président, le secrétaire général, les secrétaires généraux adjoints, les secrétaires des séances, le trésorier et le bibliothécaire-archiviste sont nommés pour deux ans.

Le Président n'est pas immédiatement rééligible. Les autres membres peuvent être réélus.

ART. 9. — Les vice-présidents et les autres membres du Conseil sont renouvelés chaque année, par quart, à tour de rôle. Les premières années, le sort désigne les vice-présidents et les conseillers qui doivent sortir. Il ne sont pas immédiatement rééligibles.

Les président, vice-président et secrétaire général sortants restent de droit membres du Conseil.

ART. 10. — Les décisions du Conseil sont prises à la majorité absolue des membres présents. Pour qu'une décision (relative aux comptes) soit valable, 15 membres au moins devront avoir pris part au vote.

ART. 11. — La Société tient, chaque année, deux séances générales au moins.

ART. 12. — Le Conseil d'administration se réunit tous les mois.

BUREAU & CONSEIL D'ADMINISTRATION

POUR L'ANNÉE 1887.

Membres du Bureau :

MM.

WALLACE (sir Richard), propriétaire, M. P.
PASSY (Frédéric), de l'Institut, député.
Dr BERGERON (Jules), secrétaire perpétuel de l'Académie de médecine. — *Présidents d'honneur.*
A. DUVERGER, professeur à la Faculté de droit.
Dr DUJARDIN-BEAUMETZ, de l'Académie de Medecine, médecin à l'hôpital Cochin. — *Président.*
CLAUDE (des Vosges), sénateur.
LEVASSEUR, de l'Institut, professeur au Collège de France et au Conservatoire des Arts et Métiers.
Dr VIDAL, de l'Académie de médecine.
Dr WALTHER (Charles), inspecteur général en retraite des services de la marine. — *Vice-Présidents.*
Dr A. MOTET. — *Secrétaire général.*
Dr DECAISNE, rédacteur scientifique du *Petit Journal.*
Dr BOUCHEREAU, médecin en chef de l'asile Sainte-Anne. — *Secrétaires généraux adjoints.*
Dr E. CHARPENTIER, médecin de l'hôpital de Bicêtre.
Dr AUDIGÉ, médecin de la manufacture des tabacs du Gros-Caillou. — *Secrétaires des séances*
Dr PHILBERT, inspecteur des eaux de Brides (Savoie). — *Bibliothéc.-archiviste.*
ROBYNS (Jules), trésorier-archiviste de la Société de statistique de Paris. — *Trésorier.*

Membres du Conseil :

MM.

ARBAND (Claude), contremaître au Gaz.
BAILLARGER, ancien président de l'Académie de médecine.
BARTAUMIEUX, architecte.
BARTHÉLEMY SAINT-HILAIRE, de l'Institut, sénateur.
BERTRAND (Edmond), avocat général près la Cour d'appel de Paris.
BIOLLAY, procureur général à la Cour des Comptes.
Dr BLACHE (René).
BOUCHARD, de l'Académie de médecine, professeur à la faculté de médecine.
Dr BOURDON, de l'Académ. de médecine.
Dr BOYER (P.).
BRELAY (Ernest), économiste.
CALLEBAUT (Edouard), propriétaire.
CHAIX (A.), imprimeur-éditeur.
CRISENOY (Jules de), ancien directeur au ministère de l'Intérieur.
Dr CRUET (L.), ancien int. des hôpitaux.
DIETZ-MONNIN, sénateur.
DUBOST, avoué.
Dr DURAND-FARDEL, inspecteur des eaux de Vichy.
Dr FÉRÉOL, de l'Académie de médecine.
FIRINO (Roger), propriétaire.
FITREMAN, avoué honoraire.
Dr FOVILLE, inspecteur général des services administratifs au ministère de l'Intérieur.
Dr GIBERT.
GLANDAZ (Charles), ancien conseiller à la Cour d'appel de Paris.

GONSE (Raphaël), directeur des affaires civiles au ministère de la Justice.
JORET-DESCLOZIÈRES (G.), avocat à la Cour d'appel de Paris.
LABOUR, conseiller honoraire à la Cour d'appel de Paris.
LAURENS, ingénieur civil.
LEVIEZ, ancien sous-gouverneur du Crédit foncier, directeur de l'*Urbaine* (incendie).
Dr MAGNAN, médecin du bureau d'admission à l'asile Sainte-Anne.
Dr MEIGE, conseiller général de l'Allier.
Dr MESNET, de l'Académie de médecine.
DE NERVAUX, ancien directeur de l'Assistance publique.
PONT (Paul), de l'Institut, président honoraire à la Cour de cassation.
Dr DE RANSE, rédacteur en chef de la *Gazette Médicale*, inspecteur des eaux de Néris.
Dr RIANT, médecin de l'École normale du département de la Seine.
Dr ROUSSEL (Théophile), sénateur.
THIERRY-MIEG (Charles), manufacturier.
VAN DEN DORPEL, président de la Société de Secours mutuels du quartier Ste-Avoye.
VANEY, ancien Conseiller à la Cour d'appel de Paris.
VANIER, vice-président du tribunal civil de la Seine.
WAGNER, pasteur.

Imp. de la Soc. de Typ. — No. ..., 3, B, r. Campagne-Première, Paris.

BUREAU & CONSEIL D'ADMINISTRATION

POUR L'ANNÉE 1887.

Membres du Bureau :

MM.

WALLACE (sir Richard), propriétaire, M. P.
PASSY (Frédéric), de l'Institut, député.
Dr BERGERON (Jules), secrétaire perpétuel de l'Académie de médecine. — *Présidents d'honneur.*
A. DUVERGER, professeur à la Faculté de droit.
Dr DUJARDIN-BEAUMETZ, de l'Académie de Médecine, médecin à l'hôpital Cochin. — *Président.*
CLAUDE (des Vosges), sénateur.
LEVASSEUR, de l'Institut, professeur au Collège de France et au Conservatoire des Arts et Métiers.
Dr VIDAL, de l'Académie de médecine.
Dr WALTHER (Charles), inspecteur général en retraite des services de la marine. — *Vice-Présidents.*
Dr A. MOTET. — *Secrétaire général.*
Dr DECAISNE.
Dr BOUCHEREAU, médecin en chef de l'asile Sainte-Anne. — *Secrétaires généraux adjoints.*
Dr E. CHARPENTIER, médecin de l'hôpital de Bicêtre.
Dr AUDIGÉ, médecin de la manufacture des tabacs du Gros-Caillou. — *Secrétaires des séances.*
Dr PHILBERT, inspecteur des eaux de Brides (Savoie). — *Bibliothé.-archiviste.*
ROBŸNS (Jules), trésorier-archiviste de la Société de statistique de Paris. — *Trésorier.*

Membres du Conseil :

MM.

ARBAND (Claude), contremaitre au Gaz.
BAILLARGER, ancien président de l'Académie de médecine.
BARTAUMIEUX, architecte.
BARTHÉLEMY SAINT-HILAIRE, de l'Institut, sénateur.
BERTRAND (Edmond), avocat général près la Cour d'appel de Paris.
BIOLLAY, procureur général à la Cour des Comptes.
Dr BLACHE (René).
BOUCHARD, de l'Académie de médecine, professeur à la faculté de médecine.
Dr BOURDON, de l'Académ. de médecine.
Dr BOYER (P.).
BRELAY (Ernest), économiste.
CALLEBAUT (Édouard), propriétaire.
CHAIX (A.), imprimeur-éditeur.
CRISENOY (Jules de), ancien directeur au ministère de l'Intérieur.
Dr CRUET (L.), ancien int. des hôpitaux.
DIETZ-MONNIN, sénateur.
DUBOST, avoué.
Dr DURAND-FARDEL, inspecteur des eaux de Vichy.
Dr FÉRÉOL, de l'Académie de médecine.
FIRINO (Roger), propriétaire.
FITREMAN, avoué honoraire.
Dr FOVILLE, inspecteur général des services administratifs au ministère de l'Intérieur.
Dr GIBERT.
GLANDAZ (Charles), ancien conseiller à la Cour d'appel de Paris.

GONSE (Raphaël), directeur des affaires civiles au ministère de la Justice.
JORET-DESCLOZIÈRES (G.), avocat à la Cour d'appel de Paris.
LABOUR, conseiller honoraire à la Cour d'appel de Paris.
LAURENS, ingénieur civil.
LEVIEZ, ancien sous-gouverneur du Crédit foncier, directeur de l'*Urbaine* (incendie).
Dr MAGNAN, médecin du bureau d'admission à l'asile Sainte-Anne.
Dr MEIGE, conseiller général de l'Allier.
Dr MESNET, de l'Académie de médecine.
DE NERVAUX, ancien directeur de l'Assistance publique.
PONT (Paul), de l'Institut, président honoraire à la Cour de cassation.
D^r DE RANSE, rédacteur en chef de la *Gazette Médicale*, inspecteur des eaux de Néris.
Dr RIANT, médecin de l'École normale du département de la Seine.
Dr ROUSSEL (Théophile), sénateur.
THIERRY-MIEG (Charles), manufacturier.
VAN DEN DORPEL, président de la Société de Secours mutuels du quartier Ste-Avoye.
VANEY, ancien Conseiller à la Cour d'appel de Paris.
VANIER, vice-président du tribunal civil de la Seine.
WAGNER, pasteur.